エヴァンゲリオンの精神史

小野俊太郎
Shuntaro Ono

e End of Evangelion (or Not)
On Shin
The Dawn of Evangelion
The Tale of Princess from the
Ur-Text of Evangelion
One must get into his / her cockpit
ose who make Shinji get into Evangelion
Angels and D
Are you Predator or
Rebirth to End
What the last two episode
hat's Another Story
Derived texts of
Disruption and Reunite of the Story
heritance of the Past and Genre Modification

小鳥遊書房

God's in his Heaven
All's right with the world

ネルフのマークに刻まれた標語
ロバート・ブラウニング『ピッパが通る』から
［大意：神が天にいるから、世界のすべてはうまく治まる］

Überm Sternenzelt
richtet Gott, wie wir gerichtet

新劇場版でゼーレのマークに新たに刻まれた標語
フリードリヒ・シラー「歓喜に寄す」から
（ただし、ベートーヴェンが第九交響曲のために編集した歌詞には含まれない）
［大意：星天の彼方で、神が裁くのは、我らがどう裁いたのかである］

「僕らは結局コラージュしかできないと思うんですよ」
庵野秀明　『スキゾ・エヴァンゲリオン』のインタビューから

エヴァンゲリオンの精神史

小野俊太郎

目次

第9章　並走するマンガ版

第10章　折れてつながるテクスト

※以下の文章は冒頭から、「終章」に至るまで、参照する作品すべてに関して、結末を含めたネタバレで書かれているので、その点をあらかじめ断っておきたい。なお、文中ではすべて敬称を略した。

全体を指すときは「エヴァンゲリオン」、機体はEVAと表記する。また、「テレビ版」は第壱話から最終話「世界の中心でアイを叫んだけもの」までの流れを指す（あえて漢数字表記をそのまま利用し、適宜サブタイトルを振った）。「旧劇場版」は総集編と、「夏エヴァ」の25話「Air」と26話「まごころを、君に」を指す。テレビ版と旧劇場版の両者を併せて指すときは「旧世紀版」と表記する。「ヱヴァンゲリオン新劇場版」の四作品は新劇場版として、それぞれ『序』、『破』、『Q』、『シン・エヴァンゲリオン』とする。

※註は文中に★とともに番号を付し、各章末にまとめてある。

序章

完結しても閉じない物語

The End of Evangelion (or Not)

◉複数の結末をもつ物語

二〇二一年三月八日に庵野秀明総監督による『シン・エヴァンゲリオン劇場版𝄇』が公開され、さまざまな理由で遅れていた新劇場版四部作がようやく完結した。

新劇場版は、二〇〇七年に『ヱヴァンゲリヲン新劇場版：序』で始まり、『破』(二〇〇九)、『Q』(二〇一二)と続いてきた。未完となると心配されたが、「ヱヴァンゲリヲン」という表記が「エヴァンゲリオン」に戻り、さらに「シン」がつき、旧劇場版とは異なる最後が描かれた。タイトルに音楽記号「ダ・カーポ」が加わってループや繰り返しを想像させ、意味深となった。テレビ版では、放送された一九九五年の二十年後となる二〇一五年が舞台とされていたが、現実が作品設定を追い越してしまったのである。それもあって、新劇場版では「新世紀」という冠が消えたのだ。

本書では、二十五年以上にわたり書き足しや書き直しを繰り返して、一応の完結をみた「エヴァンゲリオン」が、作品としての魅力がどこから生じたのかを検証していく。テレビシリーズの『新世紀エヴァンゲリオン』と、結末を書き直した旧劇場版、そして書き直しである新劇場版四部作を取り上げ、さらにマンガ版も参照して、どのように変わり、意味合いや魅力を新しく獲得（あるいは喪失）したのかを確かめる。

ややもすると単純な進化論的な図式を持ち出し、新しい作品のほうが無条件に優れている、と考えがちだが、続編やセルフリメイクの過程で、初心や原点が忘れられてしまう場合も多い。「エヴァンゲリオン」は幸いにも、企画書、脚本、画コンテ、放送版、訂正版、再編集版、リメイク作など、多くの資料がアクセスしやすい形で公開され、比較検討がおこなえる。本書では公刊された資料から、変化の流れを追っていくことにする。

もちろん、「エヴァンゲリオン」に関しては、多くの「謎」本や評論が出版され、独自研究や考察がネット上に多数見つかる。そして日本どころか世界中で数多く論じられてきた。ファンによるサイトもたくさん存在するし、英語のウィキペディアやEVAウィキには有用な情報や分析が掲載されている。有名な「怪文書」まで収集され英訳されているのだ。海外でも専門論文はもちろん修士論文などで題材として扱われている。二〇二一年の完結を待って反応したのは日本だけではない。ストックホルム大学出版局からは『新世紀エヴァンゲリオン』のメディア的観点からのアプローチによる査読付き論集が刊行された。庵野の映像バンクの使い方、緒方恵美論、第九交響曲の利用など、多彩な点が論じられている。★1

そもそも作品内に説明不足の要素があり、展開に矛盾や飛躍が存在するというのは、過去作品をサンプリングして出来上がった『エヴァンゲリオン』の当初からの戦略でもあった。庵野自身が「緩い世界観がいい」として、「世界観のなかにポツポツと穴を空けておく」と説明していた。そうするとファンが人間関係などを勝手に「邪推」してくれるので、作品というのは「遊び場」＝「個性的な、分かりやすいキャラクター配置と、遊べる場所」となる考えをもっていた［小黒：三一四頁］。本書も庵野の仕掛けを受け止めた上での「邪推」のひとつであり、遊び場での遊びかもしれない。『エヴァンゲリオン』はもはや誰もが参照できる「古典」の領域に入った作品となり、完結から一年が経って興奮も静まり、作品全体を冷静に考え直せる状況になったように思われる。そうしたなかで、ひとつの邪推を試みたいのである。

◉ 多くの引用と借用

『エヴァンゲリオン』という作品に近づこうとすれば、それだけ作品から反発を食らうのは確かである。第参話「鳴らない、電話」で、赤木リツコが述べた「ヤマアラシのジレンマ」が働くのかもしれない。リツコが述べたゲンドウとシンジの父子関係だけでなく、視聴者とアニメ作品との間にもありそうだ。むろん、作品がこちらに愛情を抱いているのかどうかは知る由もないので、無理に作品に寄り添おうとしても、裏切られる気もしてくる。「ヤマアラシのジレンマ」は「A. T. フィールド」とともに、精神的な壁の存在をしめす言葉となった。そして、「シンクロ率」という人間関係を数値化し視覚で確認できそうな表現もある。

「死海文書」や「ロンギヌスの槍」をはじめ、衒学《げんがく》的な術語がおびただしく使われ、過去作品からの引用や言及が多数あり、作品にハマる人もいれば、反発し嫌悪する人が出てきても不思議ではない。たとえば、『新劇場版シン・エヴァンゲリオン』の劇場で配布された冊子「evangelion extra magazine」に掲載された、アニメ本編には登場しない場面が描かれたマンガ「EVANGELION：3.0（－120min.）」がある。これは引用と言及の集積をしめす好例となっている。

ヴィレの「マイティK《キング》」と「マイティQ《クィーン》」という二隻の洋上可潜艦を発射台にして、二体の改造されたEVAが初号機奪還のために太平洋緯度0度で打ち上げを待っている。黒のアイパッチをしたアスカが、表面に多くの十字が浮かぶ月を見上げながら、「ぬばたまの夜渡《よわた》る月《つき》にあらませば家《いへ》なる妹《いも》に逢《あ》ひて来《き》ましを」の歌を思い浮かべている。正確には最後の「を」が登場する前に、「アスカ姫今宵は月が綺麗ですニャ」とマリが声をかけて中断してしまう。そして見下ろしたアスカが「また本読んでるの？」と質問すると、マリは豊田有恒著『あなたもSF作家になれるわけではない』を手にして中学校の制服姿で立っていた。

冒頭の三ページまでに詰め込まれた借用とコラージュの密度は高い。「庵野秀明」を形作ったさまざまな過去作品が素直に表明されていた。洋上の発射台となった艦名は、円谷プロのTVシリーズ『マイティジャック（J）』に由来し、冨田勲の音楽を伴う発進場面が思い浮かぶ。さらに、位置は東宝特撮の『緯度0大作戦』を踏まえている。日米合作映画で、原作は戦時中のアメリカのラジオドラマだった。『緯度0大作戦』では、緯度0度と日付変更線とが交差するキリバスあたりの海底に基地が設定されたが、おそらく同じ場所なのだろう。しかも、南太平洋は、台風のように日本を襲ってくる怪獣たちの「ふるさと」でもある。

そして、アスカの頭上にある巨大な月は、マンガ版の『幻魔大戦』の終幕で、石ノ森章太郎が描いた地球に迫るドクロ顔の月を想起させる。その『幻魔大戦』の原作者平井和正の盟友で、ともにロボット刑事アニメの『エイトマン』のシナリオを書いていたのが、マリが手に持つ本の著者である豊田有恒だった。その本の第三章「映像の時代」で、『鉄腕アトム』での体験や、『宇宙戦艦ヤマト』の原案と監修をやった裏話が語られ、さらに虫プロ時代の知り合い富野喜幸が作った『機動戦士ガンダム』がSF的であると評価を与えていた。どれも庵野が強い影響を受けた作品である。「本読んでるの?」というアスカの問いは、マンガの読者やアニメの観客にも読んで欲しい、という願いが込められているようにも聞こえる。

引用された和歌は、『万葉集』巻第十五にあり、遣渤海使の一員が、向かう途中となる北九州の糸島半島あたりで詠んだ一首だった。月に託して都にいる妻のもとへと思いを伝えたいという内容である。この歌での男女の関係を転じて、アスカのシンジへの愛憎を伴う複雑な思いを表現している。続く箇所で、アスカはサルベージで出会ったら「ぶん殴る!」といきまくが、アスカの脳裏には、笑顔で弁当を差し出すシンジの写真が浮かんでいることが、「evangelion extra magazine」十一頁の中央の不自然なほど大きなカットからわかる。アニメ本編でも、アスカはヤマト作戦を実行する前に、マリといっしょにシンジのもとをわざわざ訪ねて、「弁当はおいしかった」と感想を述べている。作品内でシンジの「弁当」が大きな鍵になることは、随所で示唆されているのだ（作品における「弁当」の重要性は第6章で詳述）。

それとともに、実相寺昭雄が執筆した『星の林に月の舟——怪獣に夢見た男たち』が思い浮かぶ。実相寺は『ウルトラマン』や『ウルトラセブン』で魅力的な話を担当したが、小説の形で当時の円谷プロでの舞台裏を描いていた。タイトルは、『万葉集』の巻第七にある柿本人麻呂の「天の海に雲の波立ち月の船星の林に漕ぎ隠る見ゆ」を踏まえている。実相寺の劇場版ウルトラマンへのオマージュから、テレビ版のオープニングタイトルを構成したほどの庵野だが、「ぬばたまの」の歌は「月の舟星の林」へ応答する「返歌」にさえ思える。雄大な光景を歌う人麻呂の歌ではなくて、恋しい人の思いを月へと託す読み人知らずの歌に違う風景を見ようとしたのだ。

さらに、今までの「エヴァンゲリオン」のイメージも借用されている。上からマリを見下ろすアスカの構図は、「アスカ、来日」でシンジやトウジが航空母艦の上で出会う場面を想起させる。『破』でも、やはりアスカはトレーラーで運ばれる2号機の上から、シンジたちを見下ろし「これが正真正銘の実戦用」と言い放ったのだ。また、「本」の話は、『序』などでは本を読むレイに対して、『Q』で初期ロットのアヤナミレイは、シンジが運んできた本を読まないのと対照的である。命令がないと本を読まないと返答していた。そして、マリが断捨離せずに本を数多く集めているようすがアニメ本編に出てきて、「本は人の英知の集合体」と弁解していた。

マンガの続きでマリは「若者たち」の主題歌を鼻歌で歌うのだが、同じ年齢に見えて、じつはユイと同世代という裏設定なので、昭和歌謡を持ち出してきても不思議ではない。こうしてアスカとマリは初号機とシンジを回収する「US作戦」に向かう。レイは二人の出発を見送るだけなのである。初号機にはユイの魂がこもっているはずなので、貞本義行によるマンガ「夏色のエデン」で描かれていたような、イギリス留学前のマリから先輩ユイへの思いと、「ゲンドウくんとの幸せを願っていますよ／遠い空の向こうから」という別れの言葉を踏まえると、「ぬばたまの」の歌での「家なる妹」も、マリの場合には異なって響くのである。

ところが、こうした予備知識をもって『シン・エヴァンゲリオン』を観ると、貞本のマンガ版とさえも異なり、ゲンドウをユイに紹介したのはマリであり、シンジとマリとで手をつないで宇部新川の駅を駆け出す結末となる。こうした予見を裏切る展開が確認できるのは、本編が始まって百二十分後というのが、冊子マンガの仕掛けでもあった。このように用意されたマンガにも、周到にそれでいて謎めいて情報が配置されていて、「サービス、サービスゥ」という三石琴乃の声が聞こえてくるほどだった。

◉全体を貫くペンペンの役割

複数の引用と借用により構築されて全体を貫いた一例として、葛城ミサトがペットとして飼っているペンギンのペンペンを挙げてみよう。動物を出す必要があるだろうというので、箱根が舞台だから温泉という連想がわき、サルでなくて、一番遠いペンギンになった、というのが公式の見解だった［「庵野秀明公式サイト　雑記2000／11／02」以下、「庵野雑記」］。

ペンペンはあまり注目されないが、温泉ペンギンと設定されている。首にかけた金属のプレートには「(Pen) 2」という名と「ＢＸ２９３Ａ」という個体識別番号らしい数字が刻まれ、背中にはつねにランドセルを背負っている。実験的に生みだされた動物なのか、どういう新種なのかも説明されないが、新聞のテレビ欄を読む場面も出てきて「知性」をもったペンギンとされる。「人類補完計画」のネーミングのもとになったコードウェイナー・スミスの「人類補完機構」シリーズでは、下級民として小動物を改造して知性を与えているのだが、ペンペンもそうした知能拡張がなされたペンギンと考えることができる。

「ペンペン」という名称は、ペンを重ねることが可愛いからと名づけられたとされる［庵野雑記］。だが、室山まゆみによる『Mr.ペンペン』（一九八三―六）というギャグマンガともつながる。南極から人間界での修行のためにやって来たペンギン王国のボンクラ王子が、ヒロインの小沢ミカのところに居候して騒動を巻き起こす。マンガ版では、ミカの家の前に置かれたダンボールにペンペンは入っていたが、アニメ版（一九八六）では小沢家に宅配便でやってくる。これは第拾話「マグマダイバー」で、シンジたちが温泉に浸かって骨休めをしている日本旅館に、加持からペンペンが宅配便で送られてくるのと通じる。ペンペンがシンジと最初に出会ったときに湯上がりの姿をしていた［第弐話「見知らぬ、天井」］のも温泉好きだからである。語義矛盾のような温泉ペンギンが、最初から最後まで姿を見せるのだ。

しかも室山のマンガが雑誌『ちゃお』で発表されたのと同じ一九八三年に、ひこねのりおが描いたパピプペンギンズが、アニメキャラクターとして、サントリーの缶ビールのCMに使用された。松田聖子が英語で歌った「スウィート・メモリーズ（Sweet Memories）」の曲とともに人気を得て、のちに『ペンギンズ・メモリー 幸福物語』という長編アニメ作品にまでなったのである。「エビチュ」や「BOA」といった銘柄のビールを好み、朝から飲むビール党でもあるミサトにとって、ペンペンはビールを連想させるペットでもある（エビチュのもとになった「ヱビスビール」が、旧カナ表記であることが、「ヱヴァンゲリヲン」という表記を生んだのだろう）。

このように、過去のイメージや同時代の意匠と偶然も含めて結びついたペンペンだが、当然ながら作品内での役割は室山のマンガやテレビCMとは異なる。ヒントになったものを別の文脈で使用するのが、オマージュや借用なのである。必要に応じて偶然生まれた素材が物語の展開にうまく利用されるのだ。

ペンギンは南極大陸を中心に生存している動物なのだから、セカンドインパクトで、ミサトが葛城隊の隊長だった父親の喪失と深く結びつく［第拾七話「四人目の適格者」］。新劇場版では、葛城博士はより深く使徒をめぐる計画にコミットしていた。自分の父親の死の真相を知ることは、より直接に父親の「罪」を知ることとなり、それだけ訂正するという動機に結びつくのである。また、南極の爆心地は、塩の塊が浮かぶ赤い海となってしまい、ペンギンの生息地ではない［第弐拾壱話「ネルフ、誕生」］。しかも、南極大陸とアダムを喪失した後に、年中夏になった地球の変化を、「温泉ペンギン」というどこか矛盾する存在が比喩的にしめしている。アスカの手人形と同じように、ミサトにとってペンギンは父親の喪失や子ども時代の記憶と結びついていた。救出されたときから二年間無口だったミサトが、大学でリツコと会うころには饒舌《じょうぜつ》になっていたが、その回復にはペンペンの助けがあったのかもしれない。

とりわけ第弐拾参話「涙」では、シンジがミサトやアスカの部屋の前で、貼り紙を見て入れずにいるときに、ペンペンは横につきそっていた。A.T.フィールドではなくて、引き戸の扉が各人を隔てているのを強調していた。そして、寝転がった状態のペンペンはミサトが呼んでも近寄ろうとしない。ミサトは「寂しかったのは私のほうね」と口にする。各キャラクターが置かれた状況が、日本語はどうやら読めるらしいが、何もしゃべらないペンペンを通じて、明瞭になるのである。

そして、第弐拾四話「最後のシ者」において、レイの自爆攻撃によって、第3新東京市が破壊されて廃墟のようになったのを見て、ミサトはペンペンを人形のように抱きかかえる。使徒の攻撃が最終段階に来ていることを予感し、「この次の保証はない」として、被害を受けなかったヒカリの家へとペンペンは疎開させられる。ペンペンを手放すことで、ミサトはようやくセカンドインパクトでの父親への罪悪感から逃れられたのだ。

ところが、新劇場版の『序』では「15年前にはたくさんいた」とミサトは説明する。『破』では「海洋資源保存研究施設」で仲間のペンギンたちと会って、ペンギン語（?）の挨拶をしている。『Q』では、ヴィレにペンペンの居場所はなかったようだ。それでも、『シン・エヴァンゲリオン』では第3村の一角に生息していて、ネルフ第2支部の廃墟にいるシンジのそばに姿を見せ、最後には仲間とともに群れ集っているカットが登場する。ペンペンという単一の表象であっても、場面によって意味合いや役割を変えながら、「エヴァンゲリオン」全体をつなげている。イメージが織りなされながら、連続していくのがわかるのである。たとえ同じ対象であっても、作画監督や原画の担当者が替わることなどを通じて、色々な意見やアイデアが盛り込まれるのである。たとえば、庵野秀明が鉄道マニア、鶴巻和哉が天文ファン、貞本義行がカーマニアだということが、第拾壱話「静止した闇の中で」の持ち味を作っていると指摘される［フィルムブック4：四五頁］。ひとつのエピソードに複数の人間が関与することで、独特の色合いをもつのである。

「エヴァンゲリオン」で使用された素材は、庵野自身の記憶や体験から出てきたものだけではない。関わったスタッフから出たアイデアに基づくとか、詳細が委ねられた箇所も多い。渚カヲルという名前は脚本家の薩川昭夫の思いつきである。ゲンドウのメガネは貞本義行のアイデアだとされる。『破』で唐突に出現し、物語を結末に向かわせる「デウス・エクス・マキナ（機械じかけの神）」との関連さえ思い浮かぶ名をもつ真希波《マキナミ》・マリ・イラストリアスは、鶴巻和哉による思い入れあるキャラクターだ、と公式に説明されている。

画コンテを見ても、何種類もの筆跡や絵柄があり、すべてを特定はできないが、多くの人の手になる産物であることは了解できる。ときには詳細にキャラクターの顔の表情が描き込まれるが、ぞんざいに丸に目鼻程度で描かれたものも散見する。全般的に、庵野の手による画コンテは、効果音や擬音をマンガのように音量の強弱を大小で描いていて判別しやすい（テレビ版の「オープニングアニメ」など）。AとOの間にNを二つ重ねた独特のサインによる了承の印が、レイアウトや設定資料に多数見つかる。樋口真嗣による画コンテは細部まで細かい（『破』の侵食を受けるアスカなど）。全体に庵野の手が入っている場合が多いが、画コンテを担当した者の個性は透けて見えるのだ。

しかもスタッフ間に意見の衝突があり、アイデアの取り扱いへの不満から、離れていったり再合流したりする。才能がぶつかる「組織と人間」の問題を、ネルフ以上に抱えていたのが、当時のガイナックスやその後のカラーで、それが作品内容にも関わってくる。もちろん、総監督として庵野がゴーサインを出した最終責任を負う。庵野自身も、何を批判されても受け止めるように、「映画の監督に必要なものって覚悟だけだと思う」とNHKの特番のインタビューで答えていた［「さようなら全てのエヴァンゲリオン～庵野秀明の1214日～」］。

本書は、あくまでも作品から窺《うかが》えるものを対象にして、作品外となる庵野の言動から「正解」と断定することは避けたい。「エヴァンゲリオン」は庵野の個性と深く関連してはいるが、作品を作者そのものと混同しないように気をつけたい。他ならない「エヴァンゲリオン」こそ、庵野にとって、搭乗するかどうかの決断を迫られ続けた「対象＝他者」だったのである。

◉並走する複数の作品

「エヴァンゲリオン」には、庵野監督によるアニメ作品だけではなくて、キャラクターデザインを担当した貞本義行による公認のマンガ作品もある。つまり、ガイナックス（カラー）公認のものですら、物語の結末は複数存在しているのだ。

一九九五年の「テレビ版」では、周りが拍手を受けたシンジの笑顔のあと「父に、ありがとう」「母に、さようなら」「そして、全ての子供達に／おめでとう」と締めくくられた。一九九七年の「旧劇場版」では、泣きながら手でアスカの首を絞めようとしたシンジは「気持ち悪い」とアスカに言われた。二〇一三年に完結した「マンガ版」で、高校受験のためにシンジが出かけた駅のプラットホームで、アスカが満員電車から降りるのを手にとって助ける。二〇二一年に完結した「新劇場版」の大人になったシンジがマリと手に手をとって宇部新川駅から出てきたのである。それぞれの結末で身体の一次接触のあり方が異なった形で描かれている。手による接触のもつ意味が全編で繰り返し問われるテレビ版から新劇場版までの「エヴァンゲリオン」全体において、各作品ともそれなりの正当性をもって存在しているのである。

複数の結末をこのように抱えた物語は、マルチエンディングをもつゲームにも似て、どれを選択するのかは、消費する側に委ねられている。時間的にあとで作られた作品が無条件に優れているとは限らない。シンジがゲンドウを乗り越えた物語に見えるのだが、テレビ版をはじめとする複数の結末から選択する自由をもつのが、「エヴァンゲリオン」の魅力となっている。

マンガ版の最終巻の表紙に、雪のなかで立つシンジの姿が浮かぶのだが、この終わり方はストレートな展開として好ましく思える。シンジが最後の使徒であるカヲルを倒して、苦悩に囚われていた長い夏が終わり、地球の季節が回復したのである。セカンドインパクト後に生まれた子どもたちが初めて迎えた秋であり冬である。二〇一六年度の中学三年生のシンジが、マフラーにコート姿で高校受験の会場へと向かう。「退屈で平凡な日常」へとシンジは戻ったのである。そして、駅のプラットホームでアスカとの出会いが、新しい生活を予告していた。

使徒との「戦争」の間にも、学校教育が維持されていたことも含めて、中学二年生で始まった物語の結末としては、読者に受け入れやすい内容だった。マンガ版が完結したのは二〇一三年だが、当然ながら庵野は「新劇場版」ではその結末を選びとらなかった。旧劇場版とも異なるマンガ版があるからこそ、成長したシンジがマリと手をとるという、異なるエンディングを描かざるをえなくなったのだろう。

他にも、聖書の外典や偽典のように、カラー公認となる複数の外伝的な作品がある。パロディマンガの『トニーたけざきのエヴァンゲリオン』(二〇一二)は、ときには悪趣味ともいえる内容までもが満載である。さらに、ゲンドウとユイの両親のもとでシンジが暮らす設定の『新世紀エヴァンゲリオン 碇シンジ育成計画』(二〇〇五―一六)、国立防衛中学「NERV」を舞台にゲーマーたちが交流する『新世紀エヴァンゲリオン ピコピコ中学生伝説』(二〇一四)といったパラレルワールドの作品もある。

また『機動戦士ガンダム』のように多元化をめざす庵野の発案で、メカニックデザインを担当した山下たくとが中心となり出来上がった『エヴァンゲリオン ANIMA』(二〇〇八―一三)も一例に挙げてもよいだろう。第弐拾四話「最後のシ者」から分岐した未来で、人類補完計画が発動しなかったという設定となる。十七歳のシンジたちが活躍するEVAの装備や細かなディテールを楽しむ小説となっている。共通の世界観のなかで複数の物語を展開させる「シェアワールド」とか「マルチバース」という発想に近づいている。

テレビ版でキャラクターデザインを担当した貞本、メカニックデザインを担当した山下という二人が、それぞれ異なる「エヴァンゲリオン」を生み出しているのも、この作品の魅力となっている。さらにオリジナルキャラクターまで登場する各種のゲームなども考慮すると、「エヴァンゲリオン・フランチャイズ」と呼ぶべき総体は、とても一つの道筋を敷ける内容ではない。設定上の矛盾さえも意識的に生み出されているのだ。

その他には非公認の同人誌を含む膨大な二次創作や三次創作、さらに用語解説から考察までのファンによる言説が広がっている。全体が「エヴァンゲリオン」の人気を支えているのも確かなのだ。本書は、外伝にあたる作品群や、視聴者やファンダムの反応については扱わないが、たとえどの経路をたどっても、矛盾が発見できて異論や反撃を招くのが、「エヴァンゲリオン」というテクストなのである。『シン・エヴァンゲリオン』で完結したように見えながら、むしろ、さまざまに開かれている部分があって、それが次の解釈や考察を呼びこむことになるのである。

◉本書全体の構成

本書の全体の構成を述べておきたい。

第1部では企画書に始まり、「エヴァンゲリオン」の特徴を可能な限り物語や作品の内部と、それと関連するテクストから説明する。そして、テレビ版から新劇場版まで貫く総論として、昔から日本で描かれてきた月にとりつかれた「竹取物語」の出会いと別れの枠組みが働いていることに注目する。そして、月を扱った『美少女戦士セーラームーン』や『ウルトラマンA《エース》』などとの深い関係を探る。

第2部では、すべての出発点であるテレビ版を考える。シンジが乗り込むまでのあり方を『マジンガーZ』『機動戦士ガンダム』『機動警察パトレイバー』などと比較する。そして「特別攻撃」兵器であるEVAに乗せる側に、死んだ者への「負い目」という感情が共通することを確認する。戦後五十年の節目に放送されたアニメとして戦争をどのように描き、またそれをどのように昇華（消化）していったのかが問われるべきだったのだが、阪神淡路大震災と地下鉄サリン事件に飲み込まれてしまった。また、天使と堕天使の関係を考えると、日本の「サブカルチャー」へのダンテの『神曲』の影響をうかがわせるのだ。最終二話は、劇中劇的なメタ構造をもち、しかも『ファンタジア』の問題系や『桃太郎海の神兵』からつながる表現の系譜を引き継いで、セルアニメを批評的に反省した作品として評価できることをしめす。

第3部では、旧劇場版、マンガ版、そして新劇場版についてどのように書き足され、また書き直されたのかをテレビ版と比較しながら検討する。労力と効果のコストを重視する庵野は、テレビ版のエピソードを作画監督ごとに割り振って全体を統御した。一話あたり動画三千五百枚という物理的な制約が背景にあった。庵野は総集編を得意とし、テレビ版だけでなく春エヴァの「総集編」を最大限に利用した。テレビ版への誘導で始まった貞本義行によるマンガ版は、独自の物語の整理と人間関係の把握によって、「冬」というエンディングへと導いた。『機動戦士Vガンダム』に対する庵野と貞本の解釈の違いが存在する。新劇場版は、リメイクブームのなかで始まったが、物語の関心は、戦後五十年の総括から冷戦後の世界のあり方へと転じた。『Q』以降の不連続は、3・11という日本の体験を受け止めて、物語を着地させるために必要な措置だったことを明らかにした。

◉註

（★1） 日本では「ピクシブ百科」や「EVA @ wiki」などがある。そして、日本版以上に英語版の「ウィキペディア」が詳細な情報を載せている。

英語による詳細な情報は“Evangelion Wiki”に網羅されている。真偽は別にして、有名なガイナックスの内情を当てこすった「怪文書」や、「二十五話」や「二十六話」の準備脚本さえ収集され掲載されている。

https://evangelion.fandom.com/wiki/Main_Page

世界中が「エヴァンゲリオンに抱く関心の一端は、以下のような著書や論文からもうかがえる。「エヴァンゲリオン」批判の Michael Andre-Driussi *True SF Anime* (Sirius Fiction, 2014) もあれば、「ガイナックス」に分析の中心をとらえた Dani Cavallaro The Art of Studio Gainax: Experimentation, Style and Innovation at the Leading Edge of Anime (McFarland, 2015) や、メディア論的関心の論集 José Andrés Santiago Iglesias, Ana Soler Baena (eds.) *Anime Studies: Media-Specific Approaches to Neon Genesis Evangelion* (Stockholm UP, 2021) がある。宗教的「メシア」の観点から論じる Nikolai Afanasov “The Depressed Messiah: Religion, Science Fiction, and Postmodernism in *Neon Genesis Evangelion*” (State, Religion and Church (2020) vol.7-1) や、アニメ、漫画、ゲームを横断して「疎外」の表現をあらためて論じた Carl Li, Mari Nakamura, and Martin Roth “Japanese Science Fiction in Converging Media: Alienation and *Neon Genesis Evangelion*” (*Asiascape org. OPS* (2013) issue 6) などがある。それに、海外の修士論文や博士論文で扱われることも増えている。

第1部

Starting Point to Terminal Point

出発点と完結まで

第1章

すべての出発点

The Dawn of Evangelion

1　企画書から始まった

◉出発点としての企画書

実際に完成した作品はどうであろうとも、当初の意図や狙いは無視できない。出来上がった作品に関して議論をする前に、出発点を確認しておく必要がある。『スキゾ・エヴァンゲリオン』や『パラノ・エヴァンゲリオン』に掲載された制作者の証言も貴重だが、テレビ東京に提出した企画書そのものが公式の資料となる。企画を通すための建前や「おいしい」言葉が盛られていても、何を目指したのかを読み取ることはできる。「庵野秀明展」でも展示され、『エヴァンゲリオン・クロニクル』に三十四頁にわたり掲載された内容を参照して、特徴を明らかにしておこう。

企画書は一九九三年に作成された。その段階では、一九九五年の放送時点での阪神淡路大震災や地下鉄サリン事件などの混乱を知るよしもない。現実に高速道路の架橋がひしゃげ、家屋やビルが焼けて、まるで戦災にあったような光景が広がった。それが、セカンドインパク後に、廃墟となって水没した東京を連想させたとしても、企画の時点では、あくまでも大友克洋が自身のマンガをアニメ化した『ＡＫＩＲＡ』（一九八八）のような、終末論的な発想が利用されていたにすぎない。

企画書の一頁目を見ると、作品タイトルが現在とは違うことに気づく。アルファベット表記は「Neon Genesis Evangelion」で、今でも馴染みがあるものだが、日本語タイトルは「新世記エヴァンゲリオン（仮）」であり、「新世紀」ではない。アルファベット表記はギリシャ語で「新＋創世記」の意味なので、日本語訳としては「新世記」が本来ふさわしいのである。二〇一五年という二十一世紀を舞台にしていることから、同じ音となる「新世紀」へと変更された。

背後に、一九八一年に『機動戦士ガンダム』の劇場版公開に際して、「アニメ新世紀宣言」が発せられたという事情もありそうだ。「新世紀」を冠したのは、庵野なりのアニメ新世紀の決意表明だったのだろう。[★1] とりわけ、劇場版三作目の『機動戦士ガンダムⅢ　めぐりあい宇宙《そら》編』（一九八二）は、新しく作画されてクォリティを増した作品になっていた。この手法を、「エヴァンゲリオン」のテレビ版と旧劇場版で踏襲しようとしたのである。サンライズ制作によるF1人気に呼応した『新世紀GPXサイバーフォーミュラ』（一九九一）も「新世紀」を冠していた。ガンダムの方も、「新世紀エヴァンゲリオン」というテレビ版タイトルに呼応するように、翌年には『機動新世紀ガンダムX』（一九九六）を発表したのである。

「新世紀　エヴァンゲリオン」に決定するまでにも前段階があった。ガイナックス社内で検討された「人造人間エウァンゲリオン（仮題）」の企画案第1稿が庵野の手元に保管されていた。その表紙には赤字による書き込みが多数残されている［「庵野秀明展」展示資料］。タイトルが「ヴ」ではなくて「ウ」であることに気づく。これは古典ギリシャ語表記をそのまま採った結果である。グノーシス主義などとの関係を検討しながらテレビ版全編を読解した大瀧啓裕は、『エヴァンゲリオンの夢』（二〇〇〇）で「エウアッゲリオン」とでも呼ぶしかない、と疑問を述べていた［大瀧：二九頁］。その推測はあたっていたわけである。

「人造人間」のところに、「新創世記　ネオ・ゲネシス」と書き込みがあり、これが完成した企画書で「新世記エヴァンゲリオン」となったとわかる。しかも、人造人間のネーミングに関しても、「オン」で終わることが条件だったようで、「アルシオン、アイオーニオン、アクシオン（公理）、バーミリオン」など多数の候補が記されていた。今となってはエヴァンゲリオン以外に考えられないのだが、ひょっとすると巨人（リーゼ）に由来するリーゼシオンとか、復活に由来するレクシオンなどになっていた可能性もある。

この赤字註記とは別に、黒字で「人造人間　アルテラス（動脈　アルテーリエ（独）の造語）」とあり、こちらも候補だった。特務機関ネルフも「神経」を意味するドイツ語だった。どうやら最終的にネルフだけが残ったのである（さらにドイツ語の「魂」に由来するゼーレが、新劇場版では「意志」をしめすヴィレが加わった）。戦う敵に関しても、敵組織はアルカ（箱舟）、敵使徒はアポストロ（使徒）、敵本拠地はテッラ・プロメッサ（約束の地）と記されている。そして赤字で三つがイタリア語であると註記された。ぶつかり合う組織に関して、味方はドイツ語、敵はイタリア語を意識したネーミングがなされていたのである。[★2]

当然だが、テレビ局へ提出する企画書以前に社内で検討が加えられた。そして最終的なテレビ版でも、各エピソードのサブタイトルの日本語表記と英語表記とがずれている。これは『謎の円盤ＵＦＯ』のような外国ドラマや外国映画のタイトルやエピソードのサブタイトルの翻訳が、原文と大きく異なる場合があるのを逆手にとったのだろう。二つのメッセージを同時に伝えることができる。[★3] たとえば、ヤシマ作戦の第伍話「レイ、心のむこうに」、第六話「決戦、第3新東京市」そして第弐拾参話「涙」が、それぞれが「Rei I」「Rei II」「Rei III」となっていて、この三話を通して、レイ自身やシンジとの関わりの変化が辿《たど》れる仕掛けになっている。

順番通りに話が進むテレビでの放送やビデオ録画だけでなく、ＬＤやビデオによる販売やレンタルで鑑賞されることが念頭におかれている。離れたエピソードを手軽に呼び出し、つなげて考えるヒントが英語で与えられていたのである。日本語表記と英語表記のこうしたずれは、旧劇場版や新劇場版でも踏襲されている。タイトルやサブタイトルの日本語表記だけでは仕掛けがわからないし、逆に議論の多くが、話数表示だけで、日英二つのサブタイトルがもつニュアンスのズレを無視しているのだ。

「新世紀」の表記を意図的に落とした新劇場版の完結編となる『シン・エヴァンゲリオン』の最後になって、企画書の「新世記」というタイトルの意味が十全に理解できるようになった。舞台裏のような映画のセットスタジオで、カヲル司令と加持副司令が畑のなかを歩くのを見送り、シンジがシャッターを閉めて別れを告げる。

十四年間で髪の毛が長く伸び、いびつな人形を抱いたレイが、シンジにEVAに乗らない世界を選ぶと言われ、「世界の新たな創世、ネオンジェネシス」と口にする。シンジはシャッターの向こうにレイを見送ったあとで、「やってみるよ、綾波、ネオンジェネシス」と自分に言い聞かせ、EVAに乗るのだ。そして、EVAが要らない世界を創造する最後の仕事にとりかかる。

そのとき、松任谷由実の曲をレイ役の林原めぐみが歌う「Voyager～日付のない墓標」が流れる。これは小松左京原作の映画『さよならジュピター』（一九八四）の主題歌だった。映画の内容は、木星を小さな太陽にすることで、地球に衝突するマイクロブラックホールを回避する話である。木星を失うことが、そのまま人類を救う未来の選択となった。こうして企画の原点となった発想が確認され、新劇場版は「新世紀エヴァンゲリオン」として無事に物語を終えたのである。

◉企画意図と人類補完計画

「企画意図」で、巨大ロボットアニメは「子供たちの潜在欲望の現れ」として、「抑圧やコンプレックスの補償、抵抗の手段、代償行為」と書かれている。そして、「「正義と愛」という〈夢〉や〈希望〉が必要」だと主張するのだ。制作する大人の側がすべて虚構であると了解して、あえて作品を成り立たせる、という意気込みがしめされ、アニメという形をとってしか表現できないものが存在すると決意が表明されていた。

そして「全体を通してのテーマ」では「主人公はどこにでもいる、ごく当たり前の少年」とし、「主人公は「子供以上、大人未満」」だとして、十四歳が強調されている。シンジなどのキャラクターがその設定から生み出された。セカンドインパクトのときに加持たちが十四歳前後だったことも、また新劇場版の後半が十四年後の設定なのもここに起因するのである。そして、シンジが今までのロボットアニメの主人公とは異なることが強調されているのだ。

さらに「ストーリー・ドラマ的な見せ場」として特徴が二点あがっている。

第一は「謎解きのおもしろさ」である。ネルフをはじめ組織やEVA自体の謎もある。そこに死海消失事件や死海文書などのギミックを盛り込んで、最後に人工進化研究所の秘密が明らかになるという道筋がある。企画書の段階では謎の答えは提示されていないが、それはテレビ局側にも隠されている部分とまだ構想が固まっていない部分があったのかもしれない。

第二は「ゲーム感覚的なおもしろさ」の提唱である。シミュレーションやRPGゲームのような戦略的な内容を取り入れるとしている。日本を舞台にしてロボットによる戦闘がおこなわれ、アクションゲームのバトルの要素を盛り込むとも語っている。日本の風景や、ナイトシーンを積極的に取り入れることも謳《うた》われていた。

「エヴァンゲリオン」がゲームを意識しているのは重要である。一九九四年のプレイステーションや、九五年のウィンドウズ95の発売などで、ゲームセンターのゲーム機だけでなく、ファミコン世代以降の据え置き型のゲーム機やパソコンゲームが、かつての「ドット絵」や電子音を克服しつつあった。ゲームにも高画質のムービーが入るようになった。そもそも、ファミコンなどが英語の「ビデオゲーム（視覚的ゲーム）」ではなくて、「テレビゲーム」と和製英語で呼ばれたように、ゲームはポータブルの専用機が登場するまで、家庭内ではアニメとテレビ画面を奪い合う競合相手となっていた。

アニメが視聴者を惹きつける要素として、ゲーム的内容や展開を取り込んでいったのは間違いない。まるでS2機関を貪り食らう初号機のような態度である。「フラグが立つ」というゲームをプログラムする際の用語が、「死亡フラグ」などの形でアニメやマンガさらには小説でも意識されるようになった。使徒が倒れると「十字」の死亡フラグが明示される。そして、マルチエンディングの設定が、分岐点の先にあるバッドエンドまでを「コンプリート」する感覚を生み出した。そこから、伏線（ヒント）は必ず回収されるべきとみなして、作品という閉じた系の内部に登場した要素はすべて関連して意味をもつはずだ、という強迫観念が成立することになった。ゲームやアニメのように内部の要素をすべて人為的に配置することを前提とするメディアにおいてこの傾向は顕著になったのである。

実写映画であるならば、路上の人物や通りすがりのペットから、街路樹の姿から空模様まで、偶然の映り込みがありえる。むしろそうした偶然の要素を、映像の必然へと読み替えていくのが映像作家の才能となる。そして、観客も納得する。ところが、原理的に偶然の要素が入り込むのが難しいアニメやゲームにおいては、登場するものがすべて作り手の意図を反映していると思われがちなのだ。実際には、「捨てキャラ」、「捨てネタ」、「捨て設定」というその場しのぎの細部が、物語の進行を支える場合も多いわけだ。かつてはテレビアニメを「記憶」に頼るだけで、翌週には大半を忘れながら続きを視聴していた時代があった。ところが「記録」によって複数回の視聴が可能になり、すべての細部が必然のように読み取られる時代となった。たとえば、第七話「人の造りしもの」に出てきたジェットアローンのその後や、第拾伍話「嘘と沈黙」のマルドゥック機関を暴いたエージェントの役割とか、気になるが話の展開からはどうでもよい細部がある。しかしながら、陰謀論のように考えるとすべてが徴候であり、意味ありげにとらえられることになるのだ。

企画書では「ビジュアル的な見せ場」が強調されている。テレビも変化への対応を迫られていたのである。それまでのファミコンのソフトなどでは、容量に余裕がないので、ギリギリまで切り詰めたドット絵や少ない音を利用した単純な電子音が使用されていた。ところが、プレステをはじめ新しい据え付け型のゲーム機が、ＣＤさらにＤＶＤと容量を増やすことで、グラフィックや音において制約から解放されつつあった。ディスクが数枚にわたるものも増えて、途中で入れ替えながらプレイしていたものだ。

画質の上でも、テレビ版はアナログ放送時代の産物だった。BSデジタル放送開始が二〇〇〇年で、地上デジタル放送が二〇〇三年に始まり、二〇一一年に移行が完了した。電波の干渉などの障害が生まれやすいアナログ放送だったからこそ、フィルムを大きなスクリーンに映す劇場版が求められてきたのだし、同じテレビ画面に映すのであっても、VHSやそれを超える画質を保証するレーザーディスク（LD）の需要があったのだ。DVDが商用として登場したのは、一九九六年以降のことである。

そして、企画書では「カッコいいリアリティのある戦闘場面」を描くと宣言されていた。作画における人的および経済的な効率を優先せざるをえなかった過去のロボットアニメ物を越えて、いかにゲームなどと差別化するのかという課題への返答でもあった。テレビ局側の要請とも合致していたのである。

キーワードとなる「人類補完計画」についても内容が簡潔に書かれていた。核融合で「太陽」を手に入れた人類が、次に「完全な人間」を生み出すプロジェクトとされている。これはビッグサイエンスの関心が、原子力から生命科学（工学）へ移行した流れを受けていた。背景として、ヒトゲノムの塩基配列の解明が一九九一年に開始されたことがある（ゲノム解析が完了したのは二〇〇三年のことだった）。

テレビ版の段階では、未知の要素としての人体があったし、NHKで『驚異の小宇宙 人体II 脳と心』が一九九三年から翌年にかけて放送された。貞本義行がそれを観て「ロボットの中にお母さん（の精神）が入って、そこに息子なり娘が乗って、ロボットとシンクロする」というアイデアを投げかけて、企画が始まったと証言している［パラノ：一六二頁］。庵野秀明の個人的な苦悩や知見だけで制作されたのではなく、同時代的な関心のなかで、ガイナックスのスタッフの間での質疑応答や助言を経て生まれた作品であった。

登場する人物もシンジをはじめキャラクターの基本設定がなされていた。人工進化研究所の碇ゲンドウ教授は、マッドサイエンティストであることが強調されている。開発している兵器としてのエヴァンゲリオンの正体は、人造人間であるとされる。先史知的生命体「第1始祖民族」が残した「彼」のレプリカを作ったのだと説明される。

超古代文明の遺産という設定は、プラトンのアトランティス伝説以来の定番でもあった。★4 この設定により、原理もよくわからないテクノロジーが存在することになるし、また未知の部分が大きいのですべてを制御できないことの説明もつくのである。『シン・エヴァンゲリオン』の「パリ市街戦」でのプログラムの解析と制御の困難という話にまで結びつくのである。

◉各エピソード

企画書提出の段階で二十六話分全体のストーリー展開は出来上がっていた。別掲の一覧表でわかるように、主なエピソードやサブタイトルまで決まっていた。内容のメモからも、完成形と比べることができる対応関係をもっていて、メモはその後脚本となり、画コンテを経て実際の作品となったのである。テレビ版との大きな違いは最後の二話の扱いである。当然ながら、企画書には「ちゃぶ台返し」とされる結末がくる気配はない。最終話の「たったひとつの、冴えたやりかた」のメモの内容は「終局である。／破壊された研究所を舞台に／すべての謎とドラマに決着がつく。／ラストは大団円。」となっている。人工進化研究所を舞台に最後の攻防戦が繰り広げられ、死海蒸発事件や古代遺跡をめぐる謎が解かれる予定だったのであろう。「大団円」とは時代がかった表現だが、要するに伏線が回収され、ハッピーエンドの結末になるはずだった。

『ふしぎの海のナディア』や『未来少年コナン』の最終話が「大団円」となっているのにも通じる。もしも、この結末を選択していたのならば、視聴者から特段の抗議は来なかっただろう。だが、マニアから高い評価を得ただけで終わり、後世にこれほど問題提起をする作品として評価はされなかっただろう。テレビ版の最終二話に関して「あれがなかったら「大した作品じゃなかった」とさえ言える」と鶴巻和哉は結論づけていた［パラノ：一六八頁］。結局企画書通りの「大団円」は『シン・エヴァンゲリオン』まで持ち越されたのだ。

企画書の第1話は「再会する人々」となっていて、かなり詳細にあらすじが書かれている。それによるとシンジがレイの乗った零号機と使徒とが戦うのを目撃することで始まる。人間が超越的な存在の戦いを目撃するのは、『キングコング』（一九三三）では巨大な生物の戦いを目撃することとして描かれていた。さらにさかのぼれば、コナン・ドイルの『失われた世界』（一九一二）やその映画化（一九二五）までも含めて、人間が恐竜の対決を見守ることはひとつのパターンでもある。やはり、怪獣特撮でもゴジラ映画の第二作の『ゴジラの逆襲』はアンギラスとゴジラの戦いから始まっていた。ところが、テレビ版の実際の脚本では、使徒の到来を目撃したシンジが、初号機への搭乗をいきなり強制される話へと変化したのである。シンジが戦うEVAへの畏怖や驚きの念をもたずに搭乗することになり、テーマを根本から変えてしまったのである。

また、渚カヲルの登場に関しても、「猫と転校生」となっていて、猫をめぐるエピソードが想定されていた。だが、実際のテレビ版では描かれなかった。それを受けたのが、貞元によるマンガ版で、カヲルはシンジが見つけ出した野良猫の首をひねって殺す、というショッキングな行為を見せつける。どうせ飢えて死ぬ運命にあるのだから、先に殺すのが「慈悲」だとする態度だった。その代わりテレビ版で、猫は赤木リツコが祖母に預けていたものとして残存した。それが母親を失った娘が祖母とつなぐ女性性の問題を表現しているという指摘もある［小谷真理『聖母エヴァンゲリオン』］。そして、『シン・エヴァンゲリオン』で、そっくりさんこと「あやなみれい（仮称）」というレイが、たどりついた第3村で、トウジの診療所にいる犬とは異なる形状の動物として見出す猫にまでつながっているのだ。「エヴァンゲリオン」内に棲みついた猫のテーマは決して小さなものではない。

セカンドインパクトは、企画書では「死海消失事件」とされていて、聖書的な暗合が露骨だった。「創世記」に言及されている神に滅ぼされたソドムやゴモラの話を連想させる。「死海文書」という言葉だけが残ったせいで関係がわかりにくくなった。ソドムが滅びるときに、そこに住む義人ロトに神から逃げるように知らせに来たのが「御使い」つまり「天使」だった。

企画書では、使徒についても「使徒（アポストロ）」となっていて、一応「天使」との違いは意識されていた。使徒の正体は「第1始祖民族」が世界各地の残していた二十八体の古代遺物と説明されている。そのうちのアダムが死海付近で発見され、しかも爆発して消失したというのが、「死海蒸発事件」の真相となる。敵組織「アルカ（箱舟）」と古代遺跡が最後の鍵を握るとされていた。

個別の使徒はビジュアルイメージを伴い、「天使」として紹介されていた。ラミエル（雷の天使）、サハクィエル（空の天使）、サキエル（水の天使）、アラエル（鳥の天使）などが並んでいる。どのエピソードにどの使徒を登場させるのかは決まっていて、エノク書などを参照して、使徒それぞれに「雷」「空」「水」「鳥」といった特徴が付与され、そのままエピソードの内容と直結していた。使徒が襲ってくる順番や内容が、物語の展開と密接につながっていたのだ。

最後に、「システムの中の人間、組織と人間の有様」を描くという目標が掲げられている。また、コミュニケーションの難しさを取り扱うと強調されていた。アニメという動く媒体を使って、「マンガやゲームでは味わうことのできない「人の連なり」や「感動」を届けたい」とする。その後、「エヴァンゲリオン」がマンガやゲームへと展開したことを考えると、この建前とは異なるメディアミックス的展開が待っていたわけだが、あくまでもアニメを放送するテレビ局へ提出された企画書だったので、マンガやゲームに対して排他的な態度を取っていても不思議ではない。

	企画書	テレビ版	テレビ版との差異など
第1話	再会する人々	使徒、襲来 ANGEL ATTACK	
第2話	見知らぬ、天井	見知らぬ、天井 THE BEAST	
第3話	初めてのTEL	鳴らない、電話 A transfer	脚本では「鳴らない電話」
第4話	14歳、始まりの日	雨、逃げ出した後 Hedgehog's Dilemma	脚本では「さまよえるサード・チルドレン」削除予定が復活。脚本に庵野が関与していない。
第5話	レイ、心のむこうに	レイ、心のむこうに Rei I	
第6話	決戦、第3新東京市	決戦、第3新東京市 Rei II	
第7話	人の、造りしもの	人の造りしもの A HUMAN WORK	
第8話	アスカ、来朝	アスカ、来日 ASUKA STRIKES!	脚本では「アスカ来朝」第2部アクション編開始
第9話	瞬間、心、重ねて	瞬間、心、重ねて Both of You, Dance Like You Want to Win!	
第10話	静止した、闇の中で	マグマダイバー MAGMADIVER	
第11話	マグマ・ダイバー	静止した闇の中で The Day Tokyo-3 Stood Still	
第12話	18秒の奇跡	奇跡の価値は She said, "Don't make others suffer for your personal hatred."	

第13話	恐怖の後に来るものは	使徒、侵入 LILLIPUTIAN HITCHER	
第14話	死に至る病、そして	ゼーレ、魂の座 WEAVING A STORY	前半の総集編で、第拾参話「使徒、侵入」と放送日の関係で放送入れ替え
第15話	シンジ、ふたたび	嘘と沈黙 Those women longed for the touch of others' lips, and thus invited their kisses.	第3部　キャラクタードラマ開始
第16話	敵の心の中で	死に至る病、そして Splitting of the Breast	
第17話	アスカ、初デート	四人目の適格者 FOURTH CHILDREN	脚本では「4人目の適任者」フォース・チルドレン三部作①
第18話	命の、選択を	命の選択を AMBIVALENCE	フォース・チルドレン三部作②
第19話	男の、戦い	男の戦い INTROJECTION	フォース・チルドレン三部作③
第20話	ネルフ、誕生	心のかたち 人のかたち WEAVING A STORY 2:oral stage	脚本では「シンジ、誕生」
第21話	せめて、人間らしく	ネルフ、誕生 He was aware that he was still a child.	
第22話	猫と転校生	せめて、人間らしく Don't Be.	
第23話	人類補完計画	涙 Rei III	脚本では「希望に続く病、そして」
第24話	今、契約の時	最後のシ者 The Beginning and the End, or "Knockin' on Heaven's Door"	
第25話	アルカ、約束の地	終わる世界 Do you love me?	Air Love is destructive. ※画コンテでは「夏への扉」
第26話	たったひとつの、冴えたやりかた	世界の中心でアイを叫んだけもの Take care of yourself. ※最終話となる	まごころを、君に（ONE MORE FINAL：I need you.

◉ メモの具現化

企画書における数行のメモが、庵野自身だけでなく、薩川昭夫、榎戸洋司、磯光雄、山口宏、樋口真嗣などと共同で脚本化されていった。庵野は脚本から画コンテまで全面的に文字通り監督していた。例外は第四話で、薩川昭夫の脚本と甚目喜一（佐藤順一）の単独の画コンテとなっている。しかも、意図的に音楽を欠いているのだ。これは本来削除される予定のエピソードであった。挿入されたのは、企画書では「14歳、始まりの日」というシンジの誕生日のエピソードが想定されていて、その破棄とも関係しているのだろう。そして、第弐拾伍話が「Air」と「まごころを、君に」の内容を盛り込んでいたらこれほどのファンからの反発は招かなかったのではないか、という証言もある「パラノ：一九五頁」。テレビ版の最後の二話分を確保するために、玉突き的に生じた削除や挿入だったのかもしれない。

画コンテとなるなかで、多くのイメージが付加され利用された。旧約聖書の偽典である「エノク書」をはじめとする黙示録文学、そして地獄から天国へと至るダンテの『神曲』や、堕天使ルシファーを主人公のように描くミルトンの『失楽園』といったイメージの系譜を踏まえている。サブタイトルに引用されたのは、ジェイムズ・ティプトリー・ジュニアの「たったひとつの冴えたやりかた」やハーラン・エリスンの「世界の中心で愛を叫んだけもの」といった古典的なSFだった。そして、小松左京や平井和正をはじめとする日本のSFや数多くのマンガ、さらにテレビ時代の申し子として、ウルトラシリーズや『謎の円盤UFO』や『デビルマン』のようなさまざまな「サブカルチャー」として花開いた作品を引用し、ねじり、投下したのである。

生身の映像作家・庵野秀明としてではなくて、「エヴァンゲリオン」の作者としての庵野の姿は、総監督としてすべてを統合する役目をもち、象徴的に浮かび上がる。だが、パーソナルな部分との関係を無視はできないが、「エヴァンゲリオン」に取り憑《つ》かれ、作家本人ですら「作品がすべて」と言わざるをえなくなってしまう対象となったのだ。人類補完計画にのめり込み「徐々に研究そのものに取りつかれた」とされた碇ゲンドウの姿と重なる部分がある。庵野は葛藤を抱えつつ、物語上でも単純なハッピーエンドを否定し、旧劇場版をはじめ実写を導入して、透明な媒体としてのアニメーションを意識的に解体したのだ。

◉ 高畑勲との関連

庵野がアニメーションであることやその表現に苦心している点を考えると、自分のもてる技能を使い切って物語をみごとに構築する宮崎駿との関連は当然に思えるが、新しい技法を取り入れ、物語について絶えず問いかけながら作ってきた高畑勲との関連は見過ごせない。庵野が大きな影響を受けた『機動戦士ガンダム』の富野喜幸（現・由悠季）は、高畑監督の『アルプスの少女ハイジ』の画コンテの四割を担当し、『赤毛のアン』でも五話を担当していた。日常生活にどのような「ドラマ性」を見出《いだ》し表現するのかの点でつながっているのだ。富野作品に、総集編や劇場版になると洩れ落ちてしまうストーリーの展開とは無縁に見える魅力的なエピソードが含まれていることとも関係する。

庵野は、高畑を「極悪人」と評し、「人を人と思わない。冷たいというか、計算の人」だが、面白いフィルムを作る人はみな悪人だと称賛している［『パラノ』：八八頁］。『火垂るの墓』で担当した重巡洋艦のディテールが結局黒で塗りつぶされたことへの個人的な反発もあった。完全を追求する高畑の『火垂るの墓』は一部のセルに色を塗らないまま未完成状態で公開されたことで物議を醸した。

庵野はテレビ版の最後などに、わざと色を塗り残した箇所を入れることで、演出の一部として意図的に実践してみせる。そして、高畑が『おもひでぽろぽろ』で、近藤喜文を使って、顔をリアルに表現しようとしたことは失敗だったとして、その方向には向かわないと決めたのである。高畑が「ひょっこりひょうたん島」を時代背景の一部として出してきたのに対して、『ナディア』では、そのまま人工島の意匠に利用してみせた。庵野が自分のほうが趣向をうまく利用できるという自負をもっていても不思議ではない。

庵野は学ぶなら「近代史のほうが効率がよい」として、『セーラームーン』や『Vガンダム』という放送間もない作品を分析し、そこからエッセンスを汲み取る作業をした［小黒：三一二頁］。けれども、高畑や宮崎たちが作った古典を無視したわけではないのである。

高畑が監督をし、宮崎も深く関わった『太陽の王子 ホルスの大冒険』（一九六八）からの影響が感じられる箇所もある。たとえば、第弐拾四話「最後のシ者」で、渚カヲルとシンジが出会うときに、カヲルは天使の像の上からレイの自爆で出来た湖を見ながら、ベートーヴェンの交響曲第九番「合唱付き」の「歓喜の歌」を鼻歌で歌っている。これは、ホルスがヒルダと出会うときに、湖に面した船の高い舳先《へさき》で、彼女が「みずうみわたることり」と歌を歌っている場面からの借用だろう。「悪魔の呪いがかかっている」とヒルダが自分のことを言うとき、「エヴァの呪いにかかっている」レイたちのことを考えざるを得ないのだ。

村から追放されて苦悩するホルスが「迷いの森」のなかで答えを見つけようとするとき、ホルスの目の前に悪魔の妹であるヒルダが複数いることがしめされる。ホルスは六〇年代らしく「団結」に光明を見出すが、九〇年代のヒーローであるシンジには、そうしたすっきりとした解決が見つかるはずもない。この点を深く掘り下げたのが「エヴァンゲリオン」という見方もできる。

宮沢賢治原作の『セロ弾きのゴーシュ』（一九八二）は、シンジがチェロを弾くことと深くつながるかもしれない。賢治のゴーシュは中年の楽団員という設定だが、それを青年に変更したと高畑自身が認めていた。それを引き継いで、十四歳の少年にチェロを演奏させるのである。アスカに問い詰められて、誰も止めなかったので弾き続けてきたとシンジは答える。『ゴーシュ』は、賢治の原作からベートーヴェンの交響曲第六番「田園」に彩られた作品だった。そして高畑の『ゴーシュ』という作品自体が、ディズニーの『ファンタジア』における「田園」の神話的な扱いに対する反発でもあったのだ。

ただし、練習場面ではなくて、本番では岩城宏之指揮のNHK交響楽団の演奏を利用することで、音楽の力で説得を試みようとしていた。『ゴーシュ』の場合と同じくアニメ版の『風の谷のナウシカ』の最後で、マンガ連載が完了しないままで続く話をもっともらしく見せるために、スタッフロールにエピローグ的映像を与え、久石譲の音楽をかぶせる手法でシンフォニックに幕をおろした。この手法を庵野はそのまま第弐拾四話でセントラルドグマに渚カヲルが侵入する場面で利用することになる［小黒：三三一頁］。

高畑は音楽、とりわけ歌が果たす役割を重視して取捨選択をしていた。『風の谷のナウシカ』では安田成美の歌を排除し、映画館で流すだけにとどめた。そして、古い歌の使い方に関しても、庵野は監督やプロデューサーとしての高畑のやり方から知恵をもらっている。『おもひでぽろぽろ』で都はるみにオリジナルの曲を、『紅の豚』で加藤登紀子にシャンソンを歌わせた。それに対して、庵野は新劇場版で、マリに水前寺清子の「三百六十五歩のマーチ」や「真実一路のマーチ」といった昭和歌謡を歌わせるのである。とりわけマリによる佐良直美の「世界はふたりのために」は、結末を予告しているようにも聞こえる。

プロデューサーとしての高畑は、『魔女の宅急便』に荒井（松任谷）由実の「ルージュの伝言」を使わせ、『風立ちぬ』では「ひこうき雲」という曲を使わせた。それに対して、『シン・エヴァンゲリオン』で「Voyager～日付のない墓標～」をぶつけるという形で庵野は応答してみせたのである（そこに成田美名子のマンガ『あいつ』のキャラクターであるユーミンも交差している）。

『風の谷のナウシカ』の巨神兵の作画から、『風立ちぬ』での堀越二郎役の声優まで、スタジオジブリに深く関わってきた庵野にとって、格闘する相手としての宮崎はもちろん、高畑勲も決して小さな存在ではない。川上量生によると、高畑はアニメを美術史的にはマニエリスムの段階にあると考えていて、そのなかで作ろうとしていた［川上：一五〇頁］。これは庵野がコラージュとして過去作品を解体して、その部品を再利用する手法とつながっているのだ。

2　エヴァンゲリオンとの交差点

◉エヴァンゲリオンとの出会い

これは素直に明らかにしておいたほうが良いだろうが、筆者は「大人」になってから「エヴァンゲリオン」と出会ったのである。六〇年安保前後に生まれた作り手たちとほぼ同世代であり、年齢の限界もあって、自己形成と作品との関係について「エヴァ語り」ができる熱心なファンではないし、いわゆるオタクでもない。フィギュアやグッズに格別の思い入れをもっていない。作品に対する意見や感想の多くは、放送終了後にテレビでの再放送やDVDなどで視聴した結果得たものである。庵野作品に本気で対面したのは、縁あって『シン・ゴジラ』（二〇一六）の試写を観たときからなので、ずっと遅いのである。

庵野作品に関しても、『ふしぎの海のナディア』（一九九〇―九一）はリアルタイムでときおり視聴していたが、ネモ船長が松本零士風だとにやりとし、三人組のドタバタがもつ『タイムボカン』的な要素に笑っていた程度である。監督が途中で樋口真嗣に交代したとか、鷺巣詩郎の音楽だった、という事実に気づいてはいなかった。褐色の肌のヒロインが、なんとなくアグネス・ラム以来の「日焼け美人」の系譜かと思っていたら、「黒人」とジャンのおばさんに断定され、アフリカに向かうが、実際は古代アトランティス人の末裔、という展開が待っていた。

後半で心臓の形に似ているとされるアフリカ大陸の中央部に話が向かい、ネオ・アトランティス王国の物語が、原作とされるヴェルヌの『海底2万マイル』や『神秘の島』を離れて、ダイヤモンドをめぐる『南十字星』などを彷彿とさせるものになっていた。秘境の奥にバベルの塔など聖書につながる物語があるといえば『ソロモン王の洞窟』以来の冒険小説の定番ネタでもある。

それでも、完結編となる『シン・エヴァンゲリオン』の冒頭でエッフェル塔が出てきたときに、巷で噂となった本の表紙の写真との構図の類似よりも、『ナディア』の第1話が「エッフェル塔の少女」だったことを思い出した。この部分は『ナディア』の映像的な語り直しではないかと思えた。

『ナディア』の第38話「宇宙《そら》へ…」で、パリ上空でガーゴイルの率いるレッドノアとN−ノーチラス号が空中戦を繰り広げ、エッフェル塔が曲がったようすが出てきた。A.T.フィールドの激突は両船のバリアの戦いの模倣だし、A.T.フィールドをこじあけて相手の内部に入るのも、このときのN−ノーチラス号のやり方を踏襲している（そもそも『ナディア』の続編として構想が始まったのである）。発掘戦艦N−ノーチラス号が発進する際の音楽は、すでに『惑星大戦争』で使われた「激突！轟天対大魔艦」を連想させるものだった。『シン・エヴァンゲリオン』では版権がクリアできたので、堂々と本物から楽曲を引用しアレンジできたのである。

これは庵野がトラウマを抜け出すために必要な儀式だったのかもしれない。『ナディア』はNHKから宮崎駿の『天空の城ラピュタ』のような作品になることを要求され、前任者は反発から監督を降り、引き継いだ庵野とガイナックスは、それを受け入れながら、ヴェルヌの『海底2万マイル』に基づく物語を自己流に解体していったのだ。そのため宮崎作品のなかでも『ラピュタ』が嫌いという庵野の断言には重みがある［スキゾ：二三頁］。

それでいて、同じNHKで放送された『未来少年コナン』で、原作の『残された人たち』を大きく逸脱した宮崎の手続きに倣《なら》っている。企画を通して放送が始まってしまうと、「始まっちまったものはしょうがない」とばかりに、改変をしていったのである。庵野たちは、大川久男と梅野かおるの手になる脚本をしだいに無視し、画コンテの段階で書き換えてしまったのである。過去の記憶を乗り越えたのが、エッフェル塔を使った「パリ市街地戦」となるのだ。しかも、鬱憤晴らしのためか、マリがネルフのEVAを倒すときに、折れたエッフェル塔をさらに相手のボスキャラであるMark444Cの砲頭に挿し込んで破壊させるのである。

◉放送時間枠とのつながり

庵野秀明が残してきた仕事の重要性に気づいたのはずいぶんと遅かったのだが、それでも、一九九五年の放送当時に『新世紀エヴァンゲリオン』を断片的に視聴した感想や思い出が皆無というわけではない。作品との個人的な接点について若干語っておきたい。

そもそも夕食時にあたるテレビ東京の水曜日午後六時半からの時間帯は、海外もののアニメ番組を放送する枠という漠然としたイメージがあった。『ミュータント・タートルズ』が一九九三年十月からずっと放映されていた。カメの忍者の話であり、東映動画が作っていたにせよ、あくまでも海外テイストの作品だった。

そこに、いきなり『新世紀エヴァンゲリオン』が流れてきた。そして、一九九六年の四月からの次回作として、あかほりさとる原作の葦プロ制作による『VS騎士ラムネ&40炎』が放送された。中学三年の主人公が「俺は今、モーレツに熱血してる‼…テレるぜ」と決め台詞を言うのだ。中学二年生で苦悩していた碇シンジの話とはあまりにもテイストが違うのに困惑してしまった。さらに続いてサンライズ制作の旧作『勇者ライディーン』のリメイク『超人ライディーン』があって、そのあとは『ビーストウォーズ』のトランスフォーマー物が何期も続いたのである。『トランスフォーマー』として、ハリウッド映画で実写版リメイクされたときには、使用されるCGIや映像技術に映画館で目を見張ったものである。

いずれにせよ、この放送枠の主流は、海外アニメの長期シリーズや過去作の続編とかリメイク作品であり、『新世紀エヴァンゲリオン』は、偶然そこに流された作品という印象だった。子ども向けのグッズを売る予定のスポンサーにとって、かなり異質な作品だったことがわかる。食事をしながら、チャンネルがあったときにポツポツと視聴してはいたが、それほど深い印象を残さなかった。その理由は、放送時間への思い込みにもあったのかもしれない。

◉林原めぐみのイメージ

それでも、林原めぐみが綾波レイの声をあてていることへの驚きと違和感があった。それまでの林原といえば、元気の良い少年少女を演じるアニメ声優だと了解していた。

当時皇太子だった浩宮の結婚相手をめぐる話題を秘めつつ『リトル・ニモ』を語り直した藤子・F・不二雄の『チンプイ』(一九八九―九一)でのヒロイン春日エリ、高橋留美子によるお湯をかけるとジェンダーが変わる設定の『らんま1/2』(一九八九―九二)のらんま、そして「学園+変形ロボットアニメ」という『熱血最強ゴウザウラー』(一九九三―四)の立花浩美といったぐあいだ。

とりわけ『熱血最強ゴウザウラー』は、放送が三月開始で翌年の二月までという年度のサイクルを採用していたので、小学校の年中行事に合わせて物語内の事件を引き起こすように、カレンダーと連動する点が興味深かい作品だった。小中学生相手の学習塾で教えた経験があり、公立や私立の入試が終了し、卒業式が済む三月から翌年の二月までが、年度のカレンダーとして有効なことは理解していた。大人が含まれた社会的な事件とは別に、卒業を前提とした小学校六年生の学校社会では、最後に映画の『スタンド・バイ・ミー』のような別れが訪れる。学校や学園生活を舞台にしている限り、科特隊やウルトラ警備隊のように、定年まで(?)侵略者と戦い続ける組織の物語ではありえない。「卒業」や「別離」がどうしてもつきまとうのだ。

校舎が変形してゴウザウラーなどの戦闘ロボットとなるようすに、戦場や宇宙を舞台にしたロボットアニメとは異なる雰囲気を感じ取っていた。これも『機動戦士ガンダム』を代表作とするロボットものを得意とした日本サンライズ作品だった。個人的には、少々暑苦しいガンダムシリーズではなくて、『銀河漂流バイファム』(一九八三―四)、『蒼き流星SPTレイズナー』(一九八六)、『勇者警察ジェイデッカー』(一九九四―五)と、気に入っていたのは、あまり主流ではない作品だった。今から思えば、初回を担当することが多い星山博之の脚本が好きなだけだったのかもしれない。

『新世紀エヴァンゲリオン』で、林原は一転して感情や動きに乏しい綾波レイを演じた。裏庭の垣根を飛び越え(ては失敗す)るエリさまとは大違いだった。最終話の有名なパンをくわえて走り、シンジとぶつかるレイは、これまで林原が演じてきた役柄に合っている。抑えた演技を振り捨て、シンジの幼なじみのアスカと口喧嘩をする転校生レイを演じていた。

◉中学二年生という設定

シンジたちの十四歳という年齢よりも、中学二年生という設定が絶妙に思えた。小学校の最高学年から一転して序列の底辺となる学年へと変わり、新しいクラス分けで人間関係に戸惑っている一年生でもなく、入試や卒業を控えて不安な三年生でもない。高校や大学でも同じだが、二年目となると学校の制度や仕組みに慣れ、生活のリズムもできて、教師や制度の目をかいくぐり、手抜きや息抜きができるようになる。授業の場面で教師がセカンドインパクト後の混乱や歴史を語っていても、生徒は一人も聞いていない場面などは、さもありなんという感じであった。

しかも、どうやら第壱中学には、学年を超えてつながる部活動が不在なので、先輩後輩を描いた『トップをねらえ!』とは異なり、「エヴァンゲリオン」には、学園モノの定番である意地の悪い先輩やかわいい後輩といった関係が描かれない。状況や立場は異なるが、リッコに対してマヤが思慕を込めて「先輩」と呼ぶ場面が出てくるくらいなのだ。シンジの周辺にあるのは、あくまでも学年を輪切りになった同級生との人間関係だけなのである。

そもそも「2年B組」は登場しないし、他の学年のようすもわからない。『3年B組金八先生』(一九七九―二〇一一)で代表される桜中学のシリーズには、さとう宗幸が担任を演じた『2年B組仙八先生』(一九八一―八二)があった。けれども、二年生を舞台にした作品が、シリーズのなかでも一回切りで終了したのは、それだけドラマチックな展開が困難なせいだろう。『シン・エヴァンゲリオン』で、トウジの診療所に「診察室2―B」という札が出ていて、第3中学校の「2―A」とは異なる世界だと明らかにされている。施設に入る前とは異なる状態になって、いずれはその場所を出ていくことが期待されている点で、教育を受ける学校と、治療を受ける病院と、さらにいえば犯罪者を収容する刑務所との役目は重なるのである。

二年生になると教室内での友人関係や個人の立ち位置がそれなりに安定している。当初転校生としてのシンジは異質なものとして排除されかけたが、EVAのパイロットだと授業中に知られると人気を得るのである［第参話「鳴らない、電話」］。トウジによるビンタという洗礼を受けて、シンジが「3バカトリオ」とヒカリにくくられる仲間になれたのも、安定してはいるが、進路も決定せずに宙ぶらりんの状態にある中学二年生のクラスだから可能だったのである。最終学年で主要な登場人物が受験を控えて模試や塾通いに忙しい「エヴァンゲリオン」を想像してみるとわかるはずだ。級友が修学旅行で沖縄に行って遊んでいる間に、シンジがやっているのも宿題だった［第拾話「マグマダイバー」］。

筋肉少女帯の歌(「何処へでも行ける切手」)などにインスピレーションを得て貞本義行が描いたとされる、レイが包帯に巻かれて傷だらけの不自由な身体で描かれる表現は息苦しさを感じさせ、個人的には視聴を続けるのをためらわせた。庵野本人が、父親が足を失っているという身体的な障碍がトラウマになっていて、不完全なものに惹かれるという自分の性癖について何度も語っている。だが、その姿をシンジの母親の分身ともいえるレイに投影したのは興味深い。とりわけ、「旧劇場版」で、ゲンドウがアダムを移植した手で向き合ったレイをまさぐろうとすると、腕が落下する姿が印象的である。こうした記憶の「素材」は圧縮や置き換えや二次利用されて「表現」となるのであり、単純に庵野の「現実」と直結させるわけにはいかないだろう。そこにフィクションの難しさがある。

シンジが気づくゲンドウの掌のやけどは、レイを助けたことを表す「聖痕」でもある。身体的な傷による二人の結びつきの強さに、シンジが嫉妬する展開は、エディプス・コンプレックスを題材としたこの作品において大きな意味をもつ。しかもレイと父親との親密な関係に嫉妬するシンジの頬をレイが叩く行動をとる。このときのレイの行動にシンジは反発しないし、トウジに殴られたときも通過儀礼のように受け入れるのだ。それにしても、声優学校に通うために親から出された条件として、正看護師の資格を獲得した林原が、ストレッチャーで運ばれ、包帯だらけのレイをどのような気持ちで演じたのかは多少気になるところではある。

◉プロデューサーの役割

もうひとつ、テレビ東京（TX）の小林教子というプロデューサーの名前を知り、注目するようになったのも、『新世紀エヴァンゲリオン』がきっかけだった。その後、『少女革命ウテナ』、『とっとこハム太郎』、『ヒカルの碁』、『BLEACH』など、名前を見かけると、とりあえず数話観てみるかという気になった。プロデューサー名で作品を選ぶ視点を与えてくれた一人である。庵野は、最終話でプロデューサーと二人で画面に出て、「ビデオでなんとかします」と謝ってしまう展開も考えていた［スキゾ：五四頁］。そのテレビ東京のプロデューサーが小林だったのである。

プロデューサーと監督が顔を出して謝罪することが実現していたのならば、別な意味で衝撃を与えただろうが、さすがに放送事故と誤認されるこのやり方では「作品」として認められなかった。ただし、一本一万円するのがめずらしくないOVAブーム下でもあり、リメイクをして内容を訂正したビデオか画質がよくて高価なLD（レーザーディスク）を販売する戦略は、視聴する場がテレビ放送や劇場とは限らなくなった時代に合っていた。

結果として「春エヴァ」さらに「夏エヴァ」と略される旧劇場版が公開され、のちにビデオ化されて販売されたことで、予定どおり実現したともいえる（LDが百七十万枚売れたという記録もある）。レンタルビデオ店などでの貸出回数を考えると、まさに大量に受容されたはずである。不完全な存在を愛するという庵野がもつ自意識の表出として、未完成に見える作品を提示したかった、ともいえる。本書では考えないが、わざと不完全な作品を提示して、「炎上」ともつながるプロモーションの手法を採用したとして、「エヴァ現象」をマーケティングの観点から評価検討できるのかもしれない。

これはあとから気づいたのだが、『新世紀エヴァンゲリオン』の実現に、スターチャイルド（キングレコード）の大月俊倫が果たした役割は大きい。雑誌の『アニメージュ』を通じたつながりをもつ大月が、庵野の才能を信じて放送枠を確保してくれた、という背景は、『スキゾ・エヴァンゲリオン』と『パラノ・エヴァンゲリオン』の長時間インタビューで知った。ただし、大月の側は、最終二話については知らなかったとして、作品を作り続けられないと訴える庵野を最後まで励ましたのだが、そのやり方は、大月が精神的により悲惨な話をすることによってだった、と告白している［パラノ：二二四頁］。

アニメ制作は、製作委員会方式に変わっていき、利益を確保するための説明を求めるゼーレのような会議で横槍が入るようになってきた。企画の実現には、作り手を守る辣腕プロデューサーを説得すればよい、という手法が変わりつつあった。庵野も『彼氏彼女の事情』の総集編の回を編集したが、テレビ東京から納品を拒否され、代わりに大月が編集した版を納品したという事も起きた。二〇〇六年になって、関係の深いスタジオジブリに倣うように、「スタジオカラー（ギリシャ語で「歓喜」の意味）」というアニメ制作から出版まで手掛ける自分の城を作り上げた。さらにキャラクターの商品開発や著作権を管理するグラウンドワークスを設立したのも、自分の考えを最大限に活かす形での作品制作を守るためである。

◉マッチョなヒーロー像の解体

『新世紀エヴァンゲリオン』を視聴しながら、二十世紀末において、マッチョな男性ヒーロー像が成立せず解体している状況につながっていると思えた。一九九一年から三年にかけてのバブル崩壊という景気後退の時期に「自分探し」が流行し始める。そして「ミスター・チルドレン（Mr. Children）」という象徴的にさえ思える名前を冠したグループの「イノセント・ワールド（innocent world）」（一九九四）や「名もなき詩」（一九九六）といった歌が、自分探しに苦しむようすを描いていたと、教育社会学者の牧野智和は指摘する。★5 サードチルドレンのシンジの苦悩は、単独のものではなく同時代的でもあったのだ。

その頃『新世紀エヴァンゲリオン』だけではなくて、共鳴する作品があちこちで登場していた。それは、一九九五年のテレビ版から、一九九八年に旧劇場版の公開にかけての冷戦やバブルが終わり、天災や人災で先ゆきが見えなくなった時期の「時代精神」でもあったのかもしれない。

個人的に多少やりこんだ経験のあるスクウェア（現・スクウェア・エニックス）のビデオゲームのソフトを考えてもわかる。ゲームにおいても冷戦崩壊後を舞台とする気配は濃厚だった。一九九五年に発売された『フロントミッション』は太平洋上の架空のハフマン島を舞台にしていたのに対して、九七年の『フロントミッションセカンド』は、「バングラデシュ人民共和国」を取り上げ、そこに世界各国が利害を求めて入り込み、兵器の実験場として戦争を起こす物語だった。冷戦後に地域紛争が主戦場となる現実が投影されていた。しかも、三人のプレイヤーの視点を選択することで、現状への認識が相対化されるシナリオに、攻略本片手に何度も唸ったものである。

一九九七年に世界的なヒットを遂げてビッグネームとなった『ファイナルファンタジーVII』は、セフィロスという英雄にあこがれるクラウドが主人公で、原子炉を連想させる魔晄炉という核戦争とは異なるエネルギーの是非を扱っていた。これはPS2というゲーム機が映像美を表現する能力をもっていたせいで、世界で人気を得たが、その神経症的な主人公クラウドの表現は、冷戦崩壊後の不安とシンクロしていたのである。経験値をいっしょに積んできたヒロインが途中で死を迎えるのも、プレイヤーにトラウマを与えるのに十分なゲームだった。

そして、『FFVII』の裏番組のように作られ一九九八年に発表された『ゼノギアス』は、さまざまな神話や伝説の合成物とでもいえる世界観をもっていて、それも『新世紀エヴァンゲリオン』のようなあり方と通底するように思えたのだ。主人公がカンフーのような技を習得することで、しだいに壮大な世界の話へと向かっていく。内面世界を表現する方に向かい、その後「ゼノサーガ・シリーズ」に引き継がれることになった。キリスト教やユダヤ教の神話に、ニーチェや心理学の用語をぶつけて内面世界を描こうとしていた。これは「エヴァンゲリオン」のインパクトを受け止めた作品といえるだろう。

リアルタイムで視聴していた当時は、テレビ版の『新世紀エヴァンゲリオン』を、「個人と集団の関係を描く」と企画書にある通り、個人と集団を結びつける神話的な構造を利用して、冷戦期に形成された価値観を揺さぶる作品のひとつとみなしていた。そして新聞や雑誌を通じて、「エヴァ現象」とでも呼ぶ盛り上がりに唖然としているだけだったのである。

テレビシリーズ公開当時の思い出を含めた私的な語りはここまでにしておくが、「エヴァンゲリオン」がそうした語りを誘引する作品であることは理解できる。何よりもこの作品が人間同士の対話やコミュニケーションが成立するのかどうかをめぐる物語だからである。それでいて、新劇場版の「序・破・Q」それぞれの英語タイトルに、カッコで「否定語（not）」が入っていたように、一つの見方に対して、判断が「宙吊り」になってしまう点を意識的に扱っている。

自分と作品との境界線を見失い、「エヴァ語り」を始めてしまう態度自体が、ひょっとすると作品の磁場に取り込まれた一種の「精神汚染」の兆候なのかもしれない。だからこそ、本書ではそうした態度そのものをなるべく「封印」しておきたい。もちろん、どこまで貫けるのかは保証の限りではないのだが。

◉註

（★1）「あのとき「アニメ」が変わった　1981年アニメ新世紀宣言」https://www.asahi.com/showbiz/manga/TKY200910170173.html

（★2）ドイツ語とイタリア語でしめされる両者が日本で争うのだから、程度は別にして「日独伊三国同盟」を下敷きにしたとさえ見えてくる。たとえば、ゼーレの委員会の構成メンバーとして、委員長のキール・ロレンツはドイツ人だが、「伊（イタリア）のマフィアの雰囲気でよろしく」と設定の原画には書き込まれている。このキールが企画書ではコンラート・ローレンツだったことを山川健一は指摘した［『ヱ／エヴァ考』で］。刷り込みで有名な動物学者だが、ナチス体制で教授職を手に入れたことで、戦後に物議をかもしたのだ。そして、戦後には緑の党を支持するようになる。そうしたローレンツの経歴を考慮すると、ゼーレの委員長として、ドイツとイタリアの雰囲気が合成されたのもファシズム側の生き残りということだろうか。なお完成作品ではわかりにくいが、画コンテでは残りの委員は、「米」「フランス」「イギリス」「ロシア」となっていて、冷戦崩壊後の世界の関係を描いている。

ただし、DAICONの大会のために、戦隊モノをパロディ化した『愛國戦隊大日本』（一九八二）というアマチュア映像作品を作った庵野たちにとって、ソ連から「赤化」の波が押し寄せてきたのと戦うという図式も、一種の「シャレ」で「ネタ」であり、物語を作る口実にすぎないのである。だが、それでも、「エヴァンゲリオン」がヨーロッパを志向し、ネルフのアメリカの第2支部が、いきなり核爆弾を想像させた爆発で消失する話へとつながることは看過できない。実際にユネスコやインターポールをはじめヨーロッパに本部がある国際組織はたくさんある。ただし、『ウルトラマン』の科学特捜隊の本部はパリであるが、『帰ってきたウルトラマン』ではMATの本部はニューヨークが所在地だった。

（★3）日本語タイトルと英語タイトルとのズレを利用することで複数のメッセージを伝えるのは、「エヴァンゲリオン」の特徴である。日本映画の手法が由来した可能性のひとつを示唆しておきたい。それは大島渚も関与したATG（日本・アート・シアター・ギルド）からの影響である。渚カヲルの渚は、脚本の薩川昭夫により映画監督の大島渚から取られたとされる。大島の『儀式』（一九七一）は、タイトルも含めて庵野のアート志向の実写映画『式日』との関連をうかがわせ、その後大島と対談もおこなったが、『儀式』は未見と返答していた。また実相寺昭雄は『無常』（一九七〇）、『曼荼羅』（一九七一）など四作品をATGで制作している。とりわけ『怪奇大作戦』の「京都売ります」の世界に近い『無常』は、第23回ロカルノ国際映画祭では金豹賞を受賞した。どちらも冬木透の音楽が映像を支えていた。

「エヴァンゲリオン」全体とATG系映画との繋がりは濃厚である。庵野が敬愛する岡本喜八も、『肉弾』や『近頃なぜかチャールストン』を撮っている。佐藤順一が第伍話の画コンテを担当したときに「もっとATGな匂いなんです」と訂正されたと回想している［佐藤順一の昔から今まで（15）「レイ、心のむこうに」と「ネルフ、誕生」 http://animestyle.jp/2021/03/15/19269/］。

最終二話が、楽屋落ちやメタフィクションの構造をもつことが、ATG映画である寺山修司の『田園に死す』（一九七四）からの直接の影響と指摘される［藤田：六〇頁］。ただし、庵野自身は、寺山が『田園に死す』のときにヒントを貰った川島雄三の『幕末太陽傳』の幻の結末を意識したと言っている［スキゾ：六七頁］。幕末の話がいきなり新幹線で始まる川島映画は、最後に主人公が撮影中のスタジオを突き抜けて、同時代の街へと出ていくという脚本だった。映画会社や周りに止められたのである。こうしたスタジオの裏側を見せるやり方は珍しいものではなかった。実相寺の盟友でもある佐々木守が脚本を担当した『お荷物小荷物』（一九七〇―一）などが知られる。撮影のスタジオが映り込む作品、歩くと土のはずなのに木の音がするセットや、反響音がするスタジオなど、「作り物である」証拠はいたるところにある。そうした「雑音」を無視する約束事のなかで出来上がっている。だからこそ、カメラを引くとメタ構造になってしまうのだ。それを意図的に使って舞台裏を描き人気を得た『カメラを止めるな！』（二〇一七）のような作品も生まれるのである。

庵野たちが意識した大島渚の作った映画のひとつに『帰って来たヨッパライ』（一九六八）がある。これはのちに精神科医として知られるようになった北山修が大学時代に結成したザ・フォーク・クルセイダーズのヒット曲である。歌詞も「おらは死んじまっただ」と始まり、「天国良いとこ」と歌うのである。B面はソーラン節という日本の「民謡《フォークソング》」をブラザーズ・フォアなどを連想させる歌いまわしで歌っていた。映画の『帰って来たヨッパライ』の英語タイトルは「I Only Live Twice」と、『007は二度死ぬ』の英語タイトル「You Only Live Twice」をもじったのである。『シン・エヴァンゲリオン』の英語タイトルも、「Once Upon a Time（昔々）」をもじった「Thrice Upon a Time（あるときを三度目）」と同じやり方をしている。大島の映画自体は、日本海で、当時軍事独裁体制だった韓国からの密航者と間違えられるという内容で、歌詞の「天国」の意味合いを問うものだった。

（★4）超古代のすぐれた文明が地下に隠れているというのは珍しい設定ではない。『マジンガーZ』では、ロードス（バードス）島で古代ミケーネ人のロボットが発掘された。ミケーネ人たちはロボットを利用して無敵だったのだが、地震によって滅びたとされる。そのロボットを復元したのが、ドクター・ヘルと兜十蔵だったのであるが、世界征服をたくらむドクター・ヘルが仲間を殺害することから十蔵は逃げて、密かに光子力を使ったマジンガーZを完成させていた（第2話「ストップ ザ あしゅら軍団」）。

また、庵野が関わった宮崎駿の『風の谷のナウシカ』の巨神兵も、火の七日間をくぐり抜けて残っていたセラミック文明の遺物であり、ペジテで発掘された卵を孵化させて、兵器として利用するのである。『天空の城ラピュタ』でも、ラピュタ人が空を飛ぶ技やロボットの兵隊をもっていたことで超古代文明が表現されていた。NHKのテレビアニメの枠で放送された『未来少年コナン』も、太陽エネルギーに基づく古い文明とエコロジーを目指す新しい文明の不連続の話だった。『太陽の子エステバン』も、原作小説から離れて、中南米の超古代文明としてオルメカなどを利用していた。『伝説巨神イデオン』は、第6文明人の遺跡と出会った地球人を主人公にしていた。

庵野の『ふしぎの海のナディア』も古代アトランティス人が作り出したのが現在の人類という設定で、「エヴァンゲリオン」につながる。ジュール・ヴェルヌの『海底二万里（海底2万マイル）』の第二部九章の「消え去った大陸」に出てきたアトランティスの話と、『神秘の島』さらには『動く人工島』を組み合わせているのである。そして「エヴァンゲリオン」は当初『ナディア』の続編として構想されたものである。

多数の例を挙げられるが、これは戦争や天災により歴史の記憶が途切れたことの問題系でもある。一九六八年には、チャーチワードの『失われたムー大陸』の翻訳を出発点に大陸書房が創立された。そして、まさにムー大陸にちなんだオカルト雑誌の『月刊ムー』が創刊されたのが一九七九年だった。こうした「オカルト（隠れた知）」の水脈が繰り返し参照されてきた。そして、エーリッヒ・フォン・デニケンの『未来の記憶』（一九六八）やグラハム・ハンコックの『神々の指紋』（一九九五）のような、過去に宇宙人がやってきて「超古代文明」を築いたという説明に連なる。また『２００１年宇宙の旅』（一九六八）のモノリスの設置とも共通点があり、「エヴァンゲリオン」はゼーレの表現などで借用していた。

（★5）「「自分探し」平成で定着「解放」の尾崎豊から「探求」のミスチルへ」
https://withnews.jp/article/f0190325001qq000000000000000W06910801qq000018851A

「ミスター・チルドレン」というバンド名は、イギリスのバンドの「レイルウェイ・チルドレン」やザ・ミッションのアルバム『チルドレン』（一九八八）などに由来する。「チルドレン」に対する親しみが広がったと判断したのだろう。そこにミスターをつけることで、大人と子どもの関係を相対化してみせたのだ。また「名もなき詩」を含めてダブルミリオンを達成したアルバム『深海』（一九九六）を受けて、『Q』（二〇〇〇）というアルバムが出た。タイトルは意味も無くつけられたものだが、アルバムジャケットは潜水服姿でコーヒーを飲み、海底に椅子が置かれたものだった。『深海』を超えるという含意をこめたとされる。おそらく偶然ではあろうが、新劇場版の『Q』のタイトルにそうした願いが込められているとも読める。もちろん「Q」とは『オバQ』や『ウルトラQ』などマンガや特撮における特権的な記号でもあるのだ。

また、マタイとルカの福音書のもととなったされるイエスの言葉に関する資料は、「Q資料」と呼ばれる。これはドイツ語の出典（Quelle）の略であるが、こうした「Q」の使い方は、「エヴァンゲリオン」を一種の聖人伝と読む可能性を示唆するかもしれない。

第2章

竹取物語として

The Tale of Princess from the Moon

1　月に憑かれた作品

◉月がコラージュされた作品

「エヴァンゲリオン」を庵野秀明の私的な世界を投影したいわば私小説とみなし、「庵野秀明補完計画」とする読解もありえる。庵野は数多くのインタビューで、割合率直に私的側面を語っているし、「オリジナルは自分の人生だけ」と公言しているので、結びつけやすい。けれども、作品は私的な日記ではないし、私的な事情や人間関係を考慮しなくても（あるいはカッコに入れても）受け入れられるからこそ、全世界にファンが生まれたのである。過去に作られた多数の作品やイメージを借用し、独自に工夫する作業からオリジナルは生まれる。そうした素材の選択と配置において、庵野秀明という個性が発揮されたのだ。

数多くの使徒の名前の由来となった旧約聖書の偽書とされる「エノク書」をはじめ、「死海文書」や「ロンギヌスの槍」などが、キリスト教的な文化体系から離れて自由に引用されている。さらにマンガやアニメや特撮番組などの「サブカル」が豊富に参照されて、オマージュが随所に見られる。また、箱根の仙石原から山口県の宇部新川駅まで、実在する場所が素材として利用される。その結果、たとえば、『シン・エヴァンゲリオン』で第3村に利用された天竜二俣駅は、コラボレーションとして一時期第3村という看板をかかげて、聖地巡礼の対象にもなった。また、たとえ作り手が強く意識しなくても、無意識のうちに、過去の作品を踏まえて新しい作品が作られていくのである。

テレビ版はその後のアニメやマンガやゲームを含めた「エヴァンゲリオン」フランチャイズのすべての出発点であり、『シン・エヴァンゲリオン』までたどりついてから、むしろ込められていた意味を確認すべき作品である。原点となるテレビ版を見ていくと、「月」に取り憑かれた作品であることがよくわかる。特徴的な月の利用を確認しておこう。

まず「残酷な天使のテーゼ」が流れるオープニングアニメで、満月をバックにプラグスーツを着たレイが立っている。下からカメラが移動すると、背後に巨大な月が浮かび上がるのである。このカットの直前には「最後の使徒」である渚カヲルが顔を見せ、二人のつながりが示唆されていた。月からやってきたカヲルと、「黒き月」のある第3新東京市の地下の実験施設で生まれたレイとが、月を媒介に結びついているわけだ。

庵野は岡本喜八との対談で、アニメは情報が少ないから、二コマでも何が描かれているのかが認知できると述べていた［一九九六年のアニメージュの企画による対談］。実際、画コンテで渚カヲルのカットは二コマであり、その姿が印象として持続する間に、レイのポーズとなる。こちらは十八コマをかけて、視聴者に存在をアピールしている。このカヲルとレイとのつながりは放送ごとに毎回繰り返されることで、たとえ録画していなくても記憶に残るのである。

レイが巨大な月を背負っていることに関して、岡田斗司夫は『機動戦士ガンダム』の第十四話「時間よ、とまれ」に出てきた軍服姿のマチルダの構図との類似を指摘する［「シン・庵野秀明の世界」］。そして月を背負った女は死に結びつくと結論づけるのだが、マチルダが背負っているのは明かりであって月ではない。ただし、背景に円を背負う構図がヒロインの死の予告とみなせるのは確かであり、マチルダがのちに戦死したように、レイも自爆攻撃で死ぬのである。

「残酷な天使のテーゼ」の歌詞の一節は、初稿段階で「少年よ、神話」ではなくて、「少年よ、凶器」だったものが変更されたのである。神話化したのは庵野の意向であった。そして「ミサトの唄として」という赤い字で注記されていた［「庵野秀明展」展示資料］。上司でもあるミサトから少年シンジへの歌で、『機動戦士ガンダム』でのマチルダのカットからの借用もふさわしいようにも思える。オープニングアニメでは流れないのだが、二番の歌詞では、「細い首筋を月あかりが映している」と、月との関係が強調されていた。

オープニングアニメの場面に出てきたプラグスーツ姿のレイは、左手をまっすぐ垂らし、右手で左の肘のあたりを押さえるポーズをとっている。これは、『ふしぎの海のナディア』の第37話の「ネオ皇帝」で、エレクトラが白いプラグスーツに酷似したスーツ姿で、同様のポーズをとっていた場面の反復である。ネモ艦長（新造されたN―ノーチラス号は戦艦の扱いなので船長ではなくなる）の横で、エレクトラはこのポーズで立っていたのだが、すでにネモの子どもを宿していたので、死のイメージとは程遠くなる。

エレクトラやレイがとる印象深いポーズは、つげ義春の「ねじ式」（一九六八）での「メメくらげ」に刺された主人公の有名なポーズからの借用だと了解できる。ところが、つげ義春では、右手が左の肘の上を押さえていて、波立つ海から棒杭が立ち、軍用機を連想させる飛行機のシルエットがあるのだが、それが月に変更されている。上から軍事的に圧迫する存在として月が置かれている。そして、切れて出血をする静脈をつなげるのが「ねじ式の機械」で、それがタイトルの由来なのだが、そのまま出血するレイや人工物としてのEVAを想起させる。

ここにはポーズの借用だけでなく、つげ義春との方法論的な類似もある。つげ作品は、著者の夢をモチーフにしながら、既存の写真を多数コラージュして作成されていた。庵野は「僕らは結局コラージュしかできないと思うんですよ」と述べている［スキゾ：五三頁］。ある図像のフォルムを元の文脈から逸脱させて、別の文脈での異なるイメージとして利用する手法に意識的なのである。それをエレクトラやレイのポーズで実行している。アニメーションが動画において前の形を変形させていくことで成立するメディアである点ともつながっている。

ただし、本来シュルレアリスムでのコラージュとは、客体である図版同士が結びつくことであって、主体によって制御されたものではない、と巖谷國士は指摘する［『シュルレアリスムとは何か』：七八頁］。一方的なトレースや引用や借用とは異なる手法で、むしろ偶発的な配置によって、新しい文脈を生むことが狙いだった。その点では、「エヴァンゲリオン」でも、たんなる借用関係にとどまっている場合が多いが、最終二話などで、過去の回想などをシャッフルして描いているときや、複数の場面を重ねるときに、図像や音が思わぬ結びつきをもち、効果を発揮することがある。

もちろんこうした「コラージュ」は、借用元の意味に還元されるわけではなく、引用によってどのように意味づけを変えたのかが重要となる。レイのもつ寄る辺なさは、「メメくらげ」に刺されて血管をつないでもらおうとしている男のポーズと結びつくことによって増幅された。つげ義春からは、コラージュという手法そのものを借用し、『機動戦士ガンダム』からはマチルダが明かりの円形を背後においた構図を借用し、そして、『ふしぎの海のナディア』のエレクトラのポーズを自己模倣している。さらに「残酷な天使のテーゼ」という歌により意味が補完されて凝縮されている。ほんの十八コマの体験だが、庵野は「ビデオで録って観るというのを前提に作っている」[小黒:三二七頁]と明確に述べていて、事後的に解析されることを想定していた。庵野は自分でも、ロボットアニメの歴史を位置づける『逆襲のシャア』の同人誌を作るほどに、作品を分析し考察する態度をもっていて、分析を期待していた。

◉ヤシマ作戦と月

テレビ版を通して、印象に残る月の使い方がされているのは、第六話「決戦、第3新東京市」だろう。第5使徒のラミエルを倒すために、日本中の電力を集めた「ヤシマ作戦」において、初号機のシンジは最初の攻撃は失敗し、二度目でようやく砲手の役目をはたした。正八面体のラミエルを的を射抜くように倒す。平家物語の那須与一に由来する「屋島」と、日本全国から電力を集めるので「八洲《ヤシマ》」と八面体の「八」をかけた名前がついている。

ところが、成功の裏でシンジを守るために盾となったレイの零号機は、外装が溶けてしまう。シンジはそのエントリープラグの扉を自分で開けて、レイを救出するのだ。これは第伍話の「レイ、心の向こうに」の冒頭の反復である。数週間前に起動実験中に暴走した零号機から、ゲンドウはレイを助け出した。その際についた左の掌についたやけどの跡が、シンジにはレイとゲンドウの仲の良さの証に見えたのだ。この実験での負傷のせいで、シンジと出会ったときにレイは包帯姿だったのである。

レイを救出するというゲンドウの行動をシンジが反復し、さらに零号機が暴走したことで、レイ＝ユイとの葛藤が浮かびあがるのだ。しかも、第六話の最後に、脚本段階ではシンジとレイのようすをモニターで見るゲンドウというカットがあったのだが削除され、画コンテでは代わりに月に照らされる初号機の姿が採用された。それが完成作品となっている。ゲンドウではなくて、月が彼らを見守る場面へと変化したのである。

シンジによる陽電子砲による最初の攻撃は外れてしまったが、二回目のレイとの共同作業で成功した「ヤシマ作戦」そのものが、最後の月の場面を盛り上げるために必要だった。全国から電力を集めたせいで、日本中が真っ暗になった。その暗いなかで、天の川が空にかかり、乗り込む前にレイは月をバックにシンジに「さようなら」と告げる。

そして、戦いが終了しても芦ノ湖畔の二子山はまだ燃えているが、第3新東京市は電力が絶たれ、建物は黒いシルエットになっている。空には「ぬばたまの夜」に光る星と月が見えるだけとなる。シンジとレイが笑顔を交わす場面を効果的に表現するために、戦いの後の静けさと、電力による明かりを喪失した月夜が選ばれたのである。盾となって零号機を大破させたレイのために、泣きながらエントリープラグに入ってきてシンジは「さようならと言うな」、となじるのだ。レイは「こういうときどういう顔をすればいいのかわからないの」と言う。それに対して、シンジは「笑えばいいと思うよ」と返答する。そして、レイは一瞬シンジの顔にゲンドウの笑顔を重ね、とびきりの笑顔をシンジに向けるのである（画コンテには「ここ飛びっきりの笑カオで‼」と指示が書き込まれている）。月が照らす下でおこなわれる「感情」の教育がそこにはある。

ヤシマ作戦終了後における月光の働きを、リメイクとなった新劇場版の『序』の最後がより鮮明にしめしていた。シンジが、零号機のエントリープラグを開けると、青白い光がもっと強烈に射し込む。この笑顔は抑えたものに旧劇場版の「DEATH」編のリメイクで訂正され、新劇場版『序』ではそれが踏襲された。

シンジとレイの会話が終わり、初号機の上に月が見えると、次に月の上で渚カヲルが月で目覚める場面となる。さらにカヲルはゼーレと会話を交わすのだ。クレーターの内側で、ぐるりと円環状に棺が並び、そこには大気のない月でループを待つカヲルの姿がある。結果としてテレビ版で姿を見せるよりもかなり早い登場となる。それだけでも異なる展開となることが示唆されている。カヲルの頭上には、シンジとレイの月に代わって地球のアップが覆うのである。もちろん、現実の月と地球の関係ではありえない映像的な誇張なのだが、天使の光輪のように使徒にふさわしく重なるのである。

『序』でもリメイクされたヤシマ作戦だが、全体は『帰ってきたウルトラマン』（一九七一―七二）第20話「怪獣は宇宙の流れ星」との関連が強い。飛行機を次々と引き寄せて墜落させるマグネドンが登場する。北極にいたのだが、熊沢ダムの建設で弱った地盤から姿を見せる。地球の磁気と連動した強力な怪獣で、郷秀樹がレーザーライフルでマグネドンを攻撃するのだが、これはそのままシンジが陽電子砲を射つ場面に転じている。郷は失敗して飛ばされて負傷してしまう。そして、熊沢ダムだけでなく、日本中の電力を集めて、マグネドンを破壊しようと作戦が立てられる。だが、それもうまくゆかず、結局ウルトラマンに変身した郷が、地球の磁気の及ばない宇宙空間で倒すのである（『シン・エヴァンゲリオン』に出てきたマイナス空間の原型の一つだろう）。そのマグネドンが出現する頭上にも、月が浮かんでいた。サンプリングした要素をうまく組み替えた例ともなっている。

◉月が見守っている作品

ところが、月が照らすのは、このような大見得をきる場面だけではない。アンデルセンの『絵のない絵本』（一八三九）のなかで画家に見てきた話をする月のように、人間のおこないを月がそっと見守っているのである。

第九話「瞬間、心を、重ねて」で、シンジとアスカの二人がツイスターのようなゲーム機を使って「ユニゾン」の練習をする。そのためにミサトのマンションに一緒に暮らすことになった。夜にアスカが「ジェリコの壁」（ハリウッド映画『或る夜の出来事』（一九三四）からの借用）と宣言してふすまを閉めると、半月が向かいのビルに反射するカットが出てくる。近寄ってくるなと脅したアスカが、夜中に寝ぼけてシンジの隣にやってきて、「ママ」と口にしたので、思わずシンジはキスをしそうになったが、「自分だって子どもじゃないか」と文句を言うのである。新劇場版の『破』で、アスカがシンジの隣にやってきた場面では、月夜だが月は直接登場しないで、カーテン越しのアスカの部屋を照らし出す。明らかに意図的に月が配置されているのである。

そして、第拾八話の「命の選択を」でシンジが加持に自分の父親のゲンドウのことを質問する前に、同じ半月がビルに反射するカットが使い回されて出てくる。完全な反復として使われている。そして加持はシンジに「彼女とは、はるか彼方の女と書く」と重要なことを教えるのだ。相手との距離を説明するのに、反射している月が有効に働いている。この二つの月の反復はさり気なく見えるが、シネスコサイズを理想とし、画面の隅にある映像で遊ぶことを考えている岡本喜八に賛同する庵野なので、決して見過ごされて良い細部ではないだろう。

月が人間を見下ろすという構図は、見方を変えると人が月を見上げることでもある。その点からすると、最終的に第3新東京市が箱根の仙石原に設定されたのも理解できる。仙石原は多くの文学者が風景を愛して訪れたことでも有名で、ススキ原が広がり、中秋の名月の頃に、夜に散策する場所として知られている。実際シンジが家出をしてさまよっていたとき、夕暮れのススキ原で、戦争ごっこを一人でやっていたケンスケに発見される（第四話「雨、逃げ出した後」）。企画書で「山稜や田園等の美しい日本の自然や特殊な街並多用されるナイトシーン等の、新しい舞台」を売りにするとされていたのにふさわしい扱いである。

第3新東京市の下のジオフロントの球体状の空洞に、「黒き月」が眠っていると、旧劇場版で明らかになる。セカンドインパクトを起こした「白い月」の南極大陸の空洞と対になるものが、北極ではなくて、日本のしかも箱根の地下に置かれているのは、非対称的な配置である。新劇場版の『破』で北極のベタニアベースが登場するが、あくまでも第3使徒を保管する施設だった。そもそも企画書では死海にあった白い月とそれが引き起こす「死海消滅事件」が、南極へと移されてセカンドインパクトとなったのである。おなじように、より富士山麓に近い静岡県に設定されていた第3東京市の位置が三島市と接してはいるが、神奈川県の足柄郡に変更された。それは『ウルトラセブン』だけでなく、仙石原と月との関係を踏まえた舞台設定だったのである。

新劇場版では、カヲルと月の関係はより濃厚となり、最初から月の上でカヲルは目覚める。そして、月は、バチカン条約を逃れたMark6の建造場所となる。さらに、『シン・エヴァンゲリオン』では、学生時代のゲンドウとユイが寝ている上に大きな月が描かれるのである。それはたえず見守っている月の新しい提示でもあった。

月への偏愛は、「エヴァンゲリオン」だけではなく、庵野が監督をつとめた『彼氏彼女の事情』（一九九八―九九）でもしめされている。「ACT2・0　二人の秘密」で、校舎のなかで追いかけてくる有馬から逃げるために、ヒロインの雪野が窓から飛び出すと、そこには大きな月があり、それを横切るのだ。ここには『E.T.』の満月を自転車で横切る場面などの映像的な記憶もある。★1 象徴的な意味でも、映像表現の効果としても、月に憑かれている男が作り上げたのが「エヴァンゲリオン」なのである。

◉私を月まで連れて行って

月との関係を示唆するように、テレビ版のエンディングで、毎回「私を月まで連れて行って（Fly Me to the Moon）」の歌が流れる。冒頭の主題歌である「残酷な天使のテーゼ」は、歌詞で「少年よ　神話になれ」とシンジに向かって歌い上げていたが、こちらはレイへの歌である。歌手の高橋洋子や声優の林原めぐみを含めた歌手や声優によって歌われたせいで、「月へと連れて行く」ことを望むのは、綾波レイたち女性の側だとわかる。

ただし、英語は直訳すると「私を月へと飛ばしてくれ」となるので、二人でいっしょに行く意味ではなさそうだ。ところが、日本での訳詞のおかげで、竹宮恵子のマンガ『私を月まで連れてって！』（一九七七、一九八一―八六）が誕生した。宇宙船パイロットのダンとESPやテレポートなどの超能力をもつ少女ニナを主人公にしたロマンティックなドタバタSFコメディである。過去のSFなどの小説や映画や流行しているものへのパロディをおこなっていた。今ではわかりにくいが、「彼方からの手紙（「カナダからの手紙」というヒット曲から）」、「誰かが道をやってくる？（レイ・ブラッドベリの長編から）」といったサブタイトルの付け方は「エヴァンゲリオン」のセンスにもつながっている。[★2]

「私を月まで連れて行って」は、一九五四年、つまり初代の『ゴジラ』が公開された年にアメリカで発表された。バート・ハワードによって作られた歌で、「私を月まで飛ばして／星（stars）の間で遊ばせて／春がどんなふうなのか教えて／木星や火星（Mars）の上で／つまり、腕を掴んで／つまり、キスをしてよ、あなた」という歌詞である。元のタイトルは「つまり（In Other Words）」だったのだが、「私を飛ばす（fly me）」という意表を突いた出だしが印象的なので、タイトルが変更されてしまった。

「つまり」と口にして、自分を抱いてキスをしてほしい、と本音を歌うラブソングなので、最初にレコーディングをしたケイ・バラードも、最初に舞台で歌ったとされるフェリシア・サンダーズも、どちらもスローテンポで切々と歌ったのである。二番目の歌詞になると「私を歌でいっぱいにして」となって、自分こそがあなたが愛情を捧げる相手なのだ、として、「どうか裏切らないで（please be true）」と願い、自分の方から「アイ・ラブ・ユー」と告白するのである。

その後ボサノバ調のアップテンポな編曲がなされ、さらにフランク・シナトラなど男性の歌手によって歌われたことで、広く歌唱されるスタンダード・ナンバーとなった。しかも、一九六九年の月面着陸にいたるアポロ計画の伴奏となる曲とみなされたのだ。当時、宇宙飛行士は圧倒的に男性だったので、この「私」が男性に読み換えられたのである。

クリント・イーストウッド監督による映画『スペース カウボーイ』(二〇〇〇)では、月への夢を絶たれた老人たちが、冷戦の遺産である核ミサイルを搭載したソ連の人工衛星の誤作動を防ぐために、飛び立つのだ。そして核爆弾を月へと打ち込む、という物語が語られた。見上げた月がしだいにアップとなり、月面上に激突した白い宇宙服を着た男の姿が浮かび上がる。ヘルメットに地球が浮かぶイメージで終わる。SF雑誌の表紙などで見慣れた月から見た地球である。しかも、それに重なるようにシナトラが歌う「私を月まで連れて行って」が流れることで、「私」を女性から男性へと替えられ、宇宙開発と男性を結びつける視点が効果的に働いていた。

これに対して、『竹取物語』の系譜では、女性のかぐや姫が月へと帰ることになる。そして、「私を月まで連れて行って」の歌でも、当初からの理解で、恋人に月まで飛ばしてもらうのはあくまでも女性であった。テレビ版のエンディングでの「私を月まで連れて行って」は、ボサノバ調になって以後のアレンジを引き継いで、高橋洋子やクレア・リトリーなど歌い手も替わっていく。映像は固定され、レイが逆さまになり、月が映る水中で回転している。水中花のようでもあるが、視点を変えるならば、月から地球へと降りてくる人物にも思える。下から見上げた揺れる水面と、ゆっくりと昇る満月が重なるのだ。

これは第弐拾参話「涙」で赤木リツコが言うように、レイが育った場所をしめし、レイの「深層心理を構成する光と水」なのである。水中を漂う感覚は「羊水」とも結びつく。暦を刻み、生命のリズムを司るものとして、月は古代から重視されてきた。農業や漁業に不可欠な太陰暦は月の満ち欠けに基づくものである。大潮の日に珊瑚の卵が放出されることなども知られている。事実とは異なっているとしても、昔から潮の満ち引きが人間の出産や死亡と関連すると考えられてきた。第弐拾弐話「せめて、人間らしく」で、アスカが女子トイレから出てきて「女だからって何でこんなめにあわなきゃなんないのよ」と愚痴る場面がある。女性の生理現象を「月経」とか「月の障り」と呼んできた。放置しておくと血の臭いのするエントリープラグからは子宮が連想される。「臨月」という言葉があるように、生殖において月との関係はむしろ当然視されてきたのだ。

「私を月まで連れて行って」はエンディングテーマだが、通常のテレビのアニメとは異なる。ふつうは、毎回の歌や映像が固定されているものだが、歌い手やさらに映像の色合いがオレンジなどに変化するのが、テレビ版のエンディングの特徴だった（二〇〇五年のリニューアルＤＶＤ版では、その傾向がさらに強調された）。歌い手や編曲さえも変わり、撮影後のビデオ調整で色合いも変化させているのは、物語の展開と深く関連しているからである。★3

アレンジや歌い手が変わることで、一つの曲が別の姿や魅力を見せる。これは、複製し反復されるレイ（やアスカ）ともつながっている。新劇場版でアスカがレイへと言い放つ「初期ロット」という発想も含めて、量産型ロボットがはたして固有性や個性をどこまでもつのか、というテーマを引き継いでもいる。テレビ版では、アダムからのコピーでありながら、ＥＶＡそのものは人造人間なので、プロトタイプの零号機から始まり番号をもち、固有名をもつ使徒と同じく固有性を与えられていた。そのためパイロットが別の機体に乗るときには、プログラムを書き換える必要が出てくる。

それに対して、ダミープラグの材料となる「レイ」は大量生産の一員でしかない。庵野が大きな影響を受けた『機動戦士ガンダム』の量産型ザクⅡの問題かもしれないし、たとえばスピルバーグ監督の『A.I.』(二〇〇一)で、主人公のデイヴィッドは、「ユニーク」だと思っていた自分が、じつは量産型であったことを認識して自我が崩壊してしまい、自殺未遂とも取れるビルからの落下が起きる。「私を月まで連れて行って」という一つの歌をたんなる繰り返しではなくて、変奏させていくなかに、「エヴァンゲリオン」全体がもつループや反復や複製という、この世界が単一で唯一の存在ではない、というテーマが浮かび上がってくるのである。

◉セーラームーンとの関係

「エヴァンゲリオン」における月を考える上で、「月に代わってお仕置きよ」のフレーズが世間に広まり、一世を風靡した武内直子のマンガ『美少女戦士セーラームーン』(一九九二―七)を忘れるわけにはいかないだろう。タイトルどおりに、月との関連は濃厚である。

原作マンガの第二期は「ブラック・ムーン編」で第四期は「デッド・ムーン編」だが、これは眠っている「黒き月」と、セカンドインパクトで崩壊した「白い月」という発想につながったかもしれない。月野うさぎというヒロインと地場衛(つまり地球を守る者)との恋を軸に物語が展開する。これはギリシャ神話の月の女神セレーネと美少年エンディミオンの悲恋を年齢を転倒して、二人が現世に転生した物語として成り立っている。★4

アニメ化作品は、「エヴァンゲリオン」と深いつながりをもつのである。セーラーマーズである火野レイが綾波レイの名前のもととされる。マンガと同時並行で放送された『美少女戦士セーラームーン』のアニメ版の監督であった幾原邦彦が、原作漫画での火野レイというお嬢様キャラを、「ぶっ壊レイちゃん」と呼ばれるキャラクターに変化させた。このアニメ版の火野レイのキャラクターは、庵野のお気に入りでもあったし、他ならない庵野自身も、外惑星戦士であるウラヌスやネプチューンの変身シーンを担当していた。

結局幾原は「エヴァンゲリオン」に参加はしなかったが、その盟友でアニメの第四期にあたる『美少女戦士セーラームーンSuperS《スーパーズ》』（一九九五―六）でシリーズ構成をつとめた脚本家の榎戸洋司は、テレビ版で四作の脚本を担当した。しかも、OVAである『トップをねらえ2！』の脚本を書き、さらには新劇場版四部作でも鶴巻和哉とともに脚本協力をしている。そして、佐藤順一が甚目喜一として、第四話、第伍話など日常的な内容のエピソードで画コンテに参加している。

声優に関しても、シンジ役の緒方恵美は地場衛の少年時代を演じていたし、月野うさぎに声をあてていた三石琴乃が葛城ミサト役になった。さらに第四期で、ペガサスが心に潜んでいるターゲットだとして、地場衛に同性愛的な関心をもって近づくフィッシュ・アイに声をあてた石田彰が、渚カヲルを演じた。カヲルが風呂場などでシンジへと接近する場面が描かれる。セクシュアリティについて、この段階で多様な可能性をしめしていた。それはやおい本などがコミケで売買される状況に対応していたのである。もちろん、声優たちの声の特性を利用して当て書きのように、セリフが練られ、声の演出が加わることで作品世界が構築されたのである。「セーラームーン」の制作スタッフが多数参加したことが「エヴァンゲリオン」全体に大きな影響を与え、しかも下支えをしていたのだ。

「セーラームーン」は「エヴァンゲリオン」の設定や主題に深く関わっている。月野うさぎたち内惑星戦士は、シンジたちとおなじ十四歳の中学二年生であり、十番街の学校に通っている。ちなみに視聴する層が異なるので、玩具や変身グッズが中心と商品展開が異なっていた。オープニングアニメの「ムーンライト伝説」で、白黒のシルエットから、カメラが降りると、黄色い月が浮かんでタイトルがでる。セーラームーンとルナのシルエット、さらに集う仲間である水野亜美と火野レイが顔を出すのだ。

第1話「泣き虫うさぎの華麗なる変身」では、うさぎは寝坊をして母親が作った弁当を忘れそうになる。登校途中で、浦島太郎のカメのようにいじめられていた猫のルナを助け、額のバンソウコウを剥がしてあげる。そして、自分がセーラームーンだと覚醒していくのである。それでも、うさぎは自分の欲望に忠実であり、宝石や恋への関心も高い。地場衛にひとめぼれして、それが物語の軸となっていく。美少女戦士として戦うのだが、ときには友情や愛情や嫉妬の話の方に重点が置かれるのである。それに対して「エヴァンゲリオン」は、同じ十四歳でもシンジの苦悩に焦点を向けたことで、物語の性格がまったく異なっている。それでも、話が進むと登場するちびうさの扱いは注目すべきだろう。碇ユイとクローン的な複製である綾波レイの「母娘」の関係は、月野うさぎと未来からきた娘であるちびうさとの関係と結びつくのである。

とりわけ大きな影響が感じられるのが、「無印」と呼ばれる第一期の『美少女戦士セーラームーン』の最後である。第45話の「セーラー戦士死す！　悲壮なる最終戦」で、セーラー戦士たちは、北極で一人一人倒れていった。それはシンジが友達や知り合いを失っていく第弐拾参話「涙」と第弐拾四話「最後のシ者」の流れを連想させる。ただし、セーラー戦士たちは「転生」をしたことで、続編となる「R」での活躍が可能になった。「R」はリターンということだが、よくある「反撃」や「逆襲」ではなくて、この世に転生するという意味が込められている。それは視聴者も含めて学年によってリセットされる感覚を呼び醒まし、納得させてくれるのだ。

最後のシーズンとなる第五期のそして通算２００話となる最終回「うさぎの愛！　月光銀河を照らす」で、うさぎは裸体に白い翼という天使の姿となる。それは「天使が舞い降りた」と表される。うさぎはセーラームーンのふだんの変身姿ではないし、戦う天使として剣を振るうこともない。カオスが取り付いたギャラクシアと素手で握手をすることで、カオスを追い払い、人々の心のなかに戻すのである。一次接触である手を使って、しかもカオスを戦闘で消し去るのではなくて、人々が共存しそれを抑え込む未来に希望を託すことになる。

再びカオスが成長し人々を支配する危険を秘めているので、悪を退治して終わるのとはひと味異なる終わり方となった。これは第弐拾四話「最後のシ者」で、渚カヲルを倒したあと、果たして最後の使徒を倒して、人類を救ってそれで済むのか、と余韻を残す場面ともつながる。そして、声だけではあるが、地場衛の少年時代を演じた緒方恵美（シンジ）と、月野うさぎを演じた三石琴乃（ミサト）の対話で終わらせたのにも、意図的な演出が感じられる。

「セーラームーン」の最終話では、娘であるちびうさが元の未来の世界にもどり、二人残ったうさぎと地場衛が抱き合うと、背景に巨大な月が下がってくる。そして「あたし、月野うさぎ、十六歳、高校一年生。性格はちょーっとおっちょこちょいで、泣き虫ってとこかな。でも本当はね。愛と正義のセーラー服美少女戦士セーラームーン」と言って、「ムーンライト伝説」が流れて終わる。十四歳で始まったうさぎは成長して高校生になるのだが、これは「マンガ版」の最後でシンジが高校受験のために向かう場面と極めて似ているのだ。

子ども向けだからこそ、学年を意識することが必要となる。二クールつまり半年で放送が終わった「エヴァンゲリオン」のテレビ版とは、スポンサーサイドの要求も異なっていた。実際、『美少女戦士セーラームーン』は五期つまり五年にわたって放送が続いたのである。転生によって連続性を保つわけだが、「エヴァンゲリオン」では、反復はあっても明確な転生は描かれない。ところが、『シン・エヴァンゲリオン』でシンジに渚カヲルは「何度もここに来て君と会っている」と告げる。別の人間や生物に生まれ変わる転生ではないが、タイトルの記号通りにリピートが起きていたのである。カヲルのセリフを額面どおりに受け取ると、異なる結末を迎えたテレビ版、旧劇場版、新劇場版ということかもしれない。あくまでもシンジがその繰り返しのループから抜け出すことが課題だった。新劇場版は語り直しというだけでなく、物語が転生して、別の生をたどった結果、と理解するのがいちばん無難な解釈となるだろう。

2　竹取物語としてのエヴァンゲリオン

◉物語素としての竹取物語

「エヴァンゲリオン」には、聖書外典から生命の樹やグノーシス主義的な言葉、さらに数多くのガジェットやテクノロジー用語まで、おびただしい語句の羅列が見られるので、西洋文明への傾斜が感じられる。けれども、一九九六年のＳＦセミナーでの大森望との対談で、庵野は、西洋文明をあまり信用をしていないし、キリスト教徒ではないから自由にキリスト教の要素を取り込んで物語を作れた、と発言している（『ＳＦマガジン』一九九六年八月号「対談『新世紀エヴァンゲリオン』の世界」）。これを踏まえると、別な枠組み、それも日本に根づいているものが、全体をまとめる作用となったと考えるのが妥当である。月を愛でる意識は東西に共通するが、神話や昔話に具体化されるときにはあり方が異なってくる。そして、日本における月の物語の代表といえば、やはり『竹取物語』と思える。

テレビ版から新劇場版の完結編である『シン・エヴァンゲリオン』まで全体を貫く下敷きとなっているのが、月にもとづく『竹取物語』の図式だった。『源氏物語』ですべての物語の祖と呼ばれた物語である。もちろん「エヴァンゲリオン」の唯一の土台ではないが、物語の大きな枠組みとして全体に影響を及ぼしている。『竹取物語』は平安時代に書かれた古典でありながら、現代に至るまでさまざまに語り直され借用される魅力をもっている。ノーベル賞作家の川端康成やＳＦ作家の星新一による現代語訳がおこなわれ、二十一世紀に入っても、森見登美彦が翻訳を発表している。世界に類話を探しても、竹のなかに子どもを見つける話は、東アジアなどに見つかるが、五人の求婚譚などを含んだ全体の直接の類話はあまり見つからない。一時期注目された中国の四川省で発見

された話は、周辺に類話がないことで、日本の話をもとに創造されたというのが妥当な見解のようである。★5

昔話の語り直しのひとつとして「竹取物語」は絵本、小説、マンガなどになってきた。そして、アニメーションや特撮という庵野秀明が得意とするジャンルの作品も、『竹取物語』にインスピレーションをもらってきた。京都のJ・O・スタヂオで、アニメーションと実写を手掛けた田中喜次が監督をした『かぐや姫』（一九三五）は、円谷英二が撮影を担当したことで知られる。短縮版が二〇一五年にイギリスで発見された。J・O・スタヂオの後身となる東宝は、沢口靖子が主演した市川崑監督の『竹取物語』（一九八七）を発表した。特技監督の中野昭慶は円谷英二の弟子である。最後に大型の宇宙船が迎えにやってきて、加耶（かぐや姫）はその底部の穴に吸い込まれる。宇宙船が反転して、蓮の花のようになって飛んで去っていくのが、『未知との遭遇』（一九七七）の宇宙船との違いを見せていた。

そしてアニメーションでは、『宇宙戦艦ヤマト』や『銀河鉄道999』で知られる松本零士が、一九八〇年から新聞に連載した『新竹取物語1000年女王』がアニメ化された（一九八一―八二）。『999』のメーテルの母親であるラーメタル人雪野弥生（プロメシューム）と、雨森始の出会いと別れの物語である。最終話で、地下にあったラーメタルの船に乗って暗黒彗星に弥生が突入して命を投げ出すことで、地球とラーメタル星を救うのである。富野由悠季総監督の『機動戦士∀《ターンエー》ガンダム』（一九九九―二〇〇〇）は、メカニックデザインを大河原邦男らとともにシド・ミードに任せた異色作だが、「月の民」との物語となっていた。そして、高畑勲による『かぐや姫の物語』（二〇一三）は、そのものずばりの『竹取物語』に新しい解釈をほどこしてみせた。

このように日本の文化にひとつの物語素あるいは話型として『竹取物語』は定着してきた。月の世界から罪を犯して地上に落とされたかぐや姫が妙齢になるまで育ち、求婚者たちを知りぞけ、帝の期待にも応えずに、迎えの者によって故郷の月へと帰る、という一連の図式は、シンジとレイの出会いと別れの物語として「エヴァンゲリオン」の根底を支えているのである。

◉ウルトラマンAとの関係

「竹取物語」を取り入れた物語で、「エヴァンゲリオン」に大きな影響を与えたのが、『ウルトラマンA《エース》』（一九七二―三）であろう。歴代のウルトラマンでも異色作で、北斗星司と南夕子という男女が同時に変身して一体のウルトラマンエースとなる。これは七〇年安保やウーマンリブの風潮を受け、男女平等を念頭に置いて、脚本の市川森一を中心に発想された設定である。だが、男女二人の変身には異論もあり、結局、女性である夕子を途中で物語から追放することで、星司だけの単独の変身となった。星司と夕子が同時に宙を回転することで、ウルトラマンエースへの変身場面は、シンジとアスカが第7使徒イスラフェルを「ユニゾン」で攻撃する場面へと借用されている［第九話「瞬間、心、重ねて」］。

新劇場版『破』で、アダムスの器での五体の十字架にかかったアダムの姿に、ウルトラ五兄弟、つまり、ゾフィー、ウルトラマン、ウルトラセブン、ウルトラマン二世（＝ジャック）、ウルトラマンエースを重ねているのは間違いない。第13話「死刑！　ウルトラ5兄弟」と第14話「銀河に散った5つの星」に五兄弟が十字架に磔になる場面が出てきた。構図だけではなく、それぞれの名前をしめすウルトラサインも模倣されていた。敵であるヤプールが、マイナス宇宙にあるゴルゴダ星に五人を誘導し、滅ぼそうとしたのである。この趣向がそのままシンジとゲンドウの戦いと和解に利用された（ただし、『ウルトラセブン』の「セブン暗殺計画（前・後編）」で、セブンがガッツ星人によって、十字架に架けられたことを忘れるわけにはいかない）。

現在地球を守る任務にあたっているエースを、超獣バラバに襲われている地球に戻すために、他の四兄弟がエネルギーを分けると、彼らは弱体化し磔となってしまう。そして、エースを倒すために作られたエースキラーは、四兄弟からそれぞれの必殺技を吸収する。つまりエースを助けるはずの力が、エースを倒す力となるのだ。しかも、ヤプールはエースの戦闘能力を複製したエースロボットを出現させて、エースキラーに倒させるシミュレーションまでおこなうのだ。これは『ウルトラマン』第18話「遊星から来た兄弟」でのザラブ星人が化けたにせウルトラマン以来の、ヒーローが自分の複製や鏡像と戦う図式ともつながる。庵野のお気に入りの回でもあり、『シン・エヴァンゲリオン』の最後で、ゲンドウとシンジが搭乗したEVAどうしの戦いが繰り広げられるのも、この伝統に則っているのである。

エースがエースキラーと、地球を襲っていた超獣バラバを倒すと、七月七日生まれの星司と夕子のためにバースデーケーキが用意された。七夕伝説に合わせて「彦星と織姫」が、北斗星司と南夕子に当てはめられている。夕子の「夕」が七夕に重なるのである。

『ウルトラマンA』と竹取物語との密接な結びつきが明白になったのは、第28話の「さようなら夕子よ、月の妹よ」である。サブタイトルがしめすように、ウルトラマンエースとなる二人のうちの夕子が、月星人であることが判明する。満月超獣ルナチクスが活躍するが、赤い目をして飛び跳ねて、まるでウサギである。しかも、ルナチクスは、マグマを吸い取ることで月を滅ぼした。今度は地球のマグマを吸い取るというので、ウルトラマンエースは地下で戦うのである。テレビ版「エヴァンゲリオン」の第拾話の浅間山の火口に眠っている第8使徒サンダルフォンを攻撃する「マグマダイバー」という話が生まれた理由もわかるのである。

そして、ルナチクスを倒したあと、夕子は星司に自分の秘密をすべて語り、今は冥王星にいる月星人の仲間のもとへと戻ると別れを告げる。白い服に転じて、湖の上から、まるで富士山が見える三保の松原に残る天女伝説のように昇天していくのである。夕子と星司がルナチクスを倒すためにAに変身するウルトラタッチをしたのはススキの仙石原であった。そして、芦ノ湖が見えるところで星司に別れを告げるのである。

仙石原は『ウルトラセブン』の第1話「姿なき挑戦者」でモロボシ・ダンが登場する場面で使われた。富士山麓にあるとされる二子山の基地からのウルトラホーク発進基地は、そのままEVAが姿を見せる場面に借用されている。芦ノ湖畔には二子山があり、第伍話と第六話のヤシマ作戦では、使徒を陽電子砲で攻撃する拠点として選ばれている。「エヴァンゲリオン」の第3新東京市が、企画書では静岡に設定されていたのが変更されたのには、『ウルトラセブン』と『ウルトラマンA』の影響が大きいように思える。別れを連想させるなら、それは中秋の名月の伝説がある仙石原と芦ノ湖でなくてはならなかったのだ。

南夕子が去ったあと、残ったメンバーが隊長の命令で、冬木透による「ワンダバ」の前奏抜きにTACの歌を歌い、彼女の制服を焼くのは少し奇異に思えるかもしれない。だが、故人が身につけていたものを焼くことで天に登った魂を慰める「お焚き上げ」の儀式でもあった。これによって、デートをするほどの仲として描かれてきた北斗星司と南夕子の別れは決定的となったのである。

『美少女戦士セーラームーン』では、本来セレーネとエンディミオンの恋は住む世界の違いもあり、悲恋に終わるはずだったのだが、転生を利用してハッピーエンドへと向かった。それに対して、『竹取物語』では、かぐや姫が月へと帰ることで、求婚していた男たちに終わりが訪れる。『ウルトラマンA』の場合には「織姫と彦星」の枠組みから、「かぐや姫」の枠組みへと変更することで、唐突な終わり方を視聴者に納得させたのである。神話的な枠組みは、強引な幕引きを納得させる力をもつことがあるのだ。

◉かぐや姫としてのレイ

『竹取物語』に依拠して、このように人を「地上」と「天上」に分離することで、別れを視覚的に表現できる。出会いと別れは文学や文化作品において重要なモチーフとなる。とりわけ児童向けでは、対象が子どもたちであるからこそ、成長して変わっていく主人公と、それ以上成長できずに変わらない存在との別れは大きな意味をもつので、かぐや姫伝説は、その図式にもうまくあてはまる。

成長しない不変なものの代表は「クマのプーさん」のような、人工物としての「おもちゃ」や「ぬいぐるみ」である。「エヴァンゲリオン」のなかでも、レイが大切に保存したゲンドウの割れたメガネ、アスカの片手に嵌める手人形などが目につく。物体は成長しないのだ。そしてある意味で、新劇場版において「エヴァの呪い」を受けて十四歳で成長が止まったシンジやアスカも同じである。過去の記憶や、家族の幻影というのも、不変のまま呪縛する力をもっているだろう。ゲンドウたちが作り出したレイという人工物として、三人のレイが登場する。レイを生み出した背後にあるシンジの父親ゲンドウと亡き母親ユイとの関係との決別が訪れたわけだ。

転校生としてやってきたシンジだが、街角でヴィジョンとして見て、自分より先に教室にいたレイ（そして自分の内側にいたユイ）と最後に別れることになる。「テレビ版」「旧劇場版」「マンガ版」「新劇場版」を通した四つの終わり方の完結編となる『シン・エヴァンゲリオン』の最後で最終的な別れがきた。どれも繰り返しに見えながら、ズレていくことで、過去の失敗を訂正するほうへと向かう。四つの版が反復でありながら結末に至ると大きくズレてしまう。別の見方をとると、ズレを伴いながらも大半の部分では重複しているのである。「過去を訂正したいが、それが悪影響を及ぼすかもしれない。さらには自分の存在を危うくさえする」というのが、H・G・ウェルズの「タイムマシン」の昔から抱えた歴史改変SFのパラドックスでもある。★6

ループによって自分のおこないを訂正するのは、直線的な一本道の話とは異なる。たとえば、映画の『恋はデジャ・ブ』（一九九三）でしめされたように、同じ出来事を繰り返し、ループをするからこそ、訂正が可能なのである。ゲームで「ゲームオーバー」になったとしても、セーブポイントまで戻ればやり直しができる。駅や港はそうした別れを視覚化してくれる記憶のセーブポイントとなるのだ。とりわけ、列車の方向を変える線路の分岐や転車台が「エヴァンゲリオン」全編を通じて、意識的に使用されている。『シン・エヴァンゲリオン』のポスターは、宇部新川駅の線路の写真に基づいた絵が大きく取り上げられ、「さらば全てのエヴァンゲリオン」の「全」に重なるようにシンジが立ち、しかも実際の線路にはない分岐らしき線までもが書き加えられていた。ポスター全体が分岐と統合を繰り返す物語を象徴的に語っていた。

駅のプラットホームで、かぐや姫（＝レイ）と、月からやってきた使者としての渚カヲルが話をし、ぽつりと離れて立っていたアスカ（「姫」とマリが呼んでいたことが思い出される）も、一番線にやってきた宇部方面へと向かう列車に乗って、別の世界へと帰ってしまう。向かいの三番線のホームのベンチに座っていた大人になったシンジは、マリとともに跨線橋《こせんきょう》の階段を登って、一つしかない改札口から出てくる。そしてカメラには、宇部興産の本社へと続く興産通りが映り、さらに遠くに宇部港が見えている。

ベンチに座ったシンジがずっと背を向けていた三番線のホームの向こうには、庵野が実家から通っていた鵜ノ島小学校、藤山中学校、そして宇部高校までがある。EVAが存在しない実写の世界は、かぐや姫が帰ってしまった地上世界である。これによって、使徒が繰り返し襲ってくるとか、EVAの搭乗から逃げ出すという反復やループによって組み立てられた物語の世界から離れ、シンジは繰り返しの効かない唯一の物語の住人となったのである。

◉富士山と竹取物語

月が見える景勝地という以外の点を考えると、第3新東京市が箱根の仙石原に設定された理由も少し違って見えてくる。それは「エヴァンゲリオン」における富士山の扱いである。

怪獣特撮映画で、たびたび富士山麓は使われてきた。ゴジラがキングコングと戦う日米決戦の場であるとか

(『キングコング対ゴジラ』)、十一体の怪獣が勢揃いしてキラアク星人を討ち入りする(『怪獣総進撃』)など象徴的な場所となっている。特撮ドラマの『ウルトラセブン』で、地球防衛軍極東基地は静岡県の富士山麓にある「二子山」に設定されていた。第6話の「ダーク・ゾーン」などで活躍する、ウルトラホーク1号の発進シークエンスでは、二子山が割れる前に富士山が映る。また、『ウルトラマンA』で、TACの基地は富士の樹海にあるのだが、タックファルコンの発進場面で富士山が背景に出てくる。最終話の「明日のエースは君だ!」での発進場面は、もう二度と登場しないためか印象が残るように富士山が使われていた。しかも、色々な作品で季節とあまり関係なく、雪をかぶった富士山がステレオタイプとして使用されていた。★7

「エヴァンゲリオン」の舞台はその近くだが、富士山をあまり映りこませない。第弐話「見知らぬ、天井」で、ミサトとシンジが金時山から仙石原や芦ノ湖を見下ろすカットがある。これは新劇場版『序』でもリメイクされた。カメラを横に振れば、御殿場を挟んだ富士山が見渡せたし、レイアウトでは「富士山こっち」と矢印がある。金時山は、坂田金時(=金太郎)から名づけられた。金太郎伝説のひとつでは、金時は源頼光の四天王となり、大江山の鬼退治をしたことになっている。鬼を倒す英雄が生まれた場所としての金時山が物語に力を与えている。公時《きんとき》神社が仙石原にはある。庵野が最初に構想したEVAに「鬼」という表記が含まれていて、味方でありながら、敵にもなりえる存在としてのEVAが表現されていた。そのため初号機には鬼の角にあたる突起がついているのだ。★8

作品のなかで富士山が背景としてはっきりと描かれることがある。第拾弐話「奇跡の価値は」で、シンジとアスカとレイが、落下してくる使徒を受け取ろうとして第3新東京市のなかを疾走する。そのとき、レイの零号機の走る背後に富士が見える。これは背景画だが、第弐拾四話「最後のシ者」で、シンジと渚カヲルが入る大浴場の背景として、富士山はネルフのエンブレムと交互に登場する。『シン・エヴァンゲリオン』では、ネルフの黒き月がセカンドインパクトの爆心地に向かうときに、富士山と衝突するカットまである。

庵野は『シン・ゴジラ』でも、首相官邸に片岡球子による絵画《めでたき富士》の本物を飾っていた。日本の象徴でもあるからだ。こうした描き方は、舞台背景としての本物の富士山だけでなく、紙幣の図柄も含めて二次的な存在として富士山は理解され、人々の意識に浸透している。風呂の絵などのコラージュとしての富士山にも関心が向いているのである。

『竹取物語』の最後で、帝は月に帰ったかぐや姫に歌を届けようとする。紙を燃やしその煙を天上に届けようとするのだ。『ウルトラマンA』で夕子の服を焼きながら、みなが歌を歌ったのも、お焚き上げという儀式だけでなく、『竹取物語』の結末を踏まえたのかもしれない。

作中の煙を吐いている富士山の記述から、貞観年代以降に成立した作品とみなされている。東日本大震災を契機に、貞観年代は地震や津波や天変地異があった時代として歴史から蘇ったのである。一九九五年という阪神淡路大震災と地下鉄サリン事件という天災と人災（しかも天災が引き金となって生じた人災でもあった）が起きた年に発表されたテレビ版の作品は、庵野秀明という監督の体験や記憶や考えというパーソナルな部分と反応しながらも、それだけにとどまらない影響力をもってしまったのである。

紙を焼く場所として富士山が選ばれたのは、月にいちばん近いからである。そこで燃やされた歌は、「逢ふことも涙に浮かぶわが身には死なぬ薬も何にかはせむ（かぐや姫に逢うことも無くなって、涙に浮かんでいるだけの私なので、不死の薬があったとして何だというのだ）」という内容だった。永遠なるものと、有限の生を生きる者との別れを嘆いているのである。「二度と逢うこともない」と「涙」が掛詞になっている。そして、これ以後「不死の山」が転じて「富士山」となったと縁起が語られて終わるのだ。

どのようにシンジとレイと別れさせるのかに関して、テレビ版はレイの自爆攻撃さえも採用した。また、もうひとりのアスカに関して、旧劇場版「夏エヴァ」では、アスカの首をシンジが絞めそこねて泣いているのを「気持ち悪い」と口にして終えていた。画コンテでは「あんたなんかに殺されるのはまっぴらよ」となっていたのを、録音現場で現在の形に直して、身体的な拒絶の意味を強く押し出した。ここでアスカとシンジは同じ地平に立っている。こうした終わり方は異界へと去っていくという『竹取物語』的ではない。

新劇場版ではアスカとも別れることになる。レイもカヲルもアスカも列車に乗って消えてしまい、シンジは十四歳の呪縛をはなれ、有限の生を生きる者として、マリとともに成長した姿を見せるのである。『竹取物語』の展開を踏まえると、『シン・エヴァンゲリオン』の最後で、松任谷由実の曲をレイ役の林原めぐみが歌う「Voyager」に続いて、宇多田ヒカルの「One Last Kiss」が流れ、シンジとレイが決別する歌となったのも理解できる。

ルーブル美術館に行っても、すでに私のモナリザに会っていたので感動しなかった、という内容で、最後のキスの価値を高めた。モナリザが「私の貴婦人リザ」という意味なので冗長な表現にも見えるが、庵野が好きなメタな設定を言葉でおこなっている。冒頭の「パリ市街戦」でヴィレがネルフから取り戻した地区のなかに、ルーブル美術館も含まれていたはずだ。そして、「私を月まで連れて行って」の「キスをしてあなた（baby, kiss me）」という要求ではなくて、最後の別れのキスなのである。

宇多田が歌った「私を月まで連れて行って」は『序』の予告編のみに使用された。しかも「詩人たちはしばしば」という歌詞で始まる八行のバースがつき、歌を説明するのだ。頭にメロディが異なる「バース」をつけるのは、古い形式の歌い方であり、意識的に「私を月まで連れて行って」をリメイクする意思があったようだが、主題歌としては「Beautiful World」になったのである。この選択自体が、新劇場版が「私を月まで連れて行って」の枠組みとは異なる結末へと向かう予告となっていた。

そして、「One Last Kiss」は、ひょっとすると「私を月まで連れて行って」とおなじくジャズのスタンダード・

ナンバーとなった「モナ・リザ」を下敷きにしたのかもしれない。かぐや姫に求婚者が群がったように、「モナリザ」は男たちを誘惑する神秘的な笑顔をもっていた。だが、同級生のなかでレイがゲンドウに向けた笑顔を見つけ、価値を認めたのはシンジだった。そして、シンジが「One Last Kiss」のように、自分のモナリザを発見したとしても、「喪失の予感」があり、結局のところ「忘れられない人」であるモナリザと同じ地点に立つことはできないのである。

たとえ深く意識していなくても、古代から月との関係を扱ってきた物語素としての『竹取物語』が日本の文化にあり、それがいつも物語を照らしている。テレビ版の第弐拾四話でシンジが渚カヲルと出会うのは、レイの自爆で新しくできた湖と夕日を背景にしていた。シンジは、初号機でカヲルを握りつぶして首を落とした後に、星空の湖のふもとでミサトと会話する。そのとき、湖の真ん中に波紋のように一筋の光が漂うのだが、天の川か、あるいは細長く伸びた月の光の可能性もある。

それは、『シン・エヴァンゲリオン』で、カヲルという月からの使者（使徒）といっしょに、レイが列車で立ち去る結末へと通じるのである。かぐや姫と同じように、立ち去り難いと思っていたとしても、碇ユイがEVAを作り出す中心になっていたという「過ち」によって、この世界にやってきたレイには、使者であるカヲルの申し出を拒絶できないのだ。二人がプラットホームで会話を交わしていたのも当然なのである。

このように「エヴァンゲリオン」は月に憑かれた男である庵野秀明が、『ウルトラマンA』『謎の円盤UFO』『美少女戦士セーラームーン』といった月にまつわる物語などを参照しながら作り上げたものだった。映画やテレビの特撮やアニメやマンガなどの数多くの引用を織物として取り込んでいる。それをまとめ上げる枠組となったのが、日本の物語の祖である『竹取物語』だった。だとすれば、多くの人の心を揺さぶったとしても不思議ではない。

◉註

（★1）反射光で青白く輝く月の光源は太陽であるが、「エヴァンゲリオン」では球体のイメージがよく使われる。使徒のコアは赤い球体で、心臓の暗喩やウルトラマンのカラータイマーを連想させるだけでない。第拾七話「四人目の適格者」で、シンジに見せる加持が育てているスイカや最後にトウジが投げ入れるバスケットボールもフォルムや色彩から、球体のイメージのつながりを感じさせる。太陽そのものは空に姿を見せるが、とりわけ夕日として、第3新東京市を彩るものとして度々登場する。そして「夏エヴァ」とも呼ばれる旧劇場版の第26話「まごころを、君に」の最後で、ユイはエヴァがある限り、太陽と月と地球が五十億年後に消失しても大丈夫だと言う。その場面で、血のリングができた地球と、月と太陽の姿が浮かび上がるのだが、この三者がともに重要なのである。

「エヴァンゲリオン」との関連が強い『2001年 宇宙の旅』の冒頭で、リヒャルト・シュトラウスによる交響詩『ツァラトゥストラはかく語りき』の音楽に合わせて、MGMの丸いマークが消えると、月の向こうに地球が姿を見せ、その彼方に太陽が光る有名な場面がある。この構図は、庵野が大きな影響を受けた富野由悠季監督の『伝説巨神イデオン・発動篇』にそのままの形で借用されている。また『機動戦士Vガンダム』の後期のオープニングタイトルの最後では、地球、月、太陽と順番を変えて同じイメージが借用され、さらに天使の翼が重ねられていた。先程のユイの言葉のところでは、地球、月、太陽という『Vガンダム』での順番が採用されている。そして、『シン・エヴァンゲリオン』で、ヴンダーから射出された種子保管カプセルは、月を挟んで地球が見える位置に飛んでいる。

どうやら三つの球体とその三体関係に関心が寄せられていて、さまざまな三角関係や三者関係に彩られた「エヴァンゲリオン」の特徴が垣間見える。当たり前だが、二者の関係よりも複雑なのである。庵野が言及する「エディプス・コンプレックス」のもとになった『オイディプス王』が、二者関係ではなくて、偶然父を殺し、母と同衾することになった「英雄」の悲劇だったのであり、三者関係を基本にしていた。

（★2）竹宮恵子のこの作品がモチーフの上でもヒントを与えた可能性もある。「ザ・クローン」は双子の孫をクローンで作った男の話である。これはレイのモチーフと重なる。「エビデ・バイデ・ウー」は最後に四つの結末がしめされ、お好きなようにと選択を迫られる。複数の結末を許容する話である。「コンピュータの憂ウツ」は機械も精神的不調になると告げていた。映画やSF小説のタイトルをもじるやり方は通じる部分がある。テレビ版も企画書の段階での最終話のサブタイトルは、「たったひとつの、冴えたやりかた」とジェイムズ・ティプトリー・ジュニアの作品名からとられていた。実際に放送されたテレビ版では「世界の中心でアイを叫んだけもの」とハーラン・エリスンの短編をもじっていた。これは「アイ＝自分」という指摘もある［永瀬唯「喪失の荒野」］。旧劇場版の第弐拾伍話「Air」は、画コンテの段階では「夏への扉」となっていた。ハインラインの古典的なタイムトラベルSFのタイトルだが、中で使われるバッハが作曲した「G線上のアリア」の曲名である「Air」へと変更された。また第26話の「まごころを、君に」は、知性を人為的に発達させ、そして戻っていった主人公の悲劇を描いた『アルジャーノンに花束を』の映画化作品の邦題であり、それぞれが言及の基になった作品と主題との関係を感じさせるのだ。

（★3）リニューアル（ビデオフォーマット）版では、放送時と変更されたことで、物語の内容との結びつきが緊密になった。たとえば、第拾六話から、第拾九話にかけてのエンディングは、それがよくわかる。

第拾六話の「死に至る病、そして」では、初号機が使徒を内側から破る場面が出てきて、シンジが病室で寝ている。そして血の臭いが取れないと言うところで終わる。エンディングでは、アスカとレイとミサトのセリフが重なり、三人によって二番だけが歌われる。それにより、シンジを囲む三人の女性との関係が浮かび上がるのだ。

第拾七話で「四人目の適格者」は、アメリカでのエヴァ四号機の消失で、日本の参号機を稼働する実験が松代でおこなわれる。そのパイロットとなるフォースチルドレンとして、選ばれたトウジがバスケットボールを投げ入れるところで終わる。そして、球体のイメージを受け止めるように、月が出現するのである。エンディングの歌はなくてアップテンポな高速ビートを多用する「ジャングル」というジャンルの演奏である。

第拾八話「命の選択を」でフォースチルドレンであるトウジを乗せた参号機が制御不能になり、第十三使徒であると認定される。それを倒すために向かったシンジは、同い年の子ども乗っていると気づき、戦うことを拒否する。回路をダミープラグに替えられ、初号機が自動的に戦う。最後にミサトからフォースチルドレンの正体を知るシンジの絶叫とともに終わる。すると、ギターとピアノの演奏だけになるが、第拾七話とはテンポも異なる。そして、第拾九話「男の戦い」では、セントラルドグマにまできた使徒とともに地上に射出され、活動限界が来て止まった初号機が、シンジの願いで再起動して、使徒を倒し、さらに相手を貪り食らうのだ。拘束具が壊れて吠えて終わる。すると画面は白黒になり、途中で歌がきこえなくなる。このようにエンディングの変化が、そのまま物語の変化に対応するように細かく設定された。

（★4）前世ブームを引き起こした日渡早紀のマンガ『ぼくの地球を守って』（一九八六―九四）は、「月って不思議」「月を見ているとわけもなく帰りたくなる」と転校してきたヒロインの亜梨子《ありす》の言葉で始まる。また五年後の一九九一年東京という近未来の設定であるのも、「エヴァンゲリオン」と共通するのかもしれない。異星からやってきた者たちが、地球を見下ろす月基地で蔓延した病のせいで転生する。覚醒した者たちが集まり、そのなかで輪《りん》という亜梨子の隣人で、じつは転生をしていた年下の少年が鍵を握っているのだ。覚醒した者たちが月の基地を破壊する話でもある。月と転生という二つの要素で、セーラームーンシリーズとも、「エヴァンゲリオン」とも関連を持つことになる。

「エヴァンゲリオン」を月と転生の物語ととらえると、三島由紀夫の「豊饒の海」四部作（一九六五―七一）

が一つの起源とも考えられる。当初から四部作だったという「エヴァンゲリオン」の構想に影を落としているのかもしれない。月の「豊かの海」からタイトルを採った連作は、転生を繰り返す松枝清顕に対して、同級生でありしだいに老いていく本多繁邦が置かれている。これはレイとして若返り転生を繰り返す碇ユイと、年をとっていく碇ゲンドウとの関係として描かれている。ゲンドウがサードインパクトあるいはフォースインパクトの実現に焦るのは、老いていく自分との戦いと読むことも可能だろう。ユイがEVAに飲み込まれてからでも十年以上を経ていて、年齢の差は拡大し、新劇場版の設定では十四年がさらに加算されて、すでに死んでこれ以上変化しない「ユイ」との差はますます広がるのである。三島の「愛は絶望からしか生まれない」という言葉を引用するように庵野が意識をしている作家でもあるのだ［パラノ：一三一頁］。

（★5）伊藤清司は、『かぐや姫の誕生』と「海外の竹取説話」（『〈花咲爺〉の源流』所収）で、「竹中出生説話」「難題求婚説話」「天人女房説話」が組み合され、類似の話は中国やスマトラやソロモン諸島で見られると説明する。組み合わせが日本独自なのだ。保立道久の『かぐや姫と王権神話』では、火山列島としての神話が最後の富士山とつながるとみなされる。沖浦和光の『竹の民族誌』では、木花咲耶姫や南島神話と結び付けられ、天皇制への抵抗の可能性さえ読み取られる。折々に便利に使える話型だからこそ、「竹取物語」は日本文化に定着してきたのかもしれない。

（★6）歴史改変の是非を鋭く問いかけたのは小松左京だった。デビュー作の「地には平和を」が、太平洋戦争が終わらなかった世界を生きている十五歳の少年を主人公にしていた。それが未来の歴史改変を考える男の仕業だったとわかるが、さらに未来の時間警察によって修正がおこなわれる。そして、本来の世界に戻るのだが、これが『シン・エヴァンゲリオン』のエンディングに近いものであることは注目に値するだろう。さらに『果しなき流れの果に』での過去を改変して何が悪いのだ、という問いかけにつながった。新劇場版に、小松左京原作の映画『さよならジュピター』の主題歌が引用されているように、庵野たちに大きな影響を与えていた。他に歴史改変ものの作家としては、ポール・アンダースンのタイムパトロール物を翻訳し、自らも『モンゴルの残光』などを書いた豊田有恒もいる。豊田は『宇宙戦艦ヤマト』の原作者の一人でもあり、『シン・エヴァンゲリオン』の公開時に劇場で配布した冊子「EVA―EXTRA―EXTRA」のマンガ内で、豊田の『あなたもSF作家になれるわけではない』をマリが持っている。

（★7）庵野は自分を太宰治に喩えることもあった。太宰のエッセイ「富嶽百景」は「富士には月見草がよく似合う」という言葉で知られる。太宰が御坂の茶屋に滞在しながら、部屋にこもり俗な富士など見ずに原稿を書き、悪口を言う話である。バスを降りた女性が富士に目もくれずに月見草を見たのにちなんで太宰が口にしたもので、負けず嫌いからの表現なのである。結婚話が進む間に、山の雪も溶けてしまい赤茶けた「酸漿《ほうずき》のような」富士が最後に出てくる。これは赤富士であるが、『シン・エヴァンゲリオン』で黒き月が南極のセカンドインパクトの爆心地に向かうときに、赤い富士に激突して破壊していた。もちろん、サードインパクトで赤い世界になったので、赤富士しか存在していないのである。

（★8）本来は幽霊の意味だった漢字の「鬼」が、それ以前に存在した「おに」と結びついて独自の意味合いをもった（折口信夫「鬼の話」）。小松和彦によると、「百鬼夜行」でわかるように本来多種多様な存在に当てはまるものだったが、妖怪と鬼とに分化したのである（『鬼と日本人』）。一本角や二本角が生えた姿は鬼の定番となり、赤鬼と青鬼が存在することになった。だが大きなものを「オニヤンマ」とか「鬼百合」と名づけるし、さらに「鬼畜米英」に至るまで排外的な表現でもある。その意味で、鬼としての使徒がさまざまな姿をとるのも不思議ではない。『デビルマン』を描いた永井豪が、悪魔以外に短編の「鬼」や『手天童子』など鬼の造形をしたキャラクターを描いていることも関連があるだろう。そして、初号機は一本角の鬼に似ているが、新劇場版の2号機は二本角の鬼に似ている。

第2部

Ur-Text of Evangelion

書き始められたテクスト

第3章

コックピットに搭乗する

One must get into his / her cockpit

◉使徒の襲来

テレビ版の第壱話「使徒、襲来」は、シンジが第3新東京市の中学校へと転校してくるところから始まる。セカンドインパクトから十五年ぶりに、サードインパクトを引き起こすために、第3使徒のサキエルが襲ってきた。「非常事態宣言」が出て、交通も有線の電話も止まってしまった。シンジは、レイとアスカの次の三番目の「サードチルドレン」であり、周囲から「予備」とか「例の男の子」と呼ばれる。三年ぶりに、父親のゲンドウと出会うタイミングとしては最悪であるが、使徒出現と転校がじつは必然的な結びつきをもつ。「3」が奇妙に暗合する展開は、『新世紀エヴァンゲリオン』が意図的に構築された作品である証拠となる。しかもその暗号は、三人のレイや『シン・エヴァンゲリオン』の第3村まで続くのだ。

迎えに来た葛城ミサトの視点、つぎに転校生であるシンジの視点から描かれる。二人はお互いを識別するために写真をもち、待ち合わせの場所や時間を決めていたが、すれ違いそうになる。シンジが緑の公衆電話を使っているのは、街角で見かけなくなった現在からすると違和感を与えるかもしれない（『序』では非常連絡用電話に変更された）。

ミサトたちは自動車電話も使うが、ミサトがシンジに与えた携帯電話は、当初使われずに放置されていた。ケンスケたちと連絡を取り合うようになるのだが、あくまでも音声によるものだった。ショートメールの「iモード」が、ドコモの携帯電話に搭載されたのは一九九九年のことであり、今や重要な連絡ツールとなった「LINE」も二〇一一年の東日本大震災を契機に簡単に連絡をとるアプリとして開発されたことを忘れてはならない。緊急のときには、あくまでも声が情報伝達の主流であったのである。

コミュニケーションのツールの変化そのものが問題なのではない。第参話の副題が「鳴らない、電話」となり、シンジが周囲とのコミュニケーションの不全状態であることを描いている。当時は、コミュニケーション不全

（ディコミュニケーション）が、若者の病的兆候とみなされ、社会問題となっていた［たとえば中島梓『コミュニケーション不全症候群』（一九九一）］。シンジはSDAT規格のウォークマンで、どこでも音楽を聴いている。ウォークマンは、それまでラジカセなどで持ち歩いていた音楽を、より身軽に路上で動きながら聴く習慣を定着させた。環境音に左右されず、自分だけの音楽を聞くことができるようになった。ネガティブな面として、周囲の音や会話との断絶が指摘されもした［たとえば細川周平『ウォークマンの修辞学』（一九八一）がガジェットとしての機能を分析していた］。また、若者によるマスク着用さえも、コミュニケーション不全の兆候とみなされていた（この解釈を公衆衛生の面から一掃したのが、コロナ禍である）。

物語は二〇一五年の設定だが、日常生活のガジェットは放送当時の一九九五年か、その延長で描かれている。近未来を描くのは、SF作品の常道でもある。庵野がモノリスなどを借用したのは、一九六八年に公開された『2001年　宇宙の旅』だが、三十年以上未来である二〇〇一年を舞台として描いていた。ネルフの設定などで大きな影響を受けた『謎の円盤UFO』（一九七〇—三）は、放送の十年後の八〇年代を舞台にしている。テレビ版の設定である二〇一五年を過ぎた今となっては、パラレルワールドの物語と理解すればよいのである。

当初は携帯を積極的に使わないシンジだが、修学旅行で同級生がいなくなったあと、プールサイドで、ノートパソコンで宿題をやる［第拾話「マグマダイバー」］。授業中に生徒たちは一人一台パソコンを使い、教師が話すのを尻目に通信して、シンジがEVAのパイロットだという情報を共有して驚く［第参話「鳴らない、電話」］。これはコロナ禍で、世界中でにわかに脚光を浴びた学校のオンライン授業の姿に近い。

ツールの発達に関して、何よりも「エヴァンゲリオン」という作品自体が意識的なのである。第一話に限らず、オープニングは、おびただしいカットでできあがっている（画コンテでは八十五カットとされている）。黒いコマに宇宙の始まりの光が見え、歌の「ざんこくなてんしのように」の「てんし」で天使の絵が重なると、原始の海や、天使の文字へとつながる。中心キャラクターが次々と顔を見せ、渚カヲルも謎の美少年として登場している。コンテには「最後の使徒」と答えが書かれていた。毎回流されるが、すべての情報をリアルタイムで認識できる者は少数だろう。録画され、一回の放送だけでなく繰り返し観て解析されることを前提としているのだ。これほど情報を詰め込むのは、ビデオの登場以降に視聴方法が変化した点に対応していた。「『エヴァ』はビデオで録って観るというのを前提に作ってあるんです」と庵野も述べている［小黒：三二七頁］。

これは庵野自身の体験を踏まえているように思う。庵野は、地元の宇部で、一九七四年十月からの水曜に七時から九時に続けて放送されていた『グレートマジンガー』、『宇宙戦艦ヤマト』、『日本沈没』をリアルタイムで観るために、塾との関係で苦労したという［スキゾ：五九頁］。しかも、電気店と交渉して、テープだけを購入して、高価なビデオデッキを使わせてもらい、録画したのを見せてもらっていた。

手軽に番組を録画できなかった時代とでは、アニメなどテレビの視聴方法が変わったのである。映画館では、同じ作品が繰り返し上映されていたが、テレビ番組は再放送がない限り、決められた時間にテレビの前に座っていないと視聴できなかった。しかも家族との間で「チャンネル権」の争いもあった。オープニングに登場人物やメカの紹介さらに謎の提示から絵解きまでの各種のイメージをコマ単位で計算して詰め込んだのも、録画可能時代における「サービス、サービスゥ」だったのである。対照的にエンディングは、動きが少ないものとなっている。レイが逆さまになって海中で回転して、水面の光の模様と、ゆっくりと登る月がわかる程度なのだ。

◉ロボットに搭乗するまで

シンジのように、主人公が入学や転校をして新しい環境に入ったせいで、集団と軋轢が生じることを物語の起点とするのは、児童文学などの定番である。宮沢賢治の「風の又三郎」（一九三四）は、転校生高田三郎が訪れて去っていくまでの学校の騒動を描く。去ったあとで教室のバケツの水が風に揺れるのである。それを応用した宮崎駿の『となりのトトロ』が引っ越しと転校から始まったことを考えても根強い人気がわかる。サツキが庭の薪を集めるときに風にあおられるが、まだ彼女には見えないネコバスが通り過ぎたのである。そして、同じ宮崎の『魔女の宅急便』や『千と千尋の神隠し』を考えても、引っ越しが物語の発端となっている。

テレビ版は一九九五年の十月という二学期中に放送が開始されたが、学園ロボット物としての体裁を整えていた。十二月放送の第拾話「マグマダイバー」では、学校行事とのリンクもおこなわれ、沖縄への修学旅行の話となった。セカンドインパクトのせいで地球が夏となった、という都合のよい設定なので、四季の変化は描かれない。繰り返されるセミの鳴き声も、加持が育てているスイカも、この「永遠の夏」を表現している。そのせいで長期の夏休みはなく授業が続く設定のようだ（そもそも半年の放送が秋から春にかけてだったので、タイムリーな話題ではなかった）。ただし、加持やミサトたちセカンドインパクト世代は、世の中の混乱で修学旅行どころではなかった、という苦労が語られる。

「エヴァンゲリオン」が学園物のフォーマットを裏切る転換点は、前半の総集編となる第拾四話「ゼーレ、魂の座」だった。新しい作画を減らし、今までの出来事を説明していた。本放送の一月三日には、局の都合で放送時間が変更されるので、視聴率が下がることを見越し、本来は第拾参話の予定だったが、順番を「使徒、侵入」と入れ替えられた。正月以降の三学期に物語は一新されたのである。

「エヴァンゲリオン」はロボットによる戦闘ものと学園生活ものとが融合されていた。子どもを主人公にする以上フォーマット自体は目新しいわけではない。七〇年代のロボットアニメのひとつの流れである。視聴者が感情移入できるように考え、学校や教室の要素を取り入れるのはある意味自然で、鉄腕アトムでさえも学校に通っていたくらいである。すでに成人となったスーパーマンや鞍馬天狗といった大人のヒーローの行動をコピーするのではなく、少年探偵団のような補助でもなく、子どもがヒーローとなり、同時におとなになっていく展開をとっている。

日常生活とみなされるが、確実に一年でひとつ学年があがる学園生活が描かれ、冒険は彼らのすぐそばで生じる。児童文学の金字塔であるマーク・トウェインの『トム・ソーヤーの冒険』が、学校生活や行事と無人島での生活や宝探しの冒険を対等に描いていたのと通底するのだ。戦時と平時の切り替え、あるいは共存を目的としている。しかも、戦いを通じてクラスの友情や団結が高まっていく、というフォーマットさえも存在する。

もちろん『サザエさん』が典型のように、『ちびまる子ちゃん』のような長寿番組になると、キャラクターは成長せず、同じ学年をループすることになる。『ポケモン』のサトシが十歳から変化しないのも、視聴者の側が成長し、作品を卒業していくことが念頭にあるせいだ。だが、半年で終了することを見越し、最後に視聴者の学年が終了するとともに、自己解体的な二話で、フォーマットが崩されることは想定内であった。

シンジが転校してきた第壱中学校の２年Ａ組は、ＥＶＡのパイロットになるために選抜された子どもたちの実験場であった。その一人であるトウジが、フォースチルドレンとしてＥＶＡに乗って死亡寸前になることから、それまで子どもたちを守ってきた学校そのものが、非日常的な空間へと変貌する。巨大ロボットをめぐっては、決して楽天的な物語だけが存在したわけではない。ジョージ秋山の『ザ・ムーン』（一九七二―三）のように、九人の子どもがすべてカビの前に敗北する物語も描かれた。「エヴァンゲリオン」自体は、ロボットアニメのフォーマットを解体していくが、そうした事情が明らかになる前に、シンジはまずＥＶＡに乗ることを周囲から求められるのだ。

ミサトがシンジを迎えに行ったのは、上司である碇ゲンドウの息子を連れてくるという「ゴマスリ」ではなかった。最終的に初号機に乗せる狙いをもっていたのだ。ミサトが乗ったレストアした車は、国連軍のＮ２地雷による衝撃波で回転して飛ばされて、車体は破損する。そして、シンジと二人で、横倒しになった車を背中で押して走る状態に戻すのである。ここは、コミカルなエピソードに見えるが、機械に関する重要なイメージを提示している。ミサトは「非常時」だとして、他の車のバッテリーを多数調達して、破損した車体にテープを貼りつけて体裁を整えて車を走らせる。最初の画コンテでは、トンネルに入るまでに、目の前を塞ぐ道幅いっぱいのトレーラーを追い抜く話が置かれていた。だが書き直され、応急処置でミサトの車が動くことに焦点があたった。

ミサトの車のエピソードが変更されたのは、第壱話の後半で、シンジの代わりに初号機に搭乗させるために、ストレッチャーで運ばれてくる眼帯と包帯と血にまみれたレイの身体のイメージを準備するためだとわかる。シンジはレイを自分とおなじ「人間」と考えるのだが、ミサトにとっての車とおなじく機械のように扱うゲンドウは「別に死んだわけではない」と言って冷酷な指示を与える。ミサトの車と同じ「機械＝人工物」としてのレイのあり方を連想させるのだ。

右の目に白い眼帯をしたレイは、左の目に黒のアイパッチをかけたアスカと対照的に扱われる。この眼帯やアイパッチは、『ゴジラ』の芹沢博士からつながり、片方の視野を奪われて苦悩する人間を表現する。旧劇場版で首を絞められるアスカが、左目に包帯をしているのも、レイとの関連とともに対照性をしめすのだ。そして、『シン・エヴァンゲリオン』では、アスカは裏コードを起動させるために、アイパッチの下の「邪眼」に隠れていた小道具を取り出すのである。形状からもヴィレが第3村に置いたアンチL結界を張る装置の小型版であり、アスカが、ネルフを離れたそっくりさん同様に解体するのを防いでいたのだ。

シンジはミサトの案内でジオフロントのネルフ基地へと案内される。上方で逆さまに「天井ビル」が地下へと伸びる姿は、エンディングで逆さまに回転しているレイの姿とも重なる。『宇宙戦艦ヤマト』のガミラス星にある天井都市からの借用である。ただし、天井都市の逆さまのビルは実際にはミサイルで、ネジが外れるとヤマトを攻撃するのだが、ここでは地上部分から隠れた都市となっている。むしろ視点の反転に使われている。オープニング映像で、地球での二〇〇〇年のセカンドインパクトのようすを月軌道の視点から眺めるコマがあるように、下から見上げるだけの視点が、上から見下ろす視点に転倒されるのである。

ＥＶＡ初号機の頭部に対面したシンジは、それに乗ることをゲンドウたちに命令される。初号機に乗ることをゲンドウだけでなく、赤木リツコ、そしてミサトも強要する。さらに「逃げちゃダメ」とミサトは命令する。シンジは「そんなのできっこないよ」と拒絶し、自分が要らない人間だと考えた。使徒の攻撃で天井が崩れ、ストレッチャーが揺れてレイが落ちると、初号機の手がシンジたちを守るのだ。初号機がインターフェイスを介さなくても、シンジとシンクロするのがわかる。シンジと母親のユイとの関係がそこに隠れているのだが、この段階ではしめされない。だが、レイの体を抱いて、「逃げちゃダメだ」とシンジはその後繰り返される言葉を心のなかでつぶやいて搭乗を決意する。そして、初号機のエントリープラグに、パイロットとして乗り込むのだ。

◉コックピットに座ること

シンジはこうして第壱話でエヴァンゲリオン初号機に「パイロット」として乗って、第弐話「見知らぬ、天井」で第3使徒と戦うことになる。ロボットアニメと呼ばれるジャンルで活躍するのは、人工頭脳（知能）を積んだ自立型のロボットではない。人型ロボットであっても、自立型の鉄腕アトムとも、外部から操縦をおこなう鉄人28号とも異なり、車両や戦闘機に近い第三のパターンであった。これがロボットとは呼んでいても、トランスフォーマーに代表されるようなアメコミや外国のものとイメージが異なり、独自の発展をとげたのである。

ロボットアニメの場合、主人公の操縦者はたいてい子どもであり、操縦に至る訓練や練習の過程をどのようにストーリーに組み込むかも問われる。チームが出来るまでのリクルート場面は、物語に引き込まれる要素となる（黒澤明監督の『七人の侍』が見事な例として挙げられる）。

また、ゲームのチュートリアルのように、実際使徒を攻略する難度が上がっていくのはゲーム的展開でもあった。子どもがロボット兵器に搭乗し戦う必然性を与えなくてはならない。「エヴァンゲリオン」のパイロットも乗り込む動機はさまざまである。レイはゲンドウに命令されれば乗るし、アスカはパイロットに選ばれたことに誇りをもつ。そして、シンジは二人とは異なる動機から乗るのである。

操縦者を操縦席（コックピット）に座らせるまでのプロセスは単純なはずはないし、それこそが各作品の個性として浮かび上がるのだ。フォーマットが決まっているからこそ、どのように描くのかで違いが際立つ。歩兵などとは異なり、兵器を操る技術を習得することは、一定の訓練が必要で、車の免許取得のようにとらえることもできる。実際に、旅客機のパイロットでは、機種ごとに講習や免許が必要となり、ひとつの資格ですべてをまかなえるわけではない。人型の兵器だからこそ、体感の延長として操縦できるように見えるが、歩行など日常的に無意識に実行できていることを、機械を通じて追体験するのである。

バランスをとるのが微妙なＥＶＡの場合には、歩くとか立ち続けることが案外難しいのである。その不安定さこそが、人型兵器としてのＥＶＡの抜群の身体性を保証している。赤木リツコが「乗っているだけでいい」と言ってシンジを搭乗させ、初号機はよろよろと歩き出したが、動かし方を何も習得していない段階では、使徒に攻撃されるのも当然なのである。下半身が安定して止まっていても安定している他のロボット物とはイメージが異なるのだ。シンジとアスカがユニゾンをおこなった第九話「瞬間、心、重ねて」で二体の舞うような動きは、パイロットどうしのシンクロと習熟によるのである。

先行作品と比較すると、「エヴァンゲリオン」は、エッセンスをうまく取り込んでいる。関連するる作品は数多いが、主人公をロボットに搭乗させる観点で結びつきが濃厚に思えるのが『マジンガーZ』、『機動戦士ガンダム』、『機動警察パトレイバー』である。それぞれの第1話を中心に、「エヴァンゲリオン」との関係を明らかにしておこう。

◉マジンガーZとの関係

アイデアの先行例はあるが、搭乗型ロボットのアニメーションを不動の存在としたのは、一九七二年に放送が始まった永井豪原作の『マジンガーZ』だろう。マンガとアニメーションが同時に進行していた。マジンガーZは「くろがね（＝鉄）の城」と主題歌で歌われた巨大な機体をもち、大映の特撮映画『大魔神』とも連なる「魔神」の名を冠している。マグマ大使などのゴーレムの系譜にもある。だが、自立型ではないので、困った民の願いを聞き入れるという救済者の役目を超えてしまうのだ。『マジンガーZ』はマンガとアニメで相違点はあるのだが、ここではアニメ版（一九七二―四）を取り上げて、主人公を搭乗させるまでの流れを確認しておく。

第一話「驚異のロボット誕生」では、ドクター・ヘル（Dr.ヘル）が、ギリシャで機械獣たちを完成させ、世界征服の野望をもつ。世界征服の野望の障害となるのが、光子力のエネルギー源となるジャパニウムを発見した兜十蔵だった。十蔵は研究所の所長を引退し、富士山が見える青木ヶ原にある別荘の地下で、マジンガーZを完成させていた。ドクター・ヘルの命令により海底要塞に乗り込んで日本に向かったあしゅら男爵たちは、兜十蔵の自宅を襲い、さらに別荘を破壊する。連絡でかけつけた甲児に、祖父の十蔵は、「お前はあのマジンガーZさえあれば、神にも悪魔にもなれる」と最期の言葉を告げるのだ。搭乗している者に判断が任されるとき、機械としてのロボットを越えた責任が問われるという主題が浮かび上がる。超越的な力をもつが独自の判断能力をもたないマジンガーZを甲児が使いこなせるのか、という課題が与えられたのである。

甲児は宙を飛ぶパイルダーで、マジンガーZの頭部にドッキングして乗り込んだ。「パイルダーオン」であるが、庵野はこれを脊椎に差し込むエントリープラグに変更したと明言する［スキゾ：一一八頁］。「オトキチ（＝オートバイ狂）」と弟に呼ばれる甲児は、暴走してトラックの運転手を困らせたりする若者だが、オートバイを操縦する要領で動かす。だが、デタラメな操作をしたことで、コミカルな動きや失敗を見せる。操縦法は経験によって学ぶことになる。弟のシローを踏み潰そうになったときに、弓さやかが操縦するアフロダイA《エース》によって阻止されて、シローは助かるのだ。マジンガーZは戦闘用で男性型であり、アフロダイAはジャパニウムを採掘するための女性型と設定されていた。二体のロボットは、甲児とさやかという男女のあり方を視覚的に区別している。

それと対照的なのが、世界征服をねらうドクター・ヘルの部下であるあしゅら男爵である。顔の右側が女性、左側が男性でできている。夫婦が合体して一つの人物となり、半面がアップになるときに男女の声が使い分けられていた。放送が一九七二年十月からと『マジンガーZ』に二ヵ月先行していた『科学忍者隊ガッチャマン』でも、総裁Xの部下であるベルク・カッツェがやはり男女を合わせた存在だった。こちらは双子が合体したもので男女の声を合わせて話をする。あしゅら男爵もベルク・カッツェも両性具有が表現され、ジェンダーの規範を逸脱していた。敵がもつ「おぞましさ」の表現とされているのだが、同時に衣装も含めて蠱惑《こわく》的である。★1

このあしゅら男爵の表象は、第九話の「瞬間、心、重ねて」で、二体に分裂する第七使徒イスラフェルを倒すために、シンジとアスカが同時攻撃のために「ユニゾン」をおこなうことへとつながっている。使徒が自己修復を待つ間に、二人は音楽に合わせた体の動きを訓練するのだ。「六十二秒でけりをつける」とシンジは断言するが、「残時間20：22秒」のあたりで初号機と弐号機が合成されたコマが出てくる。右側がアスカの弐号機で、左側がシンジの初号機である。その姿と色の組み合わせは、どこかあしゅら男爵を連想させる。その後分離して戦うのだが、この二体の合成された姿は、一体単独ではありえない力を感じさせるのだ。

『マジンガーZ』の主人公兜甲児はバイクを操縦できたが、第2話の「ストップ　ザ　あしゅら軍団」では、いまだにマジンガーZの操縦法が慣れないなかで戦うことになる。これも、戦闘兵器としてのロボットの操縦に慣れる訓練過程が、エピソードの題材となりえるのである。これは同時に、機械や道具との「相性」や「シンクロ率」の話題へとつながっていくのである。ただし、『マジンガーZ』の時点では、男性が乗るから男性型、女性が乗るから女性型というジェンダーによる外観の区別があった。だからこそ、あしゅら男爵が、そうした境界を侵犯した存在として、甲児とさやかを脅かす敵の姿として有効なのである。新劇場版で「贄《にえ》」として登場するアドバンスト綾波シリーズが、雌雄同体であることを、形而上生物学者であるはずの冬月がおぞましく感じるのに通じるのだ。

◉ガンダムとの関係

「エヴァンゲリオン」との関係で、きわめて重要なのは、『機動戦士ガンダム』（一九七九—八〇）の第1話「ガンダム大地に立つ‼」である。庵野自身が「ロボットが出てくるアニメーションとしてはガンダムの一話が最高なんですよ、第一話ということでは、一番シンプルに作って、一番いいところをついている」［スキゾ：七七—八頁］と述べて、テレビ版の第壱話が勝てなかったことを認めている。しかも全カットをチャート図に書いて分析していたのである［パラノ：一八八頁］。それだけ思い入れのある初回なのである。

『機動戦士ガンダム』のアムロという主人公をガンダムへと乗せるやり方は、宇宙空間を舞台にして、ロボットアニメをおこなう作品群を生み出す転換点ともなっている。人口過剰で宇宙へ進出した地球連邦とそこから独立したジオン公国の対立のなかで、ジオン公国はザクというモビルスーツを先行し開発して優位に立っていた。二機のザクが地球連邦のサイド7《セブン》での開発状況を偵察するはずが、部下が手柄を立てたくて、開発中の部品などを破壊する。そのなかで、退避カプセルに逃げたアムロは軍属である父に、人々を入港したホワイトベースへと避難させてくれと頼もうとする。

サイド7が破壊されるなかで、ガンダムのマニュアルを拾って、それを手にして作業中の父親のテムに近づき、技術士官である父親がガンダムを作っている秘密を知る。父親は近寄ったアムロに避難しろと命じ、接近を拒絶するのである。けれども、ザクが暴れて、幼馴染のフラウ・ボゥの肉親などが亡くなったのを見て、アムロは決意してガンダムに乗り込む。「こいつは同じだ」とマニュアルを参照して起動させ、さらにマニュアルを見ながら戦うことでザクを倒した。その後の第5話の「大気圏突入」でも、アムロはマニュアルを参照しながら操縦を続けている。ここにあるのは、マニュアルがあれば誰でも操縦できるという前提なのだ。兜甲児がバイクの操縦法の延長上に試行錯誤して、結局先輩である弓さやかに教えられながら操縦を体得するのとは明らかに異なる。

これは家電やパソコンの操作法が複雑になり、マニュアルを手にしないと動かせなくなっている時代の視聴者にリアリティを感じさせる設定だった。しかも、七〇年代以降拡大していったアメリカからやってきたマクドナルドなどファストフード店が、アルバイトの店員にマニュアル教育を受けさせて、即戦力化していた状況もあった。当時普及しつつあったマイコンと呼ばれたパソコンが、分厚いマニュアルをもつのにも通じるのだ。シンジが説明なしに、ネルフの案内書をミサトから渡され、ゲンドウがシンジに「説明を受けろ」と命じてEVAの操作ができるようになると考えているのも、同じ背景をもっている。マニュアルに頼らない旧世代のミサトが本部内で迷子になることと対比されている。

父親のテムはアムロの写真を私室に飾っていて、アムロをないがしろにしてはない。しかも、アムロのようにゲリラ戦に出て戦っている少年兵がいるという噂を聞いていて、子どもを戦場に送る状況を心配していた。ある意味でその予見どおりの展開となる。一方のアムロもフラウ・ボゥが朝迎えにきても、食事もせずにコンピューターの制作をやめない、と父親と似た点をもっていた。アムロがガンダムのマニュアルの読解力をもっていたのは、技術士官の父親と同じ資質をもつという裏づけがあった。ただし、アムロがモビルスーツを操縦できるニュータイプであることは、この時点では判明してはいなかった。

運命によって選ばれた息子であるアムロが、冷たい父との距離を感じる点は、エヴァンゲリオンにおいて再現されている。しかも、碇ゲンドウと碇シンジの父子の間にある心理的な距離は、テムとアムロとの距離より増幅している。ゲンドウがシンジを呼び寄せたのも「必要だから」という理由である。シンジは三年間放置していた父に対する期待と反発が入り混じった感情を抱いている。アムロの父親テム・レイの声をあてていた清川元夢が、副司令である冬月コウゾウの声をあてているが、そのことにより両者のつながりは濃厚になる。綾波レイのレイという名前は、「零」ということと『セーラームーン』の火野レイから来ていると庵野は公式に説明している［庵野雑記］。だが、同じく「あ」の音で始まるアムロ・レイが響いていないはずがない。ただし、アムロの場合のレイは名字であった。

ガンダムの世界では、平時には軍人と民間人の差異だけでなく、戦闘員としても男性と女性の境界線がはっきりとしていた。しかしながら、戦争だからこそときには境界を超える場合がある。シャアの妹であることが後に判明するセイラ・マスは、ホワイトベースの通信士をつとめるが、一度はガンダムに乗り込み、また小型戦闘機のGファイター（コア・ブースター）を操縦する。とはいえ、セイラはガンダムの正式なパイロットとなったわけではない。

エヴァンゲリオンの新劇場版のヒントにもなった『機動戦士Zガンダム』（一九八五―六）では、女性的な名前を与えられたカミーユが苦悩する場面があるが、建て前として男女の差が存在するからこそ、こうした苦悩をもつのである。それでいて、ニュータイプとしてのカミーユが優れていることが、「オールドタイプ」の資質を引きずっているアムロやシャアとは異なった意味合いをもつのである。

『ガンダム』ではニュータイプという次世代の資質が、パイロットの条件を決めている。これがシンジたち2年A組の十四歳の子どもたちを選ぶ仕組みと重なっているのだ。彼らはEVAとシンクロできる「チルドレン」としての資質によって選択されたのである。正確な英語では「セカンド・チャイルド」などとなるはずで、新劇場版では「第二の少女」などと呼び方が変わった。だが、複数の候補の一人でしかないという意味で、彼らはたえず複数形の「チルドレン」なのである。

◉パトレイバーとの関係

ロボットアニメに別種のリアリティを与えたのが、『機動警察パトレイバー』だった。人型建設用ロボットである汎用レイバーという機械が当たり前になった世界を描いている。OVA版（一九八八―九）で始まったが、第1話の「第2小隊出動せよ！」では、AV98式イングラムを八王子の篠原重工の工場から東京湾の湾岸署まで運んでくる途中で、輸送車が渋滞に巻き込まれてしまう。騒動を引き起こすレイバーが現れたので、泉野明《のあ》たちはイングラムに乗り込んでシステムを起動させ、高速道路の途中でデッキアップして稼働し、レイバーの逮捕に向かうのだ。ここではレイバーを動かせるプロフェッショナルとして、パイロットはすでに訓練や経験を積んでいることになる。

ところが、テレビ放送版（一九八九―九〇）の第1話「イングラム起動」で、婦人警官である野明は、一応の訓練を受けてはいたが初心者に近いのである。レイバーの適正検査を受けるために八王子にある篠原重工の本社に訪れてきた野明は、工場からAV98式イングラムを盗んだ連中を単独でバイク、次にミニパトで追いかける。そして、イングラムに乗り込むと初期設定用のパスワードを「アルフォンス」と入れて自分専用にしてしまう。さらに通信ができた篠原遊馬《あすま》からの指示で、非常事態用のディスクを使って起動させて盗んだ者を逮捕するのだ。

ここには、ロボットを個人用にカスタマイズする観点が入っている。野明によって「アルフォンス」と名づけられたが、『機動警察パトレイバー the Movie』（一九八九）で明らかになったように、これはアルフォンス三世のことで、野明がかつて飼っていた犬が一世で、猫が二世だった。転生しているようにも見えるし、生物と機械が同列視されているのも、EVAが人造人間として、マジンガーZのような「くろがねの城」などとは異なる存在として扱われる視点とつながる。しかも、野明は「私のパトちゃん」と擬人化するのである。

『機動警察パトレイバー』と『新世紀エヴァンゲリオン』との関係はかなりあからさまである。エヴァンゲリオンが暴走し［第弐話「見知らぬ、天井」］。またEVAに対抗するために原子力で百五十年稼働可能なJA（ジェットアローン）が、日本重化学工業共同体、通産省、防衛庁によって開発され、その公開実験で暴走する［第七話「人の造りしもの」］。庵野自身は気に入っていたエピソードのようだが［オリジナルⅠ：#7―2］、リメイクである新劇場版では省かれてしまった。

これは『パトレイバー』劇場版第1作でのOSに潜んだプログラム・ウィルスで無人のレイバーが暴走する話とつながる。また、テレビ版第5話の「暴走レイバー―X10」では、軍用試作レイバー「HAL―X10」が暴走した。一九六八年の『2001年　宇宙の旅』での制御不能になった宇宙船の制御コンピューターHALの話を踏まえていて、巨大なシステムを制御するコンピューターが災害などでシステムダウンした際にどうするかは、すでに社会問題になっていた（一九八四年の世田谷局ケーブル火災事故などから、近年の東京証券取引所やみずほ銀行の基幹システムの一時停止など重大インシデントが何度も繰り返されてきた）。

また、『パトレイバー』で「アスカ」といえば、旧式の「96式アスカMPL」のことである。確かに惣流・アスカ・ラングレーは、セカンドチルドレンとして優秀だが、シンジはユイとのつながりという利点をもつサードチルドレンである。シンジとアスカの違いは、『パトレイバー』における野明と香貫花《かぬか》・クランシーの関係に匹敵する。

シンジは初号機に、アスカは弐号機に乗る。それに対して野明はイングラムの1号機に、普段は太田が2号機に乗るのだが、テロリスト対策の場合や太田が負傷したときには香貫花が代わりに搭乗するのである（「イヴの戦慄」や「ジオフロントの影」）。本能的あるいは直感的に機体との相性のよさをもつのが野明の特徴だが、その点はシンジがもらっている。

第八話の「アスカ、来日」にあたるのが、『パトレイバー』のテレビ版第2話の「香貫花が来た」である。ニューヨーク市警から半年の研修としてやってきたテロリスト対策のエキスパートで、ハワイ・オアフ島出身の日系三世の香貫花・クランシーは、十四歳ですでに大学を卒業した優秀なアスカに対応する。外国からやってきて日本語を話せる女性として、「アスカ」は「カヌカ」と音が響くのである。テレビ版でのアスカの国籍は香貫花とおなじくアメリカである。また、『シン・ゴジラ』でカヨコ・アン・パタースンという日系三世が登場するが、アメリカからやってきた女が問題解決に助力をするパターンを庵野が好むことをしめし、その原型のひとつが香貫花クランシーであろう。★2

しかも、香貫花の祖母の名前がレイで、クリスマス・イヴにハワイからやってきた。五十年前のクリスマス・イヴに夫を戦場に見送り失った過去を明らかにするエピソードがある（テレビ版第10話「イヴの罠」と11話「イヴの戦慄」）。レイ・クランシーは朝鮮戦争で失った夫を忍び、警察官となった孫の香貫花を連れて帰るために来日したのだ。立川基地の跡である昭和記念公園を訪れていたレイは、かけつけた刑事たちに「国のため、社会のため、正義のため。人がなんと言おうと、曖昧な大義名分のために、家族を失うのはまっぴらです」と抗議する。それに対してレイバー隊員の進士《しんし》は「ぼくはまずぼく自身のために戦います」と反論するのだ。戦うことをめぐる意見の対立があり、その是非は戦いを通じて問われることになる。アムロ・レイからレイ・クランシーを経て綾波レイへとつながる「レイ」の系譜は、アニメ版で「マーズパワー、メイクアップ」と変身をし、「火星に代わって折檻よ！」と元気なセーラーマーズこと火野レイからの系譜とは異なり、戦うことの意味を問いかける流れなのである。

ネルフ本部がある「ジオフロント」に関しても、ジオフロント計画に基づく、『パトレイバー』テレビ版第19話の「ジオフロントの影」というテロリストと地下世界の存在を相手にする話がある。バブル経済を背景にした大深度地下の利用法についての計画が政府主導で存在していたことが背後にある［朝倉堅五『大深度地下活用ジオ・フロント構想で東京圏はこう変わる――「提言」一極集中型から首都機能分散型へ』（一九九〇）など］。政府が推進した「ジオ・フロント構想」は、東京の一極集中を避けて地方に分散させる構想とつながっていた。セカンドインパクトで東京が住めなくなり、松本に第2新東京市を作り、さらにネルフの基地を隠すために第3新東京市を仙石原に作ることになる。結果として地方分散が進んだのである。そして、地下にビルが隠れるという設定で、地下のジオフロント部と地上とを結びつけたのだ。

とりわけ第弐話「見知らぬ、天井」で、シンジは第3の使徒の攻撃に意識不明になったが、初号機が暴走して倒し、入院していた。退院するためにシンジをミサトが自分の部屋へと連れて帰る途中で、金時山の山腹へと立ち寄る。そしてミサトはシンジに「あなたが守った街」としてビルがせり上がる景色を見せて、土地の守り手としての誇りを与えようとする。その光景は第拾七話の「四人目の適格者」で、ゲンドウと冬月が地下鉄に乗って窓の外に見えるありふれたものとなる。

さらに第弐拾三話「使徒、侵入」で、三番目のレイが初号機とともに自爆したせいで、第3新東京市の上部は喪失する。ジオフロントの地下に置かれていたのは、カヲルがアダムと錯覚していたが、アダムをコピーしたリリスだったのだ。アダムとの接触でサードインパクトを起こす使徒たちの望みが絶たれ、カヲルがシンジに迫ったのは、カヲルを殺害することで人類が滅びないようにするかどうかの究極の選択だった。このように大切なものや秘密が、ジオフロントのように地下や内部といった別な空間に隠れていると明らかになるのは、『シン・エヴァンゲリオン』の最後において、マイナス空間でユイがシンジから分離する場面へと結びついていくのである。

◉第壱話の意義

シンジをEVA初号機のコックピットに乗せるまでの過程を描く第壱話「使徒、襲来」は、『ガンダム』のようにシンプルにはならなかった。「も、え、あ、が、れ」と歌うガンダムのオープニングアニメと比較しても、『新世紀エヴァンゲリオン』のオープニングアニメはシンジに押し寄せるものの重圧を感じさせるのだ。

そして、アムロは、肉親を失って呆然とするフラウ・ボゥを抱きかかえて、「君は強い女の子だろう」と励まし、ホワイトベースへ避難するように言う。それに対して、シンジはまだ回復していない包帯姿のレイを抱きかかえて、自分が搭乗することを決意する。シンジはレイの姿を町中で幻視したことで、初対面のはずだったが、彼女に親しみを覚えていた。この錯覚こそが、第弐拾四話「ゼーレ、魂の座」で、ターミナルドグマに立ってカヲルたちを見下ろすレイの姿と結びついていく。まさに「霊《レイ》」的に全体に登場する三体のレイとともに、シンジに取り憑くものとしてのレイ（＝ユイ）を感じさせ、月のように見下ろすものとなっていくのだ。

初号機とのシンクロ率の高さから、操作について何も知らずにシンジは乗り込む。しかも、エントリープラグの挿入という性的なアナロジーを感じさせるやり方によるのだ。マニュアルでもなく、機械の側の誘導もない。それでいて、実験で暴走して不完全で動かない零号機、適切な搭乗者がいないと動かない初号機という対比も重要となる。

ロボットアニメに、物語上のピンチをもたらすものとして、人体同様に機体の破損、故障、不備という出来事が取り扱われることで、リアリティを増すのは間違いない。[★3] 大型機械や兵器の概念に近づくからだ。さらに改造やヴァージョンアップもおこなわれるようになった。そうした事態が想定されて、『機動警察パトレイバー』では、レイバーの出撃基地となる湾岸署に置かれた特車一課と二課の建物の横に、整備員が待機する整備工場があった。ただし、本格的な修理が必要な場合には、大型トレーラーで篠原重工の八王子の本社へと運ぶ設定になっている。

ネルフ本部も同じであり、レイの乗っていた零号機は凍結状態となっていた。こうした整備などの重要性は別なところで言及される。たとえば、ヤシマ作戦で、戦略自衛隊の自走陽電子砲をポジトロンライフルに改造する作業の進捗状況を質問したミサトに、「技術開発部第3課の意地にかけても、あと3時間で形にしてみせます」という答えが返ってくる［第六話「決戦、第3新東京市」］。

こうしたリアリティの追求は、パイロットの行動や判断、さらには機体との相性や特性といった関係の描き方の違いを浮かび上がらせる。バイクを運転する要領で試行錯誤とともにマジンガーZの操縦を覚えていく甲児、マニュアルを読むことでガンダムに慣れるアムロ、遊馬の指示に従ってイングラムを起動させて戦う野明、シンクロ率だけでEVA初号機に乗り込んでまず一歩歩き出すことから始めるシンジとではそれぞれの機械への慣れ方が異なるのだ。

年代順に『マジンガーZ』、『機動戦士ガンダム』、『機動警察パトレイバー』、『新世紀エヴァンゲリオン』と見ても、ロボットへの搭乗のプロセスが変更されてきたことがわかる。各作品の制作者の狙いや作家性による違いもある。だが、どのように人間と機械がインターフェイスを通じて、シンクロするのかを追求してきた結果である。目の前に外を見る窓やディスプレイがある場合は、現実の機械やコンピューターと人間とのつながりを思わせる。ところが、EVAでは、パイロットは頭の左右に白いインターフェイス・ヘッドセットをつけている。まるで、動物か鬼の角を切り取った跡にも見えるが、それが直接脳に働きかけて接続することで、直観的に操作できるように変更された。これは「iPhone」などで実現されることになった、説明やマニュアルがなくても操作できる方法の台頭にも対応していた。

そうした新しいインターフェイスの先駆けは『2001年宇宙の旅』に出てきた。この映画と「エヴァンゲリオン」との関係としては、黒いモノリスとゼーレの議長たちの表現とか、八角形の第五使徒と類似するものが描かれていることなどがすでに指摘されている［吉村靖孝「60年代のモチーフ」『スタイル』：三四―五頁］。それ以外に、月連絡船の運航や着陸が、パネルの数字や図形を監視することで実行されている。ディスカバリー号はHALが基本的に操縦し、乗組員はモニターを見るだけという表現は、大半の動作を神経接続によって、両手をフルに使用することが少ないEVAの操縦に近いのである。

EVAのオートパイロットの実験をする回もあり、これは現在の交通機関の操縦や、自動運転車にも通じる。これにより「メカに強い」と一般化された少年ではなくて、乗り込む者のジェンダーと関係なく動かせる汎用型に変化してきた。『マジンガーZ』で弓さやかのようにロボットのパイロットはジェンダーで区別されロボットの形状にもジェンダーが与えられていた。アスカは赤のカラーリングでそれを表現しようとした。けれども、汎用性こそが、十四歳の少年少女を搭乗させて戦わせる前提であった。

EVAは動力の関係で基本的にはケーブルでつながって外部電源で活動する。アスカが海上で戦ったときも電力を供給するソケットが必要だった。外部から接続を遮断することもできる。臍の尾ともいえる足かせがあり、しかも内部電源になった瞬間に、活動時間が五分間に制限される。

これは地上での活動時間が三分間と制限されたウルトラマンのパターンであり、使徒との戦いに緊張感を与えるだけなく、無限に戦い続けるわけにはいかないことで、人間関係をドラマに導入せざるを得ない口実ともなっている（緻密な動きができる作画の分量限界にもなっている）。その自己言及的な表現が、JA（ジェットアローン）という核動力によって無限に動く可能性をもったロボットの登場だった。

このEVAのあり方の背景には、バッテリー電源で駆動できるようになったノートパソコンなどの台頭がある。一九八九年に東芝のダイナブックが発売され、広く普及しつつあった。また、通信技術も一九八五年以降の通信自由化によって、パソコン通信を使ったものが広がっていった。電気街やジャンク屋のイメージだった秋葉原が、コンテンツ産業を中心とする「趣都」（森川嘉一郎）へと変化していくのだが、その雰囲気が「エヴァンゲリオン」に漂っている。スペックなどの差異をしめす数字をまじえた表記や細かな文字の記載への偏愛があるのも、パソコン文化になじんだ視聴者と共鳴するところがあるのだ。

搭乗者とEVAとのシンクロ率の話が、搭乗者や周囲の人間とのシンクロ率の話へと変わるのである。機械と操縦者の相性という設定を与えることで、マジンガーZのように男女の外観による区別はなくなったが、アスカが弐号機を赤にカラーリングしたように違う形で表面化するのである。そして、巨大ロボットであるEVAを動かすことを通じて、シンジの場合は「父と母と息子」というジェンダーとエディプス・コンプレックスの関係を問い直すことになるのだ。

◉註

（★1）両性具有のあしゅら男爵やベルク・カッツェは、特撮物における殺伐とした敵側のナンバー2として、女性首領たちが台頭する状況ともつながる。男の子を中心とした視聴を意識する子ども向け番組において、セクシュアルな表現をどのようにおこなうのかは表現工夫のひとつとなる。ガッチャマンにおける白鳥のジュンのような「紅一点」（斎藤美奈子）として、戦隊ものでの添え物的な女性隊員の存在とはまた異なる。怪獣特撮（『モスラ』『ウルトラQ』）やアニメ（『スーパー・ジェッター』）において、事件を目撃する「従軍」カメラマンとして表象されてきた女性登場人物のあり方とも異なる。

（★2）香貫花の声をあてた井上瑤は、セイラ・マスの声をあてていた。井上は必要な場合にパトレイバーやコア・ファイターを操縦して戦う女性の系譜の声を演じていた。葛城ミサトの声をあてた三石琴乃が、月野うさぎの声をあてたこととつながる。視覚的な同一性が重視される生身で演技をする俳優だけでなく、アニメや吹き替えにおける声優は声を通じて、以前演じた役のイメージが作用して、ときには倍音となって響くことがある。もちろんこれが否定的な足かせとなる場合もある。『謎の円盤UFO』で副官のフリーマン大佐の声をあてたのが、小林昭二である。『ウルトラマン』のムラマツ隊長であり、『仮面ライダー』の立花のおやっさんである。フリーマン大佐をモデルにした役柄は副司令の冬月だが、大佐本人は若い女性を見ると声をかけてまわり、行動はむしろ加持リョウジに近いかもしれない。そして加持は新劇場版ではおとなしくなったのか、『シン・エヴァンゲリオン』では、渚司令の副司令に収まっているのである。

（★3）最初の画コンテでミサトは爆風で車が横転したあと、「おかげで車と服はだいなし。せっかくレストアしてリキ入れてきたのにね」としか語らない。だが、完成作では「三十三年のローンと修理代」という言葉が付け加わった。脚本の決定稿にあった「チッ、ローンがあと33回あったのに、まいったわね」というセリフが復活したのである［オリジナルⅠ：#1—11］。このように、作品は試行錯誤を経て現在の姿にたどり着くものなのだ。

他人の車のバッテリーを超法規的に調達して車を走らせる国際公務員と、ローンとの関係はたんなるアイロニーではない。余談だが、『アナと雪の女王』で、クリストフがアナを助け出すために使ったソリを大破してしまったときに、ローンを払い終わったばかりなのに（paid it off）、と嘆いた。皮肉めかせてではあるが、SFやファンタジーを表現する場合にも、予算やローンを抜きに話は展開できない時代なのだ。

実際、ネルフのために巨大な予算が動いていることがわかる。ゼーレは、ゲンドウとその息子は国家が一つ傾くほどの損害を与えたことを嘆きながらも、人類補完計画のために目をつぶるのである［第弐話「見知らぬ、天井」］。また、ミサトに国家予算規模の請求書が届く場面も出てくる［第九話「瞬間、心、重ねて」］。もはや、『マジンガーZ』のように、個人の学者が私財で巨大ロボットを秘密裏に作り、『機動戦士ガンダム』のように戦時中で兵器開発に軍の予算が豊富に使われている状況ではなさそうだ。ネルフがゼーレから予算を獲得する話は、アニメ制作の舞台裏となる交渉の場の体験が投影されている。ゼーレのメンバーがモノリスになったのは、交渉相手に人格を与える気がなくなったからでもある。

第4章 シンジと搭乗させる大人たち

Those who make Shinji get into Evangelion

1 使徒と搭乗の拒否

◉使徒出現とのシンクロ

シンジがやってくると、偶然使徒が襲ってきたように見えるが、ゲンドウや冬月たちネルフには想定内の出来事だったのである。シンジにとって父親と三年ぶりに再会できる転校のはずだが、EVAに乗る人生への転換点となる。登場までの時間を節約するためにも、敵となる使徒が襲ってきたのである。この物語でいちばんシンクロしているのは、シンジの人生と使徒の到来である。これを「自然」に見せることが、第弐拾四話「最後のシ者」までのエピソードの役割だった。

使徒の到来は、アダムと触れることでサードインパクトを引き起こす目的があり、物理的にそれを阻止するのが、EVAつまり「人の創り出した究極の汎用人型決戦兵器、人造人間エヴァンゲリオン」である。これは『機動警察パトレイバー』のOVAで「ハイパーテクノロジーの急速な発展とともに、あらゆる分野に進出した汎用人間型作業機械レイバー」という冒頭のナレーションの捩《もじ》りである。しかも、「汎用」「人型」「決戦兵器」「人造人間」と強力な語が入っている。

ゲンドウたちネルフの目的は、二〇一五年に、十四歳となる子どもたちをEVAに搭乗させ使徒と戦わせることにある。子どもたちはみな二〇〇〇年のセカンドインパクト後に生まれた。それ以前の歴史を知らず、言い換えると、アダムとの接触によるセカンドインパクトが原因となった水位の上昇や、気候変動、さらに汚染や変化を受けた地球で生まれ育ったのだ。

次の世代として彼らが活躍するのは、ガンダムのニュータイプや「新人類」に近い考えである。零号機にレイ（ファーストチルドレン）、初号機にシンジ（サードチルドレン）、弐号機にアスカ（セカンドチルドレン）、3

号機にトウジ（フォースチルドレン）が搭乗する。そして四号機はアメリカで消失し、その代わりカヲル（フィフスチルドレン）がやってくる。

レイのデータは不明だが、シンジの誕生日は二〇〇一年六月六日、アスカは同年十二月四日、トウジは十二月二十六日となっている。ところが、カヲルは例外で、二〇〇〇年九月十三日で十五歳となっている。これは南極でセカンドインパクトが発生して、葛城探検隊が被害を受けたときの日付だった。ちなみにヒカリは二〇〇二年二月十八日で、誕生の年号は異なるが、早生まれなので学年が同じという設定である［以上『エヴァンゲリオン・クロニクル』による］。シンジたちが十四歳というEVA搭乗の適齢期となるのは、この「二〇一五年」の一年間だけなのである。

シンジが転校の手続きを完了して学校に通い始めて、妹が怪我をしたことでトウジに殴られたり［第参話「鳴らない、電話」］、アスカが転校してくると、レイが一年生のときからいるとトウジたちが知らせたりする。日常的な学園生活そのものが、ネルフによって仕組まれたもので、2年A組はふつうの中学校に見える施設のEVAパイロットの選抜クラスにすぎない。庵野が総監督をつとめた『トップをねらえ！』の沖縄女子宇宙高等学校では宇宙パイロットを養成するという明確な目標があったが、ここでは曖昧なのだ。しかも、使徒の攻撃を受けたせいで、引越しや「疎開」がおこなわれ、クラスの生徒数もしだいに減っていくのである。

隠れた目的をもって生み出された学園生活の「虚構性」を明らかにしたのが、最終話だった。「これも一つの世界」として、あり得たかもしれない学園ドラマが断片的に紹介される。シンジはアスカと幼馴染で朝起こしに来てもらい（『ガンダム』のアムロとフラウ・ボゥとの関係の借用）、さらにパンを口に咥えて走ってきたレイと衝突する。

これは竹熊健太郎と相原コージによる『サルでも描けるまんが教室』（一九八九–九一）のエピソード9に出て

きた「少女マンガの描き方」に起源があるとされる。このマンガを愛読していたことを庵野は竹熊に告白している。『サルまん』では、多くの人に受けるマンガの描き方となっていたオリジナルのアイデアが、まさにテレビ版の最終話を通じて、あたかもそれ以前から頻繁に存在していた定番という錯覚を与えた（朝食のパンを咥えて走るのは、『我等が生涯最良の年』などハリウッド映画由来ともされ、『サザエさん』や『ハリスの旋風』などの先行例がほうとうひろしたちによって探し出されたが、ここで重要なのはキャラクターの衝突である）。しかも、『サルまん』では、転校してきた少女が、ロッカー（ロック少年）とぶつかるのが今一番受けるはずだ、と説明していた。シンジがロッカーとほど遠いのは確かである。

葛城ミサトは教師として働いていて、転校生のレイがぶつかったときに「パンツを見た」とシンジをなじると幼馴染のアスカと喧嘩をはじめる。複数の物語の可能性がしめされるが、これが「ファーストチルドレン」と一人の人間が複数形で呼ばれている理由にも思えてくる。レイやシンジやアスカたちは、複数の可能性をたえず含んだ存在なのだ。そして、セカンドインパクトを体験し、修学旅行どころではなかった加持、ミサト、リツコの一九八五、八六年生まれの世代、さらに京都の大学でいっしょだった一九六七年生まれのゲンドウと同世代のユイ、赤木ナオコがいる。彼らの運命もセカンドインパクトで大きく変貌してしまったのだ。ＥＶＡを生み出すアダム再生計画が、「Ｅ計画」として人工進化研究所で進行するのである。

◉ダミーに満ちたテクスト

「エヴァンゲリオン」にはダミーが満ちている。セカンドインパクトは南極への彗星の落下だったというのが公式見解で、授業でもそう教えられている［第参話「鳴らない、電話」］。人類がアダムに接触したせいだという真相は、「特別非常事態宣言」が発せられた一般の市民には伏せられている。使徒の登場は寝耳に水の事態である。

敵である使徒の出現と、シンジが搭乗したEVA初号機による戦いによって、ネルフの存在も明らかになるのだが、結局ネルフの広報部は「B―22」というパターンを使って、人々に真相をごまかすのである。

ネルフがゼーレの計画のためのダミー機関であるように、第3新東京市は地下のジオフロントにネルフ本部を隠している。地上に出る天井都市はあくまでもピラミッド型の本部を隠すための仕掛けだった。その建設は、ゲンドウによるとすでに存在していた巨大な空洞を利用したものだった［第弐拾壱話「ネルフ、誕生」］。それは南極の地下に発見されてアダムを隠した空洞と似ていたが、旧劇場版で、そこに「黒き月」が隠されていると真相が明らかになる。そしてアダム、正確にはリリスを複製したEVAのように、人類は地下に埋まっていた先史時代の遺物を利用したにすぎないのである。

作戦を現場で指揮する作戦課長のミサトさえも、知っている情報はかなり限定的である。ダミーの情報によって、隠されたものとなっている。ミサトがネルフの本部に不案内で迷子になるという第壱話のエピソードは、ミサトのがさつな性格をしめすだけではない。複雑な迷路のなかで、実験室の存在を嗅ぎつけられないのは、ゼーレとの関係が発覚しないように設定されているネルフ本部の状況もしめしている。ミサトはゲンドウやリツコとは立場が異なるのである。データ上は出生などの詳細が不明であるレイの秘密も知らなかった。ミサトの元恋人で、カプセルに入れた秘密の実験室のパスワードを教えてくれた加持は、ゲンドウのもとで働きながらも、日本政府のスパイでもあった。加持から得た情報によって、ミサトは少しずつ真相に近づいていくのである。

しかも、第壱話の段階では、レイへのプログラムの書き換えとか、シンジを「予備」という言い方がされるようにあくまでもシンクロ率の高いパイロットが不可欠だった。だが、シンクロ率を問題にしながらも、操作自体がダミープラグという代替物で可能となる過程が丁寧に描かれている。オートパイロットの実験があり［第拾参話「鳴らない、電話」］、シミュレーションプログラムが登場し［第拾伍話「レイ、心のむこうに」］、さらにダミープログラムが完成する［第拾七話「決戦第3新東京市」］。そしてダミーシステムとして実戦配備される。トウジの乗った3号機が使徒となったとき、戦うことを拒絶するシンジの代わりに、初号機を動かすダミーシステムが作動したのだ［第拾八話「アスカ、来日」］。

欠如を埋めて補完するのもダミーの役目である。そもそもEVAの戦いそのものがダミーシステムを作り上げるための重要なデータ収集の場だったのであろう。十四歳の子どもという生贄を必要としないダミーシステムは人道的措置に見えるが、それを作り上げるためには多くの「実戦データ」が必要となる。それこそが、シンジたちがEVAに乗ってやっていた「人体実験」だったのである。

使用されたダミープラグは、レイとおなじように、ネルフ本部のさらに地下にある実験施設で大量生産されたものであった。リツコはミサトたちに見せるが、ゲンドウやレイへの憎しみから、自らの手でダミーシステムを破壊してしまう。初号機に搭載されたダミーシステムは、トウジの乗ったEVAの3号機が使徒と認定され、シンジが戦いを拒否したときに使用される。これは、テレビゲームのオートプレイ（バトル）で、キャラが自動的に敵と戦い相手を倒して経験値を獲得してくれる感覚に近い。また、旧劇場版では、EVAの5号機から13号機までが、カヲルのダミープラグを載せ、ロンギヌスの槍の複製品をもった白い量産型として弐号機を倒して貪るのである。そこでは、人間のパイロットの不在や不要が決定的となっていた。

パイロットへの「精神汚染」とか使徒による「侵食」が何度も語られる。テレビ版の前半のコミカルな学園ロボットアニメの雰囲気こそが、じつは「ダミー」の物語であり、第拾四話以降のシリアスな展開への準備だったのだ。こうしたやり方は、使徒の到来をダミーのシナリオでごまかした広報部のやり方とも似ていたのである。しかも、さらに最終二話の「楽屋落ち」や「ちゃぶ台返し」が、全体の偽物＝虚構ぶりを明らかにするための仕掛けだったのである。第弐話がしめしていた広報部によるダミーや虚構の可能性が作品本体に通用できると、他ならない視聴者が読み取る必要性が伏線として告げられていたのだ。

◉ 繰り返される搭乗拒否

シンジを迎えにきたとき「よりによってこんな時に見失うだなんて…まいったわね」とミサトは嘆く。これが彼女の第一声となる。「見失う」こととそれに伴う「発見」とが、「エヴァンゲリオン」全体で繰り返される予兆となっている。そして、「逃げちゃダメだ」とは、シンジが内心で繰り返す言葉として知られているが、最初に口に出してそれを教え込んだのはミサトだった。この点は看過できないだろう。「駄目よ、お父さんから、何よりも自分から逃げちゃ」というミサトの言葉をシンジが自分なりに咀嚼した結果でもある。シンジは転校以前からそう思っていたのかもしれないが、ミサトの言葉によって初めて言語化されたように物語では表現されている。次からはシンジが繰り返し意識する道徳的な決り文句となるのだ。

第壱話で、シンジはゲンドウに初号機に乗ることを命じられると、「見たことも聞いたこともないのにできないよ」と当然ながら拒絶する。ところが、包帯だらけで初号機に乗せられようとするレイの姿にシンジが同情したのと、使徒に襲われたときに初号機が守ったシンクロ率の高さをリツコ、次にミサトが認めたことから、搭乗は周囲から強制されることになる。

この後も、EVAへの搭乗をめぐり、拒否と強要あるいは要請が交互に訪れる。第四話では家出をするのだが、途中でミリタリーごっこをしているケンスケと出会い、さらにネルフに連れ戻される。また、「碇くんはなぜ乗るの」とレイに質問され、アスカにも問い詰められる。そのたびに、心の迷いの森をさまようのである。ネルフをやめて部外者になったはずなのに、自分から「EVA初号機パイロット碇シンジです」と総司令である父に高らかに告げさえするのだ［第拾九話「男の戦い」］。こうした繰り返しのなかで、EVAに乗ることや使徒と戦うことの意味にシンジが苦悩するのが『新世紀エヴァンゲリオン』の展開である。

戦いながらも、シンジたちは「好敵手」や「戦友」でさえありえる敵から学ぶわけではない。最初から使徒は人間ではない存在として描かれているので、戦っているなかで「敵も自分と同じ人間（あるいは宇宙人）だ」という認識は生じない。『マジンガーZ』でも、敵は紛いなりにもあしゅら男爵など人間の姿をしていた。『機動戦士ガンダム』も、アムロたちとシャアたちは人間として対等である。『機動警察パトレイバー』でも、悪の組織として描かれるシャフトはレイバー企業であり、そこで活躍する人間たちが相手だった。

ところが、使徒の多くは人間の姿に近くさえない。使徒は日本の特撮作品の大半の怪獣たちとも異なるのである。怪獣たちの多くは、内部で人が動かすという「着ぐるみ」の関係で、擬人化しやすい形態をもっていた。内部に人が入るための厚みをもつ形状ならば、おもちゃとして人形化やフィギュア化しても、手にとって操作しやすい。けれども、コミュニケーションがとれそうものない正八面体や、球体や、リング状など幾何学的な使徒では擬人化すら困難となる。特撮作品で例外的ともいえる無機質的な『宇宙大怪獣ドゴラ』のドゴラや『帰ってきたウルトラマン』の光怪獣プリズ魔といった系譜を意図的に選択した結果でもある（使徒については第5章で詳述する）。敵が非生命体に見えて感情移入が出来ないのならば、相互のコミュニケーションは不要となり、作品の課題や問題点は味方の側に集中する。「エヴァンゲリオン」の重苦しさの原因は、最初から敵とのコミュニケーションを遮断している点にあるのだ。

2 特攻と生き残った者たちの負い目

◉特攻を強要する大人たち

第壱話「使徒、襲来」で、いきなりシンジを初号機に搭乗させようとしたのは、国連直属の非公開組織である特務機関ネルフの最高司令官である碇ゲンドウ、戦術作戦部作戦局第一課の課長である葛城ミサト一尉（のちに三佐に昇進する）、そして技術開発部技術局一課に属する「E計画」担当の赤木リツコ博士である。彼ら三人がシンジを囲み、搭乗するように圧力を加えるのである。

父親でもあるゲンドウは、シンジを呼び寄せ、転校させて、ネルフのIDカードも与える。「お前が必要だからだ」というのが理由だった。主人公のアクションから始まるのが導入部の定番だろうが、それとは異なり、シンジが平和的に転校手続きをする前に、ネルフの働きを知り、EVA初号機に乗る展開となる必要があった。

ミサトは、シンジに『ガンダム』のアムロのようにネルフの案内マニュアルを読ませ、ジオフロントの本部に連れてくると、初号機と対面させる。そして「レイでさえも零号機とシンクロするのに七ヵ月かかった」、と懸念するように、ミサトはシンジをすぐに乗せるつもりはなかった。あくまでも当初は案内のつもりだったのである。ところが、第3の使徒であるサキエルが襲ってきたことで、作戦課長としてのミサトは決断を迫られる。そして、リツコは、インターフェイスを通じなくても初号機と反応するシンジのシンクロ率の高さに驚き、EVAに乗って一歩歩くだけでも良い、と考えるのである。

実験で負傷し完治していないレイや、訓練も受けていないシンジといった子どもたちを兵器に乗せて戦わせる彼らの行為は、あまりにも無謀と狂気に満ちている。そうした展開に竹熊健太郎が「周りが異常なんです。オヤジも含めて」と指摘したのを、庵野は「ええ、根が気違い集団ですから」と首肯している［スキゾ：七八頁］。

十四歳の子どもだけに戦わせるというネルフの異常さは、太平洋戦争末期に若者たちを特別攻撃兵器に乗せて「特攻」させた問題と重なるのである。

旧制中学から陸軍士官学校や海軍兵学校を目指すエリートコースだけではなくて、陸軍少年戦車兵や海軍飛行兵などを養成するために十五歳くらいで入学する学校もあった。さすがに十四歳がいきなり実戦に出ることはなかったが、戦争末期には繰り上げ卒業などで、十代後半の若者が戦場で死傷することは珍しくなかった。少年兵をも動員して、若者の戦闘員の数を増やした。『機動戦士ガンダム』でアムロの父親がゲリラの少年兵がいるという噂を耳にして、息子と重ねるのは、ヴェトナム戦争などでのゲリラ戦のイメージだった。第壱話で、戦時自衛隊の砲火やN2地雷がきかないからこそ、ネルフのEVAという特殊兵器が使用されることになる。それは特攻兵器を生み出した構造に似ている。

ゼロ戦などの航空機による特攻だけでなく、人間魚雷「回天」などの特攻兵器が実戦配備されて使用された。究極の人型兵器というのは、搭乗者が不可欠な兵器であり、必要な場合には、自爆という形で敵を攻撃するのである。戦闘中に死の危険を迎えるのは、どのような兵器でも同じだろうが、特攻は「生還する」可能性を否定している点で他とは異なるのだ。帰投する燃料を積まずに出撃するのだが、それは活動限界を五分に限って、最後まで戦うEVAにも重なる。

「エヴァンゲリオン」において、特攻の特徴がはっきりとしめされるのは、第16使徒に「侵食」されてしまった際に、レイが零号機を自爆させて使徒を倒すときである。笑顔のなかでレイは消えていった。この笑顔は「莞爾《かんじ》」という表現と結びつくのである。ニッコリと笑って死んでいった戦友の思い出なのである。そして第3新東京市に大きなクレーターが生まれて、そこは空虚な名もない湖となる。

テレビ版が放送された一九九五年には、一月の阪神淡路大震災と、それを引き金とした三月の地下鉄サリン事件があったことで、そこに引きつけた読みがなされてきた［竹熊健太郎「エヴァンゲリオンと私」、藤田直哉『シン・エヴァンゲリオン論』など］。けれども、わかりにくくなってはいるが、この年は敗戦から五十年経ったときでもあった。戦後五十年という折に、発表されたことに意味があるだろう。庵野は、六〇年安保世代（宮崎駿たち）や、七〇年安保世代（押井守たち）に対して冷ややかな態度をとっていた。戦争そのものに対しては、帝国海軍の艦船の名前の「赤城」や「綾波」からキャラクターの名前を採用しているように関心は濃厚である。しかも、父親が十六歳で片足を事故で喪失したのが、戦時中だったことを告白していた［スキゾ：四七頁］。

　宇部には、一九四五年四月二十六日から八月五日まで、八回にわたって空襲があった。七月二日の空襲では二万四千人が罹災し、七月二十九日の空襲では原爆投下の練習のための模擬原爆（パンプキン爆弾）が三発投下された。[★1] 広島や長崎の原爆の予行演習として宇部が使われていたのである。また、MAGIの複製が置かれているのは長野の松代だが、ここは太平洋戦争末期に大本営の移転先として選ばれ、実際に象山《ぞうざん》地下壕などが掘られた。場所の設定は、どこでも良かったわけではないのだ。

『宇宙戦艦ヤマト』（一九七四―五）のモデルとなった戦艦大和は、沖縄決戦を援護する海上特攻のために、呉から関門海峡を通らずに、豊後水道を通って沖縄へと向かった。その途中の坊ノ岬沖海戦で撃沈されたのである。このとき戦艦大和を守った巡洋艦の一隻が冬月である。ゲンドウやユイさらにマリの元教師であり、ネルフの副司令官となってゲンドウたちの計画を守る冬月コウゾウの名前として採用されている。冬月はいわばゲンドウの人類補完計画という戦艦大和を護衛しているのだ。『シン・エヴァンゲリオン』で最終的に「ヤマト作戦」と呼称されるのも、それほど不思議ではない。

「エヴァンゲリオン」は若者に自爆行為を強要する特攻攻撃や戦争と無縁ではないのである。そもそも庵野秀明がセリフを暗唱するほど熱愛したのが『宇宙戦艦ヤマト』だった。戦後三十年に発表されたアニメであり、「ナショナリズム」や復古主義なのかは議論を呼んだが、戦争体験をもった人々が制作していたのは間違いない。そこでは、ヤマト側さらにガミラス側からの特攻攻撃が何度も描かれた。横山孝一は、庵野によるヤマトもガミラスの「どちらも日本」という合わせ鏡の指摘に注目している［横山孝一「『宇宙戦艦ヤマト』特攻か平和憲法か――西崎義展vs福井晴敏――」：四十三頁］。庵野が把握するように、ガミラスをヤマトと同じ地平でとらえるならば、古い日本と新しい日本が争っているという見方が生じるが、それは「エヴァンゲリオン」にも引き継がれている。とりわけ新劇場版で十四年後の設定となった『Q』以後に登場した「ネルフ」と「ヴィレ」の戦いにおいては、もはや主軸は「使徒」対「人類」ではなくて、まさにEVAの利用をめぐる古い考えと新しい考えの対立となっていくのだ。

そして、復古調の色合いを深めた続編の映画が作られた『宇宙戦艦ヤマト』に対抗したのが、『機動戦士ガンダム』（一九七九―八〇）だった。そのシリーズの一つである『機動戦士Vガンダム』（一九九三―四）の第50話「憎しみが呼ぶ対決」で、改造された大型戦艦リーンホース（改造されてジュニアがつく）のゴメス艦長以下が決意をして、敵に特攻する場面がある。主人公であるウッソがVガンダムに乗って戦い、シャクティが祈りをささげるなかでおこなわれ、全編のクライマックスとなる。ちなみに、鶴巻和哉をはじめガイナックスのメンバーが原画に参加していた。

リーンホースでは若者たちを退避させて老兵たちが船を操縦する。「長生きしすぎたバチがあたった」などとぼやきながら、古いモビルスーツを砲台にしてビームを打ち込むのだ。とりわけ特徴的なのは、リーンホースに乗っていた指導者のジン・ジャハナムが、「若い者たちが生き残れば、この名前は私のものとして語り継がれるってもんさ」とゴメス艦長に特攻を命令するところである。

実際には、この男は、秘密結社リガ・ミリティアの指導者であるジン・ジャハナムの影武者だったのだが、その死とともに、主人公のウッソの身近にいた真のジン・ジャハナムが歴史から隠蔽されることになる。それは歴史のなかで囁かれる革命指導者や陰謀団の親玉の替え玉や影武者説を利用しているのだ。黒澤明の『影武者』（一九八〇）は、武田信玄の替え玉を描き、権力者が使い捨てるようすを描き出していた。『Vガンダム』からは、特攻が敵艦を消滅させると同時に、歴史の真相を闇のなかへと消す役目をもつことがわかるのである。

ウッソは、リーンホースの特攻に助けられながら、V2ガンダムで味方を守りつつ、宿敵のクロノクルと戦うことになる。「光の翼」を伸ばした白いガンダムは天使のようにも見え、最終話のサブタイトルも「天使たちの昇天」となっている。そして、戦いが終わって、日常へと戻ることが示唆されて全編が終わるのだ。もはや兵器の役割を終えたV2ガンダムが映って幕を閉じる。これは『美少女戦士セーラームーン』の最終話での裸になったうさぎに翼が生えた天使像とは異なるが、カオスを取り除いて和解しつつ、カオスが世界に遍在することを肯定するのとはまた違った終わり方である。だが、どちらも平和をもたらすものとしての天使像を浮かび上がらせていたし、それは「天使」とされる使徒の姿とは異なるものだった。

特攻といっても『宇宙戦艦ヤマト』は全体の戦いのなかでおこなわれたものであり、『機動戦士Vガンダム』のリーンホースの実行者は老人たちという旧世代が主だったのである。ところが、「エヴァンゲリオン」のテレビ版では、戦略自衛隊や国連軍が使徒を攻撃しても、使徒と直接戦うのはあくまでも特攻兵器といえるEVAに乗った子どもたちだけなのである。★2

◉生き残り者の負い目

ゲンドウたち大人が、シンジをはじめ子どもたちを搭乗させようとする理由は、EVAによって使徒を倒させることで、セカンドインパクトを生き延びた人類を延命させるという建前ではなく、人類補完計画を遂行するためだった。人類補完計画は生者と死者の融合や対話を伴う奇妙なヴィジョンである。そして、最終二話でとりわけ鮮明になるが、内的宇宙での問いかけなどの形を借りて、パイロットにEVAで戦うことの意味を求め、逡巡することを描いている。その背後には、キャラクターたちが抱える肉親の喪失の体験と心の傷が深く関わっている。

戦争における死者へ向けて「私たちはあなたたちのことを忘れません」という言葉は繰り返されてきた。それは生きている者のつとめであるとともに、責め苦の感情を表している。ゲンドウたち大人を変貌させ狂気に陥らせ、さらにはEVAのパイロットとなるシンジたちを苦しめているのは、家庭内の出来事に見えるが、セカンドインパクトを含めた自然や人間がもたらした災害による心理的な傷なのだ。これは「生き残り者の負い目(survivor guilt)」であろう。「生き残り者の負い目」とは、特攻体験者が自分の体験を語りたがらない心理的な壁を指す言葉だった［井上義和『特攻文学論』：六二頁］。しかも特攻の生存者には、「死に損《ぞこ》ない」という非難が周囲から湧いてくる。特攻をして敵を倒すという周囲の英雄的な期待にパイロットが応えられなかったことへの不満が、周囲から生じた結果出てくる言葉なのである。

トウジが妹を負傷させたEVAのパイロットをなじり、それが転校生のシンジだったとわかり殴る場面がある。その後仲直りをしたトウジが、フォースチルドレンとして3号機に乗りこんだわけだが、暴走してシンジと対面する使徒となったのである。シンジが倒す相手として初めて人間を意識することになるが、拒否したシンジの代わりにダミーシステムが倒したせいで、シンジはトウジ殺害をおこなう際に手を汚さずに済む。意志的なカヲル殺害の選択とは異なるのである。しかもエントリープラグ内でトウジが無事であることが確認される。人間殺害を止めることができなかった無力さと、相手が知り合いのトウジだったことにシンジは悩むが、同時に初号機のダミーシステムが働いて、使徒を倒すことを成し遂げなくては、トウジを救うこともできなかったのだ。

トウジをはじめ子どもたちが無残に死ぬ場面がテレビ版の画面に出てこなかったのは、大月プロデューサーから「大人はいいが、子どもを死ぬ場面だけは出すな」と指示されたせいである。アニメ版の『美少女戦士セーラームーン』の第一期の最後のように、戦士たちが次々と亡くなるという展開はトラウマを招くのだ。もちろん「転生」という手段を使って、抵抗感を減らしていたわけだが。

庵野が大月の忠告を守ったせいで、特攻的な要素は、活動限界のなかで相手から殺される恐怖に絞られ、その代わり、人間の搭乗がない使徒を倒すことに躊躇はなくなる。それでも、最後にレイは自爆攻撃をしかけるし、シンジが初号機でカヲルの首を切断する場面は、たっぷりと時間をためて描写されている。レイが複製品だという言い訳は用意されていた。しかも初号機の洗浄場面ではゲンドウと並んでレイが顔を見せる。それが同一人物であるとする保証もないのだが、生き延びたように見えるのだ。そして、カヲルは最後の使徒であり、彼を殺害するかどうかは人類の存亡に関わるので、選択肢は一つしかなかったのである。

「エヴァンゲリオン」はセカンドインパクトのせいで、季節が夏に固定されてしまった世界が舞台となっている。そのため第壱話の冒頭から、いたるところでセミが鳴いて夏の暑さを物語る。画コンテには「クマゼミ」「ヒグラシ」などセミの種類も含めた指定が書き込まれているのだ。生活音だけでなく、何よりも暑い夏という音の演出があり、セミの声はこの物語にノイズとして絶えず固着しているのである。

「エヴァンゲリオン」における永遠の夏とは、夏休みの長い一日を虫取りで明け暮れた感覚をゲーム化した「ポケットモンスター」(一九九六)の世界というよりも、月と地球がつながって自転が止まって昼と夜の世界になったブライアン・W・オールディスの『地球の長い午後』(一九六二)のような世界である。邦題はアメリカ版に依拠していたが、小説のイギリス本国版における原題が「温室」であることも、どこか「エヴァンゲリオン」の世界に通じるのである。

月の満ち欠けがしめされるように日付は確実に進むのだが、季節は進行しない。季節の変化は回想シーンで登場するだけである。冬月がゼーレの委員会に呼び出され、京都時代に碇ユイが六分儀ゲンドウと付き合っていると告白するのを思い出す。舞台は一九九九年の秋で、冬月とユイはハイキングの装いだった。「あの時はまだ、この国に季節……秋があった」と冬月は回想する［第弐拾壱話「ネルフ、誕生」］。名字に「冬」を抱いた男が回想するのは皮肉だが、シンジたちは、「戦争」どころか「季節を知らない子どもたち」であり、しかも使徒との戦いのために秘密裏に訓練をさせられていたのである。最後の使徒であるカヲルも「君と同じ仕組まれた子ども」とシンジに語る［第弐拾四話「最後のシ者」］。パイロットとしての彼らが、ネルフやゼーレといった大人たちによって育成されていたことがわかる。

セカンドインパクトのあった二〇〇〇年から二〇一五年まで、使徒が来るのを待っていたわけだが、最後の一年間で形勢を逆転するには、特殊兵器EVAによる攻撃しかなかったのだ。この年月の間は使徒の攻撃もなく平和だったのだが、それは前線から遠く離れた日本本土で暮らしていた子どもたちにとっての「十五年戦争」を連想させるのである。戦争を実感するのが、空襲が起きて、直接攻撃を受けるようになってからとなる。まさに第3使徒であるサキエルが日本に攻めてきてから、シンジたちは「敵」を認識したのである。そして本土決戦となった。

一九三一年の九月の柳条湖（溝）事件いわゆる満州事変から一九四五年のポツダム宣言受諾までの足掛け十五年を「十五年戦争」と呼ぶ（正味なら十四年、つまりシンジたちの年齢と同じである）。しかも柳条湖事件とは、関東軍が自分たちで満鉄の線路を爆破しながら、敵である中国側の仕業だといって戦争に踏み切った謀略事件だった。この出来事は、南極での葛城隊のアダムとの接触が、偶発的な事故ではないどころか、ゲンドウやゼーレたちに仕組まれていたという真相ともつながる。冬月に指摘されたように、ゲンドウがセカンドインパクト前日に基地を離れて無事だったのは偶然ではない。まさに「死海文書」に基づいたゼーレのシナリオ通りの行動だったのである。

そもそも「ゼーレ（魂）」、「ゲヒルン（頭脳）」、「ネルフ（神経）」、「テーゼ（定立）」さらには、新劇場版で新しく出てきた「ヴィレ（意志）」もドイツ語である。ネルフの通常兵器である拳銃であっても、ミサトが使用するヘッケラー&コッホのUSPはドイツ製であり、青葉が使用するグロック17はオーストリア製である。さらには、日本とドイツがエヴァ生産の先進国であるという設定もふくめて、アスカも加持もドイツからやってきたと描かれるように、日独という第二次世界大戦の同盟関係を連想させるのだ。そして企画書の段階では敵組織関連は「アルカ（箱舟）」「アポストロ（使徒）」などイタリア語で構想されていたのである。そこまで含めると日独伊三国同盟となる。

「エヴァンゲリオン」のなかで、永遠に夏が続いているという設定は、今となっては地球温暖化といった気候変動との関連が強く考えられる。ところが、夏の設定は、テレビ版の放送の時点では、半世紀（物語内では七〇年）前の一九四五年の夏の出来事、つまり「終戦」と名づけて敗北をうまく内面化できずにきた戦争体験を、問い直すための仕掛けでもあった。

企画書の段階での第4話は、サブタイトルが「14歳、始まりの日」とあり、シンジの誕生日のエピソードだった。二〇〇一年六月六日という誕生日を踏まえると六月の出来事となるが、これは採用されなかった。そして、一度は削除される予定となっていた、第四話「雨、逃げ出した後」が、脚本の段階では、最後にミサトがシンジを観察している日誌が登場する。そこには「西暦2015年7月末日、これを記す」とあった［オリジナルⅠ：#4―39］。この設定を受け入れるのならば、第5使徒以降の戦闘は八月すぎの出来事となる。そして、襲ってくる使徒との戦いも渚カヲルという最後の使徒を倒したことで終了する八月十五日を連想させるのだ。

使徒との戦争が終結して戦後になった「二〇一六年　人類の補完はまだ続いていた」とテロップが出て、第弐拾伍話「終わる世界」は始まるのである。そこでのシンジの苦悩はまさに「生き残り者の負い目」であり、カヲルに対する負い目を含めて、戦後処理の心理的な難しさを告げている。しかも、シンジの周りの大人たちもまた「生き残り者の負い目」を感じていることが重要なのである。シンジだけが苦悩しているとか、トラウマをもっているわけではない。過去に被害の記憶をもつ者が加害者になるという反復のパターンがあるが、シンジを囲む「根が気違い集団」（庵野）の大人たちが抱えているのもそうした心の傷なのである。

◉ゲンドウと亡き妻

ゲンドウが「生き残りの負い目」を感じている相手が、妻のユイであるのは間違いない。それこそが、「死海文書」のプログラムを実行するゼーレの意向に寄り添いながら、「人類補完計画」をやり遂げる意思の根本にある。旧姓は「六分儀」で、碇ユイとの結婚によって、「碇」ゲンドウとなった。六分儀は移動する船の上で自分の位置を見つけるために、天体を測定する器械である。ゲンドウという船がユイに碇を下ろしたという含意をもつのだ。

ユイはゼーレとつながる人脈をもち、その関係を利用することで、ゲンドウは国連直属の人工進化研究所、さらにゲヒルン（のちのネルフ）を立ち上げるのだ。そして人工進化研究所を舞台に、彼らは対使徒兵器であるEVAシリーズを生み出した。だが、ユイはそのプロトタイプとなる初号機の実験の最中に消えてしまう。研究開発を引き継いだのがリツコである。それによってゲンドウの動機は、ゼーレの委員会とは明確に異なったものとなってしまった。

ゲンドウは南極でのセカンドインパクトでは葛城探検隊を犠牲にし、その生き残りの娘であるミサトを部下にしても平然としていた。ところが、自分が生き残ってしまった、というユイへの負い目は、そのときユイが研究所に連れてきて生き残ったシンジへの嫌悪にも似た気持ちとつながっている。父子の間で確執が起きたのも、ユイの消失が原因であり、墓参をしたときに墓の下には何もないとゲンドウはにべもなくシンジに告げるのだ。

ゲンドウたちは形而上生物学の成果として、代替物としてのレイを生み出したが、あくまでもそれは人工物であり、魂が入ってもユイとはならなかった。しかも、初代のレイはMAGIを完成させた赤木ナオコを「ばあさん」と呼んだことで絞め殺されてしまう。脚本には息を吹き返す場面があったのだが、最終的には削除され、「殺人」が是認されたのだ。そして責任を感じたナオコが飛び降り自殺をしたことだけが描かれた。冬月が、ゲヒルンがネルフへと組織が変わったときに、赤木ナオコだけは加わらなかったと冷酷に事実だけを告げるのである。

ゲンドウが無事を確認するようにレイに笑顔を向けたのだが、それこそシンジから笑顔を求められたときにレイが模倣した表情だった。そして、墓参りなど家族ごっこをするときには、ゲンドウはユイの代替物としてのレイを伴うのだ。それでいて、零号機の搭乗者として、レイを「死んでいるわけではない」と冷酷に扱っている。失われたユイへの一種の再会として人類補完計画を実行しているのだが、それこそゲンドウ自身の「生き残りの負い目」を解消するために他ならなかった。

◉ミサトと失われた父

ミサトはシンジが父親のゲンドウを苦手だと知ると「私と同じ」と告げる。第拾弐話「奇跡の価値は」の冒頭で、父を失った過去が語られる。ミサトの父はセカンドインパクトを引き起こした葛城隊の隊長だったのだ。アダムとの接触が世界を変えたのだが、ゲンドウたちゼーレの意図的な計画だったとわかる。ミサトは惨事を生き延びたのである。二年間他人と口をきかなかったミサトの「生き残り者の負い目」は父親に対してであり、彼女が使徒への復讐、さらにはセカンドインパクトの真相を探る動機となっている。

シンジをコックピットにあげるために、ミサトは叱咤激励して、「男でしょ」などと口走る。ミサトがネルフ本部で迷子になるのも、「サードチルドレン」としてのシンジへの対処の仕方をどのようにとるべきか、ミサトには判断がつかない不安の表れともとれる。そして、自宅へと招いて同居を始めてシンジへのシンクロを試みるのも、幼いときに母を失ったシンジと、自分とが同じような負い目を感じていると思うからなのである。

セカンドインパクトを生き延びた世代がもつ傷は、それ以降に生まれたシンジたちには気づかれにくい。沖縄に修学旅行へと行けなかった代わりに、長野の温泉で、ミサトの身体の傷をアスカに気づかれる場面がある（第拾話「マグマダイバー」）。ゲンドウの場合は手のひらのやけどという目につきやすいものだったが、二人がいっしょに入る温泉だからこそ判明したのである。アスカが母親の自殺を目撃したという心の傷をもっていることで、二人はシンクロするのである。それまでアスカがミサトの家にいても、単独でシャワーを浴びる程度だったので、ミサトの体の傷に気づく機会はなかったのだ。風呂に入るという描写は、シンジとカヲルが大浴場の風呂にいっしょに浸かる場面とともに心の交流を描く点で重要なのだが、相手の身体を覗きこんでしまう機会なのだ。

ミサトが加持リョウジとの関係がうまくいかなかったのも、そこに父親の影を見たせいだった。父親が亡くなっていることとともに、目撃した死を受け入れられずに、そこへの負い目が強く作用したのである（それは母親の死を目撃したはずなのに記憶が欠けていたシンジと同じなのである）。ミサトにとって、アスカとともにドイツからやってきた加持は、大学時代の過去の男であり、同時によりを戻す相手となる。その恋愛の行方は、新劇場版で彼らの子どもの登場という展開を見せるのだが、ミサトとリョウジという名前や関係を、庵野は成田美名子の『あいつ』（一九七九−八〇）という漫画作品から採用した。それがミサトという造形にだけでなく、作品全体にも大きな影響を与えたのである。[★3] しかも、貞本のマンガ版では、パートナーともいえる加持の「生き残り者の負い目」が、セカンドインパクトの「災害孤児」としての暮らしと、仲間を売ったことへの心の責め苦として描き出されていた。

上官としてシンジを導くミサトのモデルとして、戦闘機乗りを公私ともに育てる女性の教官が出てきたのが『トップガン』だった。これは『トップをねらえ!』で借用されていた。さらに、庵野が作画でも参加した『超時空要塞マクロス』(一九八二―三)では、早瀬未沙がけんかをしながらも一条輝を導いた。とりわけ劇場版の『愛・おぼえていますか』(一九八四)は、リン・ミンメイとの三角関係を描いてみせた。ミサトも指示を与えるだけでなく、シンジたちにときにプライベートな忠告を与えることもある。いつもSDATの音楽を聞いて外界と遮断しているように見えるシンジでも、EVAに乗ると否応なしにミサトの指示や言葉に耳を傾けなければ判断を誤るのである。

ミサトはゲンドウからも期待され、物語の途中で一尉から三佐に昇進する。こうした女性士官としてのあり方は、『機動戦士ガンダム』でアムロの初恋の相手となるマチルダ中尉の面影もあるが、『未来少年コナン』のモンスリーがモデルになったのかもしれない。モンスリーは地軸の変化を生き延びた世代で、孤児として拾われて独裁者レプカの手下になっている。これはゲンドウの部下となったミサトを想起させる。しかも、モンスリーは敵対していたダイスと結婚式をあげるのである。加持とミサトとの関係、さらに新劇場版で設定された出産にいたる加持との関係へとつながるだろう。ダイスが最初はラナを追いかけていたとか、『謎の円盤UFO』の副司令官フリーマン大佐の女好きの要素も、冬月にではなくて加持に投影されたのである。そしてモンスリーが「バカね」と繰り返すのは、アスカの口癖「あんたバカあ」に転用されたのかもしれない。

こうしてみてくると、ミサトが「保護者」として、シンジやアスカと同居することを決意したのは、二人を監督する上司としての立場からだけでない。彼ら二人と同じように幼いときに、親を病死ではなくて、事故や自殺で不意になくした共通体験をもつせいである。同時に、死者への負い目として、なぜ自分は生きているのだろう、という現状への悔悟を三人が共有している。死者を媒介にした「負」の意識による共同体がそこでは生まれていたのであり、個人のこころの傷を一人ひとり単独で癒やすだけでは、簡単に解消できないのである。

◉赤木リツコと母親

「生き残り者の負い目」は赤木リツコにもある。それは母親のナオコの自殺死に対してだった。母親の後を追ってネルフに就職したリツコは、ゲンドウと母親が関係をもつ場面を見てしまう。リツコはユイとナオコの亡き後に実質的な研究開発の中心を担い、しかもゲンドウの愛人となり、欲望の処理係としての役目を母娘二代にわたってはたしたのだ。

赤木ナオコはMAGIシステムという人格を移植したOSに基づくコンピューターを作り出していた。娘はそれをメンテナンスすることに時間を費やしていた。これは『宇宙戦艦ヤマト』のアナライザー、さらにはその元ネタの『宇宙家族ロビンソン』や『禁断の惑星』のロビーとつながる。人間に助言を与えてくれるコンピューターという設定は、『謎の円盤UFO』のSIDという宇宙船型のコンピューターにも通じるのである。彼らはあくまでも計算結果を教えてくれるのだ。

だが、それまでのものが単体であったのに対して、MAGIは「メルキオール（MELCHIOR）」「バルタザール（BALTHASAR）」「カスパー（CASPER）」の三台を使用して、合議させている。これにもじつはモデルがある。クラークの小説版の『2001年　宇宙の旅』で、ディスカバリー号の航行を担当するHAL9000には、地上に同じタイプが二台あり、その計算結果と比較して、二対一となって、船のコンピューターHALが故障した可能性がしめされるのである［第23章「診断」］。三台の計算結果の比較による判断は、MAGIシステムの原型だが、HALの場合との違いは、三台がおなじものではなくて、個性をもたせている点である。

多数決をするのは、HALの場合には、同じ能力のものが三台だったが、「科学者」「母」「女」としてのずれをもつことで、違う見方や判断を所有するのが強みとなっていた。同一よりも差異に価値が与えられたシステムなのだ。そして差異をもつことが、使徒に侵食されてMAGIを乗っ取られるときに時間稼ぎにもなり、最後に女としてのカスパーが反撃する拠点となった［第拾壱話「静止した闇の中で」］。リツコは、母の女としての部分が勝ったのだ、と確認するのである。

ユイがEVAシリーズのなかに溶け込んだように、ナオコは自分の三つの人格に基づいたことで複数の自分を転移した。ユイもナオコも、ゲンドウに愛を捧げたことが共通点となる。しかもEVAもレイも複数存在し、MAGIも、松代をはじめ世界各地にバックアップ用の複製品があるのだ。娘のリツコは、肉体をもつ自分が、ゲンドウにとってナオコの予備あるいはバックアップにすぎなかったことに気づき、ダミープラグのために培養されていたレイたちを壊すのである［第弐拾参話「涙」］。母親の死への負い目という屈折した感情が、ゲンドウへ接近して愛人となる行動の原因となっていたのだ。

◉ 碇ユイの誘惑

EVAにシンジを搭乗させようと画策する大人には、父としてのゲンドウ、上司としてのミサト、科学者としてのリツコがいる。だが、死んだはずのユイもまたシンジを初号機に乗せようとしている。それが今度は反転して、死者の側の負い目や現世への執着と結びつく。幼い三歳の子どもを残してきてしまったことでの、シンジへの不憫さや、負い目でもある。ユイがシンジを初号機に乗せたがるのは、命令や強制ではなく誘惑によってい て、それだけ甘美な方法だった。

そもそもユイが「京都学派」ともいえる形而上生物学を担当する冬月教授に提出した生物工学のレポートが、人類補完計画の始まりだった。彼女がゲンドウとともに考えたプランでもある。冬月から就職か進学かと質問されると、結婚という第三の答えをだすのだ。結局ゲンドウと結婚し、ゼーレの後ろだてにより、ゲヒルン、さらにネルフという組織を通じてEVAシリーズの開発に関わった。そして、三歳のシンジが見守るなかでおこなった実験中に、彼女は魂も身体も吸い込まれてしまうのだ。

墓参りの場面では、墓のなかは空っぽだとゲンドウは言う。それは遺骨の不在という意味だったが、代わりにEVAのなかに存在することになる。だとするならば、EVAはユイの墓でもある。シンジが初号機に近づいたときに、インターフェイスを通じなくてもつながり、シンクロ率が当初から四十パーセント以上あった。EVAがシンジを受け入れるのである。そして、第弐話「見知らぬ、天井」で、よろよろと立ち上がって一歩を歩くという赤ん坊の体験を、ユイとともにシンジは初号機を使って追体験するのである。

シンジは肉体の一次接触を極端に嫌うとカヲルに揶揄された。だが、エントリープラグという性的なアナロジーを含む仕掛けでEVAに搭乗することになる。それはLCLという液体に入る間接的な関係に見えるが、エントリープラグは操縦のための道具を超えて、男性の生殖器から、女性の生理用品まで、女性の身体へと「侵食」するものを代弁していた。シンクロすることが、じつは人造人間であるエヴァンゲリオンの体内の一部となることであり、最大の一次接触なのである。

初号機にシンジを乗せることは、ユイにとり、失われた絆を取り戻す機会ともなる。幼い子どもを残して先立ったという心残りや負い目のような感情が感じられる。だが、それは「軍国の母」として、特攻隊員となって使徒と戦うように、とシンジを誘う形でしか成り立たないのだ。EVAに乗るときにだけ一体化できるからこそ、『シン・エヴァンゲリオン』の最後で、「ネオンジェネシス」のためにシンジは、EVAに乗ってからユイと分離できたのである。ゲンドウたちとは異なる動機からなのだが、ユイは結果として使徒と戦うために、ＥＶＡにシンジを乗せるという結論に達するのである。庵野が「根が気違い集団」というなかに、じつはユイも入ることになる。

◉註

（★1）総務省サイト「宇部市における戦災の状況（山口県）」
https://www.soumu.go.jp/main_sosiki/daijinkanbou/sensai/situation/state/chugoku_06.html

（★2）ただし、新劇場版の『Q』以降で、大人たちがヴィレとしてネルフと戦う話が前面に出てくると話が変わってくる。庵野が指摘していた「合わせ鏡」の要素が強くなるのだ。完結編となる『シン・エヴァンゲリオン』で、ＡＡＡヴンダーが、マイナス空間に自分たちが生成した最後のガイウスの槍を届けることになる。「ヤマト作戦」と呼称され、乗組員を全員退避させ、一人艦長として残ったミサトは、我が子や加持のことを思いながら死んでいく。第3村のまわりに脱出した名残となる救命艇が落下して、多くの足跡がついているカットがある。特攻が繰り返された『宇宙戦艦ヤマト』や『機動戦士Vガンダム』のリーンホースの特攻のエピソードを連想させながら一つの世界が選択されたことをしめしている。

（★3）庵野が明らかにしたように、ミサトとリョウジという名前はセットであり、成田美名子のマンガに由来する「庵野雑記」。ただし、ミサトの傷についての設定資料には、「葛城亜佐美」という名前があって、×印がついてミサトと変更されているので、当初は亜佐美という名前だった可能性もある。ミサトとリョウジの二人が登場するのが『あいつ』である。佐藤悠矢は『新世紀エヴァンゲリオン』は、「少年漫画の皮を被った少女漫画」と喝破して、吉野朔実、こなみ詔子、佐々木倫子などを例に挙げて、内観や独白さらに空白やノイズの使い方などを論じた［『エヴァンゲリオン・スタイル』：八〇―七頁］。少女マンガの文字ノイズが、音声ノイズとして利用されているという説明で、成田美名子の『エイリアン通り《ストリート》』も挙げられていた。少女マンガとの関係は、武内直子の『美少女戦士セーラームーン』だけではない。そしてのちに庵野が『彼氏彼女の事情』という少女マンガのアニメ化を監督したのも不思議ではない。とりわけ成田の『あいつ』は、キャラクター名の借用にとどまらず、「エヴァンゲリオン」の物語内容とも深く関わっている。いや、むしろ関わっているからこそ借用されたのだ。

　青森の高校に通う一年生の泉みさとと、父親とけんかして隣のボロ家に越してきた受験をひかえた三年生の沢田涼司と七穂房之助との隣人生活が描かれる。みさとが「あいつ」と意識するのが涼司なのである。よくある男女三人組のパターンではあるが、これはトウジ、ヒカリ、ケンスケの関係の原型でもある。みさとは、涼司たちに天体望遠鏡で月を覗かせてもらう。そして月が動くこと、つまり地球が動いていることに感動し、「38億分の1」の確率で出会った涼司に密かな恋をする。高校にある地学部天文班に入り、九州の大学へ天文学を学ぶために進学を決意し、反対していた母親の賛成を得るまでの心の動きや変化が描かれる。就職コースで「各種学校」と考えていたみさとが、自分の進路を決めるまでの話である。しかもみさとは涼司に頼りっぱなしの自分から自立しようとする。『あいつ』のみさとはある部分でシンジであり、同時にミサトでもあるのだ。

　庵野自身が、宇部高校の地学部天文班の回報である『月刊ＵＣＣ』の表紙を担当していた。創刊号は「オリオンとＭ31」といった内容をもち、表紙には松本零士風に描かれた部室の内部というイラストが掲載されていた。だが、しだいに表紙は『宇宙戦艦ヤマト』からのイラストに交代し、地学とも天文ともあまり関連のない切れ長の目をもった女性のアップとなってしまう。そして高校時代の友人で生徒会長だった中村彰正は、その後久万高原天体観測館の職員となり、自分が発見した小惑星に「庵野秀明」と名づけた。中村は他にも「仮面ライダー」や「藤岡弘」という名前を小惑星につけている。庵野は中村を主人公に『ナカムライダー』(一九七八)という8ミリ映画を制作していて、これが実写映画の最初の作品だったと認めている。同じ頃藤子・F・不二雄が「四畳半SL旅行」(一九七九)で、鉄道のジオラマ作りに夢中になり、ついにはそのジオラマのなかに入ろうとする主人公を描いたが、それと同じような感覚をもっていた。『あいつ』のみさとたちの感覚とも似ているのだ。

風呂上がりの異性の裸を見てみさとが卒倒する場面があるが、これはシンジの裸をミサトが冷静に指摘する場面として扱われた。唐突に古い「黄金バット」や「快傑ハリマオ」の主題歌が歌われる。これは昭和歌謡を引用した新劇場版とつながるだろう。それでいて「シャア少佐、シャア少佐、シャア少佐」と三回間違えずに言えるのか、という早口言葉がアニメ好きの面もしめしていた。また、九州の大学で天文学を学ぶという進路をすでに考えていた「ゆーみん」というあだ名の松任谷由実のファンである級友が、自分と同じ志向をもつみさとの決断を祝って曲をダビングしたカセットを贈ってくれる。「12月の雨」、「十四番目の月」、「ジャコビニ彗星の日」、「悲しいほどお天気」といった「天文と気象」のテープだった。『シン・エヴァンゲリオン』の最後に、ユーミンの「VOYAGER～日付のない墓標～」が流れるのもその点からも必然だったのかもしれない。

第5章

使徒と堕天使

Angels and Dark-Angels

1 天使と使徒の闇

◉天使としての使徒

第壱話で「使徒」とされるが、英語のタイトルでは「天使（Angel）」が使われている。企画書によると「敵は、『使徒（アポストロ）』と呼称される、正体不明の巨大戦闘兵器群」［企画書：七頁］とあり、新約聖書のギリシャ語に由来するカタカナ表記が使われていた。それでいて、同じ企画書内で、「使徒・ラミエル（雷の天使）」［企画書：29頁］と記載され、使徒と天使が等価に扱われている。キリストの弟子たちについて「十二使徒」の訳が定着しているので、天使と同義というのは違和感を与えるかもしれない。庵野は社内にいたアメリカ人から抗議を受けた、とSFセミナーの大森望との対談で述べていた。

もちろん、「エヴァンゲリオン」で襲ってくる使徒たちは、キリストの弟子の化身ではない。エノク書などを参照した上で、各天使が授かる能力を配慮して、企画書段階で「サキエル、水の天使」「シャティエル、沈黙の天使」「トゥレル、神岩の天使」といった名称が与えられていた。しかも、新約聖書のギリシャ語の「アポストロ」の原義は、「使者」であり、送り込まれた者という意味となる。十二使徒以外にも使用されるのだが、「使徒＝弟子」ではないので、「死海文書」に記載されている通りに、何者かに送り込まれてきた存在と解釈できるのである。

企画書の段階で、使徒は「第1始祖民族」が作った兵器であり、死海消失事件を通じて入手した材料からネルフが対使徒兵器であるエヴァンゲリオンを建造して人類が戦う話だった。書き直されていくなかで、庵野により、第1始祖民族をめぐる真相や、使徒側の事情の大半が、情報量を制御してブラックボックス化するために伏せられてしまった［小黒：三一四頁］。そのため、「兵器」対「兵器」の戦いでありながら、『マジンガーZ』のような古代の力を手に入れる争いの話とはならなかった。あくまでも、天から飛来し、突然第3新東京市周辺に出現し、アダムと直接触れようと試みる存在として使徒が扱われるのだ。

赤い球体であるコアを破壊することで使徒は倒せる。心臓か脳が破れたようにコアは飛び散り、急所であることは間違いない。だが、それが急所だと判明するのが試行錯誤の結果ではなくて、最初から判明しているのも、まさにゼーレのシナリオ通りなのである。ゲンドウたちは、第1使徒から得られた情報に基づいてEVAを作り上げたために基本構造を知っていた。十五年後に、EVAの開発が零号機、初号機、弐号機と、量産体制を視野にいれた段階にまで達したところで、第3使徒がいきなり登場する場面となったのである。

もちろん、シンジも視聴者も状況が飲み込めないままこの世界に入り込むのだが、『宇宙戦艦ヤマト』のガミラス帝国や『機動戦士ガンダム』のジオン公国のような敵側に関する情報が不要なので、シンジたちは相手の行動や心理を視野に入れながら戦う必要がない。海中を泳いでやってくる水の天使であるサキエルが、視聴者が目にする第一番目の使徒となる。だが、ゲンドウたちにとっては、「死海文書」に書かれたとおりに登場するので、想定内の存在でしかないのだ。

企画書では、眠っていた古代遺跡から目覚める使徒たちは二十八体で、シンジたちはエヴァンゲリオンに乗って次々と倒すことになる。最終決戦の地が、第3新東京市とその下にある黒き月になった。ジオフロント見取図の決定稿には「アルカ本体（中心核）」という表記が残っているので、その時点まではアルカ（箱舟）というものとして黒き月を考えていたのかもしれない。

オープニングアニメの最後の「神話になれ」という歌詞の箇所は、画コンテによると「天使の文字」で終わる。「「エッセネ」のもつ死海文書の1ページ」という註記があり、焼け焦げの跡を加える指示まである。「天使の文字」が「天使に言及している文字」のことなら、死海文書の記述を成り立たせている文字となる。もしも「天使の言語そのもの」だとすれば、コミュニケーションの手段となり、ひょっとすると使徒との直接対話も可能なのかもしれない。大瀧啓裕は、天使文字の特徴である○が入っているが、どこのものかはわからないと特定に匙を投げている［大瀧：四一頁］。

本来なら「異星人」あるいは「異なる知性体」とのファーストコンタクトのはずだが、使徒が文字をもち言語を話す可能性は最初から除外されていたし、ネルフ側の誰もコンタクトを呼びかけ、コミュニケーションを試みはしなかった。冒頭の海岸線に戦車が並んでいるカットで敵対する意思が明確にしめされている。セミの鳴き声が重なる暑苦しい雰囲気のせいで、「本土決戦」を連想させる。

渚カヲルが人型の使徒として出現して、人間と対話ができる存在となる。だが、それ以前に使徒が一次接触を試みている行為はすべて「侵食」ととられている。使徒は人間を意志もつ者として扱っているのであるが、人間たちは使徒＝殲滅すべき敵と最初から決めつけている。そして、セカンドインパクトの真相が明らかになるにつれて、ゼーレもゲンドウたちも使徒襲来を待望していたことがわかってくる。

◉『ふしぎの海のナディア』との関係

第1使徒はアダムとされる。これは南極大陸の空洞（白い月）で発見されたもので、葛城探検隊が二〇〇〇年に調査をするために接触している最中に爆発する。光の巨人が出現するのを撮影した写真に「謎だらけだよ」と冬月は言う。南極調査への同行を求められ、さらにゲンドウから、ゲヒルンへの参加をうながされる［第弐拾壱話「ネルフ、誕生」］。冬月がしめした「光の巨人」は「光の国」からやってきたウルトラマンが下敷きになっている。庵野のウルトラシリーズへの偏愛を考えると、それも不思議ではない。光の巨人の利用は、「エヴァンゲリオン」が初めてではなかった。そもそもテレビ版自体が『ふしぎの海のナディア』の続編として構想されていたのである［スキゾ：一九一―二頁］。

庵野が監督した前作にあたる『ふしぎの海のナディア』の第31話「さらば、レッドノア」で、ナディアが身につけているブルーウォーターは「トリス・メギストスの力」あるいは「賢者の石」と同じもので、ナディア自身が地球人とは異なるアトランティス人の血を引くナディア姫だと説明される（手本にしろとNHKサイドから強要された『ラピュタ』のラピュタ人とシータとの設定を利用したのである）。そして、アトランティス人とは、二百四十万年前にウルトラマンと同じM78星雲から円盤で飛来した宇宙人とされている。

その事実を教える衛星都市レッドノア内のコンピューターは、光の巨人のシルエットの姿をしていた。これはウルトラマンではなくて、アルジェリアの砂漠にあるタッシリ・ナジェール山中のセファドール洞窟にある「白い巨人」に似ている。現在ではシャーマンを描いたと推定されている絵である。他にも近くのジャバレン洞窟には、髪の毛を切った丸い頭の人物像があるが、これもヘルメットを被った宇宙飛行士などとまことしやかに喧伝された。宇宙人飛来説のデニケンにより、『未来の記憶』（一九六八）で重大な証拠として紹介されたのが、メキシコにあるパレンケ遺跡に葬られたパカル王の石棺に彫られた彫刻だった。儀式のために横たわる姿が、ロケットを操縦する宇宙飛行士だと決めつけられ、ここからマヤ人が宇宙人だったという都市伝説が生まれた。その結果、縄文時代の遮光器土偶を宇宙人に見立てるという日本オリジナルの宇宙人ネタも誕生したのだ。ウルトラマンだけでなく、こうした少年マンガ雑誌のクラビア頁や、『月刊ムー』や大陸書房の本に由来する知識が『ナディア』の背景にある。

物語展開に必要な設定にすぎないのだが、庵野たちが当時読んでいた少年マンガ雑誌のグラビア頁やオカルト情報誌を賑わせていた古代の宇宙人や古代の宇宙船のイメージが、いわゆる特撮やアニメといった「サブカルチャー」とともに、地下水脈的な「隠された（オカルト）」知として連結されていくのである。滅んだ先史文明を異星文明とみなして、不連続を強調するのは、過去の出来事に未来の可能性を見出そうとする考えから生じているのである。超古代文明人が『ナディア』では古代アトランティス人とされていた。ノーチラス号などの超科学の装置は「対消滅」や「縮退」といった動く原理はわかっていても、壊れたら再現するのは無理なブラックボックスとされていた。これはEVAにも引き継がれているのである。

さらに、第37話「ネオ皇帝」で、ネオ・アトランティスの首領となったガーゴイルは、囚われたナディアを案内してアトランティス人が最初に作った人類を見せ、旧約聖書に載っている「アダム」だと説明する。「これが人間」と巨大さに驚くナディアに、ガーゴイルはアダムを小型化したのが現生人類だと説明した。さらに「造りかけや失敗した人間」という人類創造の実験の見本を紹介する。巨人アダムを小型化するというのは、庵野も参加した『超時空要塞マクロス』でのゼントラーディという巨人族が、スパイのように仲間を小型化して人間社会を偵察するために潜入させた話ともつながっている。

ガーゴイルによると、アトランティス人が下僕として作るために最初は鯨を試みたが失敗し、その後知能をもったサルを利用したのである。現生人類への進化上の「ミッシング・リンク」を埋める存在として、アトランティス人による人間創造があると説明された。「サル」から「人間」への進化上の中間化石が発見されていないことから、その隙間にSF的な設定をもちこむ作品がたくさん生まれた。進化の連続性を説明するために自然選択などとは別の要因を挿入するのである。

『2001年　宇宙の旅』で、ネアンデルタール人を滅ぼしたとされるホモサピエンスに、「道具＝武器」を教えるというモノリスが果たした役割も、ミッシング・リンクの謎を説明するものだった。そして、「知性」をもつようになった人類が石器を頭上に放り投げると、上空を飛ぶ核兵器を搭載した人工衛星のイメージへと切り替わるのだ。「エヴァンゲリオン」において、人類の進化を促す「人類補完計画」を推進するゼーレのメンバーが、テレビ版の途中から、音声だけの黒いモノリスで表現されたのも借用なのである。

巨人の小型化による現生人類の誕生の話は、シンジが手放さないSDATが象徴するダウンサイジングを得意とする日本の技術のあり方をしめしている。八〇年代以降に、コンピューターや電卓などをコンパクトに「軽薄短小」にしていった電子立国日本を語っている。『ナディア』では、宇宙から飛来したアトランティス人と、創造された現生人類は造物主と被造物の関係にあった。ナディアとジャンの恋は、その意味で異星間の種を超えた関係となるのだが、最終話で「同じ地球《ほし》」に生まれたという理解で納得させられてしまうのである。

ナディアに過去の実験標本を見せながら説明するガーゴイルの声を担当したのは、冬月副司令とおなじ清川元夢だった。ガーゴイルは、アトランティス人の末裔の王であったネモ船長と敵対する元宰相であり、二番手の役どころだった。しかも、自分を造物主のアトランティス人だと思いこんでいた被造物の現生人類だったので、最後には塩の塊となってしまった。冬月副司令という役柄は二番手であり、旧劇場版の最終話や、『シン・エヴァンゲリオン』では教え子だったユイへの秘めた思いも明らかになる。そして、沖縄特攻の戦艦大和を護衛した駆逐艦冬月の名前にふさわしく、ゲンドウの行動をサポートして消えていくのだ。

人工的な増殖を全面的に否定し「大団円」に導いていたのが『ナディア』の最終回のエピローグだった。ネモ船長の犠牲によって、ナディアたちはレッドノアから脱出した宇宙船で地球へと帰ってくる。その落ちる姿を流れ星に見立てながら、すでに下船を命じられていて地上から眺めていたマリーと看護婦のイコリーナが祈る場面があり、終わりとなる。★1

その十二年後のエピローグでは、エレクトラやナディアやマリーといった登場人物の子どもが生まれてくるという紹介があった。「エヴァンゲリオン」のテレビ版で赤ん坊として描かれるのはシンジだけだった。だが、『シン・エヴァンゲリオン』では、加持とミサトの間の子どもが加持リョウジ、つまり二世として姿を現すし、トウジとヒカリの間の子どもであるツバサがいて、さらには出産予定の女性まで姿を見せる。これは『ナディア』のエピローグを再演しただけだともいえる。そして、マリーならぬマリとシンジが駆ける場面で終わったのである。

◉天使のたまご

『ナディア』における、アトランティス人がサルから生み出した人造（改造）人間としてのアダムとその末裔としての現生人類の扱いと比べて、「エヴァンゲリオン」の違いは、アダムから生み出されたのが、使徒たちだったということだろう。

「エヴァンゲリオン」の第1使徒アダムは葛城探検隊による南極大陸の「白い月」での爆発ですべて消えたのではなくて、胎児になっており、加持がドイツからそれを密かに運んできた。アスカと弐号機との輸送を隠れ蓑にしていたのであり、第6使徒ガギエルが襲った理由もそこにある。弐号機は護衛としてついていたのである。加持からもらったゲンドウの手のひらにアダムが移植されるというのは、旧劇場版になってようやく明らかにされた。貞本のマンガ版ではゲンドウは胎児のアダムを自分で飲み込み一体化するのである。

第2使徒はリリスであり、セントラルドグマの深奥のターミナルドグマに隠されていた。そして、使徒たちは、サードインパクトを起こすためにアダムとの接触を求めていたのだが、アダム自体がダミーだったのである。第1使徒と思われていたアダムがじつはリリスだったと最後の使徒であるカヲルによって判明してしまう。

そしてリリスから、リリン（＝人間）が生まれたと説明される。ゼーレが目指すのは、アダムと使徒との接触によって引き起こされるサードインパクトによる人類補完計画の達成だった。テレビ版では曖昧だったが、旧劇場版の第26話「まごころを、君に」で、ゲンドウは「アダムはすでに私と共にある。ユイと再び逢うにはこれしかない。アダムとリリスの禁じられた融合だけだ」と裸体のレイにアダムが移植された手を触れて突き通すのだが、拒絶されてしまう。ゼーレによる人類補完計画の完了以前にゲンドウは実行しようとしていたが失敗してしまったのだ。

第3使徒以降は直接第3新東京市を襲うのだが、その使徒がどのようなプロセスを経て生成されたのかは不明のままである。ネルフも視聴者も「天からの使い＝侵略者」と受け止めている。最後の使徒であるカヲルを除いては人型ではないし、人造人間であるEVAとは形態が異なる。外側は異なるが、それでいて遺伝子情報は、「99.89パーセント」が合致する。

使徒がどのような覚醒をして誕生しているのかというプロセスを明らかにしたのが、第拾話「マグマダイバー」である。2年A組の沖縄への修学旅行にもいっしょに行けずに、待機でうんざりとしていたアスカは、ミサトに対して「先手を打ったらどうなの」と提言した。それに呼応するように第8使徒のサンダルフォンが浅間山火口で発見される。目は大きいが小さな幼体で、胎児に類似している。孵化《ふか》する前に殲滅《せんめつ》が試みられた。

サンダルフォンの幼体は、加持がドイツ支部からこっそり持ち込んだアダムの姿にも似ているが、それだけではない。卵のなかの幼体は、押井守監督作品の『天使のたまご』（一九八五）に登場した天使の卵を思わせる。ノアの洪水後をめぐる別の世界線の話で、冒頭で木の上に卵が置かれ、透けて幼体が見え、これが孵化して天使となるのだ。この卵の三十秒のカットのレイアウトを他ならない庵野秀明が担当したのである［「庵野秀明展」展示］。いずれにせよ押井作品からの影響は否定しようもない。

サンダルフォンは、浅間山の火口で火山の熱で成長していたが、『天使のたまご』のほうは少女が外部から温める。自分の服の下に入れることで、母親代わりとなり孵化させようとする。天使は出産という体験を経ずに卵という形で誕生するのだ。外部に子宮を置く発想が、哺乳類の人工繁殖あるいは増殖というイメージに直結している。実験施設でのダミープラグとしてのレイの複製は、子宮外の増殖を描いていた。★2

『天使のたまご』と「エヴァンゲリオン」との接点はそれだけにとどまらない。『天使のたまご』はセリフも少なく、イメージの連鎖だけで語るアニメであった。影だけの魚を追いかける街の住民の姿があるが、この魚は第12使徒の球体であるレリエルに通じる［第拾六話「死に至る病、そして」］。しかも天使の化石が登場して、過去からこの世界に訪れていることがわかるのだ（押井は脚本を担当した『ルパン三世』Part 6 第十話「ダーウィンの鳥」で、「始祖鳥（＝ルシファー）」の化石という意匠を繰り返した）。

少女が目を離した間に、天使は卵からかえり、どこかへと旅立ってしまった。そして追いかけた少女も消えてしまう。残った男の前に、機械じかけの太陽が登ると、そこには彫像の姿をした少女と彼女が抱えた卵が見える（大きな黒い目玉に見える機械じかけの太陽も、庵野がレイアウトを設定していた）。唖然としながら男がその姿を眺めるのだ。そしてカメラが引くと、男のいた世界がじつはノアの方舟の底板の上だった、という種明かしがなされるのである。全体を見せる引き絵になると世界像が一変するのは、押井の『うる星やつら2 ビューティフル・ドリーマー』（一九八四）でも繰り返される。日常の続きと思われていた友引町が、巨大な亀の背中に乗って宇宙を航行する話になっていた。しかもラムの邪魔をして元の世界に帰りたいと試みた者たちが、次々とそれを支える石像となってしまった。これは『天使のたまご』の機械じかけの太陽の彫像の群れのひとつに少女がなったのと同じ意匠である。

『天使のたまご』での聖書モチーフとの関わり合いは、押井作品ではその後も意図的に使用され、劇場版の第一作となる『機動警察パトレイバー the Movie』（一九八九）で、東京湾のバビロンプロジェクトや、作業用レイバーの基地としての方舟とその解体という着想となった。後藤隊長が聖書の一節を述べる。庵野は『ナディア』で、こうした押井のやり方を、空に浮上する衛星都市レッドノアと、バベルの塔の崩壊として応答した。さらに、このバベルの塔の崩壊がセカンドインパクトに利用されたのである。また、「エヴァンゲリオン」では使徒の名前を『エノク書』から採用し、使徒のコアが破壊されると十字架の光が輝くという形をとった。そうした手法を押井から模倣したのである。

押井は、『うる星やつら2』で、ラムと水族館で出会った夢邪鬼が、寂しそうなラムの夢を叶えるという展開を与えた。浦島太郎の物語が読み替えられて、村人全員が亀に乗ったらどうなるのかという物語展開がおこなわれる。『美少女戦士セーラームーン』の冒頭で、いじめられていた猫のルナを月野うさぎが助けるのも、浦島太郎の話に通じるが、そこにギリシャ神話のエンディミオンの話が加わるのだ。「エヴァンゲリオン」においても、『竹取物語』を利用し、月を使って出会いと別れの枠組みを提示し、そこに聖書などのイメージを付与したのである。つまり、こうした作品は日本昔話のような馴染み深いパターンを利用し、そこに外来の神話や聖書を組み合わせることで、物語を新しく生み出す可能性を広げてきた。それが、作り手が自分の価値観や世界観を自由に盛り込む余地を残すのである。★3

◉襲来する使徒の役割

使徒たちは「美しい地球」を奪おうとする征服や植民地主義的な意図をもってやってくる特撮ドラマの宇宙人たちとは目的が異なっている。ましてや、ゴジラに関して喧伝されたような「戦死者」や「英霊」という図式が成り立つわけではない。使徒の敵であるネルフの総司令部だからという理由で襲われているわけではないのである。使徒が第3新東京市を襲うのは、アダムと触れるために、第3新東京市の下にあるネルフ本部を襲っていると視聴者にもわかってくる。これはシスティーナ礼拝堂の壁にミケランジェロが描いた、神とアダムが指先を触れるイメージの再現に他ならない。第3新東京市を上空や周辺から使徒は襲ってくる。最初から要塞防御都市として構想された都市なので、警戒網が敷かれ、防衛線が引かれるのである。基本的に使徒の出現場所は海上か空であり、そこから接近してくるしかない。

【使徒の役割】

テレビ版

		出現場所	形状・特徴	殲滅	註記
第1使徒	アダム	南極大陸	光の巨人	セカンドインパクト	胎児の形でゲンドウの右手に
第2使徒	リリス	第3新東京市地下施設			
第3使徒	サキエル（1・2）	相模湾	独立歩行 自己修復能力をもつ	初号機をまきこんで自爆	第1次直上会戦 水の天使
第4使徒	シャムシエル（3）	領海	海上飛来	初号機のプログレッシブナイフで	第2次直上会戦
第5使徒	ラミエル（5・6）	芦ノ湖上空	正八面体	ヤシマ作戦	グリゴリ 堕天使集団
第6使徒	ガギエル（8）	旧伊東沖	水棲 巨大な口と尾ひれ	シンジとアスカの乗った弐号機により	加治が運ぶ胎児状のアダムをねらう
第7使徒	イスラフェル（9）	紀伊半島沖潜航中　駿河湾	分離合体する	ユニゾンで初号機と弐号機	
第8使徒	サンダルフォン（10）	浅間山火口	胎児から成長	弐号機が冷却液	胎児を司る天使
第9使徒	マトリエル（11）	太平洋上より旧熱海方面	8つの目 三角形のなかに目	初号機のパレットライフル	電力喪失中
第10使徒	サハクィエル（12）	インド洋上の衛星軌道	大気圏より体の一部を落下	落下を押さえ、弐号機がとどめ	空を司る天使
第11使徒	イロウル（13）	セントラルドグマ内シグマユニット	細菌サイズ	人為的なやり方で退治	進化している 恐怖を司る
第12使徒	レリエル（16）	第3新東京市直上	虚数空間 球体	初号機　ディラックの海破壊	シンジへの心理攻撃
第13使徒	バルディエル（18）	松代第2実験場	粘菌ＥＶＡ３号機にすでに寄生	野辺山でダミープログラムと暴走した初号機に	トウジ

第14使徒	ゼルエル（19）	駒ケ岳防衛線	人型　伸縮自在	初号機に捕食される	
第15使徒	アラエル（22）	衛星軌道上	光の翼　人の心を暴く	零号機がロンギヌスの槍で	鳥を司る天使
第16使徒	アルミサエル（23）	強羅絶対防衛線	らせん構造	零号機の自爆で消滅	レイとの対話
第17使徒	タブリス（24）	第3新東京市	渚カヲル　人型　一次接触	シンジが初号機で殺害	自由意思を司る

※第18使徒として「リリン」を挙げる場合もある。

新劇場版	出現場所	形状・特徴	殲滅	註記
第1の使徒				第13の使徒？
第2の使徒				リリス
第3の使徒『破』	永久凍土		仮設第5号機	『破』オリジナル　マリにより殲滅
第4の使徒『序』				サキエル
第5の使徒『序』				シャムシェル
第6の使徒『序』				ラミエル
第7の使徒『破』		水飲み鳥のようなオブジェと針	2号機に	『破』オリジナル　アスカにより殲滅
第8の使徒『破』				サハクィエルをバージョンアップ
第9の使徒『破』				バルディエル（トウジではなくて、アスカ）
第10の使徒『破』				ゼルエル
第11の使徒	先端			（イロウル？）
第12の使徒『Q』				アルミサエル？　黒い姿
第13の使徒	月・学校	渚カヲル	RSSチョーカー	堕天使として
アダムスの器	南極大陸	4体		『ウルトラマンA』第13話、第14話との関連

第3使徒サキエルは相模湾、第4使徒シャムシェルは領海、第6使徒ガギエルは旧伊東沖、第7使徒イスラフェルは紀伊半島沖で発見されて駿河湾から、第9使徒のマトリエルは太平洋上から旧熱海方面へと襲ってくる。セカンドインパクト後に海水面が三十メートル上昇して海が侵食したとはいえ、神奈川県の足柄郡にある第3新東京市に直接侵攻できないのだ。この来襲ルートの選択は特撮映画の怪獣たちが、ゴジラ以来海を渡ってやってくる場合が多いこととつながっている。ある意味で古典的な襲撃の仕方を踏襲しているのである。

サキエルやガギエルのように海洋タイプの使徒とはかぎらない。天使であるのならばわざわざ海を越えてくるのは、防衛網に感知されるので時間のロスにも思える。そのため、上空に出現するパターンもある。第5使徒のラミエルは芦ノ湖上空に出現した。そして、第10使徒サハクィエルはインド洋上の衛星軌道から移動しているが、どこが落下点なのかが不明となっている。そして、第15使徒のアラエルは衛星軌道上にあって、本来そこで使う予定ではなかったロンギヌスの槍によって砕かれてしまう。

使徒の出現場所は、防衛線のすぐそばの陸地になる。第14使徒ゼルエルは駒ケ岳防衛線に出現し、シンジが再び初号機に乗って戦うことで撃退するのだ。また、第16使徒アルミサエルは、強羅絶対防衛線に出現して、レイが零号機でN2爆雷を使って自爆攻撃をして倒すのである。

そして、使徒はネルフ内部へと入り込む。第11使徒イロウルは、気がつくとセントラルドグマ内に細菌として入り込んでいた。英語のサブタイトルが「リリパット」を含むように、『ガリヴァー旅行記』の小人国の住民の話を踏まえている。これは人間であるガリヴァーから見ると小人という話で、その一方で巨人国では人間は小人に見えてしまう。自立して動くことはできないとされるEVAが人造人間であり、シンジたちが小さくみえるという相対的な見方とつながるのだ。第13使徒バルディエルはアメリカから輸送される途中に粘菌状態で潜入していた。そして3号機を使徒に変えてしまった。

使徒の側は人間を搭乗させないと稼働できないＥＶＡの動きを「学習」して、第３新東京市の防衛網への物理攻撃から、搭乗者への心理攻撃へと攻撃手段を変えていった。海から陸へと使徒が出現する場所が変化するのは、切迫感を増すためでもあるが、攻撃方法も、相手への物理攻撃から心理攻撃へと変化している。物理的な距離の近さは、そのまま心理的な距離の近さとなっているのだ。たとえば、第12使徒の球体のレリエルはシンジを取り込むことで、自問自答のエコーチェンバーへと閉じこめてしまうのである。使徒の目標が自分たちを阻止するＥＶＡの物理的な破壊ではなくて、パイロットの心理的な崩壊への誘導となった。各自が抱える負い目を増幅し、自問自答を増やすことで、やる気のなさを引き出すのである。それは心理攻撃といえるだろう。

こうした攻撃は、パイロットとなったシンジたちのように使徒へと特攻攻撃する者たちの心理、さらにはその背後にいる大人たちの記憶や心理への揺さぶりともなる。もちろん、物語の組み立てとしては逆であり、ネルフがもつ人間関係の嫌な部分を露呈させ、互いの関係をギクシャクさせるために使徒はやってくるのである。しだい海から陸地へと、物理的な攻撃から心理的な攻撃へと変化しているのは、企画書の文言のように「大団円を目指すロボットアニメ」というダミーの姿をはぐために当然の処置なのだ。

最後の使徒であるカヲルが人間の転校生という姿をとるのも、侵入する最後の形態としてヒト型がふさわしいからであり、それはインベーダーなど異星人が人間の姿でやってくる別の物語とつながる。しかも、「最後のシ者」には、『ウルトラセブン』で二年前に溺れ死んだはずの真市という少年が滅ぼされた者の使いとなった第42話「ノンマルトの使者」のイメージがかすめている。カヲルによって、「エヴァンゲリオン」の世界に使徒が襲来することの終了が告げられる。ＥＶＡのない世界の実現の前に、カヲルの死によって使徒のいない世界がやってきたのだ。それは対使徒戦争における人類の勝利のはずだが、そこにサードインパクトが訪れることになる。

2　使徒を撃退する者たち

◉『謎の円盤UFO』との関係

　使徒への対抗組織は、企画書の段階ではネルフだけだったのが、脚本段階で背後にゼーレが存在するように、組織が複雑化した。その際に、ウルトラシリーズの「科特隊」や「MAT」などの防衛組織が参照されただけではない。庵野が大きな影響を受けたのが、ジェリーとシルヴィアのアンダーソン夫妻によるAPプロダクション（のちのセンチュリー21プロダクション）が制作したスーパーマリオネーション劇『サンダーバード』（一九六四）や、実写によるドラマ『謎の円盤UFO』（一九七〇）だった。

『サンダーバード』のスーパーマリオネーションは、人形の頭部に音声に合わせて動く仕掛けをしこみ、声優のセリフを唇の動きと重ねるリップシンクを巧妙におこなっていた。日本語の吹き替えでは、そもそも絵に合わせるし、英語と日本語では音が異なるのでタイミングがずれるのであまり気にならない。だが、オリジナルでは人物のアップになっても臨場感を与えたのだ。そして、映画を意識した奥行きやサンダーバード1・2・3号のメカの発進場面において、パイロットが乗り込むプロセスを丁寧に描くことで、『ウルトラセブン』をはじめ特撮やアニメ作品に幅広い影響を与えた。

　しかも、一九八五年に、庵野は「コンプリートサンダーバード」という日本独自発売のビデオの構成と演出を任されたのである。九十分の長さで、第一部「定石編」としてサンダーバードメカの発進場面などを扱い、第二部「番外編」でエージェントのペネロープと悪漢フッドに焦点をあてていた。音声に関してはかなり不満が残る仕上がりだったようだが、映像素材を見て編集できたことが、「エヴァンゲリオン」における第拾四話「ゼーレ、魂の座」に見られる総集編的な回のつなげ方と結びついている。また、第弐拾伍話、最終話という最後の二つのエピソードにおけるカットのつなぎと編集の技とも関連する。庵野は「情報操作」をして、何を見せるか（見せないか）という内容と、どのように見せるかという表現との関係をたえず考えているのである。

アメリカ人トレーシー一家が拠点とした太平洋上の基地は、国際救助隊という役目にはふさわしくても「エヴァンゲリオン」の設定には物足りない。宇宙で監視するサンダーバード5号は、あくまでも地表の災害や事件を見守るだけである。宇宙へと広げたのは、火星に住むミステロンという見えない敵との戦いが描かれる次回作の『キャプテン・スカーレット』（一九六七―八）だった。ミステロンによって不死身となったキャプテン・スカーレットが、人間の良心を取り戻して活躍するのだが、それは敵の能力を使って戦うという使徒とEVAの戦いにも通じるのである。

そして、『謎の円盤UFO』では、人形劇を捨てて実写ドラマとなり、特撮はスカイダイバーやインターセプターというメカの発進などに限定されたのだ。十年後の近未来という設定は、「エヴァンゲリオン」におけるテレビ放映の二十年後の近未来の設定ともつながる。『謎の円盤UFO 完全資料集成』（二〇一七）に寄せた序文で、庵野は「一点豪華主義によるリアルな特撮映像」、「本土空襲を経験した国らしい防衛網の設定」、「英国らしいクールでハードな組織を描く世界観」といった特色を列挙している。

また、好きなエピソードとして、日本での放送順に並べると「宇宙人捕虜第一号」（第一話）、「スカイダイバー危機一髪」（第七話）、「宇宙人捕虜第二号」（第十二話）、「謎の発狂石」（第二十話）、「シャドーはこうして生まれた！」（第二十二話）、「フォスター大佐死刑」（第二十三話）、「UFO 時間凍結作戦」（第二十四話）が挙がっていた。

「エヴァンゲリオン」との対応関係はすぐに気づく。UFOを使って侵略してくる宇宙人と対抗する組織シャドー（SHADO）は、そのままネルフとなっている。しかも、第一話で明らかになるが、一九七〇年にUFO

が侵略してきたという事実と報告書に基づいて、国際的な対抗組織が作られたのだ。それはセカンドインパクトからネルフが作られる過程と似ているし、十年後の一九八〇年にUFO撃退の準備が整っているというのが、「エヴァンゲリオン」では十五年後になったのである。

ダミーとして映画撮影所の地下にシャドーの秘密基地が存在するという設定は、そのまま利用されている。地上の第3新東京市が、通勤ラッシュもあるような平凡な都市であり、その下の空洞にジオフロント部が作られ、ネルフ本部が置かれている。だが、本当のダミーは地下のネルフ本部そのものであり、さらにその深部にあるセントラルドグマにリリスを含めた秘密が隠されている。庵野はダミーを二重化したのである。

ストレイカー司令官と副司令官のフリーマン大佐が、ゲンドウと冬月のモデルとなったのは理解できるし、判断を補佐するコンピューターのSIDは、MAGIとして登場する。エピソードからヒントを貰っているものも多い。「シャドーはこうして生まれた！」が、「ネルフ、誕生」に直結するのはわかりやすい。また、庵野があげた「謎の発狂石」と「UFO時間凍結作戦」では、途中で番組そのものが撮影されている舞台裏を見せる。それ自体が、虚構であることをメタ的に暴くという図式をもっていて、イギリスの放送では二つのエピソードが続けて放送されたのである。これが最終二話と重なるのである。

撮影の舞台裏を見せるという仕掛けが、「エヴァンゲリオン」では原画を見せるという場面につながるのである。ふつう、アニメパートと実写パートとの対比を「虚構」と「現実」ととらえるのだが、たとえば『シン・エヴァンゲリオン』最後の宇部新川駅の実写の場面も、撮影されているという点では虚構なのである（『式日』の舞台となった今はないデパートが加えられている）。むしろ、マリがシンジを迎えに来た箇所を、原画にすることで虚構を造りあげるという意味での舞台裏がしめされている。

庵野は、ガイナックスが受注したビクターの「ハイパーロボットコンポ」のCM（一九八七）で、画コンテや効果を担当した。半裸の剣闘士やコンポを原画のまま紙アニメのように撮影していた。「エヴァンゲリオン」でも、手書きの原画を重要視し、画コンテだけでなく、わざわざアニメーターによる原画集を出版している。それは浮世絵でいえば、版木に落として摺師《すりし》が刷り上げた完成作ではなく、絵師の一点物の肉筆画を評価するのに似ている。

『謎の円盤UFO』について作者が語る部分だけが影響を与えたわけではない。庵野は触れていないが、緑色の液体が使われる回があった。第十話の「宇宙人フォスター大佐」において、UFO側の宇宙人がフォスター大佐の宇宙服に緑色の液体に満ちた状態で活かすのだ。じつは二日酔いだったという夢オチなのだが、マウスでの実験が成功しつつあった「液体呼吸」の技術を物語として採用したのである。これがEVAでのシンジたちに酸素を与えるLCLという液体のヒントとなっている。さらに、UFOに搭乗している宇宙人は緑色に顔を塗ることによって、人間とは異なる人種であることが強調されていた。[★4]

本国の放送では前回にあたる第二十五話「宇宙人、地球逃亡!」では、盲目の女性のもとに訪れた宇宙人は緑色の素顔を見せるのだ。しかも、この回は英語のサブタイトルが「優先順位の問題」となっていて、宇宙人撃退の任務と家庭問題の間に苦悩するストレイカーを描いている。離婚した元妻のもとにいる息子と面会したあとで、息子は車に轢かれてしまった。アレルギーのある息子のためにシャドーの輸送機を使ってアメリカから薬を取り寄せようとする。だが、結局薬の輸送が間に合わずに、息子は死んでしまう。ストレイカーは元妻に「二度と顔を見たくない」と拒否されてしまうのだ。これはゲンドウとシンジとユイの関係にヒントを与えただろう。

また、庵野が『謎の円盤UFO』の特徴として、「本土空襲」に言及しているのは、使徒の攻撃を考えると意味深である。シンジたちの特攻攻撃も含めて、「エヴァンゲリオン」では、相模湾から襲ってきた第3使徒サキエルを、戦略自衛隊の戦車がずらっと並んで待ち構えるところから、本土決戦のようすを描いているのだ。だが、イギリスは本土を守り抜き、日本は敗北したという違いを忘れるわけにはいかない。だからこそ、勝利と敗北とが相対化され、この借用には大きな意味があるのだ。

◉オペレーターや上官としての女性

庵野が「英国らしいクールでハードな組織を描く世界観」と称賛した『謎の円盤UFO』では、SHADOは「異星人防衛機構最高司令部」の語呂合わせとして影の存在だが、映画会社を装う本部だけでなく、多くの女性が活躍していた。どのように女性を描くのかは、「システムの中の人間」を描くと企画書で書いた「エヴァンゲリオン」にとってても看過できない点である。もちろんフィクションにおける女性の扱いが、そのまま社会の姿を反映しているわけではない。一歩進んでいる場合もあれば、一歩遅れている場合も多々あるのだ。とりわけ男の子向けとされる戦隊モノなどにおいて、女性を添え物として扱う「紅一点」の限界への批判はなされてきた［斎藤美奈子『紅一点論』など］。

コスチュームの色の割当といった表面的な扱いではなくて、どのように対等に扱うのかに関して、作品のターゲットとなる視聴対象のジェンダー選択などと結びつき、固定された考えから変更することはなかなか難しい。『宇宙戦艦ヤマト』での森雪は火星で看護師（看護婦）であったが、ヤマト艦内では唯一の女性乗組員として生活班を担当していた。『ウルトラマン』のフジ・アキコも通信員の役割が主で、『ウルトラセブン』のアンヌも医療補助を担当していた。まさに紅一点としての限定された役割であり、出世して隊長になっていく兆しはなかった。

ところが、『謎の円盤UFO』において、途中で副司令官にあたるフリーマン大佐が消えて、女性のレイク大佐へと交替したのである（演じたワンダ・ヴェンサムは『シャーロック』などで有名なベネディクト・カンバーバッチの母親である)。組織内においても、ウーマンリブの動きなどを受けて、男女の役割を対等にしようとする流れがあった。こうした変化は、日本では放送順が本国とは変更されたために見えにくくなっている。「ムーンベース」に勤務して、インターセプターという迎撃機に指示を与えるエリス中尉をはじめ、女性士官が実際の作戦行動に携わっていた。パイロットは男性だが、女性オペレーターが指示を出すのである。『謎の円盤UFO』は、映画『空軍大戦略(バトル・オブ・ブリテン)』(一九六九)で描かれた現実の戦闘をモデルにしている。地上のオペレーターが戦闘機に指示を与え報告を聞いて、ドーバー海峡上空のドイツ空軍との空中戦を勝利に導いたのである。

地上からではなくて、女性が船に乗り込んでオペレーターとなったのを象徴的にしめしたのが、『宇宙大作戦』(一九六六—九)である。戦後アメリカの理念としての多元社会を表現しようとした。その一つが女性の役割の変化だった。黒人女性のウフーラ(ウラ)は通信士官だった。これは電話交換手以来伝統的な女性の職業と考えられていたが、女性が秘書や看護師(看護婦)として表象されるのを打破し、なおかつ人種の壁を超えた作品だった。それでも、戦闘員となるという役割変化までは至らなかったのは、エンタープライズ号が戦艦ではない、という設定も大きいだろう。

『機動戦士ガンダム』で、肉親を失ったフラウ・ボゥがホワイトベースで通信士になるのは、ウフーラの系譜である。だが、ミライ・ヤシマはホワイトベースの操船を担当するし、アムロの初恋の相手とされるマチルダ中尉という女性士官が登場して、連邦軍のなかに戦闘に加わる女性、しかも軍内部で出世する女性が登場するのだ。ミライやマチルダは、『ガンダム』のモビルスーツの発想の基となったハインラインの『宇宙の戦士』(一九五九)で、主人公リコの幼馴染であるカルメンシータがモデルとなっているのかもしれない。カルメンシータは、リコよりも名家の出身で、パイロットに志願し、数年経って再会したときには頭をジャーヘッドにして、階級も上になっていた。

「エヴァンゲリオン」でも伊吹マヤなどのオペレーターがいるが、レイやアスカはパイロットとして搭乗する。そしてミサトは、シンジたちの上官であり、たんなるオペレーターではなくて、作戦部長でもある。ケンスケが気づいたように途中で出世もしている。インカムを使った通信によってミサトは、シンジたちに耳元でささやいたり、叱ったりできる特権的な地位を確保している。これは『ウルトラセブン』のダンとアンヌの関係や、『超時空要塞マクロス』での早瀬未沙と一条輝との関係をなぞっているのである。『トップをねらえ!』でわかるように、『トップガン』における女性上官の働きを参照している（ただし、庵野自身は『トップガン』は未見で、あくまでも脚本に惚れて監督を引き受けたと述べている［パラノ：一一〇頁］）。

『ナディア』での副長としてのエレクトラは、ナディアというじつの娘へと関心が移ったネモ船長への嫉妬により反発していた。だが、発掘戦艦としてのN－ノーチラス号に乗ってからのエレクトラは、白いプラグスーツと見紛う服装をしていた。乗船する場面が、『宇宙戦艦ヤマト』とカット割からセリフまで酷似していることは知られているが、ヤマトの副長はもちろん森雪ではない。そして、ネモが船長から艦長となり、レッドノアからの脱出のために捨て身となるのを知り、動揺する。だが、周囲から諫《いさ》められて、地球帰還の任務を最後まで進めるのだ。エレクトラは擬似的な娘の立場を卒業して、ネモの子どもを宿し、出産するのである。

こうしたエレクトラの変化は、新劇場版で加持の息子を出産していたミサトを彷彿とさせるのである。ミサトは、ネルフと敵対するヴィレに所属することによって、エレクトラ以上の地位を獲得した。そして、エレクトラの道ではなくて、ネモのように息子を残して、活路を開くために死を覚悟した特攻攻撃を実行するのである。

3 堕天使としてのEVA

◉堕天使ルシファーの系譜のなかで

リツコが説明するように使徒に対抗できる大型人型兵器がEVAだった。『ナディア』でも、「縮退炉に対抗できるのは縮退炉」と断言されていた。古代アトランティス人の超科学に対抗できるのは超科学の産物のN－ノーチラス号だったのである。そして、襲来する使徒と戦えるのは、対等の力をもつEVAしかないというのは、冷戦時代の核抑止論の延長でもある。戦略自衛隊が核爆弾を連想させる「N2地雷」などの攻撃で使徒を倒そうとするが失敗した。そして、ネルフに対抗してJA（ジェットアローン）のような兵器も開発されたのだが、実証実験で失敗してしまい、人工進化研究所で開発されたEVA以外に選択の余地はなくなるのである。

使徒と同等に対抗できる力として想定されているEVAは、キリスト教における「堕天使」と直結する。これは英雄と敵対する怪物との関係にも似ているが、基本的に英雄が善の側で悪の怪物を倒せるのは、道徳的な力と、超人的で強靭な力をもつと想定されているからだ。さらに英雄が帯びる武器としての剣が大きな意味をもつが、剣がさまざまな形で怪物を倒す武器となる（ゴジラにおけるオキシジェン・デストロイヤーのようなものである）。

使徒を天使とするならば、人間の側にいて闘ってくれる天使を、堕天使と読み替えることもできるだろう。じつは敵対する相手の一部が味方についてくれるというのは、物語の上でひとつのパターンともいえる。そこに、サタンと同一視された堕天使ルシファー（ルシファル）を置くことができるのだ。

サタンはキリストを誘惑し、あらゆる悪の源と思われている。けれども、旧約聖書の「ヨブ記」にも出てくるように、神と知り合い、ヨブの信仰心を試すために財産を奪うようにと進言し、神から許されて実行する存在でもある。悪魔もまた神の創造物であるという考えからすると、神の計画にとって、利用できる存在としてのサタンもありえる（ここには、天界を荒らしながら、斉天大聖と名乗りながらも、釈迦の手のひらから脱出できずに改心をした孫悟空の物語を重ねることができるかもしれない）。

堕天使とは、そのままサタンと同義に扱われる。そのイメージを決定づけたのはダンテの『神曲』の「地獄編」の第三十四歌である。ヴェルギリウスに導かれたダンテが、地獄界の階層を次々と降りていく。最深部に至ると、そこにはサタンとなったルシファーが氷漬けにされているのである。ダンテたちはそれを越えて、浄罪界（煉獄）、天堂界（天国）へと進んでいくのである。ルシファーを主人公にしたミルトンの『失楽園』もあるのだが、日本の「サブカルチャー」に影響を与えたのはやはり『神曲』だろう。

◉永井豪と小松左京と『神曲』

ダンテの『神曲』に大きな影響を受けた一人が永井豪だった。幼い頃に読んだ『ダンテの神曲物語』のとりわけギュスターヴ・ドレの挿絵に衝撃を受けたとする［「悪魔のミカタ、ダンテ」『魔王ダンテ』第二巻所収］。漫画化された『ダンテ神曲』は、「エヴァンゲリオン」のテレビ版と同時期の一九九四年から五年にかけて発表されたのだ。最下層で氷漬けとなっているルシファーの画像は、ドレの絵を模倣している。

ダンテによるとルシファーは三つの口からイスカリオテのユダと、ブルータスと、ガイウス・カシウス・ロンギヌスの三人を咥えているのだ。三人のうち、ユダはキリストを裏切った者であり、ブルータスとカシウスはカエサル（シーザー）を裏切って暗殺に加担した者だった。天上の王と地上の王を裏切った三人が選ばれているのだ。『シン・エヴァンゲリオン』で、マリは「イスカリオテのマリア」と呼ばれるし、このカシウスの名前はガイウスなど三本の槍の名称のもととなった。「エヴァンゲリオン」全体はダンテの描いた堕天使であるルシファーを重要なモチーフとしていたのである。

永井豪は、『魔王ダンテ』（一九七一）で、悪魔の側から『神曲』が描いた問題に迫ろうとする。ヒマラヤ山中に封印されていた魔王ダンテに呼ばれ宇津木涼は、解放の手助けをしてしまう。しかも魔王ダンテが「イスカリオテのユダ」だと判明するのだ。ところが、復活の際にダンテと合体したことで、涼が魔王ダンテとして、悪魔たちを統べる存在となる。そして、人間の肉体に宿るエクトプラズムの集合体こそが「神」であり、本来の地球人を追いやったものだという。悪魔を復活させるサタニストは、人類を滅ぼし、「地球人」の手に地球を取り戻すために悪魔を呼んでいるのだという。そこで、魔王ダンテとなった涼は、最終決戦へと向かうのだ。だが、掲載誌『ぼくらマガジン』の廃刊により魔王ダンテによる最終決戦は描かれなかった。

その後継者となったのが『デビルマン』（一九七二―三）だった。マンガとアニメが別のストーリーラインを辿ることになったせいで、両者は多少印象が異なる。マンガでは最後に人類が滅びて、半身となってしまった不動明は、サタンから神との戦いをおこなった真相を聞くのである。そこに天使の軍団が迫ってくる。アニメのほうは、永遠に戦い続けるデビルマンを描き出していた。永井豪は『神曲』から受けたインパクトを作品化してきたのである。

堕天使で神への反逆者というルシファー像は、『魔王ダンテ』や『デビルマン』を踏まえた萩原一至の『BASTARD‼ 暗黒の破壊神』（一九八八―）による「罪と罰編」で浮かびあがる。主人公ダーク・シュナイダーが、竜戦士であるルシファーとの戦いのなかで、人類を滅ぼそうとする神の存在を明るみにだすのである。これは、旧約聖書でソドムとゴモラの天からの火やノアの洪水が、神を信じない者を選別し滅ぼしていた話とつながる。滅ぼされる側から読み替えているのである。そして、EVAを堕天使としてとらえる点で、『デビルマン』や『BASTARD‼ 暗黒の破壊神』が、「エヴァンゲリオン」にインスピレーションを与えたのは間違いない。

永井だけでなく第一世代のSF作家の代表とされる小松左京もダンテの『神曲』との出会いがSF作家となる道を開いた。「漫画と文学に明け暮れた青春」のなかで、H・G・ウェルズの『生命の科学』と『世界文化史大系』で進化論の話を読みながら、漫画を描くために原作ネタを求めて過去の名作を漁るなかで、生田長江訳の『神曲』と地球内の図に出会って科学的設定に感激したという〔『幻の小松左京モリ・ミノル漫画全集第四巻』・六八―七一頁〕。新潮社版の生田訳には冒頭に、アリストテレスによる倫理観に基づく、地獄、煉獄、天国三界の対照図があり、さらに三界ごとのダンテの順路を解説する図もついていた。これが小松とイタリア文学との出会いでもあり、大学で専攻し、ピランデッロを卒論の主題に選ぶことになる。

小松はウェルズからも多くのものを得ていた。モリ・ミノルとして描いた貸本マンガの『ぼくらの地球』（一九五〇）で、地球の生物の進化の歴史を当時日本ではまだ物珍しかったウェーゲナーの大陸移動説を取り込んでたどってみせる。そして『大地底海』（一九五一）は、ゴビ砂漠からサハラ砂漠の下にある空洞の水中にデモネスという魚人たちが住んでいて、その悪事をこらしめるために、原子力を使った地殻変動機で潰してしまうのだ。こうした大陸移動や地殻変動に対する関心が『日本沈没』へと結びついていった。

それだけではなく、「タイムマシン」から歴史改変の可能性を学びとった。これがデビュー作の「地には平和を」や『果てしなき流れの果に』となったのである。そして、未発表の『第五実験室』では、「第二の火」とされる原子力が問題となった。原子爆弾の悪用をめぐって善玉と悪玉が争う話である。ウェルズは原子爆弾を投下する核戦争を予言し、第一次世界大戦を戦争を終らせるための戦争と主張する「最終戦争論者」でもあった。この最終戦争の考えは、核戦争を踏まえて、人類滅亡のイメージを伴って冷戦時代のなかで形を変えて登場する。ネヴィル・シュートの核戦争による人類破滅小説『渚にて』（一九五七）はその代表だろう。

小松は、『復活の日』（一九六四）で『渚にて』を書き換えたともいえる。核戦争とも変性菌からも逃れた一種のノアの方舟となった南極大陸から、人類が復活する物語だった。しかも米ソの核ミサイルの中性子爆弾が、人類を死へと追いやった変性菌を消滅させるという皮肉な展開を描いていた。ダンテたちがルシファーを超えて煉獄（浄罪界）、天国（天堂界）へと進む物語に接合している。小松作品がもつ楽観性の土台として、『神曲』のインパクトがある。ただし、「復活されるべき世界は、大災厄と同様な世界であってはなるまい。とりわけ〝ねたみの神〟〝憎しみと復讐の神〟を復活させてはならないだろう」と変性菌を発見したド・ラ・トゥール博士は手記に残していた［小松『復活の日』：三九一頁］。復興ではなくて、復活という言葉を選んだ点に、『神曲』とつながる天国への希求があるのだ。

庵野秀明の盟友である樋口真嗣が『日本沈没』や『さよならジュピター』をはじめ映画化された小松作品、さらに小説作品そのものへと傾倒したのも、地獄の果てに復活に至るというヴィジョンに親しみを感じるせいかもしれない。小松が『神曲』の世界観の設定図に関心をしめし、さらには貸本マンガを何冊も出版したように、文章でありながら絵によって語る作風も庵野たちにヒントを与えたはずである。

日本の「サブカルチャー」において、ダンテの『神曲』を通じてルシファーにサタンと解される悪魔としての側面と、超越的な存在である神への反逆者である堕天使の側面との両面が読み込まれてきた。「エヴァンゲリオン」をその文脈におくと、ゲンドウたちは、使徒であるアダムから、堕天使EVAを作り出して戦わせ、ゲンドウ自身が意図的にアダムを取り込んで、リリスと接触することで、失われたユイと再会したいという私的動機のために、堕天使を存分に利用しようと目論んでいたと解読できるのである。

◉テストタイプから量産型へ

使徒は大天使ミカエルの軍団のように多数ではないが、特撮怪獣ドラマの定番のように毎回一体ずつ襲ってくる。それに対して、堕天使に思えるＥＶＡの側はしだいに軍団を作るような量産体制へと移行しようとしていた。零号機は実験用のＥＶＡ―00のプロトタイプであり、初号機は試作機のＥＶＡ―01のテストタイプ、そして弐号機が実戦機のＥＶＡ―02のプロダクションモデルだった。アスカが弐号機を説明して、優位性を語るのも当然なのである。３号機もプロダクションモデルで、そのあとは量産型のマスプロダクションモデルとなるのである。旧劇場版では、ゼーレが送り込んだ量産型は、カヲルのダミープラグを搭載していて稼働し、弐号機をずたずたにするのである。

試作機や初代の意味が問われるのは、鉄腕アトムや鉄人28号という戦後のロボットまんがの代表作にも存在していたのだ。改良や改造の余地がある物語は玩具メーカーなどにとって魅力的でもある。テレビシリーズの途中で改造や改良がおこなわれ、姿を一新することで商品ラインナップを増やせるのだ。とりわけ、より魅力的なフォルムの後継機が出現することで人気が加速する場合がある。途中で改造され、あるいはカラーリングが一新されることもある。『ナディア』ではノーチラス号がＮ―ノーチラス号となった。テレビ版の零号機も最初の機体配色は山吹色で、これは旧海軍の練習機の色にヒントを得たとされる。零号機は改装され青を基調とするカラーリングとなった。こうした細部の差異を見分けることがマニアの証だとすると、それに応じるだけの細部が「エヴァンゲリオン」には盛り込まれていた。

しかも初代やプロトタイプが、さらに優秀に思える後続機に襲われ、戦い抜くという展開は、堕天使の物語だけでなく、忍者が仲間を裏切って仲間に追われる「抜け忍」の物語とも通じるのである。たとえば、石ノ森章太郎の『サイボーグ００９』（一九六四―八六）の００ナンバーは、「黒い亡霊団《ブラックゴースト》」が誘拐してきた人間たちをテスト用に作り上げたものだった。主人公となる島村ジョーも、少年鑑別所を脱走してきたところを誘拐され、九番目なのでそれまでのテストナンバーを踏まえた多面的な能力を付与されていた。そして、００ナンバーの後続となる改造サイボーグが敵として襲ってくる。また、『仮面ライダー』(一九七一)もショッカーに能力の点で選ばれて改造された本郷猛が改造人間となる話だ。マンガ版では、死ぬ間際の緑川博士は、「裏切り者」として襲ってくるショッカーの脅威を警告していた。

堕天使が天使の軍団に敗北する運命にあるのも、大天使ミカエルとその背後の造物主がルシファーの能力を知り抜いているからでもある。EVAの最大の弱点は使徒との類似性にあるのかもしれない。このように見てくると、トウジが搭乗した3号機が容易に乗っ取られて、第13使徒バルディエルとなったのも不思議ではない。そもそもEVAが使徒との類似性をもつせいなのだ。それと同時に、使徒の側には知り得ないEVAの強みが、碇ユイを取り込んだ点にある。それは、ゼーレのシナリオにはなかった展開であり、それこそが予期せぬ要素として、物語を「死海文書」の予定調和から逸脱させるのである。ゼーレの思惑とも、ゲンドウの思惑とも異なる方向へと向かうのだが、それが明らかになったのはテレビ版の続編となる旧劇場版においてだった。

◉ハルマゲドンとエンディング

新約聖書の「ヨハネの黙示録」には、最後にアーマゲドンの地で天使の軍団と悪魔の軍団が戦うというヴィジョンが描かれる。そこからハルマゲドンという言葉が生まれた。冷戦の崩壊から、ノストラダムスの大予言まで、バブル経済の崩壊が日本のなかに引き起こした不安感と連動して、二十「世紀末」を感じさせるものとなっていた。テレビ版の「エヴァンゲリオン」が放送された一九九五年にあった阪神淡路大震災と、「ハルマゲドン」を宣伝に利用したオウム真理教による地下鉄サリン事件という天災と人災とが襲いかかっていて、そのイメージが極限に達したのである〔竹熊健太郎『ハルマゲドンと私』、村上春樹『アンダーグラウンド』など〕。

『風の谷のナウシカ』(一九八四)で「巨神兵」を描いたことで庵野は一躍知られることになるのだが、宮崎駿の作品世界では、火の七日間を経ても、人類が生き延びた世界になっていた。ハルマゲドンのイメージを利用した場合に、それは人間が滅びるという結末を喚起させるので、人類の勝利による大団円とはなりえない。「エヴァンゲリオン」につきまとう未解決の感覚は、渚カヲルの死によって、ベートーヴェンの「歓喜の歌」の合唱を伴っても人類の勝利とは思えない点にある。しかも、テレビ版の最終二話が、その解決にふさわしいものと大半の視聴者には感じられなかったのだ。

ハルマゲドン的最終場面になって、これから始まる予告で作品が終わることは珍しくない。永井豪の『魔王ダンテ』の最後では、「こい！　魔王ダンテと共に」と悪魔たちを結集して、人間を滅ぼしに向かうところで終わった。平井和正が原作で、石ノ森章太郎が絵を担当した『幻魔大戦』（一九六七）では、幻魔の顔をした巨大な月が落ちてくるところで、世界中のエスパーを集めて戦いを挑むところで終わる。そして、『サイボーグ009』の天使編では、世界各地に現れた天使と009たちが戦おうとする段階で連載は中断されてしまった（のちに息子の小野寺丈によって小説化されたが、マンガとしての視覚的ヴィジョンはしめされてはいない）。ジョージ秋山の子どもたちが巨大ロボットを操縦する『ザ・ムーン』（一九七二―三）でも、最後はカビのなかで戦いに向かう子どもたちが倒れていくなかで終わっていた。

こうした宙吊りの状態は怪獣特撮映画にもある。金子修介監督の『ガメラ3　邪神〈イリス〉覚醒』（一九九九）の最後で、ガメラが世界中から押し寄せるギャオスの群れとの決戦を前にして終るのである。ただし、アトランティスで大量に作られた兵器の生き残りとしてのガメラ一体で勝算があるとは思えない。また、庵野秀明総監督の『シン・ゴジラ』（二〇一六）では、ゴジラが分裂して世界中に飛び散る直前で凍結された。上野の西洋美術館にある『神曲』にモチーフを得たロダンの地獄の門の彫刻が、その分裂するゴジラの姿の造形で参照された。

ハルマゲドンによりすべてが終わった後どうなるのか、という疑問への答えは、人類補完計画におけるすべての合一という企画書にある文言だけだった。実際にそれが視覚化されたのは旧劇場版の最終話にあたる「まごころを、君に」だった。

テレビ版における一種のオープンエンドの終わり方は、人類補完計画をどのような映像で見せるのかを設定できなかった結果だったのかもしれない。庵野は当初から、ビデオ販売の段階で差し替えるという目論見をもっていた。また、『魔王ダンテ』、『幻魔大戦』、『サイボーグ009天使編』という先駆的な作品が、最後の戦いを予告するだけで描けずに終わっていた伝統に則ったのかもしれない。そして、永井豪の『デビルマン』が、人類が滅んだあとまで描いたことに倣って、旧劇場版で課題に応えてみせたのである。

ただし、正確にいえば、宙吊りにする終わり方は、九七年三月公開の『新世紀エヴァンゲリオン　シト新生(DEATH & REBIRTH)』でも採用された。復活したアスカと弐号機が、A.T.フィールドの価値に気づいて、襲ってきた戦略自衛隊をなぎ倒す。そこにゼーレが量産型EVAを投入して、空から近づいてくる。アスカが「エヴァシリーズ……完成していたの」と言うところで終わり、「魂のルフラン」が流れる。勝利に終わるのか、敗北なのかという結末はそこからは覗いしれない。

実際には一九九七年七月の『新世紀エヴァンゲリオン劇場版　Air／まごころを、君に』で、完結することになる。新しい第25話となる「Air」では、続きが描かれ、最終話の「まごころを、君に」でサードインパクトが描き出される。すべての果てに引き起こされるサードインパクト、人類補完計画というすべてが同一になる状態が、人類の消失とも、新たな復活とも読めるというのは『神曲』のような世界像においてだけなのだ。地獄、煉獄、天国というダンテが見聞した世界は、シンジが第3新東京市に転校してきてから体験した過程と重なるのである。

◉註

（★1）マリーは「早くサンソンやみんなが帰ってきますようにって」と祈ったと答える。それに対してイコリーナは「おんなじよ、それと、これからはもうこんな思いをしないで済みますようにって」と互いの祈りを確認する。これは石ノ森章太郎の『サイボーグ009』の「地下帝国ヨミ編」の最後で、大気圏を009と002が落ちてくる場面からの借用である。流れ星になった二人の姿を下から見ていた姉と弟が祈りを告げる。弟が「おもちゃのライフル銃がほしい」と願ったのに対して、「世界に戦争がなくなりますように」「世界中の人がなかよく平和にくらせますようにって……いのったわ」と返答していた。さらに、これ自体がレイ・ブラッドベリの「万華鏡」（一九四九）で、宇宙船が落下するのをイリノイ州で母と息子が見ていた最後の場面からの借用である。だが、母親は「お祈りしなさい（Make a wish）」と言うだけで、祈りの中身は書かれていない。同じイメージにどのようなメッセージを込めるかでそれぞれの意味合いが変わってくるのである。

（★2）後継者としての子どもをどのように描くのかは課題となる。『2001年　宇宙の旅』の最後に、宇宙空間から地球を見下ろす胎児としてのスターチャイルドがその後に与えた影響は大きい。白いディスカバリー号を精子になぞらえることも難しくないし、宇宙空間を子宮のようにとらえることもできるだろう。光があふれるスターゲートすら産道のようなイメージで説明できるのかもしれない。『機動戦士ガンダム』の劇場版には、新しくニュータイプを連想させる「スターチルドレン」という主題歌がつけられた。そこからインスパイアされて、スターチャイルドがそのままキングレコードのレーベル名となり、さらに「エヴァンゲリオン」のプロデュースをおこなうことになるのだ。

（★3）こうした押井のパターン自体が私淑していた光瀬龍から借用された可能性がある。押井は『夕ばえ作戦』を脚色しマンガ化することさえおこなった。押井が新装版に「喪失という情熱」という解説まで寄せた『百億の昼と千億の夜』で光瀬は、プラトン、あしゅらおう、ナザレのイエスと東西の意匠を借りてきて、物語を組み立てたのだ。そこには「喪失」があるとして、復活のような未来を希求する態度はない。むしろ諦観に似た無機質な理解なのである。『百億の昼と千億の夜』は庵野がテレビ版を作る前に再読したネタ本でもあった。そして、萩尾望都によって漫画化された。また、『私を月まで連れてって!』のなかで、「宇宙年代記」のようなことは起きないなどと記していた竹宮恵子は、光瀬龍の原作を得て『アンドロメダ・ストーリーズ』を連載した。押井をインスパイアし、萩尾、竹宮という二人によって描かれた光瀬作品は、小松とは異なった意味で視覚的なイメージを広範囲の読者に与えてきたのである。

(★4) UFOに乗った宇宙人の肌が緑色であることは、いわゆる「白・赤・黄・黒」といった肌の色で分類する人間のカテゴリーにはまらないので好都合なのである。緑色人の系譜がある。エドガー・ライス・バローズの「火星シリーズ」では、緑色火星人が登場する。また、超人ハルクが緑色の肌をしている。そして、樹木の霊とのつながりをもつ「グリーンマン」やアーサー王物語に出てくる「緑の騎士」は、肌の色が緑というわけではないが、人間とは異質な存在としての緑の表象が共通する。

第6章

食らうものと食われるもの

Are you Predator or not?

1 弁当をめぐる錯誤

◉エヴァ飯の不在

「エヴァンゲリオン」に食事の場面は出てくるが、おいしそうなエヴァ飯はない。極端な例としては、『シン・エヴァンゲリオン』で、シンジはニアサードインパクトのショックで食欲がなくなり、食事を受けつけない。トウジたちがちゃぶ台で食事をするのに参加せずに膝を抱えてうずくまり、「出された飯は食え、それが礼儀だ」とヒカリの父親から叱られる。さらに、ケンスケが自分の住まいにしている無人となった駅に連れてきたシンジに対して、同居しているアスカが馬乗りになって、「こうして飯を食わせてもらうだけでもありがたいと思え」とレーション（糧食）を口に詰め込む場面がある。シンジを生存させるための栄養補給ではあるが、どうみても食事ではない。

宮崎駿のアニメに描かれる食事が「ジブリ飯」といわれ、レシピの再現に人気が出るほど、食欲をそそるように描かれたのとは対照的である。ジブリ以前の仕事だが、『ルパン三世　カリオストロの城』で、次元が大半を食べた肉ボールの載ったスパゲティが有名である。また、『となりのトトロ』のサツキがつくる目刺しにピンク色の田麩《でんぶ》が載った弁当、『天空の城ラピュタ』の地下でパズーとシータが分け合う卵焼きを載せたパンが姿を見せる。インスタントラーメンでも、『崖の上のポニョ』のハムが載ったものは食欲をかきたてるのだ。セルの塗り分けを利用し、魅惑的で、観客はキャラクターたちが味わった食事を追体験したくなる。

ジブリ飯の始まりは『アルプスの少女ハイジ』（一九七四）の第3話「牧場で」に出てきた山羊のチーズだろうが、庵野は物語の必然にない場合に、日常の食事を詳しく描いても、その努力は報われないので、意味がないとみなしていた。そして、「エヴァンゲリオン」では、戦闘場面こそが重要で、その観点から作画の戦力の投入を考えたのである［小黒：三一九頁］。高畑勲がチーズをうまそうに描いたのには、それだけの意味が込められているので必然だった、という立場だった。★1

けれども、「エヴァンゲリオン」に「エヴァ飯」がありえないことには、作画の効率とは別の問題がありそうだ。『シン・エヴァンゲリオン』のトウジの家のちゃぶ台を囲む場面で、そっくりさんが出された味噌汁を味わって「口の中が変　ホクホクする」と反応する。「それがうまいだ」とトウジは言うが、「うまい」とレイに評価されても、この汁のレシピがエヴァ飯として盛り上がることはなかったようだ。そこに意味を見いだせないからである。

テレビ版の第弐話「見知らぬ、天井」で、シンジを自宅に連れ帰ることにしたミサトが途中でコンビニに寄る。レジ用のかごには、缶詰とカップラーメンと缶ビール、そしていちばん上にコンビニ弁当が載っている。ミサトの家は、酒ビンとこうした食べ物の空殻でいっぱいであり、シンジが開けた冷蔵庫の中には、ビールとつまみが冷えている。ミサトは「エビチュビール」や「BOAビール」を飲んでいる。『空飛ぶゆうれい船』（一九六九）に出てきた「BOAジュース」が元ネタだが、世界がCMソングにまみれたことを皮肉って歌われるCMソングの対象商品だった。ペンギンのペンペンが、ビールのCMソングを連想させたのも不思議ではない。他にも加地がマヤを口説くときに飲み物の自販機や、アスカが逃げ出したときにコンビニのなかの飲み物の棚が登場する。

そして、第七話「人の造りしもの」では、朝食にシンジはトーストを食べている。最終話で、トーストを口に咥えてレイが遅刻しそうだと走る場面とつながる。ところが、起きてきたミサトは、ビールとトーストの組み合わせを朝から楽しむのである。「朝食」を台無しにするし、リツコを呼んでカレーを三人で食べたときには、ミサトは「レトルトのカレー」を元に、とんでもない味を生み出した。いわゆる「味音痴」なのである。それでは、味覚の追求がおこなわれるはずもなかった。おそらくセルの塗り分けによる食事のアップとして「エヴァ飯」

でもっとも克明に描かれているのは、第拾弐話「奇跡の価値は」の最後で、使徒を受け止めるのに奔走したシンジたちにミサトがおごった屋台のラーメンだろう。トッピングはフカヒレ、鳴門巻き、ゆで卵、海苔で、ミサトの部屋に並ぶカップラーメンのカップよりは食欲をそそるカットだったが、この場面の主眼はそこにはない。「エヴァンゲリオン」での食事は、このように基本的に栄養補給であり、物語に深く刻まれたものではなかった。レイの飲む薬が何度となく描写されるのにも近い。ゲンドウにとってのユイの墓参りと同じ「儀式」でしかない。どうしても儀式としての食事の雰囲気がつきまとうのである。最終話に登場するもうひとつの世界線での朝食時の風景でも、アスカがシンジを起こしている間、ユイは背中を向けて台所に立っているし、ゲンドウは新聞を読むのに忙しい。家庭団欒《だんらん》の場としての食事は描かれないのであり、レイの孤食以上にバラバラなようすが描かれるのである。

◉二種類の弁当

作品を超えて人々を魅了し再現したくなるようなエヴァ飯は存在しない。だが、「熱血バカ」とアスカが評する鈴原トウジをめぐる第拾七話「四人目の適格者」、第拾八話「命の選択を」、第拾九話「男の戦い」のいわゆるトウジ三部作で鍵を握るのは、弁当の話題である。テレビ版で衝撃的なEVA3号機が、第13使徒バルディエルとなる話である。もちろん、「三」の重ね合わせは意図的なものであろうし、十三人目の使徒であるユダがキリストを裏切ったという逸話を踏まえている。そのため、3号機は十字架のように吊るされて、アメリカから運ばれてきたのだ。

トウジ三部作に関して全九冊となるフィルムブックでも、第六巻に第拾七話と第拾八話をあて、第七巻はまるごと一冊で第拾九話を扱っている。たいていは三、四話で一冊であり、他には第一巻に「使徒、襲来」と「見知らぬ、天井」と二話が入っただけだった。それだけ、当時の雑誌『ニュータイプ』編集部も第拾九話の重要性を認識していたことになる。第拾九話で、トウジは左足を喪失して、妹と同じく入院治療する場面が出てくるが、それ以降彼は登場しない。物語内での役目を終えたからである。

『となりのトトロ』で、サツキが家族のために作ったのは、アルマイトの弁当箱に入った七輪で焼いた目刺しにピンクの田麩が載ったものだった。メイが飛び跳ねながら、完成を心待ちにしていた。このサツキの弁当に相当するのが、ヒカリがトウジのために作った弁当である。

第弐話でミサトはコンビニ弁当を買い込むが、そのままシンジやアスカの昼飯とはならなかったようである。第拾七話で、昼休みにトウジが購買で買ったパンを抱えて入ってくると、シンジが弁当を作るのを忘れたので、アスカに怒られている。すると「何や、また夫婦げんかかい」とトウジは揶揄《やゆ》する。弁当の担当はシンジで「宿題をやっていたから作れなかった」と言い訳をしていた。もちろん、ミサトが二人の弁当作りをするはずもない。ケンスケがシンジの分も含めてパンを買ってくる場合もあるのだ。

そして、次の日の昼休みに、トウジは校長室へと呼ばれて、「フォースチルドレン」に選ばれたと知らされるのである。食べそこねたので、放課後に一人でパンと牛乳の食事をしているトウジにヒカリが近づいてきて、自分を含めた姉妹三人分の弁当を作ると、材料が余るから余ったのを食べてほしいという願いを婉曲に伝える。トウジは気のない声で、「残飯整理なら引き受ける」と返答する。このとき、トウジの脳裏には、自分の運命が決められたことへの不安と懸念でいっぱいだったので、ヒカリの言外の意味を理解できなかったのだ。

ヒカリは、ノゾミという姉、コダマという妹のために作るから同じ手間だと説明し、四人分となるように四番目のトウジのために弁当を作るのである。フォースチルドレンとしてのトウジの立場はここでも守られている。だが、トウジは使徒によりEVAのパイロットに成りそこねたように、ヒカリの弁当を食べそこねるのだ。

話を聞いて食欲が出ずに、ケンスケが買ってきたパンも食べずに屋上で悩んでいた。アスカがヒカリを弁当を食べるのに誘うので、トウジに渡せずに終わってしまった。そして、起動試験当日は当然ながらトウジは欠席している。またも渡しそこねたトウジの分をヒカリはアスカに食べてもらうのである。

これと並行しているのが、ミサトが松代の第二実験場で食べた仕出し弁当である。少し豪華な弁当の空殻が見える。そして、爪楊枝を咥えたミサトは、今まで二時間も待たせる男はいなかった、と怒るのだ。この二時間の遅延の間に、粘菌状の使徒が吊り下げられて輸送されている3号機を上空で乗っ取ったのである。さらに、第拾九話で、入院中のトウジをヒカリが訪れると、弁当を食べることができなかったことをトウジが謝る。そして、ヒカリも「ここは病院だから」と納得する。

ヒカリの作った弁当は、受け取り先をなくした手紙のように届かず、たとえ届いてもアスカのような間違った相手が受け取るだけである。トウジはフォースチルドレンになれず、また、ヒカリの弁当を食べる四番目の人間にもなれなかった。ところが、『シン・エヴァンゲリオン』では、ヒカリが下拵《したごしらえ》をした料理をトウジが完成させて、家族とともに堪能するのである。その味から排除されてしまったのが、シンジだった。これが旧世紀版との違いとなる（新劇場版での弁当の意味合いの変化については、第11章で触れる）。

◉稲とスイカ

第弐話「見知らぬ、天井」でミサトがコンビニで買った安いプラスチックの容器に入った弁当は、ご飯が不可欠な伝統的なタイプのものだった。ヒカリが作っている弁当も、きっちりと布で包まれていて、どうやら3バカトリオが購買で買うパンの類ではない。第拾八話「命の選択を」でヒカリは雑誌の『レモングラフ』の「おべんとう」特集号の頁を開いているが、表紙を飾っているのはおにぎりや米の弁当である。そして、当たり前だが、米の飯が成立するには、稲が実る水田が必要となる。

『シン・エヴァンゲリオン』が与えた衝撃の一つが、予告編にも登場したレイが田植えをする場面だろう。しかも、黒のプラグスーツ姿で姉さんかぶりをして、まるで『となりのトトロ』のばあちゃんの姿だった。そのレイは、ニアサードインパクトの後で、「あやなみれい（仮称）」通称そっくりさんだった。アスカやシンジとともに第3村にたどり着き、トウジの家に厄介になっていた。そっくりさんは、ヒカリたちに言われて、女性たちのグループを手伝い、田植えをするのである。この場面は、千葉の鴨川市の「大山千枚田」をモデルに再現された。新劇場版の完結編で、正面切って水田や田植えが登場したのは唐突に思えるかもしれない。黒いプラグスーツ姿で田植えをする姿はかなり意表をつくものだった。

シンジが暮らすようになった第3新東京市はビルが林立する都会であり、「田舎」の生活の描写がテレビ版には見当たらないからだ。けれども、田舎や自然が存在しないわけではないし、むしろ巧妙に導入されている。庵野は「ま、世界観を見せるには……アニメの画面の7割が背景なんです」［小黒：三六五頁］と説明していた。たとえば、仙石原に設定された第3東京市のすぐそばにススキ原があって、そこでケンスケは一人でサバイバルゲームごっこをしていた［第四話「雨、逃げ出した後」］。ススキ原は家出をしたシンジを発見する場所として使われたが、水田のような風景が出てくるわけではない。

ところが、トウジ三部作では、弁当の主題と水田の光景は並走しているのだ。第拾八話「命の選択を」の冒頭で、ミサトとリツコがネルフのトレーラーで松代第2実験場へと向かう場面がある。3号機のパイロットがトウジだとシンジに告げられなかったとミサトは白状する。この夜明けのトレーラーを背後から太陽が照らし、ミサトの向こうには太陽が映る水田が見える。

舞台は昼だが、松代の手前にある道を走っているので、水田からすぐに連想されるのが、千曲市姨捨《おばすて》にある棚田に映る「田毎の月」だろう。仙石原が月の名所であるように、姨捨の棚田とそこに映る月は古くから知られる。「わが心慰めかねつ更級や姨捨山に照る月を見て」という『古今和歌集』の歌に導かれて芭蕉は訪れ、『更科紀行』を著した。そして、第拾八話「命の選択を」の夜には、公務で出張したミサトの代わりにやってきた加持と並んで寝るシンジを見守るように、ビルに反射した月が出るのである。『シン・エヴァンゲリオン』の公開時に配布された冊子のマンガに出てきた「ぬばたまの夜渡《よわた》る月《つき》にあらませば家《いへ》なる妹《いも》に逢《あ》ひて来《こ》ましを」をそこに添えることもできる。月は、古代にあっては、自分の密かな思いを届ける重要な手段と思われていたのだ。

そして次の日、トウジが乗って起動実験をすると、地下仮設ゲージで暴走をして、第13使徒と認定されてしまうのだ。零号機、初号機、弐号機は野辺山のあたりで、第13使徒を迎え撃つことになる。電波天文台のある野辺山が選ばれたのは、宇部高校地学部天文班の会報『UCC』の挿絵を描いた庵野のこだわりだったのかもしれない。使徒がやってくる天を監視する一つの方法として電波天文台がありえるからだ。そして、3号機は、日本へ輸送する途中で使徒に乗っ取られた展開になる。夕日のなかで出現した第13使徒を初号機が迎え撃つのだが、そこには水田のある田舎町が描かれる。初号機と使徒が、水田を踏みながら戦うのだ。

しかも、これに並走するようにトウジ三部作では、スイカの主題が現れている。★2 加持が第拾七話でシンジをお茶に誘うのだが、連れて行ったのはジオフロントの人工湖のほとりの森の一角にあるスイカ畑だった。水をやりながら、「何かを育てるのはいいぞ」とシンジに語るのである。第拾九話で、トウジの一件からネルフを去ることを決めたシンジが、第14使徒が襲来して、アスカとレイが戦うのを見届けているなかで、加持とスイカ畑で出会う。そして、畑に水をやっている加持は「死ぬ時はここにいたい」と言う。それは使徒がアダムと接触したらサードインパクトが起きて、人類が滅びるからで、それを阻止できるのはシンジだけだ、と告げるのだ。

スイカがサードインパクトの後にどうなるのかは不明だが、ここには使徒との戦いとは無縁の生命の存在が描かれている。生物には「ホメオスタシスとトランジスタシス」があるとリツコは説明する［第拾伍話「嘘と沈黙」］。どうやらこれが形而上生物学の基本原理のようである。ホメオスタシスは現状を維持しようとする「恒常性」という生物学の用語だが、変化をしめす「トランジスタシス」の方は造語であり、そのせめぎ合いが生物だとする。

加持は男女の関係の比喩だと理解するが、生命全般を、変化をするものと変化しないものとのぶつかり合いを表現しているとも解せる。生物全体のなかで、使徒やEVAがトランジスタ側にいるとすれば、稲やスイカはホメオスタシス側にいる。その対立を合一するのが、ハルマゲドンかもしれないが、『シン・エヴァンゲリオン』の最後で、すべてのエヴァンゲリオンが解体しても落下してくるのは人間と動物たちである。とりわけ羊が印象的である。あくまでも「人類」補完計画であって、決してすべての生物を含む「世界」補完計画ではないのだ。

加持が日本政府のスパイであることが判明して、ネルフから追い出される。最終的には、拘束された副司令の冬月をゼーレから助け出したことがバレて、まさに頭をスイカのように撃ち抜かれてしまう（新劇場版では、ヴィレの指導者として英雄的に死んだ展開もあれば、渚指令に加持副司令の展開も登場する）。トウジ三部作で、図像的に類似した球体の連続が鍵を握る、太陽と月そしてバスケットボールとスイカが並んでいるのは意図的なのである。生物と無生物を形の類似によってつなげる絵の力で通底させているのだ。

2 人身御供

◉使徒としてのEVA3号機

食うものと食われるものの関係は、稲やスイカに見られる、栽培と成長の物語として提示されている。だが、おぞましいもののかたわらに、可憐なものや声無きものを置くというのが、「エヴァンゲリオン」を貫くひとつの態度となっている。

第拾七話「四人目の適格者」で、3号機が第13使徒となり、トウジが乗っていることを知りながら、殺すように命令したので、シンジは、組織としてのネルフと父親としてのゲンドウと対立する。そして、ネルフを離れると決断する。それは第四話「雨、逃げ出した後」での家出とは異なる。

第14使徒が襲ってきたとき、初号機もレイを拒絶し、弐号機も両腕をもがれて戦闘不能になる。零号機で出撃したレイが、腕から体内へと侵入してきた使徒に自爆を試みるも、倒せずにいた。避難民としてその状況を見ていたシンジが、「君なら出来ることがあるはずだ」と加持に促されて、自発的に「初号機パイロット、碇シンジです」とゲンドウに宣言して、初号機に乗り込んで出撃するのである。

トウジ三部作の各話の英語のサブタイトルを訳すと、第拾七話は「フォースチルドレン」なのだが、残り二つを、心理用語と考えて訳すと「両面価値（ambivalence）」、「投入（introjection）」となる。EVAが使徒でもあるという両面価値であり、シンジが初号機に投入をして一心同体を感じるという話ともとれる。当事者の両面価値に深く関わるものとして、「食べるものと食べられるものの関係」は、ヒカリの弁当の場合とは異なる様相を見せる。

何よりも、当事者の両面性を浮かび上がらせるのがトウジだった。彼は、第弐話でシンジの初号機によって、妹が負傷したことで恨みをもち、転校してきたシンジにビンタの洗礼を与える。シンジが家出から戻り第3新東京市を離れようとすると、今度は見送りにきたトウジがビンタを返してもらうことで仲直りしようとする。それから後、シンジ、トウジ、ケンスケは、2年A組の「3バカトリオ」となった。

ところが、トウジがフォースチルドレンに選ばれ、3号機に搭乗して起動実験をするため、松代第2実験場へと向かった。第13使徒バルディエルは粘菌状で、アメリカの第1支部から3号機が吊るされて運ばれてきた際に、太平洋上の積乱雲のなかで寄生したとされる。そのまま正体を表さずに松代まで運ばれてくる。

使徒は内部から3号機を乗っ取ると暴走し、ゲンドウは第13使徒のバルディエルと確定するのである。使徒はレイの零号機を倒し、その腕に侵食を始める。倒れた零号機の代わりに、シンジの乗った初号機が出撃を命じられ、野辺山あたりで迎え撃つことになる。いままで登場した使徒は、あくまでも外部からの侵入者であった。シンジは第13使徒となった3号機に自分と同じ十四歳のパイロットがいるはずだと気づき、戦いを拒否する。

「人殺しなんてできないよ」というのが拒否の理屈であった。「お前が殺されるぞ」と言い放つゲンドウは、戦おうとしないので、最終的にシンジと初号機の接続を切らせ、実験をしていたダミープラグを実戦使用する。それにより、初号機はシンジの意志とは関係なしに、自発的に使徒を倒すのである。シンジが搭乗者がトウジだと気づくのはその後なのだった。そのショックがシンジをEVAから降りて離れるように決意させるのである。

トウジの乗った3号機の場合のように、味方が怪物化して、それをヒーローが倒すという図式は、『ウルトラマン』(一九六六―七)の第23話「故郷は地球」に出てきた棲星怪獣ジャミラの話を連想させる。ジャミラは、元は「某国」の宇宙飛行士だったが、怪獣化して地球に戻ってきた。最終的にウルトラマンの放つ水によって、泥が融けるようにして、ジャミラは地球の土となる。聖書の「汝塵なれば塵に帰れ」という言葉を体現したのだ。そして、真相を知る国連によって、ひっそりと地球の英雄として、ジャミラを称える記念碑が作られる。それを見て、「ジャミラを殺すな」と抗議をしていたイデ隊員は「犠牲者はいつもこうだ。文句は美しいけど」(演出の実相寺昭雄監督の指示によりアドリブで演じられたので、セリフが台本になく、犠牲者には「為政者」や「偽善者」説もある)と口にする。

怪獣のジャミラという名前は、アルジェリア独立戦争において、無実の罪でフランス軍に拷問された犠牲者ジャミラ・ブーパシャから取られた。同じように鈴原トウジの名前は、村上龍の『愛と幻想のファシズム』の主人公である鈴原冬二（小説中では「俺」だが、トウジとも表記される）から取られた。少女のジャミラ（Djamila）が怪獣ジャミラ（Jamila）となり、村上の小説の主人公の冬二が、脇役とはいえ重要な役目をはたすトウジとなったのである。相田ケンスケも、ヒカリの名字である洞木も村上龍の小説に由来するのは、トウジの三部作のエピソードを構築するための仕掛けであった。怪獣ジャミラとトウジの両者の重ね合わせは、犠牲者（または為政者や偽善者）をめぐるイデ隊員の言葉ともつながっている。それはダミーに満ちた「エヴァンゲリオン」の世界をしめすのである。

トウジはフォースチルドレンに選ばれたが、3号機とともに使徒と認定されてしまう。もしも、ダミープラグが操縦する初号機によって、トウジが死亡していたのなら、ジャミラと同じように、起動実験中に英雄的に死亡したと讃えられて終わっただろう。大月プロデューサーによる「子どもを殺すな」という制約を破ることになるので、テレビ版でトウジは無事にエントリープラグ内から助け出される。そして、左足を失って入院していることが判明する。これは初号機が失った左腕を、使徒の腕をつけて再生するのと対比されている［フィルムブック7：一一―一二頁］。

ところが、ジャミラのようにトウジが死亡する展開を描いたのが貞本によるマンガ版だった。また、新劇場版の『破』では3号機に搭乗するのはアスカとなる。そして、トウジはフォースチルドレンになることもなく、ケンスケのサバイバル術のおかげで、ニアサードインパクトを生き延びて、ヒカリと結婚しツバメという娘を授かるのだ。フォースチルドレンであるトウジの扱いがそれぞれの作品を特徴づけているのである。

怪獣ジャミラは宇宙開発競争の犠牲者であり、同時に地球の破壊者でもある。その「両面価値」はトウジとEVA3号機との間にも存在する。ゲンドウが言う通り、誰かが止めなければ、倒されてしまう。それを実行できたのが、相手が人間を含むかどうかを忖度しないダミーシステムだったのである。ダミーシステムは魂をデジタル化しただけの「不完全」なせいで、苦悩することも無く、使徒を沈黙させるという目標を「完全」に遂行したにすぎないのだ。★3

ジャミラに見られる被害者が同時に加害者でもある、という設定は、捕食者が他の捕食者に対しては餌になる、という両面性と同じである。こちらの関係は、食物連鎖を通じて広く生命に存在すると常識となっているのだが、どちらの視点から考えるのかで、肩入れする側が変わってくるのである。それはシンジが抱える苦悩をどの立場から見るのかにもよる。人間として登場し、初号機によって首を切り落とされたカヲルだが、最後の使徒としてゼーレとの関係が新劇場版で明示される。テレビ版では使徒側からの視点が不在のせいで、EVAと使徒との関係が固定されてしまうのである。使徒たちが求めてきたのは、アダムとの接触だった。それを妨げているだけでなく、使徒の側から見ると、自分たちの計画を邪魔して倒すだけでなく、そのあと白い歯をむき出しにして、貪り食らうEVAこそが恐ろしい存在ともいえる。

◉貪り食らうEVA

シンジとの接続が切り離されたあとでの初号機の戦いは、トウジの意識を失わせて使徒となってしまった3号機の暴走と重ねられている。EVAの暴走は繰り返されるが、それは搭乗者の苦悩とは必ずしも一致しない。それどころか、搭乗者に対するEVAの反発すら暴走の引き金になるのだ。それは、EVAが機械ではなくて人造人間だからである。歯もあるし、それによって貪ることができるのである。

そして、第弐拾話「心のかたち　人のかたち」で、暴走した初号機は頭部が包帯に巻かれている。まるで封印するような姿だが、これが『ルパン三世　カリオストロの城』で、傷によって意識を失って寝ているルパンの頭部に似ている。ルパンは「二十四時間もあればジェット機だって直らあ」と強気で言う。そして、クラリスの結婚式に、神輿に乗った姿で五ェ門と次元に担がれて地下から登場する。実際には包帯の下は機械仕掛けで、ルパンの音声をそこから流し、内部にはニセ札が封印されていた。そして、爆発とともに飛び散る。本物のルパンのダミーだったのである。人造人間だからこそ、搭乗した他者との共生が鍵となる。それをシンクロ率と呼び、他者をエントリープラグにより挿入して、人間と人造人間との共生を試みているのだ。

だが、どうやら人造人間にもある種の「魂」が存在している。リツコは「本来魂のないEVAには人の魂が宿らせてあるもの。みんなサルベージされたものなの」とシンジに説明していた［第弐拾参話「涙」］。だから、EVA内部からの反発は、機械的なジェット機の暴走とは異なるものとして理解されている。実験中の零号機が暴走して、怒りをぶつけるようにレイに向かっていくが、活動限界のせいでエネルギーが尽きて大事には至らなかった［第伍話「レイ、心のむこうに」］。

初号機が「覚醒」するには、まずトウジと3号機＝第13使徒が必要だった。ダミーシステムによって動くためにはシンジを必要としなくなった。そして、第拾九話で、第14使徒と戦うためにはシンジを必要とするのだが、活動限界になっても暴走によって使徒を貪り、S2機関を取り込み、使徒の攻撃への防具と見えた拘束具が外れるのだ。そして初号機は自分の切断された左腕に、使徒の腕を据え付けて再生をはたす。そのとき、ナイフのような使徒の腕が、人間型の腕に変形させられるのである。EVAは相手に同化し、吸収する能力をもっている。

こうした融合が可能なのも、EVAと使徒がアダムのコピーとして形状は異なるが同じ立場にあるからだ。機械や人間の身体では不可能である。初号機が使徒を食らうのは一種の「共喰い」である。キリスト教的家父長制のもとでは、女性が肉を食べるのが「共喰い」だ、とベジタリアン・フェミニストのキャロル・J・アダムズによって指摘されていた［小谷：八二―三頁］。EVAの中核にユイがいるのだとすると、この行為は別の意味を帯びてくるだろうし、そもそもエヴァとは、ゲンドウが冬月に宣言したように、「アダムより生まれしもの」であり、リリスのあとにアダムと夫婦になったイヴの呼称である。

そして、シンジが「神事」や「神児」と重なって読めるように、エノク書や聖書などの参照だけでなく、十四歳の子どもたちを使徒との戦闘に捧げているネルフの「特攻攻撃」そのものが、使徒の攻撃を停止させるための「人身御供」の儀式ともみなせる。初代のゴジラも「呉爾羅」とされ、大戸島で不漁続きのときに、村人は神楽を舞い、昔は若い娘を生贄とする儀式があった。これは、キングコングをゲートの向こうに閉じ込めて鎮めるために若い娘を生贄にする話を応用したわけだが、こうした系譜が当然視されるのも、生贄や人身御供の話が遠い過去のものではなかったからだ。

たんに「ネルフと使徒の間の戦争」に勝利するだけでなく、使徒の死や、EVA3号機の死、そしてトウジの死の寸前までも描かれることで「供犠」という様相を呈してくる。レイの自爆はゲンドウの顔を思い浮かべておこなわれるが、複数のレイが存在することによって、見守る視聴者に罪悪感をあまり与えない［第弐拾参話「涙」］。また、渚カヲルの首を切断するギロチン刑も、人類の運命のための聖なる供犠として正当化されうる［第弐拾四話「最後のシ者」］。トウジと彼が乗った3号機は、第13使徒と認定されたことで、人身御供として初号機に捧げられた。シンジと暴走した初号機が倒した第14使徒も一種の餌のように食べられてしまうのだ。

人身御供が、神を満腹させることで慰め、怒りを鎮める儀式ならば、トウジたちを欲したのはEVAの側だったのか、それとも使徒の側だったのかは、にわかに判別がつかない。その両者ともに搭乗している人間を犠牲にすることで、アダムとの接触の成功、使徒の殲滅の成功というそれぞれの目的を遂げているように思えるのだ。プロテクトが外れて覚醒したEVAは使徒と同等の危険をもつ存在になった。そのために、後半の使徒たちは、EVAに対する物理的な破壊や介入ではなくて、搭乗しているパイロットの心理や神経（ネルフ）を使って操ろうとするのである。

◉体内消化と嘔吐

自分とは異なる生命を食べて体内に取り込むことで栄養を補給し、個体を持続可能にするという行為は、生物に広く見られる。その点では、初号機が獣のように四つ這いとなって、第14使徒のＳ２機関を取り込んだように、「エヴァンゲリオン」には、腕の接合だけでなく、食べることを通じて、相手を自分に同化させ吸収する胃袋をもつＥＶＡがいる。鬼のような初号機の姿から、それは地獄の「餓鬼道」に落ちた亡者が飢えに苛まれるようにも見える（餓鬼の鬼は亡者のことであり、日本の「オニ」とは異なるのだが）。肉と魚を食べない「偏食家」である庵野秀明にとって、戦闘において数々の血がほとばしり肉を削ぐ場面を形にしているが、ＥＶＡが貪り食う場面こそがいちばんおぞましい光景となっている。

『ふしぎの海のナディア』で、ノーチラス号から切り離されて、リンカーン島にたどり着いたナディアとジャンが、肉食をめぐって言い争う場面が出てくる［第25話「はじめてのキス」］。そこでは、動物の死体を食べるなど考えられないとナディアは反発する。最終話のエピローグでも、ナディアが自分の子どもたちに肉を食べさせないというエピソードが出てくる。「困ったものです」という大人になったマリーによるコメントがついている。

肉を貪るというのは、生々しさを表す表現としてふさわしかった。ただし、岡田斗司夫の証言によると、庵野は大学時代には、魚と肉は口にしないが「餃子と牛乳と魚肉ソーセージ」は口にするという菜食主義だった［「シン・庵野秀明論」］。庵野自身は思想的なベジタリアンを名乗っているわけではないが、貞本義行から『ナディア』に関連して「肉を食べたら庵野は変わる」といわれたことがショックを与えたようだ［パラノ：二一〇頁］。

そして、オペレーターのマヤが、初号機が貪るようすを見て嘔吐する。このようなグロテスクな場面に仕立てたのは、「メシ時に観ている人が吐くのが理想」だったと庵野は計算していたことを認めている。だが、鉛筆で描かれた原画に比べてセルは生々しさを失ってしまい、そこまでのおぞましさを掻き立てなかったとも反省を述べる。おなじように、旧劇場版の第25話「Air」で、量産型EVAがアスカの弐号機を貪り食らう場面が出てくるが、原画を使うアフレコをやったシンジ役の緒方恵美が、出来上がったセル画を観て、「あまりエグくなくなった」と感想をもらしたという［小黒：三五七頁］。そこでもマヤは、見ているのを耐えられない、と顔をそむけるのだ。

「嘔吐（ノゼ）」は、実存主義哲学では、立ち現れた理解不能なものへの嫌悪や拒絶であった。サルトルの『嘔吐』（一九三八）では、マロニエの木の根の部分に主人公は嘔吐をする。また、「げえっとなる（puke）」は、サリンジャーの『ライ麦畑でつかまえて』（一九五一）のなかで、「偽物」と主人公が考える相手に対して繰り返される表現だった。外部を身体的に拒絶することは、消化しきれないものを体外へと吐き出すことで、嫌悪や違和感を解消する反応となる。新劇場版の『シン・エヴァンゲリオン』でも、自分が手を下したわけではないのだが、『Q』で同乗していたカヲルがRSSチョーカーによって亡くなったことを目撃して、さらにニアサードインパクトを起こしたことへ心理的に捕らわれて、シンジは嘔吐を繰り返す。なによりも、渚カヲルが消えたことへの悔悟から嘔吐するのだった。

それと同時に、マヤがしめす女性の嘔吐は、映像作品において、妊娠時のつわりをしめすステレオタイプの表現でもあった。もちろんマヤが妊娠しているわけではないし、「先輩」と呼ぶリツコへの思慕を隠さない。フィルムブックの第6巻の表紙にも白衣姿のリツコの片腕をとってじゃれついたマヤが登場した。マヤの同性愛的な欲望は、旧劇場版の「まごころを、君に」や新劇場版の『シン・エヴァンゲリオン』での最後で、彼女を殺しに来る相手としてリツコが登場することで空想的に成就する。

冬月元教授のもとで、人工生命を生み出した形而上生物学の推進者としてのリツコによって、子宮が不在でも「魂の入れ物」としての生命体を作れる可能性がしめされながら、同時にマヤが男性とは異なる身体をもつ点が間接的に表現されていた。同性愛的な思慕の念をもつマヤがいちばん手に入れられないのが、リツコの子を宿すことであった。その場合には、レイのようなクローンとして複製する以外に、「再生産」の手段がないのかもしれない。

「エヴァンゲリオン」は人造人間として、アダムあるいはリリスの複製でもあるEVAを含めて、人間の「再生産」の方法にいくつかの可能性をしめしているが、サードインパクトあるいはフォースインパクトがすべてを台無しにするのである。そこでは群体を捨てて同一になるので、誕生から死までのサイクルが意味をもたないのだ。そして、キリスト教的な枠組みを使う限り、旧約聖書のアダムのイミテーションとして肋骨をもとに複製されたエヴァ（＝イヴ）よりも、新約聖書の処女懐胎でイエスを子宮に宿すマリアのほうが、直接的な表現となるかもしれない。そうだとすると、新劇場版において、マリ（ア）が登場したことに不思議はないわけである。人間の再生産において、一般的なプロセスを経ないのならば、この二つの方法は代替モデルとなりえる。

マヤの身体的な反応が描かれたのは、アニメの表面的な絵にどのような中身をもつのかの表現としてなのだ。アニメでは、物体がぶつかる音にこだわることで、ようやく素材や中身をしめせると庵野は考えていた。さらに、岡田斗司夫が指摘したように、破壊や亀裂によって物体の内部構造が露呈することで、中身が詰まっていることを明らかにしてみせた。それに加えて、身体的な動作や反応をさせることで、まぎれもなく身体性をもつことを表現してみせる。その動作のひとつが吐き気を催すことだったのである。

こうした「食べる–嘔吐する」関連とは別に、使徒の先端の触手が、注射やチューブを思わせるように、EVAだけでなくパイロットの体内に入り込んでくる描写もある。使徒も動物をモデルにした怪獣ではなくて、触手をもつような生命体や幾何学的な物が多いのである。たとえば、第弐拾参話での第16使徒のアルサミエルの攻撃は、レイの腕のなかへと入ってくる。血管が浮き出て、肉同士がもつれる。女性を襲う触手を扱う性的なマンガの隆盛と結びつける谷内田浩正の意見もある［『ターミナル・エヴァ』：六九―七〇頁］。

サルトルの小説「水いらず」（一九三八）には「愛するなら相手の腸までも愛する」という表現も出てくるが、身体を構成している体内のネットワークを意識することが、身体を別なものに見せてくれる。神経については、神経を表す「ネルフ」という言葉を利用して電子的なネットワークが描かれていた。さらに、「エヴァンゲリオン」では、ケーブルや電線（と電柱）や水道管といったネットワークを担うものが繰り返し描写されるのだ。人間が使う道具の発達の見取図のひとつとして、身体の機能が延長され、内部が外部化されてきたという説明がある。外部記憶として文字や本さらにはデータベースがあり、手足の延長として各種の道具が考えられる。同じように体内の胃腸や神経さえも外部化されて利用される。描かれた具体物が抽象をしめし、抽象が具体物を意味づけていく。この応答関係を支えるのはセリフだけではなく、視覚的なイメージも含まれているのだ。

◉胎内回帰と再生産

ＥＶＡが与えるもうひとつのイメージは、胃袋を使った同化吸収とは異なる、エントリープラグ内を胎内とみなす子宮のイメージである。すでに、放送時に「この話（第拾六話）では「母親」のイメージが随所に登場する。シンジが閉じこめられるエントリープラグは「子宮」の、使徒内部から初号機が脱出するシーンは「出産」のイメージであろうか」［オリジナルⅡ：#16―2］という指摘があった。球体の第12使徒が初号機を飲み込んだ話についての解釈である。そして、ＥＶＡへの電源ケーブルであるアンビリカルケーブルが絡んだり、足りなかったりするのである。そして、「お袋（＝子宮）さん」から切り離されることで、自立して戦うのだが、それもエネルギーが尽きると活動限界に達してしまう。アンビリカルケーブルは語源からしても、へその緒（アンビリカル）に由来している。

シンジが初号機のエントリープラグのなかで覚える安心感は、いつもSDATで音楽を聴いて外界の音から耳を塞ぐのとは異なる。母胎のなかで母親の心音を聞いていることが胎児の安心につながるように、ミサトの指令の声だけでなく、EVAの心音とのシンクロがあるのかもしれない。EVAのなかが、胎児のような状態に戻ったパイロットが安心できる場所となるのは、胎児は子宮に依存しなくてはならないからだ。アダムの一部ですら、加持によって、「胎児」として運ばれてきて、ゲンドウの掌に移植された［ビデオフォーマット版と旧劇場版］。

竹のなかからかぐや姫が、あるいは桃のなかから桃太郎が生まれるような人工子宮のイメージは、実験室のプールに浮かんでいるダミープラグの材料となるたくさんのレイや、エントリープラグを連想させる。そして、「帝王切開」の語源となったシーザー（カエサル）が通常の分娩とはならなかったからこそ、超人的な力をもったとされるのである。庵野が参加して注目された『風の谷のナウシカ』のアニメ版の巨神兵も、人型をしているが卵から孵化されたものだった。ただし、狭い内部に入ると安心する場所としての「胎内回帰」という願望は、男女を問わないはずである。レイでさえも、水槽に浸かっているカットがあるように、胎内回帰がそのまま蘇生とつながっていた。

庵野たちは『ふしぎの海のナディア』では、キャラクターとしてのエレクトラを出してまで、父と娘の間のエレクトラ・コンプレックスが扱われた。ネモは、エレクトラの住んでいた国をバベルの塔を始動させて崩壊させた張本人であり、そのあと生き残ったエレクトラを娘のように扱っていた。ナディアはネモの娘そのものであり、古代アトランティス人の血を引く王位継承者であった。ネモと二人の娘との父娘関係は、不在となった父をめぐるミサトに継承されている。旧劇場版で脱出カプセルに乗せられる場面が追加され、両者の関係ははっきりと描き出されていた。リツコが父親と葛藤するという話も構想されたが、母親との話に変更された。その反動として庵野がエディプス・コンプレックスに向かったのもうなずけるのである。

空から飛来する天使の対局にあるのが、鯨に飲み込まれたヨナの話にも通じる洞窟など閉ざされた空間への退避である。これは第3新東京市の下の空洞が相当するのである。その夕暮れのようすを地下へと通じるモノレールに乗って見ながら、ゲンドウは「かつて楽園を追い出され」た人類が弱さゆえに手に入れた「楽園」とみなす。冬月は「自分たちで作ったパラダイスか」と応じるのだ［第拾七話「四人目の適格者」］。神ではなくて人類が作ったエデンの薗というわけである。しかも日没という象徴的なときに都市は輝いているのだ。

防衛線内部の要塞都市第3新東京市の下にある洞窟内にあるネルフ本部に隠されたEVAのエントリープラグ内が絶対安心できる場所に思えてくる。しかも、その洞窟にあるのは「黒き月」であり、安住の地ではなかった。パイロットは全面的にEVAとシンクロする以外に道はないのだ。つまり、母親を喪失していることが、EVAパイロットの適格者の必須条件なのである。現実の母親による搭乗することへの物理的な妨害が存在しないからだ。母親の死亡がはっきりしている場合でなくても、その存在は消えている。

ファーストチルドレンのレイは、複製された人工生物であり、血の繋がりをもつ母親が不在なのである。セカンドチルドレンのアスカは、母親を自殺で喪失している。サードチルドレンのシンジは、三歳でユイを喪失した。フォースチルドレンのトウジも祖父と父がいるだけで、妹を大事に思っているはいるが母親はいない。ケンスケは父子家庭だとわかっているし、ヒカリも姉と妹の弁当作りをしていて、どうやら母親役をつとめている。2年A組に集められた者たちが全員母親を欠いている可能性が高いのである。

球体である使徒に長時間飲み込まれたことで、エントリープラグ内のLCLが浄化されずに混濁していき、それが身体に染み付いてしまう。救出されたあとも、シンジは「とれないや血のにおい」と腕の臭いをかぐのである。それは初号機の血の臭いであり、同時にシンジ自身にも近い存在の臭いでもあるのだ。親しい者だからこそ、その臭気が許せるのである。

◉註

（★1）第4話の「もう一人の家族」を富野喜幸が画コンテを切っていることは看過できない。それどころか、『ハイジ』全体の四割近くを担当した。また高畑の代表作のひとつである『赤毛のアン』（一九七九）でも、「とみの喜幸」名義で、五話分の画コンテを切っている。数多くの画コンテを担当したことで、脚本の具現化とアニメの生産の手間やコストの関係を考えることにつながったのである。富野は『機動戦士ガンダム』に利用し、とりわけ日常生活の描写をどのようにロボットアニメに取り込むのかという点を見習ったのだ。これは、ロボットの戦闘と学園生活という二つの要素を組み合わせる課題をもっている「エヴァンゲリオン」に引き継がれている。

（★2）ここには押井監督の劇場版第一作『機動警察パトレイバー the Movie』で山崎ひろみが育てている赤いトマトへの応答がありそうだ。『パトレイバー』でのトマトは、泉野明が篠原遊馬や隊長に食べさせようと持っていって、その際にHOSというOSに暴走させるウィルスが入っているという情報を立ち聞きしてしまう。置き去りにされたトマトは、アルフォンスのOSが書き換えられて、暴走レイバーとなることへの野明の不安の表現だった。それに対して、加持のスイカは、成長と回復の兆しである。セミがうるさくなったのに対して、「季節が戻ってきている」と語るケンスケの話を加速させるように、新劇場版で加持は人工的に汚染された水を浄化する施設を案内するのである。それは、アニメ版の『風の谷のナウシカ』で巨神兵を使っても取り戻せない汚染された地球を、王蟲が回復させていることをどのように考えるのかともつながる。宇宙戦艦ヤマトが「コスモクリーナー」を貰ってくる旅は、『西遊記』で三蔵法師が天竺へと経典を貰いに行く旅にも似ていて、外部にありがたい回復力が眠っている他力本願的なものだった。加持たちがやっているのはあくまでも自浄作用であり、自力本願的なのである。

（★3）思考する機械を停止させるには、思考をループさせるとか、堂々巡りをさせて矛盾を確認させるしかない。『宇宙家族ロビンソン』に出てきたロボット（日本名フライデー）は、「計算されません（It does not compute）」と判断を保留する。フライデーが宇宙戦艦ヤマトのアナライザーにつながっている。アシモフの「堂々めぐり」（一九四二）では、スピーディーというロボットが、ロボット三原則のどれを優先すべきかを考えるうちに、ぐるぐると迷ってしまうのだ。また、『ウォー・ゲーム』（一九八三）では、冷戦下でソ連への核攻撃のシミュレーションを始めたジョシュアという戦略コンピューターが、○×ゲーム（三目並べ）の必勝法を計算させられて、必勝手順がないことを見つけ出す。それを核戦争に当てはめて、必勝法がないことを見つけ出し先制攻撃を自ら終了する。

第7章

最終二話の意味するところ

What the last two episodes tell

1　裏切りか、結末の遅延か

◉未知の群衆との遭遇

テレビ版の第弐拾伍話と最終話つまり最終二話は、通常のアニメとは異なっていた（旧劇場版と区別するためにまとめて「最終二話」と記述する）。庵野自身の『ふしぎの海のナディア』のような大団円となるエンディングを欠いているのである。カヲルを殺害したあと、どのような展開になるのかと期待していたファンに、戸惑いや裏切りの感じを与えたのは、「謎」が解かれずに伏線が未回収のままだと思われたからだった。第弐拾四話までの流れは、ロボットアニメの定番、ひいては英雄物語のパターンをたどってきた。主人公が当初は無自覚で果たしてきた使命を、途中の試練を経て、自覚的に戦うように覚醒する話なのである。代表例は『スター・ウォーズ』の最初の三部作（エピソードⅣ〜Ⅵ）だろう。

「エヴァンゲリオン」は、世界の英雄物語の伝統的パターンを踏襲できたはずだった。何のためにＥＶＡに乗って戦うのかがわからなかったシンジがしだいに自分の置かれている状況を自己認識して、「初号機パイロット碇シンジです」とフルネームで自信をもって自分を呼べるようになる。それが企画書についていた仮題のように「シンジ、誕生」の宣言ともなっていた［第拾九話］。興味深いことに、「男の戦い」というサブタイトルが、シンジの「男としての戦い」とも、シンジとゲンドウの「男どうしの戦い」とも読めるようになっている。

シンジは三歳で失われた母親の名字を堂々と名乗り、父親ゲンドウの旧姓である六分儀を抑圧することで、父親とＥＶＡに向かい合ったのである。航海と関連する命名をそのままたどるなら、自分の位置を測定するための六分儀を捨てて、碇をおろし、渚に漂うものを殺したことになる。シンジはストレートに進むように、当面の敵である渚カヲルを倒したのだ。その後期待されているのは、サードインパクトを完全に防いで、人類滅亡の危機を回避した英雄となる結末だろう。黒幕であるゼーレをキール議長もろとも一掃し、ひょっとすると父親ゲンドウとの一騎打ちの展開が予想されたかもしれない。

十二月の「冬コミケ」で綾波レイやEVA関連の同人誌が並んでいて、庵野は勝利を確信した。ところが、後半で一転して非難を浴びたのは、さすがに予想外だった。視聴者の混乱が増幅された理由は、放送が二週におよんだからである。しかも「本来の二五話がなくなった」ことで玉突き的に前倒しになって、最終話分が二回に引き伸ばされた可能性もある［スキゾ：二二九頁］。もしも最終回だけだったならば、尻切れトンボ状態の「竜頭蛇尾」アニメと認知されただけで済んだのかもしれない。続きの視聴は画質の良いLDかレンタルビデオでというのは、商売として成立する。

ところが、二回続けて同じ趣向が続いて、意図的な表現だったと了解され、「予算が足りなかった」とか「完成が間に合わなかった」という類の同情すべき放送事故ではなかったと判明したのである。もちろん、脚本さらに画コンテで内容が検討され、完成して制作されたもので、放送局の側からのクレームで、受け取り拒否や打ち切りをされたわけでもない。皮肉なことに、最終話の解釈をめぐって議論が飛び交い「未完成」であるからこそ人気が持続したのだ。とりわけ大塚英志が読売新聞で結末を「人格改造セミナー」と批判したことが、大団円を迎えなかった結末への憤りを社会的に表現したようにとられた。[★1] 庵野自身は大塚の非難に不満を漏らしている［スキゾ：九〇頁］。

最終二話に対する批判や混乱の影響は、公式の出版サイドにも及んだ。一九九六年八月に発売されたフィルムブックの第9巻は、最終二話に関して、それまで頁の下に掲載していた「チェックポイント」というコメントをやめ、映像からの切り取りとセリフを再録するだけにとどめてしまった。ただし、最終話でレイがトーストを咥えて走ってくる話は、独自のマンガ仕立てにし、アニメの映像（＝フィルム）を掲載するのとは別の表現を採用している。

そして、一九九六年十一月に発売された脚本集である『オリジナル・エヴァンゲリオン』第Ⅲ巻も、第弐拾四話まで、各話の冒頭に内容などに関する裏話も含めたコメントを掲載していた。ところが、第弐拾伍話で、「この二話連続の最終回について余計なコメントは一切しない。内容の変更もほとんど無いので、あなた自身でこの結末をかみ砕いて欲しい」と述べるだけだった。最終話に関しては白紙の空白のままで、コメントを加える態度そのものが放棄されていた。

「群体を解体して同一化をはかる」という「人類補完計画」を提示したアニメが直面したのは、創作者側ではコントロール仕切れないファン心理であり、新世紀に入ってSNSにおける「炎上」などであからさまになった群集心理だった。特定層の「オタク」を中心に訴求する尖った内容の作品のはずだった。そうしたオタクは、たんなる視聴者やファンを離れて、岡田斗司夫が定義した「粋の眼」「匠の眼」「通の眼」をもっていると想定されていた。そして、斎藤環は、「自分好みの『エヴァ』ストーリーを書き始めるファンが大量に出現したのだ。これこそが正しいおたくの反応と言うべきであろう」[『戦闘美少女の精神分析』：五二頁]と評した。

ただし、こうした遊び場として受容できた層以外の反応は、消費者として不完全なサービスを提供されたことへの不満やクレームに近いのである。そして「庵野、スゴイ」と「庵野、殺せ」と相反する評価が出現した。そのひとつを庵野は旧劇場版で取り込んで自分の作品の一部として登場させた。また、のちに『シン・ゴジラ』(二〇一六)で、ゴジラ擁護派と反対派が「ゴジラを守れ」と「ゴジラを倒せ」と同時にシュプレヒコールをあげる場面へと転用されたのである。★2
メディアとの関係が強くなったのは表現する側だけではない。コミュニケーション手段としてのメディアの発達ともつながるのである。視聴する側も、七〇年代までは、作品への意見や批判があっても口頭が主であり、話したそばから空中に蒸発してしまう噂話が中心だった。サークル内や友人との対面の会話か、雑誌やミニコミ誌などの投書欄を通じて意見を交流するしかなかった。いずれにせよ不特定多数に広がる気配は少なく、テレビやラジオといったマスコミを通して伝える際には、あくまでも権威的に利用されたのだ。

ところが、一九七五年から始まったコミックマーケットの規模が広がり、さらに一九八六年から商用を開始したニフティなどのパソコン通信のフォーラムなどを通じて、文字となった「声」が直接作者のもとに届くようになった。そして、一九九五年ごろには、インターネットへの切り替えが進み、声を届ける手段がより直接的になった。しかも「エコーチェンバー現象」と呼ばれるように、狭いグループ内で意見は共鳴し増幅する。それが、「庵野、殺せ」という書き込みに代表される過激な意見を生み出したのである。

エヴァンゲリオン騒動が沈静化（＝忘却化）したように見えたのは、二十世紀も押し詰まってからだった。一九九七年三月に『新世紀エヴァンゲリオン劇場版 シト新生』が公開されたのだが、これもアスカが「エヴァシリーズ…完成していたの」と声をあげたところで、高橋洋子の歌う「魂のルフラン」が流れて途中で終わった。そして一年後の一九九八年三月公開の『新世紀エヴァンゲリオン劇場版 DEATH (TRUE)：/ Air / まごころを、君に』によって、ようやく「終劇」の字幕とともに新しい結末に至ったのである。

◉ 文字の多用

テレビ版の最終二話となる第弐拾伍話「終わる世界」と最終話「世界の中心でアイを叫んだけもの」とでは、物語としての進行は停滞し、それまでの二十四話の内容に対する批判検討が始まる。

第弐拾四話の次回予告は「だから殺した」というテロップが明滅するなかで、「最後の使徒は消えた。だが、シンジは苦悩する。そして、ミサト、アスカも心を吐露する」と語られる。この予告の時点で、そもそも通常の物語の展開は期待できなかった。しかも、旧劇場版公開後に修正されたビデオフォーマット（ディレクターズ・カット）版では、次回予告の音声はそのままで、新しく生じた湖のレイアウトを映し出すだけの映像などに差し替えられた。次回の映像をもってきて、予告をするのをやめたのである。

とりわけ最終二話は、字幕を多用しているために、アニメ作品なのに文字を読むことが求められる。「存在理由、レゾンデートル」「ここにいてもよいりゆう」「碇シンジ、彼の場合」といきなり並べられている。セリフや音声を聞いただけで流れを辿ることができないのだ。視聴のストレスとなるが、狙いはそこにあるはずだった。最終二話では、黒地に白や白地に黒のテロップが、ナレーションという声の部分を文字に起こしたとさえ見えてくる。

パソコン通信やインターネット、最近のSNSにいたるまで、文字によるコミュニケーションが主流になっている。画コンテでは無音が「ノンモン（non-modulation）」と表記され、現在では意図的に音を入れないこともひとつの手法となっている。たとえばシンジが家出をした第四話の「雨、逃げ出した後」では、意図的に音楽が入らず、セリフと効果音だけなので、ドキュメンタリーのタッチになっていた。

かつてのサイレント映画では、劇場での音楽や弁士が存在したとしても、フィルム自体には音声がないからこそ、字幕に頼り、役者はオーバーな演技をした。そして、映像の流れや演技を切断する字幕の挿入が映画のリズムを壊すのか、それとも倍増するのかは、まさに編集の腕の見せどころでもあった。

「エヴァンゲリオン」における文字への偏愛はそれまでも顕著だった。タイポグラフィとりわけフォントにこだわってきたのは、市川崑映画からの影響である。サブタイトルを「L」や「Γ」のように配置して独自の視覚的な訴えをおこなった。★3 また市川が監修した『新ルパン三世』のサブタイトルは、タイプで打ち出されるように文字が出て、それが配列される。こうした文字の印象を強めるのは、『謎の円盤UFO』のオープニングでIBMの回転ヘッド式のタイプライターから文字が打ち出されるようすともつながる。そして、説明のテロップを多用することとは、岡本喜八監督の『激動の昭和史　沖縄決戦』（一九七一）からの影響も大きい。それは『トップをねらえ！』への影響もあり、エンディングでノリコたちを迎える有名な「オカエリナサト」も文字だったのである。

さらに背景として、テレビ番組でのテロップや字幕の挿入が実用面と娯楽面から進んできたことがある。聴覚障碍者への対策もあって、文字多重放送などのユニバーサルなサービスが生じた。NHKの『おしん』（一九八三—四）が文字多重放送の最初とされる。二〇〇一年に地上デジタル波へと移行したことで、放送字幕が整備されるようになった。天気予報などの情報を入手するデータ放送が標準装備されたことで、家庭のテレビが情報ツールへと転換した。ネットやSNSと結びついて、情報が文字だからこそ瞬時に共有できることにもなる。『シン・ゴジラ』でも、場所や氏名や役職をテロップで掲示することで、大人数となる登場人物に関連した情報を交通整理するのに力を発揮したのである。

もうひとつは、バラエティ番組などでの字幕やテロップの利用である。『進め電波少年』（一九九二—九八）などでの説明やツッコミとしてのテロップが、バラエティ番組で広がっていった。映っているキャラクターの言動に対して、補足し、批判を述べることで相対化してみせたのだ。庵野が最終二話で目指したのは、こうした娯楽的な応答としてのテロップや字幕の延長だったはずである。ツッコミやコメントとしての字幕である。けれども、そうした工夫があっても、キャラクターを替えて似た状況が続くのは、時間がループして、停滞しているように見える。

◉反復される審問

最終二話では、パイプ椅子に座っている人間が、そばに立つ他の人間（たち）から審問される形式が繰り返される。シンジ、アスカ、レイなど立場を替えただけで、内面への審問が反復されるのである。最終二話が反発を招いたとすれば、この語り口にあったのかもしれない。

ビデオゲームにおいて、課題をクリアするために「山の麓でモンスターを五回倒して経験値を上げる」場合ならば、繰り返しをある程度自発的に受け入れるだろう。けれども、テレビの視聴ならば、最後まで付き合う必要はない。エンディングの映像を観るために、ゲームのようにラスボスに挑戦し倒す必要もない。苦痛を感じたらテレビから離れ、録画なら早回しをするか、あるいは視聴を停止する選択もできる。

反復という点で、テレビで放送された商業アニメで、テレビ版最終二話に匹敵する反響を呼んだのは、『涼宮ハルヒの憂鬱』の二回目のアニメ化（二〇〇九）での八週間にわたる「エンドレスエイト」だろう。こう呼ばれたのは、夏休みを過ごすというほぼ同じ話が八回つまり夏休みの期間にあたる間続いたせいである。作画や演出の手抜きとはとらえずに、マニアは毎回の差異を見つけ出してそこに意味を見出していた（分析美学が専門である三浦俊彦による『エンドレスエイトの驚愕：ハルヒ@人間原理を考える』を生んだのも当然かもしれない）。

反復については、押井守の『うる星やつら2　ビューティフル・ドリーマー』のように、友引高校の文化祭前日という繰り返しが、ラムが願望する日常を表現する手段として利用されていた。だが、「エンドレスエイト」が放送可能だったのも、深夜アニメという放送枠であっても、同じエピソードを声優だけを替えて二話（二回）ずつ放送するという『ポプテピピック』（二〇一八）のような実験的な形式が許されたのも、テレビ版エヴァンゲリオンの最終二話という前例があったからだと思われる。『ポプテピピック』は制作がキングレコードでテレビ版「エヴァンゲリオン」と共通している。アニメ放送の歴史において、やはり時代を画する出来事だったのである。

とはいえ、ループという形式は、時間SFのように前後の因果性や連続性が感じられるときに効果を発揮する。「エヴァンゲリオン」は『時をかける少女』のようなタイムトラベルものではない。回想場面は、シンジの乗った初号機が使徒を倒すところに始まり、葛城探検隊の話、南極調査隊のようすなど、随時挟み込まれていた。シンジの転校から経過する時間そのものは、基本的に一直線に進んできた。ところが、最終二話で、連続したつながりが感知できずに、同じイベントが反復される展開に意味が見いだせないならば、耐え難い思いをするだけかもしれない。既視感はすぐに退屈へとつながる。

シンジやアスカやレイとキャラクターが立場を替えて同じ行為を反復することそのものは、最終二話で唐突に出てきたわけではない。これまでにも存在していた。たとえば、相手の頬を平手打ちするという強烈な一次接触が、当事者を巧妙に替えて表現されてきたのである。旧日本軍が制裁などでおこなっていた軍隊式「ビンタ」の名残である。それは戦時体制の遺産であり、「鉄拳制裁」という言葉がまだ有効だった。ただし、暴力表現を逃れるように、ストレートに描写するのではなくて、多くが叩く音と顔に掌の痕跡を残すことで表現されていた。

「熱血バカ」とされるトウジは、校舎の裏でシンジの頬を叩いた。転校生としての「通過儀礼」と妹を怪我させた責任をとらせる意味もあった［第参話「鳴らない、電話」］。そして、一転してトウジは妹に叱られたとしてシンジに自分の頬を叩かせるのだ。家出をしてネルフを離れるシンジを駅に見送るときだった。シンジはトウジを叩いたおかげで第3新東京市にとどまる決意がつき、ケンスケも含めた3バカトリオを結成することになった［第四話「雨、逃げ出した後」］。男たちの通過儀礼という表現であり、この相互の一次接触が「男どうしの友情」を形成するのである。

けれども、男たちだけがやるわけではない。第伍話「レイ、心のむこうに」で、エスカレーターでいっしょに降りているレイが、「碇司令の息子でしょう」「信じられないの？　お父さんの仕事が」とシンジの頬を平手でぶつ。これはレイにユイとの関連を認めると意味合いが変わってくる。「お父さん」というのが、他人であるシンジの父（「あなたのお父さん」）を指すとともに、家族にとっての父親（「うちのお父さん」）を指す言葉にもなりえる。途中ではEVAと使徒との戦いでの格闘が続くせいか、キャラクターどうしのビンタ行為は描かれない。

ところが、不調になったアスカは、エレベーターのなかで、レイが「人形みたい」だとして頬を叩くのである［第弐拾弐話「せめて、人間らしく」］。自分の状況とレイの状況とが似ているので、余計に反発が生じた。

そして最後にアスカがシンジの頬を叩く。ただし、これはありえたかもしれない別の世界の物語においてだった。幼馴染のアスカが寝ているシンジを起こしに来て朝立ちをしているようすを目撃したことで「バカ！ヘンタイ！信じられない」と怒鳴っておこなうのである。目撃したものを拒絶するためのビンタだった。さらに出がけに「ホントうるさいんだからアスカは」と言ったのでシンジは二発目を食らうのだ［最終話「世界の中心でアイを叫んだけもの」］。どれも同じ「ビンタ」の反復なのだが、当事者を入れ替えることで、意味合いも状況も異なっている。

ところが、最終二話では文字の多用と審問のような問い詰めが反復される。第弐拾伍話「終わる世界」の前半では、シンジとアスカとレイの三人のキャラクターの根底を互いに追求する。カヲルを殺したことに悩むシンジの前にレイが立つ。「不安」「強迫観念」という文字が並ぶ。助けてと叫ぶシンジだが、初号機に自分がカヲルの代わりに握りつぶされるようすが出てくる。シンジをアスカが責めると「それはあなたも同じでしょう」と今度はアスカがレイに言われる。そして、第2のキャラクターとして「分離不安」とか「愛着行動」という字幕が浮かぶ。さらに、レイは三人のレイの対話で進む。「綾波レイと呼ばれているもの」として扱われるが、レイの場合の字幕には精神分析的な用語が出ないのは、レイの魂が分析対象となるような過去をもたないからだろう。

葛城ミサト、惣流・アスカ・ラングレー、碇シンジの三つの症例に関して、外から観察することになる。「第一の症例」としてミサトが審問され、補完されていくのである。それぞれが、「本当の自分」の姿を直視することを求められる。さらに、アスカの中にいるシンジ、シンジの中にいるアスカというように相補的で共生的な存在であることがわかるのだ。人類補完計画が、個人の魂の欠如を補完する計画であると明らかになっていく。最後には「そして補完への道は」「つづく」となる。次回予告は、台本がアップになり、もはやキャラクターが登場しないのだ。

第弐拾伍話の前半の最後でゲンドウがレイを見つめ、「さあ行こう、今日この日のためにおまえはいたんだ」と言う。「そして人類の補完が始まる」と字幕が入る。これは旧劇場版「夏エヴァ」の第25話と第26話につながるのである。さらに、LCLに浮いているリツコ、そして血まみれで倒れているミサトのカットが挿入される。その意味がわかるのは書き足された第26話でだが、この時点で、結末にいたる道筋がしめされていた。分岐点が第弐拾四話にあったように見えるが、続きの断片は第弐拾伍話に盛り込まれていたのである。最終話では物語そのものが展開せずに、シンジの自己認識の話になってしまう。第三の症例（Case3）として、シンジだけが注目される。そして、シンジの成り立ちを確認することと、アニメーションとしての「エヴァンゲリオン」が成立することの確認が同時におこなわれているのだ。

◉メタフィクションの視点

最終二話は、これまでのエピソードでのキャラクターの行動などに意味を問い直すコメンタリーとなっている。本来のオタクたちは、岡田斗司夫や斎藤環が定義したように、ハイコンテクストを前提にして、瞬時にいくつもの表現のレベルにスイッチを切り替える能力をもつ存在のはずだった。少数の彼らに向けて、「虚構」の作られ方の舞台裏や素材を見せることによる「虚構」の解体と新たな提示がおこなわれている。

「ちゃぶ台返し」と評されたのは、「つづく」はずなのに、結論が宙吊りにされた代わりに、舞台裏を見せつけられたせいだろう。レイやアスカなど視聴者が感情移入していたキャラクターが「非実在」であり、アニメーターが作り出した虚構にすぎない点が強調される。作品が自己言及を通じてメタレベルをしめすと、観ている者に興ざめを引き起こすと同時に、提示されているものに問いかける異化効果を招くのである。

一般的にいえば、作品のメイキングや舞台裏や撮影風景を知るのは、映像作品ファンの楽しみといえる。たとえば、テレビ版と同じ年に制作され、日本では翌年に公開された長編CGアニメの嚆矢《こうし》となったピクサー作品『トイ・ストーリー』（一九九五）を考えるとわかる。『トイ・ストーリー』では、最後にウッディーたちのNGシーンが付録のように流れる。これは実写映画にあるパターンをなぞっているのだが、もちろん、故意に失敗する場面を作画したのである。ウッディーがガムテープを椅子代わりにして腰掛けるのに失敗し、思わず照れ笑いをするのも、バズ・ライトイヤーがブリトーを食べたあとでゲップをして、量産型の仲間に「五度目だ」などと叱られるのも、本編を見たあとでの観客の楽しみとなっている。

『トイ・ストーリー』のNG集は、この作品でのおもちゃたちは実際には生きていて、人間の前では「死んだように」動きをとめる前提の上に成り立っている。これは玩具の人形のふりをするという一種の「人形振り」の演技である。NG集によって、玩具の人形たちがじつは自分の役割を演じているのだ、という別の演技が加わったのである。NG集では、ウッディーはウッディー役を演じる人形だったとみなされる。しかも撮影用のカチンコが持ち出されたり、スタッフの声が入ったりする。あくまでも撮影された映画という虚構だ、という点を、CGIを使うことで再現したものだ。もちろん、実際の制作はここで再現されたキャラクターが演技したものとは異なり、「本物」のメイキング映像は別途作られたのである。「エヴァンゲリオン」がおこなっている方法とは違う。メイキング映像は、本編とは別の形、つまり外部で提示されることが前提だった。もしも、このやり方を採用していたのならば、反発は招かなかったのかもしれない。

ところが、最終二話はそれまでの二十四話の補遺や付録に見えて、サブタイトルがついて、本編内でおこなわれている。これは、『謎の円盤UFO』での「光る石の謎」のようなやり方である。ドラマが進展するはずが、いきなりストレイカー司令の撮影場面へと切り替わった。カメラがうしろに引くと、番組撮影をしているスタジオだとわかるのである。庵野はこれを好きなエピソードとして挙げており、これがヒントになったのは間違いないだろう。

こうした手法はメタフィクションとされる。自己言及的に「これはマンガだ」とマンガのキャラクターが言うとか、映画のなかで登場人物が「映画じゃあるまいし」と口にすることで笑いをとる手法がある。人形と人形つかいの関係は元来一方的なはずだが、人形が疑念をもつことが、メタフィクションのあり方でもある。メタフィクションの原型となったのは、「劇中劇」という演劇における手法だった。劇の登場人物が、別の劇を鑑賞したり作ったりする。シェイクスピアの『ハムレット』が典型例だろう。ハムレットは義父で現王が、実父の暗殺をおこなったという犯罪の真相をあぶり出すために、旅回りの役者たちに劇を演じさせた。観客に観られているはずのハムレットが劇を鑑賞するというのは、入れ子細工やマトリョーシカのようなイメージを与える。

こうした劇中劇の手法そのものは見慣れたものである。バリエーションのひとつとして、ときに視聴者や観客をがっかりさせる「夢オチ」がある。庵野も大きな影響を受けた押井守の『うる星やつら2』の壮大な夢オチが有名である。ラムのずっと楽しい高校生活を続けたいという願望が、夢邪鬼の助けを借りて、文化祭前日という楽しみの本番を永遠に待つことになる時間のループを生み出した。幼い姿のラムが「責任とってね」という言葉を口にしたことで、最後には落下によって、現実に帰っていく=目を覚ます場面で終わるのだ。

こうした夢オチはテレビ版の最終話にもある。Bパートで、シンジがアスカに起こされて、別の物語が始まるところで利用されている。目を覚ましたら別の世界だったというのだ。これはアスカがシンジの幼馴染という別の展開であり、転校生のレイとの衝突という一次接触による新しい展開になっている。騒動の最後に台本が提示されて、制作の舞台裏が明るみになるのだ。まさに夢オチであり、それを確認するように第3新東京市のミニチュアをシンジが眺めるカットがある。まるで、落下する際に友引町を見下ろした諸星あたるのような感覚をもたらしているのだ。

最終二話が展開される空間は、緑色の「非常口」の明かりが光り、ライトが天井からぶら下がっており、体育館のような場所である。これは旧劇場版の「DEATH編」で、チェロを抱えたシンジをはじめ四人が入ってきて、弦楽四重奏の練習をする「長野県　第2新東京市」「第三中学校講堂内」と同じ場所に思える。「DEATH編」は第弐拾四話までのまとめでありながら、最終二話と地続きであり、切り離して扱うことはできないのだ。

最終話の最後で、この舞台セットにひび割れが生じる。しかも画面じたいにガラスのようにひびが入るので、それ自体が平面の絵であることが強調されるのだ。そして、青空と白い雲に囲まれた紺碧の海の場面に変わる。どうやら下はサンゴ礁らしい。この転換は、画コンテには「ドンチョウ落としのイメージで」と書かれている。緞帳は、客席との間仕切りだが、一気に舞台を変貌させることができる。そして、カーテンコールのように、死んだはずの登場人物もみな揃って、演技を終えたシンジの周りに立って拍手をするのである。それは演劇がもつ仕掛けをアニメ内で表象しているといえる。

直接的には、寺山修司の『田園に死す』やそのヒントとなった川島雄三の『幕末太陽傳』の幻の結末が手掛かりとなったのである。川島映画について庵野は言及するが、寺山が天井桟敷という劇団をもっていて、演劇における「ドンデン返し」や「緞帳落とし」のような場面転換のやり方を知っていたのである。寺山のライバルの唐十郎の状況劇場も紅テントを最後に落とす手法をとっていた。

しかも、演じられた舞台の上では、生と死は等価値である。少なくともそういう約束事で成立している。たとえば、シェイクスピアの『夏の夜の夢』の劇中劇では、心中を遂げたはずの恋人たちの死体は、劇の終了とともに立ち上がる。彼らは本人とは別の役を演じていただけだからである。板の舞台の上では、死体すらも役者が死体を演じる事によってしか成立しないのだ。

庵野が一時期演劇に傾倒したのも、模倣をめぐる問題を取り扱っているからだろう。かつてDAICON版の自主制作の『帰ってきたウルトラマン』で、庵野はウルトラマンの仮面をつけることなく、演技力だけでウルトラマンらしさを再現していた。ウルトラマンの着ぐるみを模倣したのではなくて、「＊＊ゴッコ」をする子どもたちが、キャラクターを模倣するのと同じだったのである。シンジの砂場での遊びや、アスカの人形遊びはあるが、仮面も着けずにレイは読書をするところは見せても、幼少時代の遊びを回想する場面はない。それは欠如しているからなのである。そして、幼少期の姿をした最初のレイはこうした記憶をもたないままリツコの母親に殺されてしまった。そして零号機で自爆したはずの第三のレイは、まるで記憶をもたないか、レプリカントのように偽の記憶をもつだけなのである。

プラトンの洞窟のイデア以来、「世界は劇場である」という発想は西欧において定番のものとなった。イデアのコピーとしての現実世界、さらに現実世界のコピーとしての劇場という考えである。こうした比喩は「エヴァンゲリオン」にも存在するが、そのあり方が日本のアニメでは西欧とは異なる、と斎藤環は指摘していた。[★4] 人々が日常生活で何らかの役割を演じているだけだという感覚とも結びつき、演劇仕立てで裏側を見せることを最終二話のメタフィクションの構造は目指していた。

2 テレビシリーズの完結としての最終話

◉歴史の回顧として

表面上の物語的な断片がしめすように、人類の心の補完という話が続く。キャラクターとりわけシンジの

「僕って何?」という三田誠広の小説(一九七七)のタイトルのような自分探しの苦悩の物語の流れとは別に、最終二話には、アニメーションに対する庵野の考えが具体的に表現されている。とりわけ最終話「世界の中心でアイを叫んだけもの」は、アニメーションという表現媒体への問いかけを含んでいるのだ。

中学二年生の碇シンジが、教室や家庭での人間関係に悩むという話を、日常生活と自分探しを描くだけだったのならば、「(裏)死海文書」や「セカンドインパクト」や「使徒=天使の襲来」などの大げさな物語装置は必要なかったはずだ(そのことを別の形でしめそうとしたのが『彼氏彼女の事情』や『フリクリ』だったともいえる)。ロボットアニメでのロボットは、『マジンガーZ』でも、『機動戦士ガンダム』でもふつう兵器であり、あくまでも人間の使う道具にとどまる。EVAのように人造人間ではないし、「意思=魂」をもってはいない。ニュータイプの物語として、テレパシーなどが持ち出されても、パイロットである人間の領域にとどまる。初号機にはユイが、弐号機には、実験の結果精神に不調をきたしたアスカの母親である惣流・キョウコ・ツェッペリンの魂が宿っていると考えると、アン・マキャフィリの「歌う船」の影響さえも感じられる。一九八四年に翻訳紹介されて以来、意思をもつ機械と女性の関係を描くヒントとなってきた。

けれども、そうした背景や設定を越えて、「エヴァンゲリオン」が、天地創造や生命の創造の謎や進化の歴史の問い直しに向かうのは、アニメーションというジャンルの要請でもある。なぜなら、「死んで」動かずに生命をもたない絵が、動いていると観ている人間の錯覚によって成立するジャンルだからである。実写も同じといえるが、一応実際に動いている対象物を撮影して映し取っている。一秒二十四コマというフィルムや、一秒三十フレームというビデオで考えても、ひとつひとつのコマやフレームを人為的に積み上げて全体を作るのがセルアニメーションだった。セルアニメーションのセル(Cel)は、透明なセルロイドに由来するのだが、語源は異なるが細胞(Cell)を連想させ、全体を有機的に構築するジャンルに思えるのだ。

テレビ版が依拠しているのは、戦後のテレビ普及という現実である。その際にアニメーションの可能性を追求したのが手塚治虫だった。ディズニーのアニメに憧れていた手塚は、宮本武蔵と佐々木小次郎に託して、「マンガ映画」の舞台裏の紹介や制作の苦闘を「フィルムは生きている」（一九五八—九）というマンガ作品に結実させた。主人公の武蔵やライバルの小次郎は、何度も「フィルムは生きているんだ」という言葉を聞かされ、彼らの絵は「動きがなくて死んでいる」という批判を受ける。武蔵は失明を代償にしてアニメ映画の『アオの物語』を完成させて成功を手にする。仲間の協力によって、制作者である武蔵には見えない傑作が生まれる。当時まだアニメ制作に携わっていなかった手塚のジレンマの表明でもある。生きた動きをするアニメの魅力を、マンガという止まった絵を利用して説明する、という自己矛盾を抱える作品だった。

そして、その後東映動画の『西遊記』（一九六〇）で手塚が担当したのは原作（『ぼくの西遊記』）と構成のみで、提案した悲劇的な結末は、会社の方針でハッピーエンドへと変更されてしまった。この体験が「手塚治虫の「アニメ作家」としての人生に「自分が表現したいことを表現するためには、自分の金で作らなければ駄目だ」という教訓を与えた」という指摘が公式サイトにある［https://tezukaosamu.net/jp/anime/2.html#013983］。

生と死は等価値だとカヲルはシンジに言う。それは、アニメーションの絵にとっては、動かすことと止めることが等価値になりえるという示唆でもある。止め絵のままでセリフが進む事態など現実世界では存在しない。止め絵では画面上の動きは死んでいるわけだが、手塚の「フィルムは生きている」という思いとは別に、日本のアニメの表現方法として定着した。結果として、セリフを多用する心理描写などの工夫が生まれることになる。たとえば、最終話で、シンジが緑色の受話器をもったままの止め絵が続き、「お前が嫌いだ」という内容のセリフを口にするミサトをはじめとするキャラクターたちの声が次々と聞こえるカットがある。しかも、この電話のカットの絵そのものが、すでに第弐拾話「心のかたち　人のかたち」で使ったカットの使い回しなのである。

キャラクターである碇シンジの「僕って何?」という悩みと、創造者の庵野秀明の「アニメとは何?」という悩みが、最終話で交差している。『宇宙戦艦ヤマト』のようなアニメと『ウルトラマン』や『仮面ライダー』のような特撮ドラマがどちらも好きだからこそ、庵野はアニメと実写の間で揺れ動く。そうした庵野にとって、何がアニメなのかという疑問に答えるのは、自分のアイデンティティの根幹に触れる作業だったはずである。視聴者から反発が生じたのは、その問いかけを商業アニメのなかでおこなったせいだった。手塚なら実験アニメとかプライベートアニメとして、別のジャンルとして発表する内容だったのである。

起源や出発点となる作品には、いつでも矛盾や苦悩がつきものである。アニメ制作のために自分の城をもつという夢を実現し、虫プロを擁した手塚による日本のテレビアニメ第一号となったのが『鉄腕アトム』(一九六三―六六)だった。機械の姿をした疑似生命体の創造話と、人間と機械の境界線に自問自答する主人公の物語だったのは象徴的である。人間と機械がどちらもセル絵で描かれていたからこそ、違和感なく同居できたのである。[★5]

創造者の天馬博士は亡くなった息子のトビオの代わりにアトムを作ったのだが、成長しないロボットは彼にとって不完全だった。ゲンドウとシンジの関係につきまとう父から捨てられる息子の話はここに根ざしている。アトムがサーカスに売られる話は、『ナディア』でのナディアの境遇につながる。そしてネモの息子であるはずのネオ皇帝は、ガーゴイルに操られるロボットだった。EVAのように電源ケーブルでつながっているのである。ゲンドウがユイの代替物として生み出したレイに抱くジレンマは、天馬博士と共通するのである。[★6]そして、EVAと同じように実験機(子どものレイだがナオコに殺害される)、試作機(シンジが最初に会ったレイ)、量産機(三人目のレイ)と経て、レイが大量生産されるようすが見えてくる。いつでも呼び出せる「バンク」となったレイである。

手塚は、アニメーションがアニミズムから来ているという説に従い、「生命のないものに生命を与える芸術」

と主張した。そして、生きておらず完全に止まっている絵を、自由自在に動かし、ありえない存在まで動かすことができるので、「一種の造物主の優越感のようなものを感じる」と述べていた［『フィルムは生きている』（一九九〇）https://tezukaosamu.net/jp/anime/17.html］。

「エヴァンゲリオン」において、庵野は手塚の「フィルムは生きている」のようにアニメを外から紹介し説明するのではなくて、アニメという作品のなかで内在的な批判と相対化をおこなった。手塚が語った「造物主の優越感」は、神の側から見ると処罰の実行によってしめされる。旧約聖書の神はソドムとゴモラの都に天から火を落とし、ノアの洪水を引き起こして大半を水没させ、天を目指したバベルの塔を崩壊させるのだ。そして黙示録のハルマゲドンにつながる。これらは日本のマンガやアニメにおいても何度となく引用され借用されてきた意匠であり、庵野が大きな影響を受けた永井豪や宮崎駿や押井守作品のモチーフでもある。

旧約聖書では、「義人の選別」という大義名分のもと、造物主は被造物を滅ぼすことができる。特撮映画が街や建物を壊すのも、ソドムの町やバベルの塔といった人工物を破壊する神の特権や、ひょっとすると快楽を追体験できるからなのだ。不完全なものにトラウマがあるというのが、庵野の説明だったが、この造物主的快楽を味わえるという視点が隠れている。最終話に、シンジがミニチュアの第3新東京市のミニチュアを覗き込むカットがあるが、シンジは造物主的視点で覗き込むのである。それとともに、アニメの背景画についても、舞台の書き割りとしてではなくて、特撮的な観点で立体的にとらえられているのがわかる。『シン・エヴァンゲリオン』での第3村が、ミニチュアセットを組んで撮影されたのにも、ここにルーツがあるのだ。

造物主が破壊する被造物としての人間は、コピーの問題とも結びつく。「ネオンジェネシス」のもとになった旧約聖書の「創世記（ジェネシス）」には、二種類の人間創造の起源が書かれていた。第一章では「神は自分のかたちに人を創造された。すなわち、神のかたちに創造し、男と女とに創造された。」とある。これだと男女が同時に創造されたように読める。だが、第二章では「主なる神は土のちりで人を造り、命の息をその鼻に吹きいれられた。そこで人は生きた者となった。」そして、「主なる神は人から取ったあばら骨でひとりの女を造り、人のところへ連れてこられた。」とある［引用は口語訳聖書より］。前者は男女が同時にできた可能性を語り、中世のユダヤ神秘主義で有名になったリリスの話に繋がる可能性をもつ。後者はおなじみのアダムから生み出されたイヴ（エヴァ）の物語である。男から生まれた唯一の女というわけである。そのため男性の肋骨が一本足りない、とまことしやかに信じられていた時代もあったわけだ。

そもそも神の似姿としての塵あるいは粘土で作られたとされる「器」のイメージは、ＥＶＡをしめす「汎用人型決戦兵器」とつながる。しかも、新劇場版では「ヒトガタ」とカタカナ表記になった。この表記は、「人型」だけでなく「人形」も指すことになる。どうやら人形遊びをしているのはアスカだけではないのである。器のイメージは、新劇場版では「アダムスの器」として、より明示された。

ＥＶＡという巨大な人形を遊び場ではなくて、現実社会で弄《もてあそ》んでいるのは、ネルフに集うゲンドウをはじめ大人になりきれない大人たちの集団だった。彼らは、第３新東京市の通勤場面などで見られる地上の日常的生活をしている人々とは異なる価値観をもつ。初号機と使徒の戦闘のあとで、疎開すると噂をしあう人々、通勤する冬月やリツコが地下鉄で乗り合わせる人々、シンジが家出をして車両に乗り合わせる人々がいる。彼らは、首都の第２新東京市とは異なるニュータウンとして第３新東京市に引っ越してきただけなのである。そうした地上部分は使徒の攻撃から目をそらすための要塞であり、同時に地下のジオフロント部分を見せないためのダミーでもあった。

ゼーレもネルフも含めて「大きな人形」で遊ぶ大人たちは、人形だからこそ、たとえ使徒との戦いで破壊されても心に痛みを感じない。対応するように、アスカの古びた手人形があり、さらには『シン・エヴァンゲリオン』では長い髪のレイがボロボロの人形を抱いて登場する。肉でできた人間ではないので、人形は修理すれば再使用できるのだ。そのまま、レイを何度も殺しては蘇らせる（正確には複製品が次々と登場する）ゲンドウたちの行動ともつながっている。リツコの言い方を借りると「神様を拾った人間」のおこなった愚かな行為で、EVAやレイの生殺与奪の権利をもつと思い込んでいる。リツコがたくさんのレイの複製品を破壊するのが象徴的な行為となる。人形遊びを大人になってやっているのがネルフの上層部なのである。

テレビ版の第弐拾四話の最後でも、自爆攻撃をしかけた後に、新たなレイがユイの霊のようにセントラルドグマに出現して、カヲルを殺害するのを見守っていた。そして、カヲルを殺害して血塗られた初号機が洗浄されるようすを、ゲンドウといっしょにレイが見るカットが描かれる。スタニスワム・レムの原作をアンドレイ・タルコフスキーが監督した『惑星ソラリス』（一九七二）で、ソラリスが死んだ妻を送り込んできたように、遍在するレイは、文字通り霊的なのである。そして、画コンテではわざわざ、第拾六話で使用したゲンドウだけのカットを指定し、バンクとして利用し、レイを書き足すという指示がある。ゲンドウの横にいるのが何人目のレイなのかは問題ではない。遍在するレイは、いつでもセルの上に書き足せる存在なのだ。

◉アニメ史の技法的な回顧

最終二話のうち、とりわけ最終話「世界の中心でアイを叫んだけもの」では、アニメそのもののメディア史的な回顧がおこなわれている。

声優たちがアフレコに使う台本がそのまま撮影されて姿を見せる。赤でチェックが入っていて、画コンテでは、「(画面、台本になる)」という指示箇所に「台本にはかかない事」とコメントがついている。庵野も参加した『超時空要塞マクロス』のエンディングで、実際の写真アルバムが登場し、そこにリン・ミンメイの絵が写真として貼られていた。その頁を人間の手がめくっていた（予算の関係での苦肉の策だったようだが）。

けれども、このように、アニメに実写部分が取り入れられるのは珍しいことではない。むしろ、歴史をたどると、実写とアニメは交差しながら進んできた。ウィンザー・マッケイの「恐竜ガーティー」（一九一四）は、冒頭の実写部分でアニメーターたちがニューヨークの自然史博物館を訪れ、そこからガーティーという恐竜の話につながる。一九二三年のディズニーの「アリスの不思議の国」では、ディズニーが登場して、アリス役の少女を紹介する。彼女がアニメの国を訪問するという設定だった。

最終話には、庵野が学生時代から作ってきたアニメの技法がすべて使われていた。写真を使ったアニメを彷彿とさせる箇所がある。コラージュにセリフが重ねられて、画コンテでは「人類の歴史」と指示されていたが、完成作ではシンジと関わる白黒画像の羅列となった。

また、「自主アニメ風」という指示があり、大学時代の「じょうぶなタイヤ」などのペーパーアニメを彷彿とさせる箇所もある。紙の上にマジックの音が響き、シンジと思しいキャラが出現＝誕生する。そして、地平線が描かれると、シンジは歩き始める。どこかウィンザー・マッケイの恐竜の動きが連想される。もちろん画面のなかで逆さまにすることも自由で、重力が無視されるのである。アニメにおいては位置関係は自在なのである。

さらに、撮影した原画のマーカー絵を使用するという指示もある。これは「原撮」という原画を撮影して、アテレコに利用するときに使われたりするやり方だった。オープニングアニメにも若い頃の加持、ミサト、リツコが三人並んだところで原画そのままのカットが登場する。さらに「コンテに彩色」とされた箇所もある。Bパートは、今まで使った背景画を並べることで始まった。つまり、台本、コンテ、原画、動画、背景画というアニメの制作に関与するすべての要素とセル画以外のさまざまな手法を短い時間のなかで見せているのである。

このように庵野が自分のもっている技法をすべてさらけ出し、コラージュすることで、個人の歴史とアニメというジャンルの歴史を集約し回顧しているのだ。文学作品でいえばモダニズムの手法に近い。百年前の一九二二年に出版されたT・S・エリオットの『荒地』は、古典から新聞記事までを借用し引用する。また、同年のジェイムズ・ジョイスの『ユリシーズ』は、ダブリンの一日に過去の歴史や文化を集約してみせる。どちらも第一次世界大戦後のばらばらになっていく状況をすくい取ろうとした結果なのである。「エヴァンゲリオン」は、冷戦の崩壊と戦後五十年の回顧のなかで、「戦い」とは、「アニメ」とは何かを問い直した作品だったといえる。

何よりもそれまでのセルアニメが、本格的にCGアニメに取って代わるという大きな転機を迎えていた。その成果を如実に見せつけたのが、同じ一九九五年にディズニーによって配給されたジョン・ラセター監督の『トイ・ストーリー』に他ならなかった。そして、画コンテには、フィルムの処理をめぐりマッキントッシュを利用する指示がたくさん出てくる。パソコンの助けなしには、もはやアニメ制作が成立しないことが明らかだったのだ。コンピューター上で作画し、完成まで完結する流れが押し寄せていた。そのときに、ジャンルの歴史への技法的反省があっても不思議ではないだろう。その意味では、庵野がここで試みたのは、商業アニメでさまざまな技法を試す高畑勲の仕事に近いのである。

本来なら、「オタク」としての消費者は、こうした表現モードの違いを、ハイコンテクストで次々と読み取って狙いを理解しないといけないはずだった。録画したビデオを確認することで読み取れるこうした試みは、どうやらほとんど理解を得られないままに終わった。批評家も含めた多くの議論は、あくまでもキャラクターとりわけシンジの補完計画の話に引きずられてしまった。阪神淡路大震災やオウム真理教事件などとつながる現実の社会不安や青少年像の手掛かりを、作品に読み取ろうとしたためでもある。だが、発表から四半世紀を経たことで、別の角度から評価を下すことができるはずである。

最終話がはたしたのは、碇シンジの物語の結末の提示ではなくて、テレビシリーズ全体のテクストを閉じる役目であった。そして、テレビ版全体が、戦後日本のアニメーションに大きな影響を与えたディズニーの『ファンタジア』（一九四〇）や『桃太郎　海の神兵』（一九四五）からの半世紀、つまり戦後五十年の時点での応答となっていた。それは当初から意図していたというよりも、大量のコラージュと引用を重ねた結果見いだされたものだったのである。

◉『桃太郎　海の神兵』への応答

手塚治虫はこの二つの作品に大きな影響を受けていた。『ファンタジア』には手塚も『展覧会の絵』（一九六六）でオマージュを捧げた。ディズニーは『ファンタジア』制作にかかった巨額の費用を回収するのに一九七〇年代までかかったといわれた。手塚は、『ジャングル大帝』で音楽を担当した富田勲が編曲した版を使いながら、あくまでもプライベートフィルムという形で、商業アニメとしての制作は断念せざるを得なかった。音楽とアニメーションとの関係を考える上で、美術的な達成点として、『ファンタジア』は無視できないだろう。後続の者は部分的な摂取を試みたし、戦中に視聴した日本のアニメーターたちを呪縛したのである［萩原由加里『政岡憲三とその時代：「日本アニメーションの父」の戦前と戦後』第五章「『ファンタジア』の呪縛」参照］。

『ファンタジア』を上海で観た政岡憲三は、「動画」という語を作った人物とされる。そして、瀬尾光世監督の『海の神兵』で、ジャワの影絵を使った箇所を担当した。この「漫画映画」こそ、手塚が大阪空襲後に一軒だけ焼け残った道頓堀の松竹座で、四月の封切り初日に観て、日本の劇場版アニメの可能性を確認した作品だった。

瀬尾の前作である短編アニメ「桃太郎の海鷲」（一九四三）は、真珠湾攻撃を踏まえて、鬼ヶ島退治としてアニメ化したものだった。鬼畜米英という文言のままに、アメリカを鬼と見立てた。とりわけ航空母艦のシルエットや回転するプロペラの描写などに特筆すべき上手さがある。庵野は『火垂るの墓』で、清太の父親が乗っていた巡洋艦「摩耶」を担当し、細かなディテールを再現した原画を描いた。けれども、実際の映像では高畑によって黒く塗りつぶされてしまったのである。アニメの「桃太郎の海鷲」は、円谷英二が特撮を担当したことで知られる『ハワイ・マレー沖海戦』（一九四二）と並ぶ人気を得た作品だった。『ハワイ・マレー沖海戦』は東宝撮影所の巨大プールに真珠湾を再現したことで知られ、戦後の東宝特撮のミニチュアは、その流れを継いでいる。

「桃太郎の海鷲」の成功を受けて、海軍省は陸軍省に対抗するためにも長編制作を依頼した。『海の神兵』では、セレベスの落下傘部隊に取材をし、実際に使った装備などを見た上で、それを空想的ではない形で再現しようとした。桃太郎に由来する、イヌ、サル、キジなどのキャラクターは別にして、全体にリアルな表現が試みられたのだ。フィルムは消失したと思われていたが、一九八二年に発見され、現在はデジタル修復がなされている（「桃太郎　海の神兵」座談会　瀬尾光世　手塚治虫　荻昌弘」）。

『海の神兵』は海軍省の後ろ盾があったので、予算とフィルムを潤沢に利用できた。そのため第一に、本格的にプレスコ（プリレコ）で音楽を入れ、音楽に絵を合わせることが可能になったのである。落下傘が落ちていく箇所では音楽に作画を合わせることもでき、みなが「アイウエオの歌」を歌うところも絵と音楽がきれいにシンクロしている。

テレビ版のオープニングアニメの八十五カットは、高橋洋子の「残酷な天使のテーゼ」に合わせて作画された。しかも、すでに作画されていた第八話までのカットをバンクとして利用したことで、本編との整合性もとれたのである。そして、最終話の最後に出てくるシンジの笑顔は「オープニングアニメの再利用で」と画コンテに記載されていたものも同じである。帰ってくる場所としてオープニングは最初から構成されていたのだ。

ただし、「残酷な天使のテーゼ」に合わせたカット構成そのものは、『実相寺昭雄監督作品ウルトラマン』

（一九七九）のオープニングタイトルへのオマージュとされる［二〇一八年十二月「十三回忌追善　実相寺昭雄　特撮ナイト」のトークショー］。そこでは、宇宙のなかでM78星雲が近づくところで始まり、ささきいさおが歌う主題歌に合わせて、円ではなくて十字の光が走り、ビートルの構造図がアップになる。カラータイマーや赤、黄、青の色が信号のように鮮やかな印象を残す。しかも、ウルトラマンがスペシウム光線を発射する場面さえも止め絵で、コラージュされている。庵野の曲と画面をシンクロさせる手法の手本となっていた。そして、「ウルトラマンはM78星雲からやってきた正義の使者である」というナレーションは、「使徒」や「最後のシ者」と直結している。実相寺はモーツァルトを代表とする音楽にあこがれ、それに合わせた映像編集を得意とした。

第二に、『海の神兵』では、落下傘部隊を輸送する機内の暗さをしめすために、窓の外からの透過光が利用された。透過光は戦後広く受け入れられ、東映動画などでも利用された。たとえば、『太陽の王子ホルスの冒険』では、ホルスが船での乗り出すところの背後に大きな透過光の太陽が印象的であるし、岩男のモーグが悪魔の隠れている氷の宮殿の壁に穴を開けて太陽の光を入れるときにも使われていた。

テレビ版のオープニングアニメでは、「てんしの」という歌詞に合わせて天使の像が出てくるところで背後から透過光が使われている。また、第壱話で、使徒が車を踏み潰す場面では、透過光のせいで全面的に白くなり、一瞬まぶしく見えなくなるのだ。そして、ミサトの車に破片が飛んでくるときに、窓の外は透過光と指定されていた。これも外の光景が作画されないので、印象が強くなるのである。透過光の使い方がより洗練されたのである。

第三に、シルエットの利用がある。『ファンタジア』の第一曲のバッハの「トッカータとフーガ」の演奏から、指揮者のストコフスキーはシルエットで登場する。そして、シルエットのおかげで、生身のストコフスキーとアニメのミッキーが握手をするところが不自然に見えないで済んだのである。シルエットを利用するカットによって、ゴアの王が支配していた島に白人がやってきて、植民地化した話を政岡は描いたのだ。落下傘部隊による攻撃を正当化する論理だが、シルエットによる表現が、伝説を神秘化していた。政岡が示したような影絵アニメのような表現を離れ、シルエットが有効な手法として定着する。

直接の影響を受けたわけではないが、テレビ版でもシルエットは効果的に使われた。第参話「鳴らない、電話」で、プログナイフを使徒に突き立てた初号機が夕日のシルエットに浮かぶ。だが、なかでは鳴咽するシンジを同乗することになったトウジとケンスケがあっけにとられているのだ。美的な光景とそれが内包する意味は異なるのである。そのズレの表現のためにシルエットが使われていた。

また、第七話「人の造りしもの」で、初号機の実験のあとで、ミサトやリツコたちがシルエットのままで会話をする場面がある。表情が読み取れないのだが、ジェットアローンの暴走とそれを止めるまでの一連の行為が、ネルフによって仕組まれたことが明らかになる。シルエットは事情を知らないまま止めに入ったミサトと、事情を知ったあと情報部に経過報告をするリツコの違いを覆い隠すのである。これは第四話「雨、逃げ出した後」で、シンジとミサトの会話の場面を受けている。当初のグレーから黒く塗りつぶして、シルエットとなったミサトに声をあてた三石琴乃の演技力にかけたのだという〔小黒：三二九頁〕。とりわけ第七話では、表と裏との関係が、シルエットや止め絵を使って効果的に伝えられるのだ。

日本の特撮やアニメは戦争中からアメリカの産物に大きな影響を受けていた。それを反映するのように、『ハワイ・マレー沖海戦』では、ホノルルから放送された敵国の音楽に一瞬乗組員が、聞き惚れる場面がある。「桃太郎の海鷲」では、「アロハ・オエ」が流れ、サルが、ポパイのほうれん草ならぬ桃太郎のきびだんごを食べて力こぶを作るのだ。怪獣特撮の発想の出発点が『失われた世界』や『キングコング』にあるのだとすると、ミッキーやポパイやスーパーマンなどアメリカの短編アニメ、さらには『白雪姫』や『ファンタジア』から、日本のアニメは戦前から戦時中にかけて多くのものをもらっていた。

庵野が継承した日本の特撮とアニメのリアリズムは、戦争における情報宣伝目的に予算やフィルムが優先的に配分され制作されたので、技法的な高まりを獲得したのである。とりわけ兵器などのメカニズムの描写に関しては海軍省の協力で、実戦で使われた兵器を参考にした場合もあった。それでいて、軍規に触れる秘密事項は削除やぼかすことが求められた。そして、戦時下の円谷や瀬尾や政岡たちの仕事の成果は、戦後になって、技法的な文化遺産として広がることになる。

アニメーションに関してたどると、戦後の一九四七年に、政岡憲三は日本動画を設立する。これはのちに東映に買収されて、東映動画（現・東映アニメーション）となったのである。政岡の弟子が瀬尾であり、森康二《やすじ》だった。さらに東映動画での森の弟子が宮崎駿たちとなる。とすれば、宮崎の『風の谷のナウシカ』で巨神兵を担当した庵野秀明に直接流れ込むアニメーターの職人的な系譜がそこにはある。そして、「戦争」や「戦闘」をどのように描くのかに関して、快楽とともに追求されてきたのと同時に、苦闘し苦悩してきた歴史もあるのだ。

さらに政岡は、一九六〇年にうしおそうじが創設したアニメと特撮のピー・プロダクションに関わり顧問となった。手塚治虫と仲の良かったうしおそうじは、虫プロで『ジャングル大帝』にメインスタッフが移ったあとの『鉄腕アトム』の下請けを担当した。このうしおそうじ（鷺巣富雄）の息子で会社を引き継いだのが、「エヴァンゲリオン」をはじめ庵野作品の音楽を支える鷺巣詩郎なのである（そのため現在ピープロの著作権管理を庵野のカラーがおこなっている）。戦前からの人脈や才能の系譜は、離合集散を通じて戦後に継承された。その末裔として、庵野がアニメを批判的な目を伴いながら、百科事典的あるいはデータベース的に回顧したとしても不思議ではない。

◉『ファンタジア』への応答

『ファンタジア』と「エヴァンゲリオン」はもっと主題的な点で深く関係する。そこに描かれていたエピソードのいくつかが対応するのである。無生物という生命のないものに擬似的な生命を与えるという話、生物の進化の果てとしての滅亡の話があり、さらに最後の救済としての聖母マリアのイメージが置かれている。どれもが「エヴァンゲリオン」に影を落としていることがわかる。

物語に還元できないアニメーションを目指す際の到達目標のひとつとして『ファンタジア』がある。解説の司会者によるナレーションはあっても、音楽が主体でセリフはないし、ドラマツルギーはあくまでも絵と音から生み出されている。

第一曲はバッハの「トッカータとフーガ」で、抽象的な波や線の繰り返しを描いていた。バッハの音楽は「エヴァンゲリオン」を通じて利用される頻度が高い。シンジがチェロで単独演奏するのが、バッハの無伴奏のチェロ組曲の一曲だった。また、アスカが演奏するのも、無伴奏のヴァイオリンソナタの、有名な「G線上のアリア」だった。

シンジがチェロを弾く姿から、宮沢賢治の「セロ弾きのゴーシュ」が思い浮かぶ。シンジはアマチュアであり、賢治自身もアマチュアだった。そして賢治の小説で、ゴーシュは金星音楽団でいちばん下手くそで、「怒るも喜ぶも感情というものがさっぱり出ないんだ」と楽長に叱られていた。けれども、ゴーシュのもとに使者のように訪れる動物たちによって、相手だけでなくゴーシュ本人が変わっていくのである。それはシンジにもつきまとっている変化である。

その中年男のゴーシュを青年に置き換えたのが、高畑勲監督の『セロ弾きのゴーシュ』だった。ベートーヴェンの田園交響楽を扱うときに、東北の田舎町で、無声映画の伴奏をしている楽団が演奏する曲として解釈してみせた。そこでの田園は日本の風景だった。それは、『ファンタジア』の第五曲で、ギリシャ神話のペガサスやサチュロスが活躍する「牧歌」の枠組みで解釈したディズニーへの応答だったのである。そして、高畑が取り上げたのが、ハイジのアルプスやアンのカナダの景色ではなくて、「エヴァンゲリオン」が企画書で描くことを謳った日本の風景であった。

現在も映画やアニメの劇伴音楽を生のオーケストラで演奏して上映する試みがある。これは、映像に合わせておこなう音楽録音の手順を疑似体験するものだ。そして、『ファンタジア』はアニメーションや映画での音楽録音の舞台裏をあからさまに利用したのである。とりわけオリジナル版での休憩を挟んだ後半に、サウンドトラックというフィルムの画面の脇にある光学録音の跡が画面に登場する。この部分はフィルムにおいてつねに陰の存在であり、上映時には決して視野に入ることがない。しかも、ヴァイオリンなどの音が鳴る際に生じる波形まで再現してみせる。アニメーションのなかで、アニメの作られ方をしめすという自己言及的なやり方を採用しているのだ。

ミッキー・マウスが活躍したのが、第三曲にあたるデュカスの「魔法使いの弟子」だった。師匠である魔法使いから水を汲むことを命じられているミッキーが、眠った師匠がおいた魔法帽をかぶって、呪文で箒に水汲みを代わりにやらせる。ところが、寝ている間に箒はとまらなくなり、水はあふれてしまう。そこで斧を使って叩き割るのである。暴力的なミッキーの行為はシルエットで間接的に描かれる。だがかえって箒が増えてしまい、大勢の箒が水を汲み始める。止める魔法を知らずに往生するミッキーに、師匠が起きてきて解決するまでの話である。

ミッキーは魔法の書の上で右往左往するだけで問題を解決できなかったので、教えを中途半端にしか習得しない者への教訓とされる。だが、このエピソードはアニメーションに対する自己言及的な表現ともなっている。

生命をもたない箒が、生命を与える魔法によって、手足が生えて擬人化すると、水を汲むことができる。しかしながら、箒が「魂」や「自由意志」をもっているとは思えない。これはアニメと「アニミズム」を親和性があるものとして手塚治虫や宮崎駿がと把握したときに抱えた難題でもあった。

さらに、物体が動いたとしても、それは生命なのか、という問いを投げかけている。手足をもっていても、箒が生命ではないからこそ、観客はミッキーが斧でバラバラにしても殺人とは思わないで済む。ミッキー本人も、セルで作られて動いたキャラクターにすぎない。にもかかわらず、ミッキーが魂や自由意思をもっていると感じるのは、水流のなかで息ができないと苦しむミッキーの表情などを見るからである。では、ミッキーや箒と、シンジと初号機あるいはレイとの違いや境界線はどこにあるのだろうか。その疑問を庵野は観客に突きつけてくるのだ。

また、第四曲となるストラヴィンスキーの「春の祭典」の演奏順序は原曲とは大胆に変更された。それに合わせて、地球が誕生し、そこに生命が芽生え、恐竜にまで進化し、恐竜が滅びる結末までが描かれた。当時の宇宙起源説に合わせて、塵状の物体が集まり、しだいに地球が形成されていく。水棲生物が地上に這いあがると、そこは恐竜や翼竜の世界になっている。クライマックスはティラノサウルスとステゴサウルスとの死闘の場面となる。その後、乾燥のなかで恐竜は水を求めて死の行進をおこない、骨と化してしまう（隕石による絶滅説が出る前であり、現在は噴火説との複合要因が主流となっていて、絶滅がそれ以前から始まっていたとする説が有力である）。大地を地震が襲って骨を飲み込んでしまうのである。そして、最後に月食が出現し、生き物の気配が絶えたように見える地球がアップとなって終わる。このような地球と太陽と月が重なるカットは、その後も『2001年　宇宙の旅』、『Vガンダム』の後期オープニング、そして他ならない「エヴァンゲリオン」の旧劇場版の「まごころを、君に」で目にすることになる。

テレビ版のオープニングは、この「春の祭典」の進化の図式をなぞっている。暗闇から、ビッグバンのように「光あれ」とリング状に光が広がり、赤い宇宙となり、星とも生命のスープともつかない状態の空間となり、生命の樹などの図が重なるのだ。その果てに、人間だけでなく、恐竜のような巨大な人造人間を生み出されるのである。自然進化ではなくて、人為的な介入の結果なのだが、進化の帰結でもある。そして、庵野が事前に読んだと公言している光瀬龍の『百億の昼と千億の夜』の序章で書かれた、地球の生成と生命の誕生の話をなぞっているのである。★7

テレビ版のオープニングは、天地創造と生命創造の二つを合わせたイメージをもっていた。『ファンタジア』では、司会者が第四曲のアニメは「科学」による説明であることを強調し、暗に「宗教」による説明ではないと断っていた。「エヴァンゲリオン」はむしろ宗教的な解釈を取るように見える。具体的に言及されないファーストインパクトとは、科学的な月の創造である「ジャイアント・インパクト仮説」を利用して、「白い月」と「黒き月」が誕生したことになっている。セカンドインパクトは白い月、サードインパクトは黒き月と関連し、天使の文字で終わる宗教的な説明に見えるのだ。

視覚によるコンパクトな進化史的な説明は最終話に登場する。冬月による「君自身も変わることが出来る」という言葉や、ゲンドウによる「お前を象《かたど》っているのは、お前自身の心と周りの世界だからな」という声に合わせるように、シンジの姿は変わっていく。細長い帯のようにほどけてDNAのようになる。さらに卵から、原生生物の姿、そして、使徒や十字などへと変化し、「それが現実」という字幕に至る。進化の歴史を短く集約した表現である。

それとともに、アニメだからこそ可能なある形態から別の形態へのなめらかな変化が描かれる。進化の連続がフォルムの変化でしめされ、さらに生物と無生物あるいは人工物との一連のつながりが表現される。これはC

GIによるモーフィング（morphing）を連想とさせる。一九九一年に公開されたマイケル・ジャクソンのプロモーション・ビデオである「ブラック・オア・ホワイト」は、マイケルの顔と他の人の顔とをつないだ映像が登場することで有名だった。セルアニメを使ってその試みに反撃したのである。デジタル時代にアナログのセルアニメの手法をどのように活かすのかを庵野たちは模索し追求していた。

『ファンタジア』では、悪魔が町を襲う第七曲「禿山の一夜」があり、夜が明けて悪魔の姿はもとの岩山に戻ってしまう。続いて、最後の第八曲はシューベルト作曲の「アヴェ・マリア」の合唱で終わる。配列に闇から光への転換があるが、聖母讃歌で終わるのは、『シン・エヴァンゲリオン』の最後のマリへとつながるのである。

テレビ版の最終二話は、物語の結末としては失格かもしれない。それが書き足されたテクストとしての旧劇場版や、書き直されたテクストとしての新劇場版が求められた理由である。けれども、具体的な物語の展開をもたないエピソードだからこそ、日本のアニメーションにおいて、何が可能で、どのような課題をもっているのかを語れたのだ。その際に、『ファンタジア』で提示されたアニメーションの可能性と課題をしめして、お茶の間でテレビの前に座ってアニメを観ている視聴者に、物語に没入する以外の居心地の悪さを提供したのである。それは、初号機が使徒を食らう場面を出して、お茶の間の視聴者に吐き気を催すことを狙ったように、作品との間の別のシンクロを求めた結果だったのである。

◉註

（★1）　音楽学者の増田聡は、一九九七年に院生時代の演習に出したレポート「エヴァにとりつかれた人々の悲喜劇〜サブカルチャーをめぐる言説闘争」で、ニフティサーブに参加していた体験なども踏まえて、当時の言説を分類し評価を下していた。そこでは、「物語かテクストか」「視点が内在的か外在的か」という二つの軸から、当時の言説を分類してみせた。何よりも、アカデミズムの言説と考察系の言説のすれ違いを説明している。

(http://less.music.coocan.jp/hihyou/evatragedy.html)

（★2）そこから私小説的な読みとして「ゴジラ＝庵野」説を導けるのかもしれない。

（★3）たとえば、小谷充の『市川崑のタイポグラフィ「犬神家の一族」の明朝体研究』がある。テレビ版ではそれを意識して「極太明朝体」をサブタイトルなどに使ったが、世間が明朝体の流れになったので、「夏エヴァ」では教科書体に変更したという。タイポグラフィを意識したのは、昔の雑誌の表紙や寺山修司や横尾忠則のポスターが文字だけで作っていたことにヒントがあった［小黒：三三三頁］。しかも、制作時にマックを使ってフォントを変形させていた。だが、「エヴァンゲリオン」の中には、タイトルから街の看板まで手書き文字が溢れているのを忘れてはならない。

（★4）斎藤環は「戦闘美少女」というカテゴリーが生み出された背景に、プラトンの考えが根底にある西欧文化の表象装置の説明をもちだす。「イデア→世界→芸術」というコピーのコピーという発想が、写真を中心とした「リアリズム」を評価する根底の発想だとする。それに対して日本にはイデア論の伝統がなく、「コピーのコピー」という呪縛がなく、日本におけるアニメーションという存在の特異性を生み出した、と斎藤は主張する。これは庵野秀明におけるアニメ的想像力と特撮的想像力の交差を考える上で示唆的である。「エヴァンゲリオン」自体が、西欧的な写実優位の実写作品と、日本的なコピー概念に基づくアニメ作品の間で揺らいでいると考えられるのである。

（★5）テレビアニメ制作が技術的に確立する前には、マンガを原作として実写化するのが普通だった。『鉄腕アトム』も実写版（一九五九─六〇）がまず放送された。オープニングこそアニメーションだったが、子役である瀬川雅人がプロテクターのような衣装をつけてアトム役を演じた。空中飛翔では人形を利用していた。マンガにあるような未来的な風景は登場せず、現実の日本を舞台にした物語展開となっていた。人気も博したが、手塚治虫自身は出来栄えに不満足だったとされ、それがアニメ版の実現につながった。一九六三年正月に始まった『鉄腕アトム』人気に対抗して、横山光輝の『鉄人28号』も、十月からテレビアニメ（一九六三―六六）を展開した。その前にラジオドラマ（一九五九）、実写版テレビドラマ（一九六〇）という下地があった。また、フルアニメーションではない『鉄腕アトム』を見下していた東映動画も、十一月には『狼少年ケン』（一九六三―六五）でテレビアニメに参入したのである。原作も担当した月岡貞夫のオリジナル作品であったが、月岡は手塚のアシスタントから東映動画に入社して、アニメ制作のノウハウを知っていた。

（★6）生命のコピーとしての人工物の創造であっても、名誉欲や自然を征服する欲からおこなった場合と、失われた者を取り戻す場合では、動機はいささか異なる。学者や職人の孤独の産物として、少女の人形を作る系譜として、E・T・A・ホフマンの『砂男』で、コッペリウス博士が作った機械人形のオランピアとそれにヒントを得たドリーブのバレエ「コッペリア」がある。これは江戸川乱歩の「押絵と旅する男」のような作品を生んだ。マッド・サイエンティストとして、レイの製造に没頭するゲンドウがこの系譜を踏まえているのは確かである。そして『鉄腕アトム』で、天馬博士は事故死したトビオという息子の代替物としてアトムを作った。お茶の水博士がやっているのは機械の保守点検であり、その後のウランやコバルトなどは、アダムならぬアトムのコピーとしての位置づけとなる。ゲンドウはこの系譜も継いでいるのだ。しかも、ゴジラ映画『ゴジラVSビオランテ』に出てきた白神博士が亡くなった娘の遺伝子とゴジラの遺伝子をかけ合わせた花獣ビオランテのように、単性生殖の怪獣として登場することもある。新劇場版でアダムスの器の「贄」となるアドバンスト綾波シリーズが、女性の姿をしているが雌雄同体とされているのは、この系譜に属するのだろう。そして、『シン・ゴジラ』で単独怪獣として形態変化をしながら世界中に拡散するイメージは、分裂による増殖という雌雄同体と重なる。それは「家族」を否定するやり方として、ひとつの理想として考えられるのだ。

（★7）エドマンド・ハミルトンの「フェッセンデンの宇宙」（一九三七）、藤子・F・不二雄の「創世日記」（一九七九）、ジェイムズ・P・ホーガンの『創世記機械』（一九七八）や『造物主の掟』（一九八三）など生命創造シミュレーションのSF作品がある。ホーガンは月をめぐるSFに新境地を開き、『星を継ぐ者』（一九七八）で衝撃を与えた。これは月と巨人を結びつける物語として「エヴァンゲリオン」にも影響を及ぼしている。

第3部

Derived texts of Evangelion

書き足され、書き直されたテクスト

第8章

新生から終劇へ

Rebirth to End

1 編集とマネジメント

◉予告編と二つのエヴァ

拒否しながらも、シンジが再びEVAに乗ることを繰り返すように、「エヴァンゲリオン」は終わりを何度も繰り返す。しかも、テレビ版、旧劇場版、新劇場版と、観ている者の期待とは異なる結末が与えられる「裏切り」が魅力となっている。定番となるような物語の結末（の可能性）を垣間見せながらも、余計な付け足しとも思える「メタ」の部分を置くのである。完全を嫌うが、そこには完全を作り上げてから壊すという衝動が働いている。最終二話の南洋のサンゴ礁の上で拍手されるシンジ、赤い海の海岸でアスカを殺そうとするシンジ、成長してマリと手をとって宇部新川の駅から抜け出すシンジを目にするのだ。庵野なりの「正解」をもとめて作業が遅れ、遅延が繰り返されてきた。そのたびにエヴァファンはやきもきしながらも待ってきたのである。

旧劇場版は、総集編である「DEATH編」と「REBIRTH編」から成立した『シト新生』として、九七年三月に公開され、「春エヴァ」と呼ばれる。『シト新生』は、「これが本来のエヴァンゲリオンの姿です」という宣言で始めながらも、アスカが「エヴァシリーズ…完成していたの」というセリフで「完」と文字が出て事実上強制終了した。ゼーレの量産型エヴァシリーズは、攻撃に間に合うように完成したのに「エヴァ」は完結しない、という皮肉にも響くのである。未完成のまま公開することを庵野秀明は記者会見で謝罪した。

そして、九七年七月に、予告された第25話と第26話が『新世紀エヴァンゲリオン劇場版 Air／まごころを、君に』の「夏エヴァ」として公開された。中断された以降が書き足された新しい二話が完成して「終劇」となる。完全新作劇場版が予告されていたのだが、企画は頓挫し、本来の新作の配給予定の穴を続編が埋めたのである。宙吊りと遅延と再開という動きが繰り返されたのだ。そして、九八年三月には再編集された「DEATH編」と「Air／

まごころを、君に」をつなげて公開され、これで一応旧劇場版の完成となった。

テレビ版の第弐拾伍話で示唆された、ゲンドウがレイに「さあ行こう」と声をかけてからの結末や、リツコとミサトが死体となっていたカットの意味がわかるのは、第26話なのだが、そのピースを嵌める物語の道筋をようやく見つけ出したわけである。庵野は最終の結末がはっきりと見えていて、そのヴィジョンに向かってすべての要素を組み立てるタイプの作家ではないのだ。

その試行錯誤の過程は予告編に見て取れる。テレビ版では次回予告が、劇場版では劇場での速報や予告編などに編集の技が発揮された。完成が途中までであっても、撮影素材などから選び出し、視聴者を誘惑する。スタジオジブリの鈴木敏夫は、予告編の作り方のコツは「高そうなカットをつなげる」と言っていた［川上：一四八］。金をかけて力の入ったカットを並べて観客にアピールすることが秘訣だった。しかも、その際に映像や音楽だけでなくて、挿入された文字が活躍するのも予告編の特徴である。映画の予告編では色々な煽りの言葉が入り、「近日上映」とか「撮影順調」といった文言も含まれる。

「春エヴァ」である『シト新生』の予告編は、「生は、死の始まり。死は、現実の続き。そして再生は、夢の終わり。」「溶け合う心が、私を壊す」などのナレーションが流れ、ベートーヴェンの第九交響曲の「歓喜の歌」合唱が鳴り響くなか、さまざまなカットが出現し、カヲルの目のアップにつながった。タイトルの日本語の字幕に、英語で「エヴァンゲリオン・ザ・ムービー・デス・アンド・リバース」と音声が流れる。「リバース」にあたる日本語が「再生」ではなく、「新生」が選ばれたが、「シ」の音が重なり、「死と新生」の音と重ねられている。★1

もう一種類の予告編では、流れる音楽にヴェルディ作曲のレクイエムの「怒りの日」が使われた。「助けてアスカ」というシンジの声とともに、「光の翼」とか「作業中」という文字、さらに台本や原画の一部らしい映像が入り、「保留」や「未完」や「未定」の文字が明滅する。アスカの「殺してやる」という憎悪に満ちた声と文字が画面いっぱいに広がる。圧倒的な威圧感は、「庵野、殺せ」と攻撃された庵野からの反撃のメッセージにも読める。そして、「欠けた心の補完、不要な体を捨て、すべての魂を今ひとつに」とナレーションが入って終わる。

ところが、「夏エヴァ」である『Air／まごころを、君に』の予告編は一転して実写だった。「だからみんな死んでしまえば、いいのに」という字幕とともに始まる。レイ役の林原めぐみやアスカ役の宮村優子という声優たちの生の姿が撮影され、会話が流れ、彼女たちが歩いたり、自転車に乗ったり、トイレに入ったりする場面が出てくる。そして、五十音順にスタッフの名前が次々と姿を見せ、「End of Evangelion」のタイトルが出現するのだ。「では、／あなたは何故、ココにいるの?」「…ココにいてもいいの?」と文字で問いかけて終わる。アニメーションの本編がどこにも登場せず、プラグスーツ姿のレイのカットとともに「この作品はアニメーションです」という但し書きが字幕で表記されているだけだった。

「夏エヴァ」は最終二話の存在そのものを否定し、書き直す立場の作品のはずだが、舞台裏を描く志向は予告編でかえって強くなっている。そして、舞台裏を表現するアニメの形をとっていた「DEATH編」以上に露骨にアニメに実写を入れてきて、第26話では、映画館に観客席が画面を観ている実写がそのまま挿入されたのである。映画館での上映作品と考えると、それは鏡映しとなる。もちろん、テレビ作品内にテレビを描き、映画に映画館の描写を入れるのは「劇中劇」というメタフィクションの古典的な手法である。高畑勲は『セロ弾きのゴーシュ』で、宮崎駿も『紅の豚』で使っていた。テレビ版の第四話「雨、逃げ出した後」で、家出をしたシンジが一晩を過ごしたのもオールナイトの映画館だった。だが、質感の異なる実写の映画館しかも客席を真正面からとらえた映像を映し出すのは、アニメという虚構の一貫性を壊すのに十分である。またしても「興ざめ（killjoy）」による一種の異化効果をもたらしたのだ。

◉予算とスケジュール

「エヴァンゲリオン」は遅延と未完成を繰り返しながらも、ファンから見捨てられないどころか、むしろ視聴する欲望を掻き立ててきた。だが、テレビ版最終二話のメタフィクション構造と、時間切れで「エヴァシリーズ…完成していたの」というアスカのセリフで終わった「春エヴァ」の「未完成=未完結」との意味合いは異なる。共通しているのは、制作側が抱える予算とスケジュールという物理的な制約が存在したという点だ。「春エヴァ」と「夏エヴァ」は、配給の東映サイドが設定していた公開スケジュールに当てはめたものである。スケジュールと予算の事情は、総集編である「DEATH編」の位置づけとも深く関わっている。

庵野はアニメ制作を「軍艦」にたとえる［小黒：三二二頁］。軍艦は最後には沈みながらも戦えるように設計されていて、アニメーションも後半になるほど作業量を確保するのが難しくなり、沈没状態で戦うことを余儀なくされるという考えである。そのため、後半になるほど不本意な仕上がりのカットが生まれる。『機動戦士ガンダム』の総集編である劇場版三作で、新作カットを盛り込んだのも、エヴァンゲリオンのテレビ版の「ディレクターズカット版」にあたる「ビデオフォーマット版」が作られたのも、そうした不備を訂正するためだった。

テレビ放送では、放送前に作り置きしたエピソードが底を尽き、タイムスケジュールとの戦いとなる。「エヴァンゲリオン」でも六話か、七話あたりまでは作り置きあったことがわかる。オープニングアニメにカットが流用されているからだ。テレビ作品は制作を完了後に放送しているわけではない。ましてや途中打ち切りが決まると、手仕舞いするために、エピソードを端折るとか、伏線を無視する事態も起きるのだ。

こうした変更も一話完結ものだとさほど目立たない。有名な例では、最初の『ルパン三世』のテレビシリーズ（『旧ルパン』）がある。視聴率の低迷から、演出の大隅《おおすみ》正秋による大人向け路線が否定されて、大隅は関わるのを辞退してしまった。作画監督の大塚康生が、穴埋めにAプロから高畑勲と宮崎駿を引き連れてきた。派手なベンツに乗るルパンと、フィアットを乗り回すルパンの二種類が一つのシーズンに同居する。第一話「ルパンは燃えているか…?」ではレーサーとして車を乗り回すルパンが活躍したが、最終話「黄金の大勝負!」はちゃぶ台を囲んでいる宮崎一家のカットまで含まれ、黄金の行き先となったのはゴミを埋め立てる夢の島だった。担当した原画マンによって、担当者によって絵柄がエピソードやパートごとに異なるのがつねで、それを調整するのが作画監督の役目でもあった。

また、『ウルトラQ』は完成作を放送できた稀有な例だが、第二シーズンにあたる作品は子ども向けの怪獣路線へと変更された。その結果大人向けの「クモ男爵」や「悪魔ッ子」のようなホラーテイストの作品と、カネゴンやピグモンと子どもたちが活躍する話とが共存することになった。放送の順番がシャッフルされたので、路線の変更が目立たなかったのは、一話完結型の強みでもある。

けれども、因果関係を設定してストーリーラインを組んだ連続ものが路線を変更すると、どうしても不自然さが際立つ。しかも、スポンサーの意向や視聴者の要望で、キャラクターの扱いさえも変わってくるのだ。旧劇場版の総集編である「DEATH編」でカヲルの扱いが大きくなったのも、カヲルの人気やシンジとの関係に焦点をあてた二次創作の隆盛と無関係ではないだろう。新劇場版の『破』で登場した真希波・マリ・イラストリアスは反響が大きかったせいで、劇中での役割までもが変化した。制作側が、色々な意見やアイデアに接し、展開まで変化するのが、連続物がもつ魅力と宿命なのである。

作り手の自己表現の欲望だけで、シリーズの話数や展開も勝手に決められるわけではない。視聴率の低迷や関連商品の販売不振となると、スポンサー側からの要求が入る。こうして、『宇宙戦艦ヤマト』は全三十九話の予定が二十六話で、『機動戦士ガンダム』は全五十二話の予定が四十三話で打ち切りとなった。どちらも本放送の時点で庵野やガイナックスのメンバーに大きな影響を与えた作品であり、その後続編が数多く作られ、現在では神話的な存在となっている。再放送を通じて新しいファンを獲得したのだ。

ところが、『ヤマト』も『ガンダム』も初回放送時には、対象と考えられた小学生以下の子どもたちの支持を得られなかった、とスポンサーやテレビ局側が否定的な評価を下したのだ。視聴する年齢層の中心が中高校生になるとは想定されていなかった。打ち切りにより、『ヤマト』はイスカンダルから急いで帰還する話となり、最終回で地球へと帰ってくる展開にせざるをえなかった。『ガンダム』は、年末商戦に向けたマーケティングの失敗もあったが、作品の終了時にアムロを死なせる、という最悪の選択肢を避けることができた。もしも、この結末が選択されていたならば、続編は存在しないか、「実はアムロは生きていた」というご都合主義的な復活劇が導入されただろう。またシャアも、途中でスポンサーの意向で左遷させられて、物語の表舞台から一時消えたほどである。人気があったライバルや敵が「実は生きていた」と蘇るのも、物語展開の必然から採用されるわけではない（作者ドイルに嫌われたホームズがライヘンバッハの滝で死んだはずなのに、連載再開のために復活を遂げたようなものだ）。

逆の場合もある。『ウルトラセブン』は全三十九話で終了の予定だったが、視聴率が好調のためスポンサーの武田薬品の要求により十話分が追加された。この変更がなければ、第四十二話の海底に棲むノンマルト人こそが真の地球人だとする「ノンマルトの使者」や、第四十三話のロボットが支配したディストピアな惑星が登場する「第四惑星の悪夢」は制作されなかったのである。今も語り継がれ、庵野も傑作と名指すエピソードである。とりわけ「第四惑星の悪夢」は、怪獣を新たに作り出す資金的な余裕もないので、ロボットという設定が選ばれたのだが、実相寺監督のカメラワークも冴えて不気味さを増していた。過去の回でも予算の関係で、等身大のウルトラセブンが登場していたので、それほど不自然に思えなかったのである。

庵野たちに影響を与えた『ヤマト』、『ガンダム』、『ウルトラセブン』を挙げても、制約や要求を逆手にとって表現の可能性が広げられてきた。作品が現存する形をとるまでには、いくつもの要因や条件があり、制作上の紆余曲折が存在する。テレビ版の「エヴァンゲリオン」でも事情は同じだった。テレビのシリーズ全体のエピソードの配列や、シリアスな表現やギャグや笑いを入れるリズムにさえも、枚数の数量制限が働いていたのだ。

ガイナックスが「エヴァンゲリオン」のテレビ版の制作を元請けとなるタツノコプロと契約したとき、各話平均動画三千五百枚という制限が設けられた。この枚数制限は東映動画が一九八四年からコスト削減の観点から導入したもので、タツノコプロやサンライズも追随していた［渡部英雄「東映動画TVアニメ作画枚数3500枚制限による演出表現に関する一考察（パート1）――作画枚数制限の責任は、アニメーターではなく演出家にある――」など］。平均すると一話が三百から四百カットとなり、全作業量や経費を見積もることができる。

総監督の役目は、全体の仕事量と物語の展開や描写のバランスをとることであり、庵野は緻密に配分を計算していた。しかも、キャラクターの線を一本増やすことで、それに伴う作業量が変わってくる、という認識をもっていた。一般にマンガをアニメ化する際に、キャラデザインが線を整理する必要があるのは、トータルの作業量とも関係している。そして、顔に影をつけることで立体のように見せる手法にも流行があり、そうした選択も仕事量に直結するのだ。

◉エピソードとスタッフの配置

タツノコプロに制作の土台を置きながら、庵野はガイナックス以外の外注先を決め、依頼する担当者の得意分野に応じて各話の担当を割り振った。作画が仕上がる時期を見計らい、作業の間隔やローテーションを考えて計算することで、エピソードの配列にも大きな影響を与えるのである。外注による制作が決まっていたので、作業が楽になるように、「撃ち合いでのタイムサスペンスにすれば、基本的に殆ど「止め」で済む」ので第六話「決戦、第3新東京市」の物語展開が設定された［小黒：三二〇頁］。前半のヤシマ作戦は名エピソードとされるが、レイとシンジが月の下で心が交流する話は、作業量の軽減を目的としたプロットでもあったのだ。美的に感動させる結末となってしまったために、庵野はレイへの関心を失ってしまう。そして、第八話「アスカ、来日」以降は、アスカとシンジの関係へと焦点を移してしまうのである。

一つのエピソードが出来上がるには、総監督だけでなく、演出や作画監督の意見や力量が複雑に関係している。だが、やはり作画監督が、各話の絵柄やテイストを決めてしまう。作画監督によって、率いる、あるいは集まってくる原画スタッフの人脈に違いがあるのを庵野は計算に入れていた。

作画監督のなかでも担当話数が多い鈴木俊二は、ガイナックスの一員であり、『ナディア』の第一話、さらにカラーの一員として新劇場版の『序』や『破』の作画監督をつとめた。人間ドラマやリアルな人物芝居が得意とされるが、途中に「鈴木（俊二）さんが好きそうな話っていうのは無い」ので、担当が前半と後半に偏っている。そのため、第壱話「使徒、襲来」、第伍話「レイ、心のむこうに」、第七話「人の造りしもの」と続いてきたが、第拾伍話「嘘と沈黙」まで空いて、その後第弐拾参話「涙」を担当したのである。これはレイが自爆し、シンジが三人目のレイと出会い、さらにダミープラグの素材であると知るまさに人間ドラマの回だった。社内スタッフである鈴木であっても、担当するエピソードの間隔を空けたのは、一話分の仕上がり日数を計算した上で、ベストのコンディションで後半に向かってもらう狙いがあったとする。作画の好みや出来上がりのクォリティまでも計算して、物語の展開や担当者が決められたのだ。

作画監督により絵柄や得意技が異なることが考慮され、その効果が発揮したのが、第拾壱話から第拾参話の流れである。この三話で、作画監督は、河口俊夫、重田智、黄瀬和哉と交代している。作画監督の選択は、そのままエピソードの内容と対応しているのである。

キャラクターの目の形や顎の輪郭線など顔の描き方や、全体の作画のテイストが他とは異なる、と評判になった第拾壱話「静止した闇の中で」は、スタジオジブリに外注された。作画監督の河口は、高畑勲監督の『平成狸合戦ぽんぽこ』(一九九四)で作画監督補をつとめていた。

このエピソードは、リツコたちがクリーニングを終えた服の入った紙袋を抱えて地下鉄で通勤する場面から始まり、乗り合わせていた冬月は経済新聞を読んでいる。「停電」により生活が止まり、そこにアシナガグモのような姿をした、巨大な目から溶解液で攻撃をする第九使徒が襲ってくる。スタジオジブリに外注された理由は、『ぽんぽこ』で人間に化けたたぬきたちが日常生活に溶け込むようすを描き、人間を脅すために百鬼夜行や化け術を駆使する笑いを伴う作品を担当したことが念頭にあったはずだ。襲ってくる使徒も動きが遅く、攻撃方法はドロドロの消化液を落とすものだった。そして、三体のEVAの共同作戦で溝の下から攻撃して倒すのである。

最後に、プラグスーツ姿のシンジとアスカとレイが、明かりの消えた第3新東京市を仲良く見下ろす場面がある。町に電気が復旧するようすを見ながら、レイが「人は闇を恐れ、火を使い、闇を削ってきたわ」と口にすると、アスカが「てっつがくぅ」と揶揄する。宮沢賢治の「銀河鉄道の夜」の「天気輪の柱」の章で、ジョバンニが丘の上から夜空や町のようすを眺めて、銀河鉄道に乗り込む幻想を見るときのような穏やかな空気が流れていた。★2 エンディングの「私を月に連れて行って」も、テレビ放映時はクレアが単独で歌った演奏だったが、DVDのビデオフォーマット版では、レイとアスカとミサトが歌う版に差し替えられた。そして、次回予告も「みーんなで観てね」と口調もやさしいのである。

続く第拾弐話「奇跡の価値は」で、作画監督は重田へと交替した。重田はF1人気に支えられた『新世紀GPXサイバーフォーミュラ』のOVAでのメカの動きの巧みさで知られる。動きがある描写を得意としていた。テレビ版ですでに担当した第四話「雨、逃げ出した後」でも、ケンスケのミリタリーごっこなど動きの切れを見せる箇所があった。そして、やはり担当した第拾話「マグマダイバー」は、浅間山の火口内での戦いの動きはスピード感があるし、シンジの初号機がアスカの弐号機を救助に降りてくるサスペンスもある。

第拾弐話でも、冒頭のセカンドインパクトの南極喪失や、ゲンドウと冬月の南極視察という見せ場もそれなりにあるが、やはり、空から落ちてくる使徒のA．T．フィールドを受け止めるために、三体のEVAが疾走する箇所が山場となる。スピードをもつ物体の動きが冴え渡る。しかも、富士山を背景にダッシュしてくる零号機、高圧線を飛び越える弐号機、加速して背景や本体も斜線が走る初号機と見せ場が描き分けられていた。

第拾壱話と第拾弐話のどちらも、画コンテを担当したのは摩砂雪で、イメージの連続性を感じさせるのである。前話は縦穴を三体のEVAが登りながら下から第9使徒を倒す話だった。続くシンジたち三人が見上げた空から、今度は垂直に第10使徒の一部が落ちてくるのだ。そして、やはり見下ろすための大きな目をもっている。それを三人で受け止めることになる。まるで、万物が落ちると詠ったリルケの詩「秋」に出てくる「この落下を限りなくやさしく　両の手に受けとめる」（小塩節訳）神のようでありながら、レイがA．T．フィールドをこじあけてコアを破壊するのだ。

万が一のために遺書を書くかどうかを確認すると全員が拒否をした。そして、使徒を倒せたらステーキをおごるとミサトが約束していた。シンジたちは表面では喜んでみせたが、ミサトの金欠病を見越して屋台のラーメンとなった。庵野と同じく肉が嫌いなレイは「ニンニクラーメンのチャーシュー抜き」を、アスカは「フカヒレチャーシューの大盛り」を注文する。画像がアップになったのはアスカのラーメンだけで、シンジやミサトが何を注文したのかは無視されている。

シンジはラーメンどころではなく、ミサトの父親との確執の話を聞き、最後に父親が南極で命を救ってくれた事を知ってしまった。「マグマダイバー」の温泉で、アスカが見つけたミサトの胸についた傷が、今回はっきりと画面にしめされる。心理的な傷が、身体の傷と結びつき、ミサトがセカンドインパクトの謎を解明する動機になっていた。シンジはミサトと父の関係をゲンドウとの関係になぞらえていたが、ゲンドウからのねぎらいの言葉を聞いて、EVAに乗る理由を見出すのだ。

並んでラーメンを食べる姿に、ミサトの指揮下でのシンジたち三人の心がそれぞれシンクロしたようすがうかがえる。だが、完全な状態を嫌う庵野によって、そうした連帯感や理解は解体へと転じるのである。ナンバーのついた使徒との戦い、という一話完結型に見えながら、課題を積み残して、次の展開へとつなげられていた。

より深い心理的な亀裂を描くことに物語の関心は移行する。次の第拾参話「使徒、侵入」では、搬入された部品を通じて密かにネルフの本部へと侵入した第11使徒のエピソードが選ばれた。ネルフの中枢となるコンピューターMAGIの問題が持ち出されたのだ。それ以前の二つの使徒の目が見下ろして第3新東京市を観察した結果、侵略する方法を変更したのである。

「使徒、侵入」の作画監督である黄瀬は、押井守監督の『劇場版機動警察パトレイバー』で作画監督を担当した。その際に、高田明美のキャラデザインを変更し、影を付けることで、OVAとは異なるタッチを追求していた。また、黄瀬はテレビの『BLUE SEED』などにおいて、作画監督だけでなく、自分でもキャラデザインを手掛けるほどで、キャラクターの陰影を描くことに定評がある。旧劇場版の第25話「Air」でも、キャラ作画監督をつとめた。

シンジたち三人はプラグスーツなしにハーモニックスをおこなう実験をしていた。そして定期検診としてMAGIがチェックされている最中に、使徒が侵食していることが判明する。MAGIは侵略を確認すると、自爆を決議してカウントダウンを始める。この混乱のなかで、リツコと亡き母ナオコとの関係が浮かび上がってくる。ナオコの三つの人格を投影したMAGIの三台のコンピューターは、多数決をとりながら判断をし、ときには判断を保留する。そして、第26話でリツコを裏切ったのも、MAGIのなかの「カスパー」というナオコの女性の部分だった。

冬月は市議選にからんで、実際には市の運営はMAGIが決めているので、ダミーの存在であるという。MAGIの判断に従うことこそが、合理的な判断に基づく「民主主義」だと述べていた。表面と異なり、コンピューターに委ねているディストピアな世界としての第3新東京市が明らかになる。その市議選候補である高橋覗の宣伝カーを日向が調達して、停電して闇になったジオフロントへと突入させたのだ。それは分離されていた上部が、セキュリティを破って、中へと入り込む場面なのである。緊急時の名のもとに、境界侵犯がおこなわれるのだ。しかも、電源喪失での自爆の可能性から、ネルフの精神的母性ともいえるMAGIとても、電力が絶たれると処置なしだとわかる。これは原子力発電所の事故を想起させる。アメリカのスリーマイル島原発事故（一九七九）、ソ連のチェルノブイリ原発事故（一九八六）があり、『破』の公開のあとで起きたのが二〇一一年の福島第一原発事故だった。

第9と第10の使徒を倒せたのは、三人のチルドレンの連携が成功したせいだった。三人はミサトの管理下にあるが、何かのきっかけでバラバラとなり、バランスを崩す可能性も高い。現に、暗闇のなかでアスカがリーダーを宣言したが、実際にはレイがテキパキと対処して、進んでいったのである。そして、このあとは、使徒によって、シンジ、アスカ、レイと個別に心理攻撃を受けることで連携の寸断が進むのである。

ネルフ内部に侵略した使徒の攻撃に反撃するためにMAGIを修復するリツコが、考えためらう表情がアップされる。黄瀬を作画監督として得られた効果でもある。今回のエピソードではリツコの心の陰影を浮かび上がらせるために、ミサトやシンジたちの表情は平板に描かれ、彼らと対比することで母親とおなじくゲンドウの愛人となっているリツコの葛藤をも浮かび上がらせるのだ。リツコはゲンドウと母親ナオコに対する愛憎に心が引き裂かれている。ナオコはライバルとなる幼いレイにユイの影を認めて殺害後自殺し、リツコにとって死んだ母親のナオコがライバルとなる。

ところが、死んだ者の存在や姿はそれ以上変化しないので、ライバルであっても永遠に勝てない相手としてとどまる。「マグマダイバー」と「奇跡の価値は」の二つのエピソードでミサトの傷とトラウマの正体が明らかになったように、リツコの心の傷が浮かび上がってくる。傷口は縫い合わせることによって、ふだんは閉じている。だが、何かのきっかけで傷口が開いてしまうのだ。青い血をした使徒は、人々の心をこじ開けるために来訪するのである。

黄瀬は第拾八話「命の選択を」の作画監督も担当した。トウジを乗せたEVAが使徒になる話であり、「使徒、侵入」と同様に、しかも今度はEVA本体に使徒が侵食する話だった。そのモチーフの類似性と、シンジの心理描写が重要となるエピソードなので、黄瀬が起用されたのだろう。また「奇跡の価値は」のあとで重田が作画監督を担当したのは、第弐拾壱話「ネルフ、誕生」だった。イメージが直接結びつくセカンドインパクトでの南極の場面が繰り返され、目まぐるしくしめされる小さなエピソードから、ネルフの背後の歴史を浮かび上がらせるのだ。

このように庵野によって周到に計算されたスタッフの配置により、全体として作品は連続しながらもモチーフや焦点となる課題が移っていくにつれて、担当する作画監督の持ち味が各エピソードのテイストを補強するのだ(後半になって予算の関係もあり、動画などのクォリティが低下した箇所があったが、それも「春エヴァ」後に「ビデオフォーマット版」によって描き直された)。担当者の回をつなぐように連関した要素が、「エヴァンゲリオン」というテクストを緊密なものにしていたのだ。

2 「DEATH編」という総集編

◉シリーズにおける総集編

シリーズ全体として考えると、どうしてもカット数や動画枚数が増えてしまう「見せ場」を確保するためには、他の動画数を削る必要がある。止め絵を増やし、カットを使い回して、平均枚数三千五百枚を維持するのが、総監督の仕事となる。平均枚数を保つには、予告編と同じく「ええとこどり」で過去の映像を使い回す総集編は、重要な役割をはたすのである。

映像ストックの使い回しを「バンクシステム」と命名したのは、『鉄腕アトム』を始めた手塚治虫だった。銀行から預金を引き出すように過去の映像を利用する。アニメでは実写のように撮影カメラを複数台用意して一気に撮り貯めなどもできない。そこで、アニメの制作コストを圧縮するには、反復がつきものという現実を見据えていた。怒るときにはこのカット、笑顔にはこのカットをはめる、と紋切り型も利用できるのだ。★3

けれども、バンクを多用すると、物語表現において一回性の輝きを失い、パターン化してインパクトを与えなくなってしまう。「日本」を表すのに、富士山というステレオタイプを安易に利用するのと同じである。しかも季節にあまり関係なく、版を押したように雪をかぶった冬の富士山の姿なのである。こうした紋切り型の富士山を利用するのは、『マジンガーZ』や『新世紀GPXサイバーフォーミュラ』など枚挙にいとまがないし、「エヴァンゲリオン」の富士山もそれから外れているわけではない（「永遠の夏」という設定は都合よく忘れられてしまう）。手慣れた表現を何度も繰り返す制作者と、見慣れた表現を受け入れる視聴者に支えられていた。

それでも、アニメが実況中継のように、一度放送されただけで消えていくのであるならば、映像の記憶力が良い一部の視聴者以外に気に留める者はいなかったはずだ。だが、当初アニメは映画やドラマと同じくフィルムで撮影されたおかげで、のちのちまで反復使用が可能だった。優秀なコンテンツとして何度も安価に利用できたのである。さらに、ビデオ化され、受像側の解像度がアップするにつれて、リマスターやアップコンバートを繰り返して何度も商品化されてきた。多くによる人の目の精査によって、紋切り型や反復の利用が発見しやすくなった。

しかも、週一回ではなくて、毎日続けて再放送が流され、録画などにより過去映像が繰り返し視聴できると、安易な使いまわしが余計目立つのである。間違い探しゲームのようなもので、差異やズレは見つけやすい。今でも「作画崩壊」といったツッコミにより、細部のほころびの指摘がなされるが、それが可能になったのも映像を簡単に比較できる視聴方法の変化による。漠然とした印象という記憶を根拠にせずに、フィルムやビデオ映像という物質的記録をもとに検証し議論ができるおかげである。

ただし、このようなタイプの議論で前提となっているのは「作品とは本来無謬《むびゅう》のはずで、伏線はすべて連関していて、どこかに理想的で完璧な作品が存在しているはずだ」という思い込みである。そして、その実現を邪魔しているのが、再現に失敗した下手くそな監督やアニメーターたちという解釈になる。まさにイデア論さながらに、この世には不在である理想の三角形ならぬ、理想の「エヴァンゲリオン」がイデア界に存在すると思い込んでいるのだ。最終二話のように、再現を阻止した元凶が庵野秀明とみなされると、「庵野、殺せ」という非難につながったのである。

ふつうに考えると、作家庵野がこの世から不在となれば、描き直しや続編などの実現は不可能となってしまう。ところが、「作品」や「キャラクター」に対して文字通り「狂信的《ファナティック》」となった視聴者には、そうした道理が通用するはずもない。二次創作へと転じる一部の「オタク」以外の受け身の視聴者には、「作品とは生成されていくものだ」という認識が欠けている場合が珍しくないのである。★4

コスト管理の観点から、テレビのシリーズ全体を考えたときに、総集編や過去の放送を回想する回を上手に挿入することが求められてきた。これこそは、過去のカットの使い回しどころではない、作品内の最大の「反復」だったのである。物語の流れを名場面とともにもう一度確認し、話題を聞きつけてはいるが視聴に出遅れたファンが、内容をキャッチアップするのにも役立つ（実際使用された映像のコマを使ってストーリーが追えるフィルムブックも出版されたが、最初の二話が入った第一巻が発売されたのは一九九五年十二月だった）。「エヴァンゲリオン」のテレビ版では総集編を二回おこなう計画になっていた。

第一回目の総集編は、第拾四話「ゼーレ、魂の座」だった。過去を回想し、新しい作画は五百枚程度で収まった。平均との差の三千枚が他のエピソードに回ったのである。全体を編集したのも庵野であった。できは良いと小黒祐一郎も評価していた［小黒：三三四頁］が、視聴率は低かった。これは、一九九六年一月三日の放送なので、放送時間が変更になったせいでもある。当初から総集編を挿入する日程を考えて、第拾参話「使徒、侵入」と放送の順番も変更された。

連続ものの場合に、正月をはさんだ際に、このような総集編の導入は必須ともいえる。『機動戦士ガンダムSeed』（二〇〇二―三）で、一月四日に放送された第十四話の「果てし無き時の中で」は、主人公の敵対者からの視点と語りで編集された興味深いものだった。だが、HDリマスター版では第十五話と組み合わされてしまい欠番扱いとなった。今では物語の流れは地球側からの話で一貫してスムーズなものとなっている。

テレビ版の第拾四話は、前半と後半で大きく印象を変える。前半は「第3の使徒」から説明のための字幕が多用され、シンジたちとEVAの戦いの経過が説明されていく。しかも、ミサトの報告書、トウジ、ヒカリ、ケンスケの作文が引用され語られることで補足されていた。とりわけ使徒との戦闘を見ても、「避難訓練ばっかりやっていた」ので「実感がなかった」とヒカリが述べるのは、この状況の異常さを物語っている。使徒との戦争が始まる前から、要塞都市として第3新東京市は臨戦態勢にあったのだ。実際、そこはビルが上下に移動することで、防衛体制を整えているのである。

後半は一転して、EVAの搭乗者の交換実験をする場面となる。レイが初号機のなかで、「碇君のにおいがする」と口にする。音からではそれが「臭い」と「匂い」のどちらなのかは判別できないが、受け入れるレイのように、嫌悪を感じていないことがわかる。EVAが一体ごとに個性をもってしまうことを物語っている。それこそが臭い（匂い）なのだし、快く思うかどうかはそれぞれが決めるのだ。それでいて、一種の乗り物であり同時に人造人間でもあるEVAへの搭乗が交換可能となることは、レイがダミープラグの材料として大量生産されるのとつながっていて、「ダミーシステム」の完成を導くのである。こうした交換可能性が描写されるのも、緻密な計算の上で本編において流れたエピソードやカットが、総集編において自由に配列できるパーツとして二度目の役割をはたすことを告げている。別の文脈で新しい意味を獲得する場合もあるのだ。

新作のカットで冬月が詰将棋をしながら、「予定外の使徒侵入だった」と告げるが、ゲンドウは切り札を握っているので大丈夫だと請け合うのだ。のちに新劇場版でシンジと冬月が将棋をするエピソードが入る伏線ともなった。使徒が攻撃を仕掛けてくるのを防御するのは一種のゲームでもある。ゲンドウのいる司令室の前に、チェス盤のように広がる状況図はまさにゲーム盤と同じである。さらに第3新東京市自体が、上から見下ろすと地区が十字架のようになっている。その都市の地下には、磔になった状態でアダム、と思われていたリリスが置かれているのだ。使徒はしだいにピンポイントで狙うように攻撃方法や手段を「進化＝深化」させていた。その変化によって戦いのやり方も変わってくるし、旧劇場版になると攻撃方法はもっと変化するのだ。後半の話は中間の総集編である「ゼーレ、魂の座」の時点では不明だが、これ以降の展開が予告されてもいた。

もう一回総集編が求められていたが、最終二話がそれにあたる。白地に黒と黒字に白の字幕を除くと、全体に新しい作画が少ない。画コンテを見ても「バンク（BANK）」として以前の回で使った作画の使い回しを多用している。物語の進行を停止し、過去を振り返り、深堀りをする点で長い総集編とみなせる。「症例」という診断が可能なのも、過去を回想する総集編としての立場を利用できるせいである。総集編には不要なので、最終話には作画監督は設定されていなかった。

どうやら庵野は数多い素材から好みのものを集める総集編という作業が得意なようだ。「サンプリング」と口にするし、「リミックス（REMIX）」の作業が音楽だけでなく、あらゆるところに浸透していた。庵野本人が「自分度数が高い」と評価しているのは、劇場版の第26話以外に、第拾四話「ゼーレ、魂の座」と第弐拾話「心のかたち　人のかたち」で、どちらも「総集編的なエピソード」と指摘されている［小黒：三七八頁］。当時は、借りるなどして入手できた音源を、好みの配列に編集してカセットテープに録音する作業が広く流行していた。シンジがＳＤＡＴで聴いている曲の全体像はわからないし、漏れ聞こえた場合をのぞいては判明してはいない。だが、おそらくシンジの好みの楽曲だけで、一枚のアルバムのようにリミックスされているはずである。

一九八五年にはビデオのためにオリジナルの『サンダーバード』の総集編を作ってもいた。ただし、『彼氏彼女の事情』で作った総集編がテレビ局に納入を拒まれたせいで、大月プロデューサーが代わりにおこなったという逸話もある。かなり尖った内容の総集編だったと想像できる。新劇場版でも、『破』、『Q』、『シン・エヴァンゲリオン』それぞれの公開にあわせて、三分でそれまでのまとめの編集をおこなった。『序』、『破』、『Q』の最後におかれた次回予告編とのずれを総集編が飲み込んでしまい、強引に流れを作ってしまうのである。総集編という名の物語の編集あるいは再編集は、物語の流れの確認であるとともに、新しい道筋へと観客を引き込む力ともなりえるのだ。

◉カノンという規範

『シト新生』で初めて登場した「DEATH編」は、テレビ版の二十四話分の総集編となった。そこで採用されたのは、放送の流れに沿ったあらすじ的な紹介ではなかった。四話分にも満たない七十分前後の長さ（公開されたヴァージョンによって時間が多少異なる）でまとめるのには、何らかの枠組みが必要となり、それを音楽に求めたのだ。アバンタイトルは、セカンドインパクトでミサトが助けられる場面から始まり、初号機がカヲルの首を落とす直前までが目まぐるしく回想される。だがその瞬間に物語は停滞して、今度はEVAパイロットそれぞれをめぐる話に巻き戻されるのだ。音楽的な枠組みとして弦楽四重奏の形で鳴り響く「パッヘルベルのカノン」が選ばれた。

長野県第2新東京市（旧松本市）の第3中学の講堂が練習の舞台となっている。「弦楽四重奏練習開始二十二分前」の文字とともに、チェロを抱えたシンジが登場する。パイプ椅子に座って調弦をしたあと、バッハの無伴奏チェロ・ソナタ第一番の「前奏曲」を演奏し始める。それに合わせて、スタッフ紹介のタイトルが流れ、照明や床などの講堂のようすが描かれる。

この始まり方は、実相寺昭雄監督の『無常』（一九七〇）の冒頭で、タイトルの文字に合わせてバッハの無伴奏ヴァイオリンのパルティータ一番の第一曲「アルマンド」が流れた手法と重ねられる。音楽を担当した冬木透の選択だった。冬木は『ウルトラセブン』以降特撮ドラマの音楽を担当し、「ワンダバ」などで知られるし、アスクラシックを特撮ドラマに積極的に導入した作曲家でもある。そして、第2弦のヴァイオリン奏者として、アスカがやってきて、「練習開始十分三十秒前」となり、調弦のあとで、やはりバッハのパルティータ三番の「ガボット」を演奏するのである。明らかに応答しているである。「演奏練習開始五分四十三秒前」となって、第3弦のヴィオラのレイがやってきても、特段の曲は演奏しない。そして、第1弦としてヴァイオリンのカヲルが遅れて登場し、四人が揃ったところで、パッヘルベルのカノンが響き渡るのだ。

ここでパッヘルベルのカノンが選ばれたのは、実相寺と冬木透のラインにも連なる佐々木昭一郎からの影響が感じられる。佐々木はNHKのディレクターとして、『夢の島少女』（一九七四）で知られ、芸術祭テレビドラマ部門大賞を続けて受賞した『紅い花』（一九七六）、『四季・ユートピアノ』（一九八〇）、『川の流れはバイオリンの音』（一九八一）の三作など話題作を提供してきた。庵野秀明だけでなく、是枝裕和、河瀬直美、岩井俊二、細田守といった多くの映画やアニメの監督に影響を与えたのである。[★5] 音楽と映像で語ろうとするタイプの映像作家にとって、ひとつの目標となるディレクターであった。

とりわけ『夢の島少女』は、池辺晋一郎が編曲したパッヘルベルのカノンが鳴り渡る作品だった。溺れたところを少年に助けられた少女（中尾幸世）はおかっぱ頭で、レイのイメージの原型となりそうな姿をしている。秋田県の八森町から東京へと出てきた少女が、入水自殺を試みるまでの過去が断片的に回想される。少女の命を助けた少年は、人形を作るバイトをしていて、たくさんの成型された頭が並ぶ場面が出てくるのだ。これが複数のレイのダミーのイメージの原型ともなるだろう。最後に少年が少女を背負って、かつて海水浴場のリゾートで「夢の島」と名づけられ、その後ゴミ捨場となった上を歩くところが空撮でとらえられる。壊れて解体してゴミとなるものを描き続ける庵野には、この光景はひとつの暗示となったはずだ。つげ義春原作の『紅い花』には「ねじ式」も含まれる。新劇場版では、ピアノをカヲルとシンジが連弾し、ゲンドウのピアノの話が出てきて、ピアノが活躍する。佐々木の『四季・ユートピアノ』は、ピアノの調律師のヒロイン栄子＝A子の物語であった。調律と調整の物語で、最後は第九の合唱で終わるのである。

パッフェルベルのカノンの「カノン」の原義は「規範」という意味で、「聖典」とか「正典」と訳される。カノンはフーガと似ている。だが、フーガは変奏が許されるが、カノンは声部を変えても厳格に同じメロディを繰り返すのである。演奏曲目をシンジに質問したアスカが、「いいわね、チェロは。和音のアルペジオだけなんだもの」と嫌味を言うように、低音部を支えるチェロは同じ音を繰り返す。装飾的な音もなければ、旋律を歌うこともない。言われたことに従うのがシンジの「処世術」とリツコに見透かされていた。家出をしても、搭乗を拒否してもＥＶＡに戻ってくるのは、まさにカノンのようである。

シンジが戻る出発点とは、ゲンドウから新兵募集（リクルート）のために呼び寄せられた第壱話である。シンジが選ばれた理由は、ゼーレの思惑の裏で、ユイとの再会をはたしたいと考えるゲンドウにとっての切り札だからだ。人類補完計画も含めたＥＶＡシリーズの完成のために、形而上生物学者として優秀で、ゲヒルンなどとのコネクションをもつユイは、初号機にとどまった。

人造人間としてのＥＶＡには欠けたところがあり、零号機と初号機にはユイが、弐号機にはアスカの母が関係している。そう考えると、トウジの3号機が使徒に容易に乗っ取られたのも、そこに宿るべき「母」が不在であった点が鍵となりそうだ。シンジはユイとの関係があるからこそ、インターフェイスがないままでもシンクロ率が高く第壱話から初号機を動かすことができた。出発点はそこなのだ。アスカの弐号機が空から降りてきた量産型ＥＶＡに倒され、ついばまれていても、ネルフ本部が侵入を防ぐために撒いたベークライトにまみれた初号機を前にして、シンジは搭乗をためらって拒否していた。そこに、まさに初号機に閉じ込められた「軍国の母」としてユイは、手を伸ばしてシンジを乗せるのである。鉄の規律のようにシンジを乗せて、サードインパクトへと向かうのである。シンジはゲンドウの言葉はもちろん、ミサトの大人のキスによってでも、自分の判断からでも、シンジは初号機に乗ることはなかったし、できなかった。実行するためには、四人の合奏によってしめされた、カノンという規律が必要だったのである。

◉テーゼとカノン

パッフェルベルのカノンという外枠の設定からは見えにくいが、「DEATH編」がどの視点から編集されたのかがひとつの鍵となる。これまでの流れを再編集する総集編だからこそ「客観的」な立場はありえないし、焦点となる対象があちこちへと飛ぶのである。

冒頭は葛城探検隊が南極でセカンドインパクトと遭遇して、ミサトが父親に救われるところから始まる。そして、「その15年後―」「彼女は、男に抱かれていた。」と字幕が出て加持とミサトが寝ている場面となる。さらに「その9ヶ月前―」「彼は、星を見ていた。」とあり、加持と話をしていたアスカが出てくる。「その7年前―」「彼女は、部屋を駆け抜けた。」と、母親のところに幼いアスカが向かい、その母親が自殺したところを見てしまう。それを思い出してシンクロ率が低下し、レイの零号機への交代が検討される。幼いレイが顔を出し、「その5年後―」「彼女は、彼に再会した。」とシンジが路上のレイのヴィジョンを見て、さらに包帯にまみれたレイと遭遇する。「その数ヶ月後―」「彼は、決断を迫られていた」となり、カヲルの頭を初号機で切断する寸前まで話は進むのだ。一種の連想ゲームのように時系列を無視して対象が変わっていった。ところが、レイに関しては、ナオコに殺されたあとで作られた二人目のレイが出てきても、「**年前」の文字はない。なぜなら二人のレイの違いは成長の結果生じたわけではないからだ。

シンジたちは過去の記憶をもつせいで、現在の自分とのズレやトラウマに悩む。アスカは自己紹介での「惣流・アスカ・ラングレー」を何度も言い直し、そのたびに「私じゃない」と否定することになる。シンジは「逃げちゃダメだ」と、ミサトも「きれいな自分を維持するのに疲れた」と口にする。それぞれが、他人との関係性のなかで、自分のあり方に悩んでいる。自己嫌悪を生み出すのは、他人の視線を気にする心と自分の過去の記憶なのである。

ところが、レイはEVAに乗る理由は「絆」しかないと口にする。レイにとって重要なのは、「現在」の関係性だけである。「命令があれば」と語るレイにとって、自分の過去は記録であって、記憶ではない。だからこそ過去との関係に悩む場面は登場しない。二人目の、つまりシンジが出会ったレイは「私の代わりはいるから」と使徒に自爆攻撃をした。過去の記憶とで葛藤するシンジたちに対して、三人目のレイは登場しても記憶はないので苦悩しないのである。三人目のレイがゲンドウの眼鏡の意味がわからずにいるのも、自分が流した涙を「これが涙」と事後的に意味を悟るのも、記録＝知識はあっても記憶を欠いているせいである。カヲルがレイに「ぼくらは似ている」と言ったのは、同じように過去の記憶をもたないことを指している。「過去の経歴は抹消」という共通点がそれを物語っている。カヲルも十四歳の少年の姿をとっているが、あくまでも「リリン＝人間」たちを超越した存在なのである。

フォースチルドレンのトウジが乗った3号機を、シンジが乗った初号機は殺す寸前まで破壊する。それはシンジの意志からではなかったので、自己嫌悪へとつながった。だが、カヲルは、「自らの死、それが唯一の絶対的な自由なんだよ」と遺言を残していく。対照的にシンジたちは遺言を残すかどうかの判断をミサトに問われて拒否をしていた［第拾弐話「奇跡の価値は」］。カヲルを殺害したのは選択の余地がなかったからだった。そして、湖のほとりに立つ首が落ちた天使の像が見える止め絵のなかで、パッフェルベルのカノンが響き渡り、スタッフの名前が横に流れていくとき、敵を倒す以外に選択肢がないという「規律」があからさまになる。演奏を終えたシンジが講堂から出ていくところで「続劇」の文字が出るのである。

テレビ版の主題歌である「残酷な天使のテーゼ」で、ミサトが少年シンジを見守る視点から「少年よ神話になれ」と歌われるが、「神話」の部分は元の歌詞では「凶器」だった。タイトルになった主張や政治綱領を指す「テーゼ」は、規律や規範としての「カノン」と近いものを指している。人間に仕組まれた運命があるとすれば、周囲にとっての凶器となる「狂気」以外の方法で、どのようにそこから逃れられるのかが問われているのだ。

実際にシンジが乗るのを拒否して問題となるのは、じつは初号機というEVAそのものではない。降りることができるからこそ繰り返せるのだ。ゲンドウやミサトがシンジに対して「帰れ」と強い態度をとるが、以前の先生のもとにいた「おだやかな暮らし」があったとシンジは回想する。シンジの面倒を見ていた「先生」が教育者なのか、それとも医者のような治療者あるいは観察者なのかはアニメのなかでは不明であり、解釈の余地を残している。潜在的な能力を開放するのを阻止する拘束具をつけられていたのは、初号機だけではなく、シンジ本人も含まれていた。

「エヴァンゲリオン」で真に問われているのは、シンジという魂がシンジという身体を乗りこなせるのか、という点なのだ。その点が類似のロボットアニメと設定が異なり、だからこそ若者をとらえる魅力となった。庵野自身は自分を太宰治になぞらえたりしていた、と制作のガイナックスのメンバーが証言している。だとすると、太宰の短編集『晩年』のエピグラフとなったポール・ヴァレリーの詩に由来する「撰ばれてあることの恍惚と不安と二つわれにあり」が、シンジさらにはアスカの迷いのあり方をしめすのにふさわしいかもしれない。★6

レイはダミープラグの素材で、魂はガフの扉の向こうからもらったという「器」のイメージで語られる。シンジたちがレイに不安を覚え、とりわけアスカは「人形」か「優等生」とののしる。人造人間そして人間も「神の似姿」でしかないとすれば、そこでの「器」と「魂」の関係は、EVAとパイロットの関係と同じであることをレイが具体化しているせいだ。そのことを薄々感じるからこそ、シンジもアスカも彼女を無視できないのである。総集編として「DEATH編」はその点を強く意識させるように編集されていたのだ。

3 「夏エヴァ」の新生と終劇

◉シト新生さらにエヴァの終劇

「春エヴァ」では休憩を挟んで「REBIRTH編」が続いたが、アスカが復活して、戦略自衛隊を排除に成功したところに、量産型EVAが空から襲ってくる場面で終了してしまった。その続きが第25話となった。「夏エヴァ」は、劇場版でありながら、第25話「Air」と第26話「まごころを、君に」とに分割されたが、実際には四話分ほどのボリュームがあり、八十二分となった。総集編である「DEATH編」よりも長いのである。

第26話の冒頭には、「このシャシンを再び終局へと導いてくれた／スタッフ、キャスト、友人、そして、5人の女性に／心から感謝いたします。」と字幕が出てくる。映画を「シャシン」と呼ぶ言い方を採用しているところに、「活動写真」からの映画制作の伝統へのこだわりを感じさせる。テレビの最終二話でも明らかなように、デジタル時代を迎えて、フィルム制作が変貌していく流れを見据えながら、セルアニメに何ができるのかを追求しようとしていた。

カヲルがシンジによって殺害され、サードインパクトが使徒によってではなくて、ゼーレによって引き起こされようとしている。ゼーレは戦略自衛隊を使って攻撃をしかけてくる。そして、表層部分がN2爆弾によって吹き飛んでしまう。その結果、下部がむき出しになり、まるで『天空の城ラピュタ』で上の楽園のような部分がはぎされて露呈する下部の黒い球体のように「黒き月」が浮かび上がる。「ねえ、どうしてそんなにEVAが欲しいの？」と伊吹マヤは叫ぶが、その答えはラピュタについて「人類の夢だからさ」と言ったムスカの言葉がふさわしいだろう。

ゼーレとロンギヌスの槍によって引き起こされる合間を縫って、ゲンドウはレイを使い失われたユイとの絆を回復しようとした。だが、レイに拒絶されてしまう。初号機を依り代にして、サードインパクトが始まるのである。それを描き出すのが、そして、赤ん坊のシンジを抱いたユイと冬月の間にかわされる言葉として、太陽と月と地球があるかぎり大丈夫という肯定する言葉だった。書き足された二話の役目となった。だが、例によっていびつを愛し、安易なハッピーエンドで閉じようとしない庵野は、逸脱に見えるコーダを書き足していた。

「夏エヴァ」の画コンテと完成作を比べると、変更点が数ヵ所ある。第25話のサブタイトルは「Air」ではなくて「夏への扉」となっていた。カットされた場面がいくつかある。車椅子バスケをしているトウジとビデオカメラで撮影に夢中なケンスケが、ドイツへと向かう話をシンジとする場面や、弐号機に乗せられたアスカが、薬が切れて吐き気を催す場面などがカットされた。切迫さの度合いが増したのである。そして「最終話」となっていたのが、第26話に変更された。

最大の変更点は、アスカの最後のセリフである。画コンテでは「あんたなんかに殺されるのはまっぴらよ」だったが、完成作品では「気持ち悪い」で「終劇」となった。意識を失って横たわっていると見えたアスカを、シンジは首を絞めて殺そうとする。だが、嗚咽しながら断念した。アスカは気がつき、右手をあげてシンジに触れながら「気持ち悪い」と言い放つのだ。

この「気持ち悪い」という拒絶は、嘔吐と同じく生理的なもので全否定となる。シンジの存在自体に対する拒絶になっている。第壱話で初号機に乗るためにエントリープラグに入り、そこで注水されたLCLを肺に入れたときに、「気持ち悪い」とシンジが言ったことから続く、「気持ち悪い」という身体的な拒絶の流れにある。第25話でも、アスカはシンジやミサトの使った風呂の水やトイレや空気を共有することを「気持ち悪い」と拒絶する。さらに、そういう感情をもつ自分自身への嫌悪さえも隠せない。

レイではなくて、アスカをエロスの対象として見たシンジの行動全体に、最後のアスカの「気持ち悪い」という応答に対応している。「あんたが私をオカズにしているのを知っているのよ」とアスカは第26話でシンジを問い詰める。そして、画コンテからの変更は、録音の現場で決まったのである。声優の宮村優子が、「Air」の冒頭でシンジがやったような自慰行為に対しての生理的な反応から出た言葉で、それが採用された［BSアニメ夜話第3弾第一夜（二〇〇五年年三月二十八日放送）での証言］。

第26話で巨大なレイの頭が割れて、地球の周りに血の輪ができた。コーダの部分で、二人を見守っているのは、それに遮《さえぎ》られた月だけではなくて、赤い血の海なのである。ひょっとすると、別の世界での物語の主人公として、シンジとアスカは、渚に横たわるアダムとイヴになれたかもしれない。だが、コミュニケーションの断絶がそれを不可能にしている。

◉それぞれの決着

「夏エヴァ」の書き足された二話において、伏線の回収つまり決着がついていく。『シト新生』の「REBIRTH編」でも描かれていたが、戦略自衛隊がネルフ本部に直接攻撃を加えてきたことで、ミサトは意識不明のままのアスカを病院から弐号機へと移した。そのなかが一番安全だという判断だった。そして、湖の底に弐号機を沈める。EVAやレイを含めて蘇生や休息が水中や水に浸った状態であることは示唆的である。海が生命の発祥の地であることは、オープニングアニメの星と生命のスープとで了解できる。子宮を羊水に満ちた世界としてとらえるなら、まさに胎内回帰である。EVAへのエントリープラグの挿入を、男性の性器とも生理用品ともとれるように設定したことで、まるで中世にあった「ホムンクルス」の話のようにも見える。精子のなかに小型の人間がいて、中に入るというものだ。だからこそEVAはたえず女性的に表象されていたのだ。

湖のなかでEVAに乗ったアスカは覚醒し、A．T．フィールドの意味を理解した。そして「殺してやる」

と叫び、敵対する戦略自衛隊を活動限界までに破壊する。ところが、そのとき、量産型EVAたちは、ハルマゲドンのときの天使の軍団のように降りてくるのだ。これが「REBIRTH編」の完了だった。その後、弐号機は襲われて、ついばまれて、槍で串刺しとなる。そして、テレビ版の最終二話で、ゲンドウが「さあ行こう」とパイプ椅子に座っていたレイを連れ去ったが、その行方がどうなるのかは不明だった。また、リツコが赤いLCLに浮いているカットと、ミサトが血だらけで死んでいるカットが出てきた。そうした宙吊りになった物語の絵解きがなされていくのだ。

ゲンドウは、加持にドイツから運ばせたアダムを自分の手に移植していて、ユイと出会う儀式のために、セントラルドグマの下のリリスが磔にされている場所へとやってきた。リツコが待ち構えていて、嫉妬も含めてゲンドウの行動を阻止しようとする。MAGIのプログラムを変えて破壊すると宣言するが、ナオコの女性性であるカスパーに裏切られてしまう。そして、リツコはゲンドウに銃で撃ち殺され、LCLに浮かぶことになった。

ミサトはシンジが初号機に搭乗するのが遅れているので、直接乗り込んで殺されかけたシンジを救出する。だが、アスカに救いを求めている姿に「しっかり生きて、それから死になさい」と叱るのだ。そして、「大人のキス」をして、初号機のある場所に続くエレベーターにシンジを乗せ、そのあとで息が絶えてしまう。だが、初号機の前にたどり着いたシンジはやはり搭乗をためらっているのである。シンジを初号機自体が乗せたのだ。

ゲンドウは、レイが個体を維持するのが難しくなり腕が落ちたのを見て、急いで合体させようとする。レイの身体にアダムを移植した手を差し込むが、子宮のところで拒絶されてしまう。そして「あなたの人形ではない」と決別の言葉を投げかけると、レイはゲンドウを残したままアダムと思われていたリリスに同化するのである。レイが「ただいま」と言うと「おかえりなさい」という文字が浮かぶのである。この「ただいま」と「おかえりなさい」の応答は、『トップをねらえ！』の最終話以来、繰り返されてきた。シンジがミサトの部屋に同居するために部屋に行ったときもそれが口にされる。今回の応答からは、レイがリリスと深く結びつき、つまりはEVAの原型となったリリスこそユイの魂を飲みこんでいることが判明する。そしてサードインパクトを引き起こすのは、初号機に乗ったシンジの役目となるのである。「サードインパクトの無からヒトを救う方舟となるか、ヒトを滅ぼす悪魔となるのか、未来は碇の息子に委ねられたな」と冬月は予見する。こうしてゲンドウやシンジを囲んでいた女たちが次々と消えていった。

サードインパクトの無のあとで、ユイが宿っていたはずのEVAもすべて壊れてしまい残骸が赤い海に浮かぶだけになった。その海辺で、心理的に裸形になったシンジは、自分を拒絶したアスカの首を締めて殺そうとする以外に思いつかなかった。中断するのだが「気持ち悪い」というアスカの拒絶の言葉がある。そこには「私を殺す資格をあんたは持っていない」というニュアンスがこめられ、ヒトを救う方舟の道にはたどらないことがわかる。シンジとアスカがサードインパクト後のアダムとイヴになれなければ、ヒトを滅ぼす「悪魔」となるのだ。

4 シンジのヰタ・セクスアリス

◉十四歳のヰタ・セクスアリス

旧劇場版の第25話の冒頭で、シンジは脳神経科に入院しているアスカを見舞って、「助けてくれ」「また、いつものように僕をバカにしてよ」と懇願する。だがアスカの意識は戻らず、病院のベッドで寝ているだけである。体を揺さぶると、アスカの半裸体が露呈し、シンジの影が下腹部に落ちる。その姿に欲情し、自慰をおこなうのだ。「最低だ、オレって」とシンジは自分のしでかしたことに罪悪感を覚える。

アスカとヒカリに「3バカトリオ」と罵声を浴びせかけられるシンジ、トウジ、ケンスケの関心は「思春期」

らしい性的なものだった。名称は戦前のコメディを再編集してテレビで放映した「三ばか大将」からきているのだが、直接には、青春お色気映画などとされたイスラエル映画の『グローイングアップ』(一九七八)の三人組が近いだろう。シンジはEVAのパイロットだが、いつもジャージ姿で硬派のトウジ、ミリタリーおたくのケンスケとつるむことになる。トウジはシンジの綾波への関心を彼女の太ももなど肉体への性的関心ととらえるが、実際には、シンジはレイの孤独が気になっていたのだ。また、転校してきたアスカを盗撮して、ケンスケは写真を売りさばく。そして、授業参観に来たミサトの「大人の魅力」にトウジもケンスケもまいってしまうのだ。

こうした性的関心をめぐる騒動は、今に始まったことではない。むしろ近代以降学校生活をする年頃の男子生徒たちが長く抱えてきた課題でもあった。たとえば、森鷗外が「ヰタ・セクスアリス」(ヴィタ・セクスアリス=性欲的生活)を発表したのは、一九〇九年のことだった。ラテン語を使って衒学的にしめすやり方も、「エヴァンゲリオン」は踏襲していて、明治から変わらない。性科学の論を書いたクラフト=エビングの議論を積極的に摂取した結果だった[新井正人「"Vita Sexualis"という言説装置――森鷗外におけるクラフト=エビング受容――」日本近代文学 87(0), 33-48, 2012]。

内容は、哲学者の金井湛《しずか》が、「人生のあらゆる出来事は皆性欲の発揮である」と論を立て、息子の性教育のために自分の体験を綴る体裁になっている。実際には書き上げたところで、息子には読ませずに、書いたものをお蔵入りするメタフィクションの構造をとっていた。つまり、発表されなかった文章という体裁で発表されたわけである。鷗外の自伝的な内容ともされるが、掲載した雑誌『スバル』は風俗紊乱《びんらん》というので、一ヵ月の発禁処分となった。

「ヰタ・セクスアリス」の金井も、ちょうど十四歳のところで「僕はこの頃悪い事を覚えた」と告白する。自慰行為のことであり、「西洋の寄宿舎には、青年の生徒にこれをさせない用心に、両手を被布団の上に出して寝ろという規則がある」と出てくる。手を触れるという一次接触において、自分の身体の一部を掴む行為は、他者を必要としない点で、あくまでも代理行為で補完行為でしかない。それでいて、手をつかわずには、他人と接触するとか、戦うことすらできないのだ。使徒の心理的な壁をしめすA．T．フィールドを、初号機が手でこじ開ける場面があるように、「エヴァンゲリオン」は手をめぐる物語でもある。こうした非生産的に見えるシンジの手の使い方はコミュニケーションに役立たないものとして拒否され、それが「私をオカズにしていること知っている」と叱り、「気持ち悪い」というアスカの反応を招くのである。

鷗外は「ヰタ・セクスアリス」のなかで「性という字があまり多義だから、不本意ながら欲の字を添えて置く」として「性欲」という言葉を作り出した。鷗外はさらにイプセンの『ヘッダ・ガーブラー』についての議論から「三角関係」という語も定着させた。「3」が奇妙に符合する「エヴァンゲリオン」全体にとっても重要な概念である。そして、「ヰタ・セクスアリス」は、「男色（男性同性愛）」についても、寄宿舎時代に見聞し、それを忌避する形で扱っていた。シンジは渚カヲルに一次接触を極端に避けると嫌われるのである。もちろん鷗外は「少年」の観点から書いているのであり、形は違っても「少女」においても「自慰行為」「性欲」「同性愛」の問題関心が存在しないわけではない。

軍医である鷗外が、男性兵士たち、及びその予備軍の少年のあり方に国家的な関心をもっていたのは間違いない（とりわけ男性兵士たちが、父親の不明な子どもを作ることと、性病にかかることは大きな課題となっていた）。ネルフでミサトやリツコが、シンジたちの心身を管理するのも、EVAに搭乗させ戦わせるためだった。最後の使徒であるはずのカヲルを倒したのだから、ネルフの少年兵としてのシンジは役目を終えたはずである。ところが、ゼーレは初号機を依り代にして、ダミープラグを使ったサードインパクトを引き起こそうと襲ってくる。この展開では、シンジは童貞のまま死んだ少年兵となった、ともいえるわけである。

◉エロスとタナトス

劇場版になったことで、テレビ画面のフレーム内で見せる制約が取り払われた。第一にはシネスコを目標とする庵野が、自分の監督作品で、映画館の大画面を手に入れたことになる。ガイナックスが作り上げた劇場版映画として『オネアミスの翼』（一九八七）があった。あくまでも別世界として、映画内のすべてが設定されたのである。それに対して、「エヴァンゲリオン」で緑の電話や携帯電話さらにＳＤＡＴまで、近未来のデザイン設定になったのも、説明のコストがかからないからだ、と説明している。

たとえば、通貨として「円」とは別のものが想定されていた可能性もある。設定資料には「ＮＥＲＶオリジナルカップ（価格４５０マレン）」などと名残が出てくるのだ。ただし、屋台ラーメンや自動販売機でそうした別の貨幣単位が出てくるわけではない。おかげで「エヴァンゲリオン」の世界とこの世界とが連続していると錯覚する度合いが強くなった。作品中の風俗習慣全般が二十年後のはずなのに、一九九五年の放送当時とそれほど違いはない。

第二に、映倫の審査を通過すればよいだけなので、不特定多数が視聴するかもしれないテレビの放送コードとは異なった性的表現や暴力的な表現ができる。テレビ版ではあいまいなままだった「エロスとタナトス」の表現が、映画になることで、より先鋭的で直接的になった。逆に旧劇場版をテレビ放送する場合に、カットされる箇所があるのは、倫理コードの違いによる自主規制の結果である。

テレビ版では第弐拾話でのミサトと加持の性交の場面は音声だけで終わった（当時ＰＴＡなどから抗議が来た、とパソコン通信で語られたりもした）。また、『Ｖガンダム』のギロチンにヒントを貰ったと思える初号機によりカヲルを斬首する場面も、比喩的な表現にもとれるように、トウジがバスケットボールを投げ入れるカットなどを入れて、イメージを緩和する処置がとられていた。

ところが、「夏エヴァ」の第26話で巨大化したレイの頭が割れるところなどは故意にグロテスクなイメージが採用されている。量産型EVAにまで、レイの顔が出現する。そして、目まぐるしく過去のイメージが明滅することになる。テレビ版を放送したテレビ東京は一九九七年十二月にいわゆる「ポケモンショック」を引き起こした。「パカパカ」と呼ばれる光の演出で、視聴していた子どもに光過敏性発作を引き起こした。これがテレビの視聴方法を変えた。明るい部屋での視聴が前提となり、長時間の視聴が禁止された。

映画館も真の闇とはならずに、非常口のサインが緑に光るようになった。パッヘルベルのカノンをシンジたちが演奏している中学校の講堂と同じである。いつでも「逃げ道がある」とか「逃げられる」という含意をこめた設定でもある。そして映画館で観ていた観客が、スクリーンから脇へと目を向けると、そこに緑色に光る非常口のサインがあっても不思議ではない。観ることから逃げる道さえ示唆されていたのだ。

さらに、テレビ版では伏せておいた要素も明らかにされた。第25話「Air」の冒頭で、蝉の鳴き声のなか、シンジがレイの自爆攻撃で新しくできた湖のほとりで景色をぼんやりと眺めていると、折れ曲がった電柱の部品が水面に落下して波紋を広げる。カヲルの首が落ちたところで「DEATH編」が終わったことを受けている。その電柱の看板には「産婦人　性病」という文字がはっきりと見える。

第弐拾四話の最後のシンジとミサトが会話をする場面は夜で、その箇所はシルエットになって文字は読めなかった。だが、隠されていた表記が明らかになったことで、最終エピソードがたどり着く行方がしめされた。カヲルが「死と生は等価値」というように、産婦人科は出産と祝福のイメージとつながりながらも、同時に性病という腐敗と病や死、さらには「妊娠中絶＝堕胎」のイメージまでもが併存している場所なのである。

木の下でユイが赤ん坊のシンジを抱きながら、冬月に未来を語る。『ナディア』の最後が、妊婦となったエレクトラや、エピローグとして子どもたちが生まれるという「産めよ、増やせよ、地に満てよ」という結末だった。庵野が分析した『Vガンダム』でも、最後には擬似的な家族が増え、さらに妊娠をしている姿も出てくる。そして新劇場版の第3村で、世代交替を告げるように、大人になったトウジが医者となり、出産を控えた妊婦が出産し、大団円の子孫繁栄という流れがある。マリとシンジが大人になって宇部新川の駅前を走るのは、ひとつの可能性であったトウジやヒカリに追いつくためである（ちなみに、マリとトウジたちが同じ空間内で登場することはない）。

「夏エヴァ」で、不完全な群体としての人類を完全な単体とする「人類補完計画」の全貌がしめされた。新しい人類を生む擬似的な「出産」だとすると、黒き月を両手で包むレイを巨大な聖母としてサードインパクトが進むように見える。その事象は子宮の代わりに頭が割れてそこから吹き出したものとなる。

庵野は友人の幾原邦彦に「妊娠したレイを描け」と忠告されたが拒絶した［小黒：三三五頁］。見たくないというのがその理由だったのだが、代わりに巨大化させ顔を子宮としたのである。構想だけで未完に終わった新作劇場版では、人造人間であるEVAの子宮にエントリープラグを挿入するという表現をとる予定だった（『進撃の巨人』と構想が似ていたと庵野はあとで語っているのが、「エヴァンゲリオン」の遺産が継承された証拠でもある）。新劇場版で幾原のリクエストに応じた最大限の妥協点が、『シン・エヴァンゲリオン』での姉さんかぶりをして田植えをするレイことそっくりさん（仮称）の姿であった。

人類補完計画が「群体」というすべての人の心理的壁としてのA．T．フィールドを取り外すことで一体化する、という諸星大二郎の「生物都市」のようにすべてが溶け合うヴィジョンをしめしていた［小黒：三四六頁］。では群体のようになるのは新しい「生」なのか、それとも個体を抹消させる「死」なのだろうか。レイたちが訪れて、冬月や伊吹たちひとりひとりの隠れた欲望をあぶり出し、その欲望にふさわしい相手と転じてから殺害していく。だが、それは戦闘で生まれた死体が転がっている死とは異なり、「甘美」なものである。

死をしめす「タナトス」をタイトルに関した鷺巣詩郎が作曲した曲は、テレビ版から使われてきた。「夏エヴァ」の挿入歌として英語の歌詞がつけられ第25話のエンディングに「THANATOS -IF I CAN'T BE YOURS-」として流れる。螺旋状にスタッフロールが出てくるのである。庵野の日本語の詩を英語にした「Komm, süsser Tod（死は甘きもの）」も挿入歌となった。この二曲はタナトスにとりつかれながら、異なる態度を歌っていた。

第25話冒頭で男性性の象徴にさえ見える曲がった電柱だったが、第26話の最後となる部分に別な形で登場した。そこでは半分に欠けた巨大なレイの頭が浮かんでいる。その前に立っている黒い棒杭は画コンテの指示によると墓標である。しかも一本は折れ曲がっている。シナリオの準備稿の段階で、生きているアスカが自分の墓標を見て怒って蹴り倒した、という設定をそのまま使っている。途中の説明が省かれているのだ。

黒い棒杭の墓は、ゲンドウとシンジがユイの墓参りをする第拾伍話「嘘と沈黙」に出てきた。ゲンドウは、「墓は空だ」と器と魂の比喩で語る。それでも、墓参という儀式がおこなわれるのだ。しかもエピソード全体は、加持、ミサト、リツコが友人の結婚式に参列する話であり、最後にはミサトが加持に背負われて、よりを戻す展開が待っている。このようにエロスとタナトスが並列されているのである。墓参りのときに、ゲンドウを運んできたヘリコプターのなかにレイがいて、シンジを見下ろしていた。そして、シンジとアスカが横たわっている赤い死の海の上に「死の天使」のように一瞬レイの姿が見える。それは第壱話で転校してきたシンジが路上で目撃してから偏在する「幻影」であり、同時に別れを告げることになる相手でもあった。

サードインパクト後の赤い海辺に取り残されたシンジとアスカが、新しい世界のアダムとイヴになることは難しそうだ。そして、失敗した未来を訂正するために、メビウスの輪（帯）のように反転しながら、出発点へと戻ることになる。新しいものとして新劇場版は書き直される必要があったのだし、実際書き直されたのである。

だからこそ『序』はテレビ版第壱話のような青い海ではなくて、赤い海から始まるのである。

◉註

（★1）『新生』はダンテの『神曲』と並び、ベアトリーチェを詠った詩文集のタイトルである。恋人との出会いから死別までを扱い、アンソロジーの形をとって過去を回想し、詩についての説明を加えている。自己註釈の本でもあり、一種の総括で、総集編ともなっている。シンジがヴィジョンとして霊的存在であるレイと路上で出会ったのに始まり、別れまでに彩られている。テレビ版の総集編となる「DEATH編」を含んでいるので、「シト新生」というタイトルはふさわしい。永井豪や小松左京に影響を与えたダンテの『神曲』の構成である「地獄」→「煉獄」→「天国」をそれぞれ「自己を知る（self-knowledge）」「自己を刷新する（self-renewal）」「自己を回復する（self-recovery）」という定式化もなされている。これは、多くの神話や物語の展開パターンのひとつであり、何かを経て高みに登るというおなじみの図式でもある。第拾伍話「嘘と沈黙」でシンジがチェロを弾いていたが、演奏するのは、無伴奏のチェロ・ソナタだった。旧劇場版の「DEATH編」で、シンジたちは四重奏でカノンを演奏していた。だが同じメロディの連続であるカノンは発展の契機をもっていない。それが、新劇場版の『Q』でカヲルとシンジはピアノの連弾をする。ユニゾンはシンジとアスカのものだったが、分裂して二体となる使徒イスラフェルとの戦いは消えたので、代わりにカヲルとの連弾が浮かび上がったのだ。鷺巣詩郎によって作曲された「四手（Quarte Mains）」と名づけられた二分ほどの曲は、「提示部―展開部―再現部」の三部形式を保っている。これは、新劇場版のタイトルが、想定されている「急」ではなくて、「Q」に変わった理由のひとつでもあるだろう。

（★2）宮沢賢治作の『銀河鉄道の夜』で遠く聞こえる鉄道の音が、銀河鉄道への誘いでもあった。「銀河鉄道の夜」が松本零士の『銀河鉄道９９９』へと直結し、メーテルと鉄郎が会話するのが、客車の向かい合わせの座席だった。第26話でアスカがシンジに「いつもみたいにやってみなさいよ」と自慰行為を求める場面があるが、それは列車のなかであり、レイが反対側に座っている。この構図は『シン・エヴァンゲリオン』にまで引き継がれることになる。

（★3）「エヴァンゲリオン」のようなアニメに限らず、反復が初期映画の時代から利用されてきたのは、経済的な要請がひとつの理由だった。しかも反復は笑いとつながりやすい。コメディが映画の有力なジャンルとなったのである。チャップリンの短編映画が繰り返しを利用するのも、宮崎アニメが最初は失敗、二度目に成功と繰り返しでできているのも同じ理屈である。しかも撮りだめをしておいた映像を利用するというのも、ディズニーがドキュメンタリー用に撮影した風景などのストックフィルムをドラマに借用するのは珍しくない。映画は最初からデータベース化されたものを組み立てるものとして認識されていた。

（★4）実際に作品は思わぬ形で、事後的に生み出される。のちに『機動戦士ガンダム』などを制作した富野喜幸は、虫プロ入社後『鉄腕アトム』の第九十六話「ロボット・ヒューチャー」で演出を始めた。だが、日本のテレビアニメシリーズ第一号は、同時に、放送スケジュールとの戦いが生じ、それを切り抜ける方法を模索する場にもなっていた。四年にわたる放送期間に、過去のエピソードの再放送が何度となくおこなわれた。当時は一般家庭で放送を録画する方法もなかったので、再放送が必ずしも否定的にはとらえられていなかった。
もう一つのやり方が過去の映像を再利用することだった。これも一話完結のパターンだからこそ可能なのだ。前回の話とのつながりを気にしないですむからだった。制作進行の遅れから、放送の穴を埋めるために富野は既存のフィルムから一本作ることが求められた。結果として第百二十話「タイム・ハンターの巻」が生まれた。
手塚プロの公式サイトでは第十一話「タイムマシン」のリメイクとされている。だがリメイクといっても過去の画コンテや原画を新しくしたわけではない。あくまでも、第十一話と第六十九話の「恐竜人の反乱」の既存のフィルムを巧みにつなげて出来上がったものである。未来世界からやってきた少年が、過去を改変するために向かった父親を連れ帰るという枠組みをもとにして、恐竜人の話を結びつけたのである。こうしたやり方を習熟していたことが、打ち切りの憂き目にもあった『機動戦士ガンダム』の劇場版などを作る際にも役立ったのである。

（★5）吉田伊知郎（モルモット吉田）は「『竜とそばかすの姫』に刻まれる佐々木昭一郎の影響　映画史的記憶を引き継ぐ俳優の起用も」という記事のなかで、中尾幸世が声優として起用されたことから、「佐々木作品は、是枝裕和、河瀬直美、庵野秀明、岩井俊二ら、１９６０年代生まれの多くの映画作家たちに影響を与えたが、細田守もそうした1人だったようだ」と指摘している。[https://realsound.jp/movie/2021/08/post-82656.html]。

岩井俊二と意気投合し、互いの映画に出演するようにアート志向が庵野秀明には強い。そこで、ジャン＝リュック・ゴダール監督の『カルメンという女』（一九八三）や、ジャン＝ジャック・ベネックス監督の『溝の中の月』（一九八三）との関連の指摘がネット上に存在する。確かに『カルメンという女』ではベートーヴェンの弦楽四重奏の練習場面があるし、『溝の中の月』には血に浮かぶ月などの印象的な場面があり、実際に目にしていたかは別にして連想させるものがある。ハリウッド映画よりもドイツやフランスなどのヨーロッパ映画から影響を受けたというのは、東宝がハリウッド映画を意識していたのに対して、大映がゴーレム映画から大魔神などを作りあげたように、日本の特撮映画の一部の志向でもあり、あるいは伝統のひとつかもしれない。

（★6）これは能力の「覚醒」をめぐる古典的な超能力者ものの主人公の苦悩とつながる。『デビルマン』や『ＡＫＩＲＡ』のテーマでもあり、その読者が、大人や社会に対して、優位性をもっと錯覚する「厨二病」とも関連するだろう。

第9章

並走するマンガ版

That's Another Story

1　誘導から逸脱へ

◉もうひとつのエヴァンゲリオン

新劇場版へと話を進める前に、ガイナックス（のちにカラー）原作、貞本義行絵によるマンガ版『新世紀エヴァンゲリオン』に触れておく必要がある。「エヴァンゲリオン」を論じるときに無視されがちだが、作品解釈に影響を与えてきた。マンガ版はアニメ版が抱える謎に対する「正解」を提示しているわけではないが、示唆を与えてくれるのは確かである。アダプテーションとして、アニメ版に素材を大きく依拠しながら、たんなる補説や補遺の立場を越えていた。

マンガ版は、単行本で十四巻（愛蔵版七巻）の長さとなる。連載は、テレビ版放送前である一九九四年十二月発売の『月刊少年エース』一九九五年二月号から始まった（雑誌刊行の恒例で新年の開始が二月号となり、一月に店頭に並ぶために十二月の発売となる）。そして途中で『ヤングエース』に移籍し、不定期の連載が続き、二〇一三年七月号でようやく終了し、全九十四話となった（毎回は「Stage」と表記されているが、ここでは便宜的に「話」を使う）。

同じ年の九月から始まる本放送の予告編でありながら、足かけ十九年の連載、それも不定期な連載のせいで、完結前に旧劇場版はおろか新劇場版の『Q』まで公開されてしまった。最終巻の単行本には、真希波マリとユイとの学生時代の関係が出てくる短編「夏色のエデン」が描き下ろし掲載された。ユイがかけていたメガネをマリがもらうエピソードで、「女子高生みたい」というユイに「当たり前でしょ」「16歳なんだから」と顔を赤らめてマリは返答するのだ。新劇場版で新しく登場したマリとユイとの心理的な「絆」が説明されていた。新番組を視聴するように誘導する役目から始めたマンガがそれとは異なる方向へと向かい、並走しながら人気を支えたのである。

マンガ版は、公式ストーリーの扱いでもあり、「エヴァンゲリオン」全体の解釈や考察の根拠ともなってきた。独自の展開や掘り下げがなされ、エピソードの内容も変更や削除されている。設定などが新劇場版などのアニメーション本体にフィードバックされ、マンガ版の設定や説明が少なからぬ影響を与えた。完成したアニメ作品を一方的にコミカライズした内容ではないのだ。

こうした貞本マンガのアニメへの立ち位置は、ヘッドギアによる『機動警察パトレイバー』のアニメとマンガとの関係に似ている。ヘッドギアの中心であるゆうきまさみは、マンガ版を『少年サンデー』誌上に一九八八年から九四年にかけて連載した。OVA版（一九八八―九）の発売開始とともに始まったが、テレビ版（一九八九―九〇）が放送されたあとも続き、独自の色合いを強めていった。★1
貞本のマンガ版では、アニメの見せ場である戦闘シーンなどの取捨選択もなされた。典型的なのは、20話「アスカ、来日」でアスカとシンジたちが初めて出会うエピソードの改変である。彼らが対面するのは、弐号機を運んできた国連海軍太平洋艦隊の航空母艦オーバー・ザ・レインボーの上ではない。★2そのため、ミサトが計画を立案する話も、シンジとアスカがいっしょに弐号機に搭乗する展開も欠けてしまった。

マンガ版は冒頭の七頁にわたって、新横須賀沖で弐号機が使徒を撃滅するようすが描かれる。じつは記録映像で、ミサトとリツコがモニターを見ながら「うわさ以上の実力ね」とアスカを評価していた。シンジとレイとは映像でセカンドチルドレンの存在を知る。しかし、休息のためにホテル滞在中のはずのアスカは、抜け出してゲームセンターで遊び、思い通りにならないUFOキャッチャーを足蹴にしていた。そこでシンジたちと出会うのだ。アスカはスカートを下から覗こうとしたトウジに見物料だと金をせびり、さらに柄のよくないゲームセンターの客と派手な立ち回りまで演じる。店員に警察が呼ばれたので逃げ出した。次にネルフの入構機を蹴飛ばしているアスカはシンジと出会うが、ミサトたちの前で別人のようにふるまうアスカにシンジは呆れてしまうのだ。

アスカの身体を使った暴力性はマンガらしくコマの枠いっぱいに使って誇張されているし、シンジがアスカに対して抱く感想の表現もテレビ版とはかなり異なっている。そして、キャラクターどうしの関係がより対等でもあり、別の印象を与える。マンガ版の20話「アスカ、来日」が掲載されたのは『月刊少年エース』一九九七年一月号であり、テレビ版の本放送はすでに終了し、ネタばらしという非難が生じるはずもなかった。むしろ読者は別の「エヴァンゲリオン」を楽しむ余裕がもてたのである。このように貞本によるマンガ版は、アニメを単純に絵解きしたわけではなく、見開きで構成されるマンガという表現媒体に合わせた展開を選んでいる。

庵野は、マンガが有利なのは、最初のコマで教室などの居場所を明示したら、その後はキャラクターの背景が白や黒でも誰も怪しまない点であると話していた［小黒：三三六―七頁］。「エヴァンゲリオン」は『サザエさん』のようなギャグアニメでないので、リアルな背景画を特徴とするアニメとして、安易な省略はできなかった。庵野がマンガ的アニメ表現にチャレンジしたのが、監督をやった『彼氏彼女の事情』だった。そして、庵野が監修をつとめたガイナックスの鶴巻和哉監督によるＯＶＡ『フリクリ（ＦＬＣＬ）』（二〇〇〇―一）は、背景を極端に省略し、マンガの止め絵風を多用して、表現の実験もおこなっていた（ＡＴＧの大島渚監督の『忍者武芸帳』の手法でもあった）。

すぐれたアニメーターでもある貞本は、ＥＶＡや使徒の動きの描写と作品内に占める分量のバランスを計算している。単行本の表紙やカラー頁を除くと白黒だけで描くしかない限界を踏まえていた。プラグスーツやＥＶＡへのカラーリングなどの色による情報による伝達ができないのだが、それを逆手にとり、心理描写のためにとりわけ背景に白を使ったコマを多用することで描かれる。また、キャラクターデザインを担当しただけあり、キャラの顔や行動がコミカルでもシリアスでも、一貫性を感じさせるのだ。これも作画監督や原画担当によってタッチが変化するアニメ版との違いでもある。

ただし、貞本がテレビ版のキャラクターデザインを担当しても、内容に深く関与したのは第六話までで、その後マンガ版が忙しくなり手を離れ第弐拾四話「最後のシ者」のレイアウトだけ手伝った［スキゾ：二二九頁］。新劇場版四部作に関しても、『序』では作画監督をつとめたが、最後の『シン・エヴァンゲリオン』ではキャラクター原案とされ、関与は希薄である。マンガ版の完結で「エヴァンゲリオン」との関係に終止符がうたれたのだろう。マンガ版は連載完結までの時間経過もあり、それぞれの時点でのアニメ版とマンガ版と相互の影響関係もあるので、並走した「別の物語」として位置づけるのが相応しいのである。

◉出発点の違い

「アスカ、来日」のエピソードの扱いからもわかるように、アニメ版との相違は数多く存在していた。テレビ版の第壱話「使徒、襲来」にあたるのが、最初の三話である。両者を比較するだけでも、出発点での違いが明確となるし、ズレはむしろ拡大していくのだ。

1話は、いきなり一頁の大ゴマで、電車のドアに身を寄せるシンジが主観的な感慨を述べるところで始まる。学校の「将来の夢」という作文に、「僕には将来なりたいものなんて何もない」「夢とか希望のことも考えたことはない」などと書いて教師に叱られた、という回想が登場する。シンジの横顔が映るドア窓の向こうには空の青さがにじんでいる。

続く二頁の見開きでは、色を引き継いで、青い水中に沈んだ東京などの都市の廃墟と魚影と悠々と泳ぐ使徒の姿が描かれている。「西暦2015年」と「STAGE.1 使徒、襲来」の表記があるだけだ。テレビや映画で見るアップとは異なるフレームそのものが大きくなるマンガの特性を十分に利用して、使徒がまるで海洋生物と見紛うように描かれていた。[★3]

第三使徒が襲ってくる真下で、シンジはミサトの車に拾われる。しかも、レイの零号機が登場して戦うなかを車が走るのである。アニメ版の第壱話では使徒とＥＶＡが戦うところはなかったが、これは企画書の設定を利用しているのだ。箱根の山中で電車が緊急停止し、使徒と零号機の戦いを目撃し、葛「木」ミサトに出会うという企画書の第１話に近いのである。先行作品としてマンガ版を読んでから本放送の第壱話を観た視聴者は展開の違いを感じたはずである。

一九九一年の湾岸戦争で有名になった巡航ミサイルが使用されるが使徒には効果がなく、さらに登場したレイの零号機が苦戦するようすに、ミサトはＮ２爆雷の攻撃を予想して逃げ出すのだ。そして国連軍（つまり多国籍軍）の究極兵器でも使徒を倒せずに、ネルフへ権限が移行するのである。初号機を再起動させるが、パイロットがいないという不満の声に、ゲンドウはシンジが本部に入ってきたのを確認して「たった今予備が届いたばかりだ」と告げるのである。

２話「再会」で、シンジは十年も伯父夫婦のもとに放って置かれたゲンドウへの不満をもらしながら、最終的に初号機に乗ることになる。初号機は箱根という温泉地を舞台設定にしたせいか、プールのなかに浸かっていてシンジたちはボートで向かうのだ。ＥＶＡに乗るようにゲンドウやミサトに責められ、包帯姿のレイを見て乗り込む決意をする。マンガ版との最大の違いは、使徒が天井都市を脅かして、落下物があったとき、初号機がシンジを守ろうと手を差し出す場面を欠いていることだ。インターフェイスなしにシンクロするようすを見て、最初シンジを使うことを疑問視していたミサトが成功するのではないかと勝算を踏んだのである。

ところが、初号機とシンジにシンクロ率が高く特別な関係をもつことは、マンガ版では最初から表現されてはいない。マンガ版では徐々に初号機とのつながりを読者は知っていくのである。この丁寧な謎解きがマンガ版の魅力であり、見方を変えると、アニメのように説明せずにイメージを高度に集積する手法に頼らないので、物足りなさを覚えるかもしれない。だが、わかりやすい筋道をつけた点で、「エヴァンゲリオン」というアニメを素材にした二次創作のお手本にも見えるのである。しかも貞本は庵野と異なり、「逃げていい」という判断の持ち主だった［パラノ：一九二頁］。

◉削除された使徒たち

マンガ版では、ＥＶＡと使徒との戦闘場面が整理され、数も減らされた。結果として、第8使徒サンダルフォン、第9使徒マトリエル、第11使徒イロウル、第12使徒レリエルが削除され、全体で十三体に減っている。そのため十三人目の使徒がカヲルとなるが、これは不吉な数である十三をめぐる暗合を狙ったのだ。しかも、新劇場版で使徒の数が整理されるヒントとなった可能性も高い。新劇場版では十三体だが、『破』でオリジナルの二体が登場して、整理されただけでなく、テレビ版との違いが大きくなっている。

マンガ版で四体の使徒とそれにまつわるエピソードが割愛されたことは、全体の構造にも影響を及ぼしている。第8使徒のサンダルフォンは、浅間山の火口に潜んでいた。戦闘後の温泉でミサトの傷をアスカが目にするのだが、その場面はなくなってしまう。第9使徒マトリエルは停電に乗じて襲ってくる使徒として、第拾壱話「静止した、闇の中で」で活躍した。阻止したのは、シンジたち三人の行動だった。ネルフ本部が停電する話は、マンガ版は31話「ネルフ、停電」となり、たんなる物理攻撃のサボタージュとなった。その暗闇のなかで秘密をさぐる工作が進んだわけである。

前の二体の削除に比べると、あとの二体の削除はもっと心理的な描写の多用とつながる。第11使徒イロウルは第拾参話「使徒、侵入」で登場するが、マイクロマシンのような目に見えないサイズのものだった。汚染が進んだのを阻止するためにMAGIが自爆のカウントダウンを始める。リツコがプログラムに介入して、カスパーが使徒に勝って自爆を解除する話となっていた。これは、アダムとリリスを接触しようと試みるゲンドウをリツコが阻止する際に、MAGI（＝死んだ母）が裏切るエピソードの伏線だったが、これが消えてしまったのだ。

第12使徒レリエルは球体型で、ディラックの海にシンジを飲み込み、内面世界を見つめさせた。これは日数の経過も見せ所なのだが、まさに機械的に時間が流れるアニメだからこそカウントの表現が意味をもつのだ。そこでマンガ版では目覚めた初号機からそのままエントリープラグが射出できずに、シンジが内部に漂っているという展開になった［48話「消滅」］。EVAそのものが使徒と同じ働きをするのである。そして海を脱するイメージをもつことで、シンジは初号機の外にようやく出てくることができたのである。1話から始まる海と子宮を結びつけるイメージの働きが、「出産」か「洗礼」のように働くのである。

そして、二つの使徒とそれに絡んだエピソードを大幅に削除したせいで、3号機に乗るフォースチルドレンとなったトウジをめぐる話が全面に出てくることになったのだ。

◉シンジと仲間たち

貞本エヴァが庵野エヴァとの決定的な違いを見せるのは、たとえば27話「パーティー」である。使徒を削除したことによって、宙に浮いてしまったテレビ版のいくつかのエピソードをまとめている。削除した部分を縫い直して、別のものに仕立て直しているが、この手法はリミックスともいえる。

中間テストの対策勉強をするという口実で、ミサトと暮らすシンジのもとにトウジとケンスケが押しかける。ところが、アスカが同居のために引っ越してきたことがわかる。そして、ミサトが一尉から三佐に昇進したのをケンスケが発見する。そこで急遽、昇進と引っ越しの祝賀パーティーとなる。これはテレビ版第拾弐話「奇跡の価値は」での「御昇進おめでとう祝賀会場本日貸し切り」にあたっている。

そしてケンスケ主導で焼き肉パーティーが開かれるのである。魚や肉が苦手な庵野に見せつけるように、ソーセージや焼肉がプレートの上に載っている。さらに、アスカに呼び寄せられたヒカリが花束をもって参加し、加持が訪れるのである（テレビ版ではリツコもやってくるのだが省かれていた）。ミサトはアスカに対して、義理の両親の前ではないので「ムリしていい子にならなくてもいいのよ」と助言する。みなで騒いでいるのをシンジは「大勢で集まって騒いだりするのは生まれて初めてだった」と感想を述べるのだ。

この原型となっているのは、アニメ版でも、たとえば「夏エヴァ」の第26話で「でもぼくはもう一度会いたいと思った。その時の気持ちは、本当だと、思うから」というシンジのセリフとともに映る、Vサインをするシンジを中心に大勢が集まっている記念写真である（ただしレイの顔は見えず、シンジの向こうに髪が見えるだけだ）。画コンテには「#15頃の明るい時代に撮ったもの」という註記がある。どうやら第拾伍話「嘘と沈黙」あたりまでは、互いに仲間として絆が結ばれていたという設定なのである。

マンガ版でこの仲間が解体してしまうのは、シンジが使徒となったEVA3号機もろともトウジを殺してしまうことになったからだ。「パーティー」にアスカに呼ばれたヒカリは、その後シンジにトウジへの関心を漏らす。そこからアスカは強引な恋愛指南をするのだが、その際にトウジへの弁当作戦を提案したのはシンジだった［35話「光《ヒカリ》、そして影」］。そして、ヒカリは下校するトウジを待ち伏せていたが、EVAに乗ることを承諾したことで考えが揺らいでいるトウジは「もう少し仲ようしようや」と言うのだ。トウジが休みとなったので、ヒカリがシンジに押し付けた弁当には、トウジを象ったマスコットが入っていた［36話「ギフト」］。これはまさに届かない贈り物となってしまった。そして、その頃トウジの3号機は使徒へと変貌してしまい、シンジが呼び出され、戦うことになった。

トウジの死後、校舎の上の階にある教室から、ヒカリはケンスケと共に、シンジがカヲルともめて去ってしまうようすを見る。そして「よかった」とヒカリが口にする［58話「拒絶」］。驚くケンスケに「碇くんがこの教室に来ても」「もうもと通りの」「友達じゃいられない気がするもの…」とヒカリは理由を説明する。ヒカリはトウジの死の真相を知っているのだ、と判明して、ケンスケが横顔をまじまじと見つめるのである。

ヒカリは学級委員長という立場から平静を装ってはいるが、思いを寄せていたトウジの殺人者としてのシンジへの憎悪と、使徒を倒したヒーローとしてのシンジへの感謝との間で心は揺れている。他ならないトウジの妹が初号機による防衛のための都市破壊に巻き込まれて怪我をしたのだ。そして、妹を高度の治療のために大学病院へ転院させることを条件として、トウジはフォースチルドレンとなる提案を受け入れた。けれども自分が抱える不安を訴えた相手であるシンジによって、3号機の試験中に殺害されたのである。

因縁とともに二律背反する気持ちが絡み合うなかで、ヒカリは感情を吐き出す場もなくて、ひとり苦悩していたのだ。ヒカリの引き裂かれる心情は、大月プロデューサーから子どもの死を描くなと厳命されていたアニメ版では、描き出すのが不可能だった。貞本によるマンガ版は、このように細部のキャラクターの関係性を大切にすくい上げているのである。

2 キャラクター間の距離

◉アスカとの関係

「エヴァンゲリオン」の物語で鍵を握るA.T.フィールドの正体は、「誰もが持ってる心の壁だ」とカヲルはシンジに返答する［73話「辿りついた境界線」］。それが具体的にどのような原理に基づくのかは、この物語世界を成立させている「原理＝約束事」なので説明されはしないが、どのように作用しているのかに関しては随所で描写される。マンガ版で中心となるのは、どのように心理的な距離が築かれ、解消されるかをめぐる話である。

27話のパーティーの場で、アスカはシンジと同居する理由は、いじめることでストレスを解消するからだ、と公言する。その前に、二つに分裂した使徒を倒すために、初号機と弐号機の同時攻撃をするために、シンジとアスカはユニゾンのためのダンスの練習をツインベッドのあるホテルで実行する［24話「不協和音《ディソナンス》」］。アニメ版ではミサトのマンションだったが、監視カメラ付きの部屋となる。練習中にアスカは、ゲンドウと会ったときの態度から、シンジが「ファザコン」だと問い詰める。

アスカ本人は、父親が不在でも悲しくないと虚勢を張る。自分は精子バンクから買った一流の科学者の精子と、一流の科学者の母親の卵子との人工授精で試験管のなかで生まれたと説明する。いわゆる「試験管ベビー」なのだ。しかもアスカの母親には、「あの女だけには負けたくない」というライバル心をもった相手がいたのだ。功名心もあり、接触実験によって精神が錯乱し、アスカではなくて人形を自分の娘だと錯覚してしまう。最後には自殺してしまうのだ。ドイツから運ばれてきたＥＶＡ弐号機にその魂の一端が入っていても不思議ではない、という設定だった。

「試験管ベビー」として、マンガ版のアスカは、ユイの複製であるレイと近い存在なのである。ＥＶＡの搭乗者が巧妙に仕組まれた子どもたちであるのは、シンジも同じである。形而上生物学者として優秀なユイは、自分の子どもに未来を託すためにＥ計画を遂行したが、それにはゲンドウという「種」が必要だったのである。例外に見えるトウジと3号機には濃厚な関係がないからこそ、使徒に安易に乗っ取られることになったのだ。

そして、シンジとアスカとの関係は「夏エヴァ」とは異なる。ゼーレがネルフ本部に攻撃を仕掛けてきたとき、アスカは弐号機のなかで母親を見つける。接触によって、吸い取られていた本物の「ママ」だった。そのため錯乱した母親が偽物だと判定するのだ。それによって意識が回復し、A.T.フィールドを全開してネルフ本部を襲ってきた国連軍を撃退する。さらにゼーレが投入した量産型EVAにアスカの弐号機がやられたときに、シンジは初号機で助けに行くのである。「まったくトロいんだから」「バカシンジ」と言われる［85話「裏切り」］。

ところが、倒したはずの量産機が二体のEVAを襲うのである。誰も死なせはしないとして、「母さん」「僕に「力を貸して」と念じるとシンジの乗った初号機が本格的に覚醒し、光の翼が生えることになる。その後は、シンジの口からアスカとの関係が言及されることはない。サードインパクトでも、アスカのもとに訪れたのは加持だったのだ［91話「光還る処へ」］。シンジにとってアスカは覚醒のきっかけでしかない、という扱いなのである。

◉レイが抱える距離

27話のパーティーに呼ばれなかったように、レイは単独の存在としてマンガ版では描かれた。ところが、アニメ版ではセリフや行動以外に手がかりが乏しいレイだが、マンガ版ではレイの主観のナレーションがときおり入るのである。それが、エンディングの巨大化するレイとシンジが対話をする場面へとつながっている。庵野がレイへの関心をもったのはヤシマ作戦までだったことを告白している。それに対して貞本のマンガ版は、レイの関心を最後まで持続させている。レイを包帯姿にしたのが貞本のアイデアであり、それだけ思い入れのあるキャラクターなのである。

学級委員長であるヒカリに頼まれて、プリントを届けるために訪ねていったシンジに、レイが紅茶を入れてくれる場面がある［29話「墓標」］。慣れない作業にやけどしたレイの指を、あわてて冷やすのをシンジが手伝うのだ。これはゲンドウの行動の反復である。父と子をつないでいるのが、レイの向こうにいるユイであることがはっきりとする。

シンジがゲンドウに、明日が母親の命日である、と電話をするが、相手にされないので一人で出かける。ところが、ゲンドウはすでにやってきていた。そしてゲンドウが墓地から本部へと戻るヘリコプターのなかにレイがいる。そこまではアニメ版と重なる。だが、隣の席に座りながら、ゲンドウはレイの身体の調子を質問するのだ。でも、「話すのは仕事のことばかり…」「私のことを気づかってくれているようでも本当は他の人のことを思っている」とレイは心の中で思い、自分がユイのダミーでしかないことを理解している。「何も始まっていないのは「私のほうだわ…」とレイはつぶやくのだ。

レイにとってゲンドウが命令を与える擬似的な父親だとするならば、そこには上司と部下、親と子をめぐる葛藤がある。しかも、彼女のライバルとなるのは、他ならない自分の「母型」であるユイなのである。シンジが慕い、ゲンドウが大切にしてくれるのも、それが理由であり、しかもいざとなれば、母型からコピーをたくさん作ることができるのだ。

シンジが初号機のなかで漂っている間、ユイと錯覚したゲンドウから撫でられる手をレイは拒否する。「私の中にはいつも」「わら人形のようにぽっかりと空っぽの部分があった」と回想する。そして、空洞を埋めてくれそうなのが、これまではゲンドウだったが、シンジになっていると悩むのだ［50話「心の中へ…」］。レイの側の心の変化を描いているのだ。これは最後の巨大化するレイを導く伏線ともなりえる。

ところが、レイとユイとの距離を物語るものとして、初号機に搭乗して、そこでレイは黒い人影のように潜むものと出会っていた［28話「傷跡をたどれば」］。レイの「碇君のにおいがする」というのはこの黒い人影の存在を含んでいて、だからこそレイはその後、搭乗すら拒絶されるのである。レイをシンジから遠ざけているのはＥＶＡ初号機そのものだった。マンガ版はレイとシンジとの関係を緻密に描いているので、レイのファンは、主観の声をもち、さらに母型であるユイとぶつかるコピーのレイのあり方に、アニメ版以上の共感を覚えるのだ。

◉代理の父としての加持

マンガ版は、テレビ版の企画の段階で少年を主人公にするアニメを作りたいと願っていた貞本が、物語を「リミックス」した結果かもしれない。そのため庵野エヴァとの違いが、とりわけ男のキャラクターの扱い方に濃く出ているのである。加持、カヲル、ゲンドウとの関係がずいぶんと異なるのである。

加持は、シンジを拒絶するゲンドウとは異なり、ときにはシンジを叱咤激励する「代理の父」の役目をはたす。しかも、加持とゲンドウはゼーレの裏をかく点で共通の利害をもっている。胎児となってベークライトで固められたアダムをゲンドウのもとに運んできたのも加持だった。そして、加持はシンジをアクアリウムに誘うと、父親ゲンドウやゼーレの組織の話、さらには死海文書やサードインパクトといった全体の設定について解説するのだ［33話「アクアリウム」］。そこでじつはEVAに消失したユイの実験を目撃していたのを思い出させる。「僕はエヴァを知っていた」とシンジは確認するのだ。まさに抑圧していた記憶がおぞましい不気味な存在として回帰してきたのである。このように、加持はゲンドウの行動をスパイし、同時にゲンドウの隠れた動機を知る手がかりをシンジに与えているのだ（このアクアリウムが新劇場版『破』での「海洋資源保存研究施設」となったし、押井による劇場版『うる星やつら2』のラムと夢邪鬼の水族館での出会いの場面とつながる）。

そして、使徒となった3号機の搭乗者であるトウジを殺害してしまったことで、シンジはネルフから離れてしまう。そこに襲ってきた使徒中で最強とされる使徒ゼルエルと零号機と弐号機が戦うなかで、加持とシンジはシェルターへと避難する［43話「尋問」］。全体の半ばとなるマンガ版第7巻「男の戦い」は、同じタイトルのテレビ版の第拾九話同様に大きな転換点となった（フィルムブックでも一巻丸々の扱いとなった）。そこでシンジとの出会いの場として前回のアクアリウムに対して、避難シェルターを用意したのだ。

テレビ版では、弐号機の首が切断されたのを知り、シンジはシェルターの外へと出る。そして加持がスイカなどを栽培している畑で出会うのだ。背後では弐号機が沈黙し、零号機が特攻攻撃をして倒れるのである。加持は「君には君にしかできない、君ならできることがあるはずだ」「自分で考え、自分で決めろ」と諭《さと》した。これが「僕は、エヴァンゲリオン初号機のパイロット、碇シンジです」とゲンドウに宣言することへとつながるのである。

ところがマンガ版では、シェルターのなかで加持の十四歳だった子ども時代の体験をシンジに語らせるのだ。セカンドインパクトは、氷が溶けて水面が二十メートル上昇して、人口が半減するほどの被害を地球に与えた。その後の混乱に関して、アニメ版では、冬月が職を失ってあやしげな診療所で働いているとか、高齢の中学教師の口から教科書的に語られるだけだった（庵野が育った幼少期に戦後体験を語る大人たちの口調に似ている）。どれもすでに大人となった者たちの視点からの語りにすぎない。

それに対して、マンガ版の加持は、シンジと同じ十四歳でセカンドインパクトの「災害孤児」となり、弟や仲間とともに政府の施設を脱出して、自分たちで物資を調達して暮らした体験を語る。ある日加持が単独で軍の食料倉庫に盗みに入ったところを軍の大人たちに発見されて銃を突きつけられ、仲間に関する情報を売ることが求められた。加持はなんとか逃げ出すが、発見したのは弟たちの死体だった（こうした加持の辛い体験が『シン・エヴァンゲリオン』でのトウジの「生き延びるためになんでもやった」という発言とつながる）。

加持は「弟と仲間の命を犠牲にして」「俺は生き残ったんだよ」と負い目を語る。セカンドインパクトの謎を解き明かすスパイ行為への加担も真相を知りたいという理由からだった。そして、ミサトも父親の死を目の当たりにして、同じだとみなし、シンジも同じだと加持は主張する。シンジはトウジを殺害した初号機をゲンドウのせいだと責任を回避しようとする。だが、加持は、ひょっとしてシンジが自分で闘うことを決意したらダミープログラムにならず、トウジを殺さずに済んだかもしれないと指摘する。このように加持、ミサト、シンジの三者の心の負い目を重ね合せたのが、マンガ版の特徴となる。

しかも、加持がその説得をしている間に、アスカが使徒に襲われている場面が挿入される。アニメ版でアスカの弐号機が沈黙したあとで話が進むのとは異なる効果をもたらす。アスカが加持に大人の魅力を感じてつきまとっていたことを踏まえると、加持がシンジに話す過去を知らないままで、彼女がサードインパクトを迎えたことに意味があるだろう。アスカの負い目と加持の負い目は重なる部分があるのだが、その苦悩を知らないままで済んだのだ。

初号機が覚醒に至るプロセスも当然ながら変更された。シンジの不在で初号機にレイを乗せようとすると拒絶をするのだ。そこで、ダミーのエントリープラグを挿入するのだが、それすら拒否して初号機が求めているのが、ゲンドウではなくて、シンジであることが、モニター画面にたくさんのシンジの顔が浮かび上がることで描出される［45話「男の戦い」］。

ゲンドウが「これがお前（＝ユイ）の答えか」と初号機の拒絶にうろたえていると、そこにシンジがやってくる。シンジは加持の過去の説明を聞き、さらに「鈴原君の命は君の血や肉となり　君の命のなかに取り込まれたんだ」という言葉に同意していた。トウジの乗った使徒を殺害した初号機に、この時点でシンジが搭乗することは、初号機を覚醒させる儀式でもあったのだ。加持はシンジにとってダミーの父親とはなれないのだが、ターニングポイントを作ることはできた。それは、シンジが死者への負い目が作る共同体に参加することによってだった。そして、ユイを喪失した負い目をもつ一員に、ゲンドウ、そして他ならない目撃者だった幼いシンジも入るのである。

◉フィフスチルドレン

テレビ版のオープニングアニメで、原画とはいえレイとともにカヲルの存在が予告されていた以上、いつ登場するのかが視聴者の関心の的となる。企画書には、第22話「猫と転校生」というエピソードがあった。「初登場の等身大人間型使徒（猫を連れた美少年）」と説明がある。だが、テレビ版では、カヲルは第弐拾四話で姿を見せ、すぐにセントラルドグマへの降下へと話がつながっている。ネコはリツコが祖母に預けているネコの話しか出てこない。「猫と転校生」というタイトルだけではどのような展開をたどるのかは想像もつかないが、マンガ版がひとつの可能性をしめした。9巻から11巻まで三巻にわたってカヲルは姿を見せる。

シンジは使徒となったEVAごとトウジを殺してしまったことに悩むが、アスカも自力で使徒を倒したことがない、と苦悩して弐号機とのシンクロ率が低下してしまう。弐号機の搭乗者としてタイミングよく代わりに送られてきたのがフィフスチルドレンのカヲルだった。シンジは学校に行かずに、廃墟で見つけた野良ネコと戯れている。そこに、音楽が聞こえてくる。十字架のような装飾が落ちていて、ステンドグラスが嵌《はま》った壁が残っているので、どうやら教会の廃墟のようだ。そこに立派なグランドピアノが置かれていて、カヲルが「第九」のメロディを弾いていた［57話「フィフス・チルドレン」］。これが雑誌に発表されたのは二〇〇三年であり、シンジとカヲルがピアノを連弾する演奏が話題になった『Q』が公開されたのは二〇一二年なので、イメージの元である。

そのあとで、カヲルがシンジのあとをつける野良ネコの首をしめて殺すショッキングな場面が出てくる。企画書では「猫を連れた美少年」とあるだけなので、むしろネコの愛好者に見える。ところが、ここでは、ネコ殺しであり、これはトウジを殺害したあとのシンジにとってショックを与える出来事だった。さらに「餌もないので、ほっといても死ぬだけだし、つきまとわれるのが困ると言っていただろう」とカヲルはにべもなく言う。そして、呆れたシンジは、レイと同じ空虚なものをカヲルに感じるのだ。

　このあとで、使徒アラエルが襲ってくると、アスカは精神汚染を受けて過去をほじくられて活動不能になってしまう。ゼーレとの会話のなかで使徒タブリスであることが読者に判明したカヲルが、弐号機に乗って使徒アラエルと戦いさえするのだ。使徒どうしでも手加減されずに、アラエルに襲われるのである。そこで、弐号機の代わりに、零号機のレイがロンギヌスの槍をリリスから抜いて使徒アラエルを倒すのである。これによって、死海文書に書かれていた順番が狂ってしまうことになる。

　テレビ版の第弐拾四話では、シンジとカヲルがいっしょに大風呂に入り、宿舎にいっしょに泊まる場面があるが、マンガ版でのカヲルとの身体接触はもっと濃厚である。シンジは、ミサトと顔を合わせたくないといって、長期間カヲルの部屋にいる。また、シンジが過呼吸の症状を見せたことで、カヲルがキスをする場面が出てくる[67話「ねじれた夜」]。シンジはカヲルを拒否するのだが、全般にBL的とさえいえるカヲルとシンジの関係を濃厚にしめすことになった。

　それだけカヲルと近くなったシンジだが、セントラルドグマに降りていったときに、A．T．フィールドは心理的な壁だという説明を受ける。シンジは「わからないよ」と否定し、使徒とEVAだけがもつものだとして説明を受け入れない。そして、去っていくカヲルを「渚ッ」「待てッ」と呼び捨てにするコマがある。これは庵野エヴァとの大きな違いだろう。アスカを「惣流」と呼ぶように、シンジと他のキャラクターとの関係のあり方はテレビ版と異なるのだ。そして、新劇場版でシンジとカヲルの関係をピアノの連弾や二人乗りのEVAという意匠を使って追求したのは、マンガ版の掘り下げへの応答なのである。

◉シンジとゲンドウの関係

碇シンジが碇ユイと旧姓六分儀ゲンドウとの間の子どもであることが、シンジが第3新東京市に呼び寄せられた最大の理由である。ゲンドウにとって、ユイを取り戻すのに必要な儀式を遂行する「道具」としてであっても、シンジはたんに自分の肉親であるだけでなく、選ばれて仕組まれた優秀な血をもっている存在であることが必要だった。ゼーレが初号機を依り代にしたように、ゲンドウはシンジを利用して、ユイとのコンタクトおよび再会を実現しようと考えたわけである。

シンジが周囲から偏見をもたれた細かなエピソードが書き込まれている。ミサトは、ユイの兄である伯父からシンジが転校したあとのようすを問い合わせる連絡がないと心配する。またシンジはかつて従兄から「お前の父ちゃん」「母ちゃん殺したんだって」と揶揄された体験がある［90話「夏の追憶」］。むしろ父の名誉を守ろうとして従兄と喧嘩になったのである。また、伯父夫婦は庭に一人きりになるための勉強部屋を作ったといって、やんわりとシンジを隔離するのだ［16話「棄てられた記憶」］。そして、シンジが古い自転車を拾おうとして、警察ざたとなる。そのときもゲンドウが迎えに来てくれなかったことをシンジは恨みに思っている。こうした境遇にあって、防衛本能で生きてきたシンジは、「私とわかり合おうと思うな」とゲンドウに突き放される。さらに、ゲンドウは「もう私をみるな」と拒絶し、「自分の足で地に立って歩け」とシンジに言葉を残す［32話「真実の深淵」］。シンジもそれがゲンドウの父親らしい最初で最後の言葉だと理解していた。

ゲンドウは掌のアダムとレイを使って物質化したユイと会おうとするが、レイには裏切られる。さらに裏切り者として撃ち殺したはずのリツコによって拳銃で撃たれる。瀕死の状態のときに、ユイがやってきて、赤ん坊のシンジを見てゲンドウが「生きて」と願ったことを思い出させる。

そしてサードインパクトの最後で、ユイはシンジを見守ると約束する。そして、シンジのもとにユイとゲンドウが並んで出てくる。「生きて」「自分の足で地に立って歩け」というゲンドウからのメッセージと、「太陽と月と地球がある限り」「大丈夫よ」というユイからのメッセージが並ぶのだ［95話「ありがとう∞さようなら」］。アニメ版ではユイからのメッセージは冬月に向けた言葉としてだけ登場していた。マンガ版は、二つのメッセージが複合し、シンジを見守る両親からの力強いメッセージを並列させているのが力強い。これは全体のエンディングなのだが、当然ながら「その後」というもうひとつのエンディングが待っている。

3 夏から冬へ

◉ 冬のエンディング

マンガ版と「夏エヴァ」との大きな違いは、サードインパクト後を扱うエンディングの内容にある。最終話「旅立ち」は、冬を舞台としていた。「永遠の夏」のせいで、セミが鳴き夏服しか登場しないアニメ版とは対照的な世界となる（四季の不在はもちろん庵野流のコストパフォーマンスの追求だった）。十四巻目となる単行本「旅立ち」の表紙は、マフラーにコート姿のシンジと意表をつくものだった。背景には雪にまみれた使徒の姿もある。そして恒例の見開きカラーページでは、シンジたち五人のパイロットがコート姿で並ぶのである。

物語展開は旧劇場版の「夏エヴァ」までの流れをほぼたどっている。だが、四季をなくしてしまい、セミが鳴き続ける八月十五日を「永遠の夏」のように閉じ込められているセカンドインパクト後の世界からの脱出がひとつの狙いだった。その伏線となったのが、90話「夏の追憶」である。巨大なレイに覗き込まれたシンジは、ユイに連れられた幼い日の思い出を蘇らせる。ユイがシンジを抱きながら「シンジが生まれる前は」「もっといろんな季節があったのよ」と語るのだ。そして冬になったら雪が降ったという思い出を語るのだ。そして「いつか」

「シンジに雪を見せてあげたいな」とユイは語るのである。その言葉が実現したのが最終話だった。

冬の朝にシンジは東京の高校へ受験するために電車に乗る。1話の冒頭で第3新東京市へ転校するために乗ってきたのとは状況がまるで異なる。ただ、寄宿舎のある高校に入学して、伯父夫婦から独立したいという望みをもっている。駅まで見送りにきた友だちも、地元の高校に通ってから東京の大学へ行くとシンジに言うのだ。

電車に乗っていると、途中で雪が積もって両手を水平にあげて十字架のように立つEVAの姿が出てくる。客席から「遺跡」と母親が子どもに教え、「いつから建ってるのか」「誰が何のために建てたのか」は学者にもわからないと説明する。「夏エヴァ」の第26話の最終部で、赤い海に立っていた量産型EVAの残骸ともつながる。遺跡とされるだけで、時代経過もサードインパクト以前との連続性も定かではない。

シンジが受験する「明城学院付属高校」がある東京は、松代にある首都の第2新東京市かもしれないが、セカンドインパクトを経験せず水没していない東京の可能性さえある。ただし、それだと伯父夫婦に引き取られた設定とはうまくつながらない。「おばさん」と携帯電話で連絡しているのである。不連続性を感じるのが重要なのだろう。1話の第3新東京市の第1中学への転校は戦いと苦悩の日々への導入だったが、最終話では新しい世界へと転校する物語が示唆されているのだ。

シンジは満員電車からプラットホームに降りられずにいたアスカを助けるため手を差し伸べる。そして「前にどっかで会ったことない？」と前世の記憶やタイムトラベル物で定番となる「デジャブ」のセリフを吐くのである。アスカはナンパの手口だと受け止めて、礼だけ言って去っていく。そこにケンスケに似たメガネの男が近づいてきて、同じ受験生だから「お互いがんばろう」と声をかけるのだ。シンジは、ミサトが首にかけていた十字のネックレスをぶら下げたかばんを手にして「がんばろう」「僕の未来は無限に広がっている」と受験会場へと進んでいく。

単行本では、反対側の頁にネルフのマークが掲載されていた。ネルフの標語として「God's in his Heaven All's right with the world（神、そらに知ろしめす。すべて世は事も無し）」というブラウニングの詩の一節が刻まれている。のどかに見える風景を詠っているが、その文言を文字通りに理解すると、ネルフが目指した世界が見えてくる。使徒が襲ってくるまでの十四年間に保たれていたかりそめの「平和」が、サードインパクト後に再び戻ってきたことをしめすのだ。「旅立ち」のシンジの世界を使徒が襲うのかは不明だが、遺跡となったＥＶＡとミサトのネックレスの二つがかろうじて「前世」のような戦いの世界と「現世」の受験生シンジの世界とをつないでいるのである。

◉天使たちの昇天

こうしたマンガ版の結末は、貞本なりの『機動戦士Ｖガンダム』の最終話「天使たちの昇天」へのオマージュに思える。庵野も『美少女戦士セーラームーン』とともに、『Ｖガンダム』をテレビ版制作前に研究したことを述べていた。ガイナックスのなかで関心が共有されていても不思議ではない。

最終話にかけて、巨大な心理兵器であり、二万人のサイキッカーたちを収容していたエンジェル・ハイロゥ（天使の輪）が解体された。しかもエンジェル・ハイロゥは、争っていた両陣営の兵器を飲み込むようにして宇宙の果てへと消えていくのだ。宇宙空間での戦いが終わると場面は一転して地上となり、雪がちらつき始めた晩秋の光景が広がる。エンジェル・ハイロゥが解体されたときに宇宙空間や宇宙船やガンダムなどの機体のなかに「暖かい光」がまさに雪のように降り注いだのだが、それが地上にちらつく雪とつながる。この趣向がそのままマンガ版で採用されたのである。

94話「掌」で、シンジの求めにレイがもう一度手をつなぐと、巨大なレイが解体していく。そして、頭や身体が粉微塵になると、「碇君」「私は」「砕けて」「散って」「すべてのものに降りそそぎ」と言う。むき出しになったネルフ本部のピラミッドや、第3新東京市の傾いたビルにレイが降り注ぎ始めるのだ。そして見開きで、全面に並ぶビル群に白いものが舞い散るなかで「待っている」「あなたが」「還って来るのを」と最後の言葉を述べるのである。これがユイの望んだような季節のある最終話「旅立ち」の雪景色へとつながっていき、破片となって降り注いだレイがそのまま雪となったようである。そして、「暖かい光」ならぬ「暖かい雪」としてシンジを包むようにさえ見える。彩色されたアニメではなくて、白黒印刷のマンガだからこそ、白い部分を効果的に使うことができたのだ。

『Vガンダム』では、ウッソとシャクティは孤児で赤ん坊のカルルマンを育てている。そこに、視力を失った「悪女」カテジナがやってきて、シャクティに道案内を乞うのだ。カテジナはウッソの初恋の人であり、彼の心を弄び、裏切った女性だった。シャクティはカテジナとの出会いをウッソには告げない。それでいながら、シャクティもカテジナも涙を流して別れ、最後に用済みとなったガンダムが画面に二体傾いた姿を見せ、雪がちらつくなかで全編が終了するのである（さながら地上のガンダムはこのまま『風の谷のナウシカ』で遺跡と化した巨神兵となる気配をもつのだ）。

「宇宙世紀」を冠するガンダムシリーズで、『Vガンダム』はもっとも遠い未来での出来事とされ、ひとつの世界線がそこで閉じている。最後のカットは、ガンダムが要らない世界のしるしであり、そのままEVAが要らない世界という発想へと結びつく。「夏エヴァ」では、赤い海のなかに立つ不要になったEVAは存在しても、死に彩られた世界であった。墓標の傍らに、シンジとアスカは取り残されていたが、互いに意思疎通を欠いたままだった。『Vガンダム』はその結末とは明らかに対照的に終わるのである。

『Vガンダム』の最終話に、戦争で亡くなった死者の十字架が並ぶ墓地をウッソたちが墓参りをする場面がある。そして、亡くなったオデロの墓にかけられていたクジラのペンダントを、恋人のエリシャが「寒くなるからペンダントはうちの方で預かるわね」「冬の間持っていたいの」と持ち帰るのだ。シンジがミサトの十字のネックレスをカバンにつけているのは、この場面を踏まえている。死者となったミサトの形見を、別の世界線のシンジが、それとは知らずに受け取っていたのである。もちろん両者のつながりを理解できるのは、二つの世界線の両方を見届けることができる読者だけで、まさにメタフィクションの構造を採用しているのだ。

マンガ版独自の世界観により、テレビ版、旧劇場版、そして連載当時は未完だった新劇場版のどれとも異なるエンディングを迎えたのである。『シン・エヴァンゲリオン』はマンガ版の終わり方を意識して、あえて別の展開を選択した可能性さえある。宇部新川駅で、大人になりプラグスーツではなくビジネススーツ姿のシンジは、マリに「さあいこう」と誘われ、手をつないで共に跨線橋の階段を上っていく。シンジは黒いビジネス用のカバンを下げているが、そこにミサトのネックレスはないのである。つまり『Vガンダム』の最終話で、カテジナを「卒業」してシャクティと暮らすウッソのように、シンジは「ネオンジェネシス」によって別の世界を選び取ったのである。その結末に『Vガンダム』からの流れを継承したマンガ版からのさらなる継承を読み取ることができる。

このように、たんなる循環や繰り返しとは別の結末をマンガ版はしめしていた。「夏エヴァ」がバッドエンドを選んだとしても、それとは異なる可能性を見せていた。しかも、そのためにテレビ版の最終話でのアスカとシンジが幼馴染というストーリーライン以外の選択肢を選んだのである。そして、エピソードを再編集して新しい素材を入れる、というテレビ版の第拾四話「ゼーレ、魂の座」のやり方の延長上に全体をリミックスしたのである。そして、庵野自身はテレビ版や旧劇場版、さらにマンガ版をも目にしながら、自分のテクストと向かい合うことになったのである。

◉註

（★1）また、『機動戦士ガンダム』でキャラクターデザインを担当した安彦良和が、ファーストガンダムの読み直しである『ガンダム　THE ORIGINE』（二〇〇一―一一）を発表したのも、貞本のマンガ版に触発された結果だった。ガンダムを視聴して影響を受けた世代が、作り手の世代に逆の影響を与えたのである。

（★2）映画『オズの魔法使』の主題歌からとられた「オーバー・ザ・レインボー」は国連海軍所属らしく、ヘリコプターなどにも米ソの兵器が転用されていた［フィルムブック3：二四―五頁］。

（★3）『未来少年コナン』のオープニングなどの水没都市のイメージを引き継いでいる。しかも、『海底二万里』やクトゥルフのアトランティスものを踏まえた海洋ものの系譜にあるのだ。そして、ゴジラが海中から襲ってきたように、怪獣特撮映画の系譜でもある。水中から襲ってくるのは、第3使徒のサキエルと弐号機が退治した第6使徒のガギエルだが、それ以降は空からの攻撃となっている。海戦から空襲へと変化しているのだ。

第10章

折れてつながるテクスト

Disruption and Reunite of the Story

1　整理から逸脱へ

◉再構築か新築か

二〇〇三年に「エヴァリニューアルプロジェクト」に基づく決定版となるDVDが発売された。これにより、テレビ版と旧劇場版の位置づけはほぼ定まった（以下両者を合わせて旧世紀版と呼称する）。そして、二〇〇六年には庵野秀明が主催するスタジオカラーが設立され、新劇場版四部作（前編・中編・後編そして完結編）の構想が発表された。二〇〇八年までに完結する予定だった。

『序』は二〇〇七年九月に公開されたが、先がけて「我々は再び、何を作ろうとしているのか?」と題した劇場用ティーザーポスターが準備された。決意表明が記載されていて、「自分の正直な気分」を定着させたい、「アニメーション映像」の本来の面白さを伝えたい、「疲弊しつつある日本のアニメーション」を未来へつなげたい、「閉塞感を打破」したい、「心の強さ」をもち続けたい、と願いが列挙されていた。それが「現代版のエヴァンゲリオンを構築する」ことにつながったと結論づけられていたのだ。

ポスター内に「「エヴァ」は繰り返しの物語」とする自己規定があったが、皮肉にも遅延や逸脱の繰り返しを予見していた。『序』に続く作品は、旧劇場版と同じく完成が遅れた。シンジがEVAに乗るのをためらったように、『破』は二〇〇九年六月、『Q』は二〇一二年十一月、完結編となる『シン・エヴァンゲリオン』に至っては、新型コロナウィルスの影響もあり、二〇二一年三月に公開された。

庵野は新しい作品を作るために、過去の作品の「情報を列挙して、列挙した後に分析、比較して、最後に結論」と検証作業を実行すると述べていた［小黒：三二二頁］。『美少女戦士セーラームーン』や『機動戦士Vガンダム』を念頭に置いた発言だが、新劇場版は当初「再構築（rebuild）」と名乗ったように、「世界観を再構築」する作業を自分の過去作品に当てはめたのである。『シト新生』にこめられていた「再生（rebirth）」が、あらためて問い直された。新劇場版は、テレビ版と旧劇場版の世界と極めて類似しているが、分岐して別の世界線が延びた物語と理解するのが妥当である。

旧劇場版までの「エヴァンゲリオン」は近未来を舞台にして、一九九五年当時の視聴者に「現実」とのズレを考えさせる作品でもあった。だが、新劇場版となると、これまでの「エヴァンゲリオン」そのものが参照される「現実」あるいは「手本」とみなされ、ときにはそのズレを楽しむ作品となっていた。『シン・エヴァンゲリオン』の「さようなら全てのエヴァンゲリオン」が、新劇場版だけでなく、旧世紀版やマンガ版も含む全てに対する別離の言葉として響くのである。

新劇場版に施された変更はすぐに了解される。まず使徒とEVAの数が大きく変わった。使徒はマンガ版のように十三までと減った。だが、開示された「死海文書」になく、ゲンドウたちにも秘密で月で建造されていたMark6 以降、EVAは量産型タイプも含めて大量に増えたのである。そして、「獣化」や「シン化」といった変身が成立するようになった。

とりわけ『シン・エヴァンゲリオン』では、ネルフの生み出したEVAがハルマゲドンの天使（あるいは悪魔）の軍団のように群れとなって、初号機を主機としているAAAヴンダーやアスカの新2号機やマリの改8号機に襲いかかるのだ。EVA対EVAの戦いへと移行した背後には、十三人の仮面ライダーが戦いあう『仮面ライダー龍騎』（二〇〇二—三）や、核兵器の無効化によって白兵戦が復活しガンダムが戦いあう『機動戦士ガンダム Seed』（二〇〇二—三）といった敵と味方の判別が困難になる状況を映し出した作品が台頭してきた状況とも連動している。

もはや冷戦期の「敵と味方とそれ以外の第三者」という区分では語ることができなかったのだ。9・11のテロリズムの背景にあるのがアメリカそのものだともわかってきた。アルカイダに資金や武器を与えて育てたのがCIAであり、CIAとFBIとのセクショナリズムの対立のせいで情報が共有されずに、被害が甚大となった。『Q』でヴィレが登場したのも、旧世紀版のゼーレとネルフの対立では描ききれないせいである。裏と表という安易な二項対立では説明がつかなくなったのだし、量産型を目指して開発されたEVAだからこそ、EVAの保有は一国三体までの制限があるバチカン条約を破って地球外の月を舞台に大量に生産できたのだ。これが核保有と核拡散禁止条約の暗喩であることは間違いない。

『破』で4号機の消失後に、アメリカから運ばれてきた3号機の起動実験をアスカが担当する。アスカの2号機は大破して改造されるのだが、バチカン条約のせいで使えずに代わりに乗ることになったのだ。この3号機が使徒となってしまうのだが、旧世紀版のトウジのエピソードがまるごと消失してしまったのだ。そして、シンジはアスカを3号機もろとも倒して殺すかどうかの決断を迫られた。けれども、戦うことを拒否したために、ダミープログラムへと入れ替わってしまった。

『シン・エヴァンゲリオン』で、アスカがなぜシンジを殴ろうとしたかの理由を問いただされ、シンジは自分の不決断が原因だったと返答する。「私のほうが先に大人になっちゃった」というのがアスカの決別の言葉だった。姿は変わらずに精神的に成長し、宇宙空間で停滞していたシンジよりもアスカは「深化」したのだ。

旧世紀版では、ゼーレの委員会のメンバーは当初アメリカやロシアなどの代表といった人間の顔をしたキャラクターだったのだが、途中でモノリスとなってしまった。新劇場版では、最初からモノリス内部の生命体という設定となり、しかも、冬月が電源を切ることで停止してしまった。『ふしぎの海のナディア』では、ネオ皇帝は電源で動いていて、ケーブルの長さが足りなくなり動かなくなる。そうした人工的な存在として扱う一方で、ゼーレのメンバーと自由に話せるカヲルは、『破』で月に訪れていたゲンドウと冬月がカヲルを見出したときに、宇宙服なしで月面にいた。しかも、「やあ　お父さん」と声をかけるのである。これがシンジの父親としてのゲンドウのことなのか、それともカヲルとの特別な関係がある暗示にもとれ、例によって謎を増やすのである。テレビ版同様に、リアリズムを棄てファンタジーと理解すべき設定が取り入れられ、現実還元をあくまで拒否して、物語内の一貫性や整合性が優先されるようになった。

そして、キリストがラザロを復活させた町の名に由来する「ベタニア」ベースや、キリストが処刑された丘の名前にちなむ「ゴルゴダ」オブジェクトといったキリスト教を連想させる言葉が盛り込まれ、また地獄の川をしめす「アケロン」のようなギリシャ神話から引用もある。それだけいっそう謎めいた仕掛けに満ちている。そして、シンジはチェロではなくて、ピアノを弾くようになり、しかも、『破』でカヲルとの連弾を披露するのである。さらに、ピアノ演奏は反応が想定内で収まるので好んだと『シン・エヴァンゲリオン』でゲンドウは告白する。旧世紀版に比べて、ゲンドウとシンジをつなぐ要素がまた一つ増えたのである。

新劇場版では真希波マリや加持リョウジ（二世）といった新しいキャラクターが導入された。『破』と『Q』における十四年の歳月の経過にもかかわらず、シンジやマリやアスカは年齢を重ねずにいたことを説明する「エヴァの呪い（呪縛）」という概念が都合よく導入された。結果として、トウジとヒカリだけでなく、ケンスケ（ケンケン）とアスカという組み合わせで終わるように思えるのだ。こうした変更は、作者本人がおこなっているので、セルフリメイクと当然視されている。もちろん「エヴァンゲリオン2」といった続編ではないのだが、ここまで内容や設定がズレているのならば、旧世紀版やマンガ版を踏まえた壮大な二次創作ともみなせるのである。

◉リメイクの流れのなかで

庵野が過去作品をリメイク、それもセルフリメイクした理由は、「この間にエヴァを超える作品がなかった」

ということだった（どうやら庵野本人の『彼氏彼女の事情』への評価は含まれていないようだ）。結局のところ「帰ってきたエヴァンゲリオン」とはならなかった。『ウルトラマン』が『帰ってきたウルトラマン』として作られたときには、対抗組織は科学特捜隊ではなく、怪獣退治を専門とするMAT（モンスターアタックチーム）になった。ウルトラマンに変身するのも真面目一本槍のハヤタではなくて、恋に悩み友人もいる一般人としての郷秀樹だった。ウルトラマンだけが共通で、物語の作られ方は異なっていて、のちに初代と区別するウルトラマンジャックという名前が必要になった。EVAという設定に異なる物語を絡めるというのは、すでにゲームを含めてパラレルワールド設定の作品があり、新劇場版はそれとも一線を画す必要があった。

しかも、二〇〇六年から八年にかけて「エヴァンゲリオン」をリメイクする計画そのものは単独の試みではなく、庵野周辺にも連動する動きが存在していた。リメイクのブームともいえる文脈が、「エヴァンゲリオン」のリメイクそのものを促していた。

庵野の盟友で、テレビ版以来『破』まで画コンテなどで「エヴァンゲリオン」に深くコミットしてきた樋口真嗣は、新劇場版と同時期にリメイク映画で監督をつとめた。二〇〇六年の『日本沈没』は、森谷司郎監督の『日本沈没』（一九七三）のリメイク作品だった。田所博士を中心に、政治的な読解がなされていた。森谷作品は自然災害の脅威だけでなく、日本列島改造論（一九七二）が流行した国土開発による激変への警告でもあった。樋口作品では、草彅剛を主人公にして恋人たちに焦点を当てる解釈となった。二〇一一年の東日本大震災を考えると早すぎたのかもしれず、それを踏まえたリメイクであれば、観点が異なっていたはずである（テレビドラマとして二〇二一年に『日本沈没――希望のひと』としてリメイクされたが、東日本大震災よりも、新型コロナによるパンデミックに重心を置いた解釈となっていて、日本列島の沈没の描写に賛否が生じた）。

そして、二本の黒澤明監督作品がリメイクされた。二〇〇七年には森田芳光監督の『椿三十郎』のリメイク作品が発表された。織田裕二を主演にして、脚本をそのまま引き継いで制作された。また、二〇〇八年には、樋口監督で制作された『隠し砦の三悪人 THE LAST PRINCESS』は、『隠し砦の三悪人』（一九五八）からキャラクターなどを借用して、松本潤主演で中島かずきのオリジナルの脚本を得て、ほぼ別物に書き直したものだった。この三本からだけでも、東宝がこの時期リメイク制作を後押ししていたことがわかる。

庵野監督自身も実写作品となる『キューティーハニー』（二〇〇四）を発表した。永井豪のマンガとアニメの延長上に、佐藤江梨子扮する派遣OLがじつはハニーという設定の作品となった。冒頭のうみほたるでの撮影は迫力をもったが、その後室内の場面が多くなったのは、予算の関係からだった。ただし、キャラクターをコマ撮りするアニメのような作り方を試みた。松尾スズキに依頼された「流星課長」でも、人間をコマ撮りして網棚の上を移動させるといった撮影を試みている。庵野は高畑勲並みに新しい技術を試そうとするし、実写とアニメとの関係についてたえず意識的であった。

同じ年には、庵野の『キューティーハニー』だけでなく、テレビアニメを実写映画化する流れが存在した。紀里谷和明監督の『CASHAAN』、那須博之監督の『デビルマン』が、二〇〇五年には冨樫森監督の『鉄人28号』が公開された。庵野作品を含めてどれもテレビアニメ以上の評価を得たとはいえないし、興行的にも振るわなかった。売上が制作費の一割という作品もあったのだ。庵野の『キューティーハニー』も惨敗となり、興行の失敗が原因で制作会社トワーニは倒産してしまった。劇場実写版がもつ可能性が追求されたが、リメイク作品でも人気や売上を確保することが必須となった。

さらに庵野版の『キューティーハニー』で特報を担当した石井克人監督が、『山のあなた〜徳市の恋〜』（二〇〇八）を公開した。庵野は石井監督の『茶の味』（二〇〇四）にアニメ監督役で出演したことがある。[★1]『山のあなた』は、草彅剛を主演に据えて、清水宏監督の『按摩と女』（一九三八）をカット割りなども忠実にリメイクした作品である。その後石井はガメラ生誕50周年記念映像となる短編の「GAMERA」（二〇一五）を演出した。「ギャオス来襲。」で始まる「予告編」を作品として発表し、CG特撮と父と子のドラマをからめて、CMディレクターらしく期待感を煽ったのだが、本編制作のプロジェクトは始動しなかった。

このように庵野周辺でのリメイクが続いたわけで、新劇場版が当初の予定通りに二〇〇八年に完結していたのならば、実写映画とアニメ映画の両方で、リメイクの意義や手法や経済効果を問い直す機会となったはずである。時代に合わせて、内容をどのように変化させるのか、物語のどの部分に焦点を当てて別ヴァージョンを生み出すのかも鍵となる。作品を立体的にとらえて、敵や脇の人物の視点から相対化するのも一つの方法である。「エヴァンゲリオン」も、新劇場版の後半でヴィレを持ち出したことで、ミサトと加持の物語が中心となり、ゲンドウをめぐるリツコ母娘やMAGIの物語は消失してしまった。視点が大きく変更したといえる。

これ以降庵野と樋口はシリーズ物のリメイク、というより仕立て直した「リ・イマジネーション」作品を手掛けるようになる。二〇一二年に『Q』と併映された樋口監督による短編「巨神兵東京に現わる」は、全国を巡回した「特撮博物館」展で、特撮のミニチュア撮影などメイキングを説明するために作られた本編だった。『風の谷のナウシカ』からキャラクターを借用して、災厄の予兆について弟の口から聞いた姉（林原めぐみ）が呆れていると、東京の上空に浮かんだ巨神兵が、東京を破壊していくのだ。

ゴジラシリーズの新作として、庵野総監督と樋口監督兼特技監督で組んだ『シン・ゴジラ』（二〇一六）は、単独ゴジラという原点に回帰するものだった。そのうえで3・11の原発事故を踏まえて、ゴジラを東京駅の前という象徴的な場所で凍結状態へと持ち込んだ。現状維持で課題を先送りしただけ、という批判もありえるが、ゴジラが世界に向かって飛散するのを止めたのは、最悪の結末をさけるひとつの選択肢だったのだ。そして、樋口監督で庵野脚本の『シン・ウルトラマン』（二〇二二）、さらに庵野監督脚本の『シン・仮面ライダー』（二〇二三公開予定）と「シン」を冠した実写作品がラインナップされている。それぞれのリメイクの意味合いや意図は異なるのだが、『彼氏彼女の事情』の第18話のサブタイトルを借りるなら「シン・カ」してきたのである。新劇場版の変化そのものが、リメイクをめぐる意識の刷新に裏打ちされていたのだ。

◉新劇場版とスクリーンの拡張

そもそも映画の歴史とは、リメイクを積み重ねてきた歴史でもある。★2 しかも、政治、経済、技術などのさまざまな理由で過去の作品はリメイクされてきた。なかでも、技術的な要因は作り手を刺激する。サイレントがトーキーに、白黒がカラーに、画面サイズが大きくなる、といった変化が生じ、ドルビーなど音響施設が整う、CG（Ⅰ）やブルースクリーンによる合成方法が導入されるなど、新しい撮影や合成の技術が登場するたびに表現の幅が広がるので、過去の作品のリメイクが検討されるのである。

とりわけ聖書を題材にした奇跡を描く作品は、宗教的なヴィジョンをもつスペクタクル映画としてリメイクされてきた。旧約聖書を題材とした『十誡』、『十戒』、『天地創造』、『ノア約束の方舟』と並べるだけでも、視覚的な効果が手になっていることがわかる。スピルバーグ監督が得意とする光のシャンデリアのようなＵＦＯが降りてくる『未知との遭遇』や失われた聖櫃《アーク》をめぐる『レイダーズ』などもＳＦＸを多用した宗教的なヴィジョンの作品として公開当時にはインパクトを与えたのだ。

こうした宗教的映画と結びつけて「エヴァンゲリオン」を考えると、新劇場版が十字や虹といったエフェクトや、ＥＶＡの上の天使の輪といった宗教的な意匠だけではなく、廃墟を生み出すニアサードインパクトやフォースインパクトといった災厄も描いていることが魅力的なスペクタクルを形成している。しかも音楽的効果も加わり、賛否は別にして、広く世界で受け入れられる下地を作っている。

新劇場版は当初から映画館で観るために制作された。テレビの放送コードの制約から外れただけでなく、映像的な表現力が高まったのである。テレビ版第壱話は「時に西暦2015年」という字幕で始まっていたが、『序』の冒頭カットとなったのは、赤い波が打ち寄せる渚の光景である。タイトルから「新世紀」が落ち、「ヱヴァンゲリヲン」の表記が採用され、「エ」と「ヱ」の些細な違いが、別の物語の宣言になっていた。しかも波が打ち寄せるこの光景は、全編に通底するイメージと認識され、これなしには、『シン・エヴァンゲリオン』の最後で、渚にたたずむシンジがマリの迎えを待つ場面は存在しえなかった。

「世界観の再構築」と宣言されていたが、テレビ版制作前に読んだと庵野が公言した光瀬龍の『百億の昼と千億の夜』の冒頭部分「寄せては返し／寄せては返し／返しては寄せる波の音のように」を踏まえた「繰り返しの物語」でもある。中島紳介は劇場版『イデオン　発動篇』の最後に登場する海が光瀬の作品を連想させ、さらに進化論などのテーマが『シト新生』へとつながったと指摘していた［「アニメ史上最大の問題作『伝説巨神イデオン』」：『このアニメがすごい』八二頁］。新劇場版は、それをもっと推し進めようとしていたのだ。

波が打ち寄せる冒頭のカットは既視感を与えるが、それも当然で、テレビ版から使い回されたものだった。画コンテには「BANK　4：3を16：9に上下につぶして使用」と註記がある。数字は画面アスペクト比であり、テレビの標準画面（映画のスタンダードサイズと同等）を、横長のビスタサイズ（アメリカンビスタ）へと変更する指示だった。旧劇場版だけでなく、新劇場版の『序』でも過去の原画が再利用され、バンクが活用された。ガイナックス内部で使用された画コンテでも、旧劇場版の段階で、描き込む画面の枠がすでにビスタ版を意識した大きさが採用されていた。「16：9」とか「ＨＤ」と予め印刷されたレイアウトの用紙が使用されている。

横長の枠を採用したことで、盛り込まれる情報量が変化し、レイアウトから背景画のサイズまで変化する。けれども、庵野はビスタサイズでも満足できなかった。さらに横長のアスペクト比となるシネマスコープコサイズを愛していると岡本喜八との対談で口にしていた。『ゴジラ』や『空の大怪獣ラドン』はスタンダードだったが、『地球防衛軍』や『大怪獣バラン』は東宝独自のシネスコで公開されたのである。庵野は東宝スコープを見慣れていたので、実写映画第一作となる『式日』も念願のシネスコで撮影された。

新劇場版も『Q』からはシネスコサイズで公開された。★3 四部作の前半と後半とで、十四年の時間経過による分裂した理由のひとつでもある。カラーの画コンテも、上に「カラースコープ　1：2, 35」と印刷され、ビスタ以上に横長の画面に合わせ描く内容も変化した。『Q』の「アバンタイトル（タイトル前）」の場面で、アスカとマリが、宇宙空間からシンジを奪還するUS作戦が描かれる。宇宙空間からの救出劇では、広い画面を利用して、改2号機の活躍を描いた。そして、『シン・エヴァンゲリオン』の、パリ市街戦では、マリの改8号機が横一列に並んだ MarK44B が横長に広がり、さらに折れたエッフェル塔を敵EVAに食らわす場面などに背景を含めた広角が利用されている。

そしてヤマト作戦では、アスカとマリが並んで降下し、次々と出会うネルフ側の使徒を倒していく。それが迫力をもてたのもシネスコサイズのおかげである。画面の大きさに合わせて見せ場や見せ方が変化した。『序』はテレビ版のサイズ感をまだ引きずっていたが、『破』から急速に物語が逸脱していくのは、表現手段を手に入れたからでもある。作品は条件に合う表現を追求する一方で、表現に合わせた物語へと内容も変化していくものなのだ。この相互作用のなかで、オリジナル性が高まっていくのである。

旧世紀版では、MACでフォントなどを自由に変更できたり、画像処理ができるようになったせいで、画コンテに指示がたくさん出てくる。編集作業が手元でできるようになったのだ。背景なども、看板やパソコンで作った素材を貼り付け加工し、動画のCGIによる作画は一般化した。総監督としての庵野はその組み合わせをコントロールしてきたのだ。

◉失ったものと見つけたもの

遺失物のように、人や魂や記憶を「見失った（lost）」としても、うまくいけば「見つかる（found）」かもしれない、というのが「エヴァンゲリオン」全体を貫く重要なモチーフとなっている。テレビ版第壱話では、機械的なアナウンスを除くと、ミサトの「よりによって、こんな時に見失うだなんて…」が最初のセリフとなったのは偶然ではない。しかも、ミサトは道に迷いやすく、ネルフ本部でも迷子になってしまった。何度もミサトはシンジを見失いかけ、同時に加持との関係でも自分を見失うキャラクターだった。他のキャラクターも同じである。ミサトはネルフという組織の一員として苦悩しているだけだった。

だが、『Q』以降ヴィレのAAAヴンダーを艦長として率いるとき、ミサトの面目が一新される。シンジの扱いに対して、距離を置く冷たさを見せるが、ネルフのEVAにシンジを奪われたときにDSSチョーカーを作動させることはできなかった。トップとしての判断を要求される地位についたということなのである。そしてパリのネルフ本部を奪還して改造パーツを入手してアスカの2号機のとマリの8号機のさらなる修理と改造を続けて、ゲンドウの野望を阻止するために戦い続けるのである。

ミサトは庵野が愛してやまない『宇宙戦艦ヤマト』の沖田艦長のように、地球へ帰還する使命の完了を前にして死ぬという展開をどこか連想させる。★4 しかも、ミサトは襟を立てたコートを模した艦長服を着こなし、サングラスをかけている。この描写は庵野が敬愛する高倉健のイメージも重なる。「立っているとさまになる」「背中で語れる」［小黒：三二九頁］と挙げていた。また、青函トンネルを扱った『海峡』では聖地巡礼をして、「ここに高倉健が立っていたのか」と感慨にふけったという［『エヴァンゲリオンと鉄道』：四六頁］。ゲンドウのもつ内面の弱さも含めて、ハードボイルドな雰囲気を庵野が拒否するわけではないことが重要だろう。

新劇場版では一見すると物語の行方を失ったかのような不連続が際立っている。それは新しい展開を見出す過程だった。観客を戸惑わせながらも、同時にファンには定番の展開に引きずられない魅力に映るのだ。その不連続を体現しているのが、『序』、『破』、『Q』それぞれの末尾に付けられた次回予告編だった。四作品を通して観ても、続きなのか、それとも飛躍した別の物語を観ているのかが不安となる。観客が物語の全貌を掴みかけたときに、その確信が失われてしまうのである。

『序』では、「次第に壊れていく碇シンジの物語は、果して何処へと続くのか?」とあおり、マリがメガネの位置を直す箇所は、画コンテでは「ゲンドウと同じ仕草」と指定がある。どうやら「めがねっ子」としてのマリの位置づけは定まっていなかったとも見えるし、ゲンドウとのつながりが予兆されていた。反響が大きかったので、『破』ではマリが仮設5号機に乗って、使徒を倒す場面で始まった。

次に『破』の予告編では、「果して生きることを望む人々の物語は、何処へ続くのか」とあおるのだ。そして、要塞都市が放棄され、ネルフ関係者が幽閉されるとか、目の色が違うレイがちびレイを従えて顔を見せるといった興味深いカットが連続する。ところが『Q』は十四年後となり、『破』の予告編にあった数々の場面がまったく見当たらない。そして、ロストしていたシンジをミサトの指揮のもとで宇宙空間から回収するところから始まった。『序』の冒頭が反復されたのである。これによって、四つの作品が二つに折れて反復されていることがわかる。

そして、『Q』の次回予告編は、CGIによるもので、「生きる気力を失ったまま放浪を続ける碇シンジ」とナレーションが入り、「赤い大地を疾走するEVA8+2号機」と説明されて、二つの機体が合成されたEVAが走り回って戦う。相手を投げるところなどの動きのキレが今一つだったのは、CGIの利用にまだ慣れていなかったせいだろう。画コンテには、詳細なカメラの位置と、複数の機体の位置関係が詳しく指定されていて、「イタノ」という板野一郎の署名が入っている。板野は庵野が最初の師匠と呼ぶアニメーターである「パラノ・九一頁」。観客は伝説の板野サーカスの展開を期待したはずだが、この場面そのものは『シン・エヴァンゲリオン』で登場することはなかった。2号機と8号機はつなぎ合わされずに、パリネルフ支部に封印されていた材料を使って、それぞれ改造され、ダブルで活躍するのだ。

もはや作品間の連続性は考慮されずに、予告が予告の役割を果たさず、観客の期待を裏切ることが大きかった。テレビ版の最終二話を体験し、さらに「春エヴァ」での物語の中断を知っているファンにはそれほど意外ではなかった。前田真宏は「でも終わらないのがエヴァ」という意見を漏らしていた「「さようなら全てのエヴァンゲリオン」」。

新劇場版では、『破』以降は、予告編そのものが加持の言う「ダミープログラムを走らせる」状態となっていた。この仕掛によって、四部作の前半で軸となるのは、ネルフとシンジの関係だったのだが、後半ではヴィレとシンジとの関係へと移行して、二つに折れている。

『序』は基本的にテレビ版をなぞったのだが、続く『破』では破天荒な展開へと向かった。そして、トウジの代わりにアスカが起動実験を担当することになった。さらにシンジがレイを救おうとしてニアサードインパクトを引き起こすという展開となる。過去を継承せずに破棄したのは、単純な物語上の要請だけではなくて、周囲の意見を取り込んだ結果でもある。新劇場版は、テレビサイズの物語を映画サイズに引き伸ばしただけではなかった。旧世紀版（テレビ版＋旧劇場版）と比べて多くのものを失い、同時に新しく見出していた。

◉使徒とEVA

使徒は固有名を失ったせいで「雷」とか「鳥」といった元の寓意がかなり消えてしまった。テレビ版の第3

使徒サキエルにあたる第4の使徒が、第3新東京市を襲うことで始まる。この順序のズレが、新しい展開への突破口となった。新劇場版の第3の使徒は、遅れて『破』の冒頭で、北極のベタニアベースの永久凍土に保管されていたが、マリが仮設5号機を使って退治する。加持が「ネブカドネザルの鍵」を持ち出す時間稼ぎのアリバイ工作で、ゲンドウに与えるのだ。旧世紀版ではゲンドウが手に入れたのは、胎児に戻ったアダムだったが、ここでは小さいが人間の姿を模した姿をしている。『シン・エヴァンゲリオン』の段階ではゲンドウは取り入れて、ミサトに銃で撃たれて脳髄が飛んでも、それを拾い集めて「人を捨てた」となじられる。それはアスカが裏コードを発動して、13号機の起動を阻止しようとしたときに、「人を捨てる」のに対応するのだ。

第7の使徒に新しく平和鳥（水飲み鳥）のモチーフが採用されたのは、テレビ版の原画を喪失していたという事情による。そのため、やはり第3の使徒と同じく新調されたのだ。ネルフのマークも、ロゴと標語の位置だけでなく、逆さまのリンゴと半分のイチジクの葉という、アダムとエヴァ（イヴ）を表すものが付け加わっている。やはりゼーレのマークもリニューアルされ標語が新たに付け加わった。

『Q』において使徒はもはやネルフが侵略を防ぐ相手ではなくなる。『序』の最後で月の上に並ぶ棺のなかから空気のない世界で目覚めたカヲルは「また、3番目とはね、変わらないな君は」と述べる。第3の子どもとしてのシンジを指すが、カヲルの言う「また」は示唆的であり、繰り返されてきたことが、クレーター内に並んだ棺から見て取れる。他の棺の蓋は開いていてそこから前のカヲルが抜け出したのである。しかも円環を描いているので、「生命の書に書き連ねている」間は、シンジもカヲルも繰り返しの出会いから抜け出すことができないのだ。だとすると、この新劇場版の物語は何度目の物語なのかということになる。その呪縛からの脱却が今回の主筋ということになった。

そして、月面では、ゼーレによって、Mark6が建造されていて、これはEVA6号機にあたるはずだが、名称が変わっている。「マークI」が第一次世界大戦で活躍したイギリス軍の戦車の名称である点を考えると、開示されている以外の外典に根拠をもつ武器としてEVAが建造されているのだ。そして、地球外にある月が、バチカン条約に違反しない外部の場所として浮上してくる。もはや月をめぐるモチーフが、加持がロマンティックに語った「彼方」などではなくて、より露骨で無粋な闘争の場になったことを告げている。

「エヴァンゲリオン」全体が、彼方に見失ったユイを見つけ出すゲンドウの物語であり、それに振り回されたシンジたちの悲喜劇といえる。亡き妻を求める男という存在は、ロマンティックな解釈も可能なはずなのだが、『シン・エヴァンゲリオン』で、「そんなの単なるエゴじゃん」と北上ミドリに吐き捨てられた。新劇場版の複雑な展開は、旧世紀版にあった要素が棄てられ、見失われ、あらたな謎や設定が見出されながら進行した結果なのである。

2　接続と連結

◉ネットワークと結縁

喪失や切断によってバラバラになった要素を結びつけるために、旧世紀版から用意されていたのが、ネットワークを視覚化するさまざまな「ライン」である。アニメーションが視覚的な情報の伝達を主とする以上、形状をもつ表現を取る必要がある。EVAやMAGIにまつわる電源コード、空を送電線とトランス、頻繁に顔を見せる鉄道、電話による通信などが作品のあらゆるところに存在している。もちろん、どれも日常的な光景とつながるものだが、庵野はコミュニケーションの問題を扱うために利用する。

『序』でも、シンジと初号機の神経接続は視覚化されるが、物理的なネットワークが心的なネットワークとして認知される。とりわけ、ヤシマ作戦で電力を全国から集めるという作業が典型的である。臨時の送電線や変電施設を二子山に用意するために、テレビ版では坂を上っていくトラックの群れがあり、新劇場版では、貨物を運ぶ列車が登場する。

「ヤシマ作戦」は『序』のクライマックスとなったのだが、東日本大震災時に東日本で不足する電力の援助の話が出た際に「ヤシマ作戦」が連想され、インターネット上でも話題になった。全国をしめす「八洲」という言葉の部分が人々の心に訴求したのだ。しかも、庵野自身が「屋島」だけでなく「八洲」も連想してくれ、とわざわざ指摘したほどである［フィルムブック5：二四頁］。全体は『帰ってきたウルトラマン』の第20話「怪獣は宇宙の流れ星」に基づくエピソードだったが、「エヴァンゲリオン」を経て一般化した。ミサトが指揮をして、シンジとレイが成功を収めた「ヤシマ作戦」に対応する「ヤマト作戦」が、ミサトが指揮をして、まずアスカとマリが突入して、血路を開いたのだ。もちろん、その後のシンジの単独行を手助けするのが目的であって、ヤシマ作戦のように使徒を倒して完了するものではなかった。

『序』の取材協力として東京電力の名前が入っているのは、仙石原付近の電力網を管轄する会社であり、「ヤシマ作戦」の全国の電力会社の担当範囲をしめす日本列島のカットがあるせいだろう。3・11の東日本大震災後の福島第一原発での事故を考えると、社会的な意味が付随してしまう。核兵器を連想させるN2爆雷などに対して、平和利用である原発の問題が入ってくる。クレーディトの第3村では、風力発電の巨大な風車は止まっているが、屋根に太陽光パネルを並べることで電力を賄っているようすは描かれ、東日本大震災以降のパラダイムを扱っていた。★5

レイがヤシマ作戦で口にした「絆」は心的なものだが、実際には物理的なラインやネットワークが社会の営みを支えている。コードの群れはもつれた関係や謎を表現するものとして、ＭＡＧＩや海洋資源保存研究施設の水槽、さらにはリリスを保管しているネルフ本部最深部などに姿を見せるのだ。

ネットワークを通じて集めるとは、そのまま分配することを意味する。『破』に出てきたEVAを送り出すリニアの転車台のように、あるいは第3村の転車台のように方向を変える必要がある。EVAの地上への発進さえも、どの地区へと分配するのかによって、あみだくじのように経路は決定されるのだ。これまでのロボットアニメや特撮でのメカの発進の単調さを破っている。そして、第3村では、ヴィレが作った支援組織のクレーディトにおいて、貨物を運ぶための列車が現役であることがしめされる。だが、どうやら電化はされていないようで、構内に架線はなく、蒸気機関車が姿を見せている。

人間関係のネットワークの場合には、誰かが複数の糸を結びつける「ハブ」の役割をしなくてはならない。その試みと失敗が、『破』でレイがシンジとゲンドウをつなげようと設定した食事会だった。そのためにレイは料理の練習までして、指を切って絆創膏を「赤木博士にまいてもらった」とシンジに告げる。シンジからもらった弁当箱を洗って伏せているなど、家事をしている場面がでてくるのが印象的である（これもマンガ版でシンジに飲み物を出そうとしたレイの行動を受けているのだろう）。

しかも、参加を確認するためにレイが選んだのは、「2号機パイロット様江」といった宛名を書いた手紙という古風なネットワークの手段だった。だが、レイの名案も、起動実験の失敗でアスカが乗った3号機が使徒とされたことで潰えてしまう。シンジとゲンドウがプライベートな会話を交わすのは、『シン・エヴァンゲリオン』のマイナス空間でEVAに乗って組み合って戦い、その後車両のなかで対面したときだった。つまり、コミュニケーションが破断したことで、新劇場版全体としては成立が持ち越されたのである。

◉異能者とシンクロ率

「エヴァンゲリオン」で数値化されるのは人間相互のシンクロ率ではなくて、あくまでもEVAとのシンクロ率だった。人造人間という設定で、たんなる機械や道具との相性というレベルを越えているのだ。だからこそ、早熟の天才で大学も終えて大尉となった、式波・アスカ・ラングレーは、レイを「エコヒイキ」、シンジを「ナナヒカリ」、マリを「コネメガネ」と呼ぶのである。大学を終えた人間が、中学校に通うのは矛盾しているが、アスカは自分よりも優位な点に立っているライバルがいることで苦悩する。しかも式波が複数存在することが『シン・エヴァンゲリオン』で示唆される。

旧世紀版でも明らかだが、仕組まれた子どもたちとは、遺伝子レベルでチェックされて、潜在能力から選ばれた子どもたちだった。レイはユイのコピーだろうし、シンジはユイとゲンドウの間の子どもであり、アスカは母親がドイツネルフで接触実験にまで関わった地位にある。そしてカヲルは人型の使徒として選ばれた存在であった。それに対して、「ファーストチルドレン」のトウジは適性があったとしても、はたして本当に乗りこなす資格があったのかは不明である。仕組まれた子どもを送り込んできたマルドゥック機関そのものがダミーであるのだ。２年Ａ組に集められた子どもたちが可能性をもっていたとしても、それぞれの背景があいまいである。いつもジャージ姿の熱血漢のトウジが、パイロットになることに失敗したのは、選考過程での不備があるのか、トウジが失敗することそのものが仕組まれていたからだ、と考えるのが妥当だろう。

トウジが入らないのは、「春エヴァ」で登場した「総集編」において、パッフェルベルのカノンを演奏する楽器を担当しないことからもわかる。シンジがチェロを弾いていて、他の三人がヴァイオリンやヴィオラを演奏して四重奏を演奏したのである。彼らのシンクロが音楽を通じて表現されていた。それに対して新劇場版ではピアノが利用され、しかもシンジはカヲルと連弾をする「四重奏（quartet）」が「Q」にふさわしい四手（quatro mains）となったのだ。ゲンドウもピアノを弾いたことが『シン・エヴァンゲリオン』で了解されるが、重要なのは、ゲンドウとシンジは連弾をしないことだろう。

新劇場版では、トウジがＥＶＡのパイロットに選ばれるエピソード自体が消失した。代わりにアスカが搭乗実験を担当することで、先天的に選ばれたエリートである子どもつまり「ニュータイプ」＝「新人類」の葛藤の話となってしまった。シンジたちの苦悩をミサトが部分的にわかるのも、葛城探検隊の生き残りだからである。その点で、おそらく唯一といっていいほど先天的な要素を欠いているのが、両親の出自が不明の加持だろう（とりわけマンガ版の災害孤児の設定は加持の成り上がりぶりをしめしている）。おかげで、加持はヴィレという反逆者のリーダーとなりえたのである。

ＥＶＡとシンクロできるシンジたち異能者の話の源流としてＡ・Ｅ・ヴァン・ヴォクト『スラン』（一九四〇）が考えられる。翻訳は元々社から『新しい人類スラン』として一九五六年にすでに出版されていた。生物学者サミュエル・ランによって、妻を実験材料にした突然変異装置で生み出されたのがスランだった。その種族の子孫は、強靭な筋力やテレパシー能力をもつ一種の人造人間である。しかもスランには金色の触毛をもつ「純スラン」と、その後突然変異装置から生まれた無触毛のスランがいて、さらにスラン戦争を体験した人類の三者が対立するのだ。その対立関係のなかで、追い詰められたスランの少女と少年が出会う、「ボーイ・ミーツ・ガール」となる物語である。生物学者によって作られた人工的な存在をめぐる不安が描き出されていた。

当時のアメリカのファンに支持された小説だが、翻訳されて日本でも影響を与えた。潜んでいる異能者と普通の人類との関係は、『幻魔大戦』や『機動戦士ガンダム』など多くの作品にインスピレーションを与えたのである。『スラン』以前のヴォクトは「怪物もの」専門作家とされていたが、シートンの「灰色熊の伝記」を読んで、人間を超越する能力をもちながら殲滅されつつあるグリズリーになぞらえて、スランの話を描いたのだ。

ヴォクトの作品の多くは、IQの高い「選ばれた者」の超人的な活躍を描くものだった。そのなかで、新劇場版と関連しそうな異色作が『宇宙製造者』（一九五二）である。翻訳書には、岩淵慶造による扉絵があり、巨大な透明なピラミッドの下にある都市を攻撃する場面が描かれていた。そうした意匠がネルフ本部のピラミッドの造形にも参照されたのかもしれない（『ウルトラセブン』第29話「ひとりぼっちの地球人」でセブンによって破壊されるピラミッドの大学の建物あたりが直接の影響かもしれないが）。

主人公モートン・カーギルが、朝鮮戦争に出兵する以前に、酔っ払って意識がないなかでの自動車事故で、運転していた同乗の子どものいるマリーという女性が死亡してしまう。その死がマリーの子孫に未来に悪影響をもたらしたので、二十四世紀からの歴史改変の介入がおこなわれる。その背後に「自然愛好族」と「都市愛好族」の対立がある。影の存在が、ピラミッド都市のなかで、モートン自身が影へとなり、戦争を防ぐ。そして、グラニスという人名をもつ役目をモートンが引き継ぐことになる。それ自体が、七十四世紀の未来人の投票で決まったことなのだ。未来が過去を規定するという逆説が描かれている。

モートンはもはや現実の存在から解体され、神のように宇宙を製造するのである。その際に「モートン・カーギルであった時間のない存在はその契約を更改しようと決心した。問題は、ゲームの規則を変更しておこなうか、規則にしがみついておこなうかだった」となる［『宇宙製造者』：二六二頁］。全物質を創造し、複数の選択肢から、結局マリーが亡くなることを選ぶのである。モートンがグラニスという役目を引き継ぎ、さらに宇宙や歴史の展開を創造する箇所は、シンジがカヲルから引き継ぎ、「ネオンジェネシス」をおこなったことに近いのである。

『スラン』でも『宇宙製造者』でも、ヴォクトが物語を複雑化する三者関係は、ユイが口にする「太陽と月と地球」になぞらえられる。そして、前半の「ゼーレ」「ネルフ」「ゲンドウ」という三項の対立と依存関係が、後半で「ネルフ」「ヴィレ」「シンジ」という関係へと転じたこととも関連するのだ。しかも、「宇宙製造者」となったモートンの能力は遺伝的なものではなくて、むしろ「時空連続体」に選ばれた運命的なものだった。最初の交通事故のときに、本人の肉体は滅びていて、あとは影のような存在としてあり続けていた。こうしたヴォクトの『スラン』や『宇宙製造者』の意匠が、間接的にであれ、「エヴァンゲリオン」全体に流れ込んでいるのである。

◉列車と心象風景

シンクロ率が数値化される一方で、人々を隔てるA．T．フィールドもバリアか盾のように視覚化された。人間の関係を考える際に、線路も一つの手がかりとなる。平行線が交わらないというユークリッド幾何学の原理を体現しているような線路への偏愛を庵野は語る。ジオフロントへの地下鉄や第2環状線など数々の列車の描写が第3新東京市にも出てくる。幼いシンジが泣いている場面もプラットホームの上なのだ。また、第3村における転車台を含む場所は天竜二俣駅がモデルだが、そこに置かれた車両は、庵野が子どもの頃に見て気に入ったものばかりが並んでいた。

庵野の実写映画でも、村上龍原作の『ラブ&ポップ』（一九九八）では、鉄道模型が活躍した。動く鉄道模型にカメラを載せて撮影したカットが登場する。また『式日』（二〇〇〇）は、岩井俊二演じるカントクが、藤谷文子演じる少女と宇部市で出会う物語である。少女が線路に横たわっているのをカントクが見つけ、二人で閉店したデパートの中や商店街のアーケードの上など市内を歩き回る。その場所のひとつに線路や電車があるのだ。そして、『シン・ゴジラ』（二〇一六）でも、多摩都市モノレールの車両基地が重要な場所として姿を見せた。

たんなる情景描写を越えた鉄道や鉄道模型へのこのような偏愛は、『昭和電車少年』の著書もある庵野が敬愛する実相寺昭雄と共通点をもっている。実相寺のテレビドラマ『青い沼の女』（一九八六）では、鉄道模型を走らせながら「亡霊を見た」と男が語るのである。これは『ラブ&ポップ』に影響を与えたはずである。また「春への憧れ」（一九八四）はモーツァルトのピアノ曲に合わせて、奈良に雪が降り溶けて東大寺のお水取りまでの春になる一連の情景のなかに、近鉄のオレンジ色のビスタカーが走る映像を入れてしまうのだ。★6

「エヴァンゲリオン」における鉄道車両の使い方で特徴的なのは、ぶどう色の半鋼製旧国電を舞台にした室内が赤い夕焼けに照らされたような心象風景である。旧世紀版でのシンジ対シンジの対話以来、『シン・エヴァンゲリオン』のゲンドウとシンジの対話まで何度となく登場してきた。クモハ40形があたるとされ、全面ロングシートで、かつては宇部線や小野田線に走っていた車両だが、鉄道博物館に保存されているものが参照された可能性が高い（『旅と鉄道』二〇二一年八月増刊号「シン・エヴァンゲリオンと鉄道」：四二―七頁）。これと同形のクモハ42形は、『式日』では現役車両として、詳しく扱われている。カントクは内部まで撮影しながら、細かなスペックを説明するのだ。向かい合わせの客席と短いシートのあるものだった。ちなみに実相寺は国電モハ30形を「わたしの名車」としてあげていた（「モ」はモーター付きのこと、「クモ」はそれに運転台があること、「ハ」は普通車のことをしめす）。

この心象風景は何度も登場するが、新劇場版ですべてを通底する始まり方として一度は考えられていた。現行の『序』の冒頭はテレビ版をただなぞったリメイクに見えるが、じつは試行錯誤の結果だった。

画コンテに入る前に書かれた最終脚本の段階では、冒頭に「二人目のレイが生まれる主観のイメージシーン」とある。そしてユイが「名前、決めてくれた？」と質問し、ゲンドウが「男だったらシンジ、女だったらレイと名付ける」と返答する。そして、夕景が流れ、車窓に大量のレイが見える。レイに魂が定着すると、「レイ、レイ、イカリ、レイ」「ちがう、綾波、レイ」というレイの声がするのだ（『序』全記録全集：三六二頁）。この設定は使用されなかったが、列車のなかでの会話が重要であることがわかる。実際にはユイとゲンドウの会話が別のカットで使われたのだ。

列車内部の心象風景が最初に登場したのは、第拾六話「死に至る病、そして」だった。そこでは二人のシンジが登場する。『フィルムブック』は「自我と超自我」の関係だと説明をしていた［「フィルムブック５：六三頁」］。そして、第拾九話「男の戦い」では、夢うつつのトウジの主観のなかで、レイとシンジが対面する場面が出てくる。そして、「夏エヴァ」の第26話「まごころを、君に」、アスカがシンジを追求する場面で使われた。そこではレイが向かい側に座り、アスカがシンジに「オカズにしているんでしょ」と詰め寄る。『序』では「名前をきめてくれた？」のユイのセリフのところでは空の車両があり、そして、制服姿のレイがシンジの前に立つのだ。『破』ではシンジを見つめる幼いシンジが登場する。『シン・エヴァンゲリオン』では、シンジとゲンドウによるＥＶＡどうしの戦いではなくて、二人の話し合いとなり、ゲンドウの過去が語られる。最後にシンジがゲンドウにＳＤＡＴを返し、引導を渡したときには、シートは青くなり、ゲンドウは降りていく。そして、列車内にカヲルが代わりに座っている。ゲンドウが列車を降りていったように、ここは告解室で、尋問室で、対立や葛藤を視覚化し、ときには浄化する場所でもあった。

どうやら、「エヴァンゲリオン」においては、この列車から無事に降りることができるのかが鍵となる。他者との対話の場としての列車車両は、宮沢賢治の「銀河鉄道の夜」で、生者ジョバンニと死者カンパネルラが対話しながら旅をした伝統による。ジョバンニが「天気輪の柱」の章を彷彿とさせる場面が、テレビ版の第拾壱話「静止した闇の中で」の最後に出てきて、シンジとレイとアスカが丘から第３新東京市を見下ろしながら会話をしていた。賢治は他にも「シグナルとシグナレス」や「月夜のでんしんばしら」など鉄道を題材にした童話も書いている。また、妹のとし子の喪失への思いを込めた「青森挽歌」では、「こんなやみよののはらのなかをゆくときは／客車のまどはみんな水族館の窓になる」と車窓の景色を詠っていた。まぼろしとなった『序』の冒頭の外にレイが並ぶ光景など、まさに賢治の詩のような世界である。

そして賢治の童話に触発された松本零士のマンガの劇場版アニメとなった『銀河鉄道999』（一九七九）は、人体改造を求めた星野鉄郎が、機械化惑星メーテルで、ネジとなることを拒否する物語となった。ハーロックたちの力も借りて地球へ帰還することになる。メーテルの名前がメーテルリンクに由来し、チルチルとミチルの探した「青い鳥」が身近にあったように、鉄郎は地球で生きていくことを決意し、メーテルとは別れるのである。

劇場版公開の時点でまだ放送中だったテレビ版のエンディングテーマ「青い地球」は、ベートーヴェンの歌曲「御身を愛す（君を愛す）」の冒頭を借用して、「母さんのおもかげ」とメーテルのことを歌い上げていた。それが鉄郎の「母星」である地球に重ねられる。メーテルが鉄郎の母親に似せて作られたように、レイはユイに似せて作られていたのであり、シンジが列車から降りて戻るべき場所が、「青い地球」というのは当然だともいえる。列車は旅をするための手段にすぎない。そこに永遠に乗り続けるわけにはいかないのだ。そして、列車(train)に揺られることが、降りていくシンジたちの精神的なトレーニング（training）につながったのである。

3　転回しながらつながる物語

◉ 螺旋とメビウスの輪

『シン・エヴァンゲリオン』でシンジがゲンドウと戦うときに、二本の刃が螺旋を描きながら一本にまとまる。このイメージこそ、全編を貫くものだろう。マイナス空間にいるシンジに届けるヴィレの槍を作るときにヴンダーに残っている背骨を材料にするのだが、やはり螺旋状に巻き込まれていくのだ。ネジのように回転しているのである。旧世紀版では第3使徒、そして新劇場版では第4の使徒が襲ってきたときも、第3新東京市の防御壁をドリルの回転で穴をあけてきた。

「エヴァンゲリオン」では螺旋状の回転が重要なようだ。「夏エヴァ」の第25話「Air」でスタッフロールの名前が螺旋状に回転するのが象徴的である。DNAの二重螺旋の構造を連想させる。新劇場版開始のポスターの宣言のように「繰り返し」とか「ループ」が単純な反復ではなくて、ズレを伴いながらの反復となるのは、物語が螺旋的な構造をもつからである。カヲルがシンジと出会うたびに、展開や関係が修整されていくのは、螺旋状に進むと考えるとわかりやすい。

ひょっとすると選択される物語の可能性は、並列にあるいは平面上に存在するのかもしれない。だが、時間芸術であるアニメは、一定の長さに折りたたみ進まないといけない。編集された瞬間に一本の直線的なつながりとなってしまう。その限界を乗り越えるには、ひとつの場面などに多義的な要素を盛り込むことだ。歌や音楽によるアイロニーも他の解釈の可能性をしめすひとつの手段だろう。

螺旋のようなねじれは、表と裏がひっくり返ってつながり、しかもその境目がわからないメビウスの輪のイメージとも結びつくのだ。『シン・エヴァンゲリオン』で、マイナス空間においてシンジが初号機を発動させたとき、シンジのシンクロ率がゼロではなくて、無限大と説明されて画面に「∞」が現れる。これもメビウスの輪に近い描かれ方をしていた。もちろん数学的な厳密な定義によるのではなくて、視覚的イメージとしてのメビウスの輪である。

建築学の五十嵐太郎によれば、「「エヴァンゲリオン」の物語構造が、単純な循環や円環ではなくて、メビウスの輪の可能性をしめしたのは、残酷な天使のテーゼ」や「魂のルフラン」を歌った高橋洋子だという［『エヴァンゲリオン・スタイル』：七九頁］。当初からスタッフの念頭にあった考えなのだ。

しかも要素どうしが一対一の対応関係をもつのではなくて、この螺旋やメビウスの輪のようにつながるイメージは、新劇場版の物語の展開の作り方とも関連する。レイが初号機のなかと、そっくりさんとであるように異なりながらも同一である。そのため名前をつけてくれという要求にも、シンジは「綾波は綾波だ」と答えるしかない。そして、田植えをする黒いプラグスーツを着たレイをたんなる偽物とは呼べないのである。

旧世紀版よりも新劇場版ではこの複数性の度合いが増している。アスカは、惣流から式波へと名字が変更され、レイと同じく複数の可能性から選択されたことが視覚化される。「エヴァの呪い」とは、複数の自分と同型のものが存在することへの「不安」をともなうのである。アスカやレイがそうだとすると、イカリシンジやイカリゲンドウが連続性を保っているなどと、保証されているわけではないのだ。

『序』ですでに、カヲルが何度もシンジと出会っていて、「また第3の少年」だと、シンジが演じている役を示唆していた。シンジはユイが消失した現場にいた記憶を押し込めていて、指摘されて思い出したのだが、それが「本物」という保証はない。それぞれがもっている記憶が誰かによって仕組まれているとしたら、どこに根拠があるのかわからない。これは『ブレードランナー』の人造人間であるレプリカントがしめしていた「偽の記憶」をめぐる苦悩でもある。

文字だろうが絵だろうがイメージだろうが、不連続な記号を心の中で補正して同一性と理解することが表現芸術には必要となる。とりわけ、複数のアニメーターによる微妙に顔貌や表情の違いを越えて、同一のキャラクターだと認知するアニメーションだからこそ、多少の違いを乗り越えて同一と理解することが不可欠となる。そして、動体視力が優れていないかぎり、初見では、シンジとゲンドウが乗り込んだEVAの戦いを、同じ機体どうしの戦いに誤認しても無理はない。その錯覚の仕掛けに依拠しているからこそ、異なる内面をもつかもしれないレイやアスカさらにはシンジの物語を続けることができるのだ。

また、『破』ではサードインパクトではなくて、不完全に停止したニアサードインパクトとなった。サードインパクトと加持によるその阻止の努力は断片的にしめされるが、直接には描かれない。『Q』で、フォースインパクトは開始された。そして『シン・エヴァンゲリオン』ではさらにゲンドウによるアディショナル（アナザー）インパクトとその阻止があり、代わりにシンジが「ネオンジェネシス」をするのである。前提や設定が否定されるたびに、物語はうねり、転回することになる。まさに螺旋状に進むことをそのまま物語化したのである。新劇場版のわかりにくさはそこに原因がある。

◉赤と青の反転

物語がときには裏返りながら結ばれていくメビウスの輪をしめすのは、カラーリングにおいて、赤と青の意味の反転とつながりである。『序』の冒頭で、国連軍が使徒を待っているが、その海の色は赤だった。「夏エヴァ」の第26話の最後に出てきた血のような赤い海の続きだが、じつは生命をまったく含まない死の海である。旧世紀版は冒頭の青い海が赤い海で終わる話だったが、それに対して、新劇場版は赤い海が青い海へと転じる話となる。一つの可能性として、新劇場版の最後の宇部港の向こうの海が、旧世紀版の冒頭の青い海へとつながるのかもしれない。

「エヴァンゲリオン」では、「赤」と「青」の色は複雑な意味合いをもっている。赤と青と紫の色が、EVA本体のカラーリングで使用されるのは、『実相寺昭雄監督作品　ウルトラマン』のオープニングからの影響である。止め絵を多用したウルトマンに赤や青の光があてられて、外面的な映像効果を狙っていた。

庵野は『彼氏彼女の事情』でしばしば信号を登場させて、心理的な陰影を演出していた。また、『ウルトラマン』（一九六六―七）の第一話「ウルトラ作戦第一号」に出てきた怪獣ベムラーが青い球体に包まれて到着し、それを追ってきた赤い球体に乗ったウルトラマンが、科学特捜隊のハヤタの乗った飛行中のビートルと衝突する。ここでは、青と赤は敵と味方に分かれている。銀色に赤い模様が動脈を想起させるウルトラマンだが、胸の赤ランプの点滅を「危険信号でしょう、万国共通です」とイデ隊員は説明する。三分という活動限界をもつことが、エネルギーが枯渇した印なのだ。これはそのままEVAに利用された。

そして、庵野が巨神兵の作画で参加した『風の谷のナウシカ』（一九八四）で、普段青い王蟲の目が怒ると赤くなるというのは警戒色であり、通常の用法だった。そして、映画の最後でナウシカは身代わりとなったペジテの少女が着ていたピンク色の衣を身に着けていた。助けようとした傷ついた王蟲の幼体が流す青い血に衣が染まってしまう。結果として「その者青き衣を着て金色の野に降り立つべし」という予言のままの姿となる。ここで重要なのは、衣を染める王蟲の幼体の血が青いことだろう。

使徒の判別パターンは通常なら安全をしめす「青」だった。この設定は、庵野が私淑する岡本喜八監督の『ブルークリスマス』（一九七八）からで、その英語タイトル「Blood Type: Blue」から借用された。訳すと「血液型青」となり、これも「エヴァンゲリオン」のサブタイトルのように、日本語と英語とがズレている。『キネマ旬報』に発表された倉本聰のオリジナル脚本を田中友幸プロデューサーが目にとめて、特撮のないSF映画として映画化された。「青い血」とはヨーロッパの王侯貴族に流れている高貴な血の暗喩だが、ここでの「青い血」の問題はたんなる意匠を越えて、「エヴァンゲリオン」の主題とも深くつながっている。

青い血をもつ生物は存在する。たとえば、イカの血液に含まれているのは、人間のような鉄由来のヘモグロビンではなくて、銅由来のヘモシアニンなのである。そのため空気に触れると青くなるのだが、そのプロセスも映画内で説明されていた。UFOを見ると血液の色が青くなる人々が出現し、彼らを世界中の国家が理由もなく幽閉し最後には抹殺する。シベリアなどの収容所へと送られ、そこで、ロボトミー手術や生体解剖がおこなわれる。前半はテレビの報道局に勤める南が、国際会議でUFOの話を述べて混乱を招いた兵藤博士が失踪してしまった謎を追う話だった。また、後半は青い血の人間を監視する国防庁特殊部隊員である沖と、じつはすでに青い血をもつ恋人冴子との悲恋話になっていた。そして、沖と冴子はクリスマスの夜に殺されてしまうのだ。

二重スパイのような加持の行動と末路は、南と沖という二人の男性主人公を合成したようにも見える。また、冴子が青い血をもつようになったのは、旅行先の仙石原でUFOを見たからだった。これは第3東京市を仙石原に設定した理由の一つともみなせる。使徒と人間とは形態こそ異なれ遺伝子パターンがほぼ同じなのは人間が第十八の使徒であるからと旧劇場版では説明される。UFOとの遭遇で青い血をもつ人間とこれは重なるのである。UFO出現の謎も理解できないまま、青い血をもった人間を「人ではない」として一方的に殺戮や排除をするのは、一切使徒とコミュニケーションを取ろうとしない人類側の態度でもある。

「ブルークリスマス」とは、エルヴィス・プレスリーがカバーしてヒットした歌のタイトルだった。恋人が来なくて孤独に過ごすクリスマスの歌だが、以前の恋人をクリスマスに待ったが空振りに終わった冴子の気持ちを表していた。そして、沖がその空白を埋めるのである。沖と冴子の関係が加持とミサトとの関係に投影され、二人の肉体の交わりが、カメラをずらして間接的に表現されるやり方も第弐拾話「心のかたち　人のかたち」の性描写にヒントを与えたのかもしれない。

全世界がクリスマスに向かうので、「ハレルヤ」コーラスが、沖と冴子がドライブをする場面で流れる。これは第弐拾弐話「せめて、人間らしく」でアスカが精神汚染を受けるときに流された。そして、沖は、殉職したと思われていた国防庁の元同僚から、敵への憎悪をかきたてるために「仕組まれた」反乱の真相を聞く。「仕組まれた子どもたち」の元ネタでもある。そして、新宿歌舞伎町にある飲み屋内の隠れ家のような二階で、話をする沖と元同僚の顔を、外のネオンが青と赤とで交互に染め上げる。「エヴァンゲリオン」のなかで、何度となくスクリーンの光で、青葉たちの顔が照らしだされるようすに似ていた。最後にホワイトクリスマスの白い雪のなかで、沖に殺された冴子の身体から流れた青い血が、同僚に撃ち殺された沖の赤い血とまじるところで終わるのだ。

『ブルークリスマス』という映画そのものはユダヤ人虐殺を念頭に置いていた。沖が通う冴子が働いている理髪店のテレビで、ヒトラーの番組が流れると、すでに青い血をもっていた冴子はユダヤ人殺害の話をじっと眺めていた。また、南が真相を兵藤博士から聞くニューヨークの墓地では、ユダヤ系である「ロス（Roth）」の名が刻まれた墓石とか、ユダヤの六芒星が刻まれたヘブライ語の墓石が映された。そしてクリスマスとは、あくまでもキリスト教徒にとって意味をもつ儀式であり、ユダヤ教徒にとっては異教の祭りにすぎない。それどころか、東欧でポグロムという名のユダヤ人虐殺が実行されるのがクリスマスでもあった。これが「ブルークリスマス」というタイトルがもつ孤独の真の意味なのである。

そして『ブルークリスマス』以外にも、青い血のモチーフとして関連をもちそうなのが、庵野が原点の一つとして挙げた『怪奇大作戦』（一九六八―九）の第七話「青い血の女」である。特許をいくつももつ老人が、結婚してしまった自分の息子が裏切ったと考えて憎しむのだ。電波でコントロールされた人形が、刃物で息子の妻などを殺害しようとする。老人の家に他人に見せない部屋があり、そこには四歳の人形が横たわっていた。そして、その人形は最後に老人から独立しようとして自殺をして青い血を流すのである。「老人の孤独」と「マッドサイエンティスト」を結びつけたものだった。青い血をもつ人形や、電波でコントロールされて殺人をおこなう機械じかけの人形は、「エヴァンゲリオン」を考えるときに無視できない設定である（ただし、庵野は子どもの頃は怖くて早々に視聴をやめたと言っている）。

旧世紀版では『ブルークリスマス』で描かれた、内部にいる青い血の持ち主を迫害する話はモチーフレベルにとどまっていたが、新劇場版において、ゲンドウが支配するネルフと、加持が率いて、ミサトが引き継いだ反乱組織ヴィレの物語として浮上してきた。その際に、村上龍の『愛と幻想のファシズム』（一九八七）や『昭和歌謡大全集』（一九九四）といった作品からの影響がある。

トウジやケンスケのネーミングに『愛と幻想のファシズム』がヒントになったことは知られている。そこではケンスケがのし上がっていくようすを見守るトウジは「おれ」であり、ある意味で村上龍に近い存在だった。ケンスケがミリタリーオタクの設定となり、さらに『シン・エヴァンゲリオン』で、トウジはケンスケのサバイバル能力に助けられ、生き残るためになんでもやったとシンジに語っている。これはマンガ版の災害孤児としての加持が略奪などをしていた体験への応答だろう。第3村は平和裏にできあがったものではない。

新劇場版とつながる村上作品は、『昭和歌謡大全集』である。イシハラを中心とした七人の若い男たちと、中年女性たちとの殺し合いを描いている。「恋の季節」にはじまり、「また逢う日まで」にいたる昭和歌謡のタイトルが、若い男たちが飲み食いをしたパーティー後の儀式で流されるカラオケの歌であり、そのまま章のサブタイトルとなっているのだ。最初に殺されたのがヤナギモトミドリで、その敵をうつ女性たちはみなミドリという名をもつ「ミドリ会」のメンバーだった。ここから、『Q』から顔を出す、北上「ミドリ」というキャラクターが誕生したのだろう。北上はシンジが引き起こしたニアサーのせいで、家族が殺されたことに強く批判的なのも、若者たちとミドリ会の対立図式を引き継いでいるのである。

歌のタイトルや歌詞のこのように引用で語らせるというのは、手法として新奇なものではない。庵野は『破』でマリに「三百六十五歩のマーチ」を歌わせてから、次々と出すようになった。「恋の季節」も引用していて、『昭和歌謡大全集』との関連をほのめかしている。そして、林原めぐみが歌う「翼をください」や「今日の日はさようなら」というフォークソングが戦闘の場で使われ、アイロニーを込めた使い方をされている。翼は天使＝使徒を連想させるし、同時に堕天使ルシファーも連想させる。また「今日の日はさようなら」の「いつまでも絶えることなく友達でいよう」という歌詞は、カヲルと結びついたベートーヴェンの「歓喜の歌」へ応答している。

ネルフとヴィレの対立は、冬月門下のゲンドウやユイ（そしてマリ）といった同級生のグループが築き上げた組織や成果に対して、下の世代の加持、ミサト、リツコが反逆した結果でもある。テレビ版のときにはこの点が課題とならなかった、環境テロや民族テロあるいは宗教テロというものを意識せざるをえなかったのだ。アメリカの湾岸戦争からイラク戦争まで、ブッシュ父子の大統領の面子によって始まった戦争に、世界が多国籍軍などで巻き込まれた状況に反応していた。とりわけ子ブッシュの父親を継承して越えたいという欲望が、9・11の報復としてのイラク戦争の戦線を拡大した。

対使徒戦争は、ゼーレを背景に真意を隠して、ゲンドウが画策したものだった。生命を破壊していくインパクトを「海の浄化」「陸の浄化」「魂の浄化」とゲンドウは意味づけた。さらにシンジが繰り広げた使徒との戦いが、ニアサードインパクトを引き起こし、世界を破滅の縁へと追いやった。それは「単なるエゴ」と北上が呼ぶものでもある。戦後五十年と湾岸戦争を踏まえて始まったテレビ版が、新世紀にリメイクされなくてはならなかった理由の一端である。タイトルから新世紀が落ちたのは、同時代の物語となったからである。このように赤と青の反転は、旧世紀版から、新劇場版へとねじれながら橋渡しとなったのだ。

新劇場版では、不連続を連続とさせるものに、生物のペンペンと、機械のSDATがある。十四年の時間にもかかわらず、ペンペンは第3村のはずれのネルフ第2支部跡で、仲間といるか、繁殖を臭わせて姿を見せる。また、SDATはゲンドウからシンジに渡り、またゲンドウへと戻ったのである。それが連続性を保証しているのだ。このようにキャラクターの複数性や不連続性を、生物と無生物で印象づけることで、全体が一貫して通底しているように見せかけている。だが、それ以外は大きく前後の対応関係をずらして、螺旋のように回転してしまっていても不思議ではないのだ。

◉註

（★1）庵野は石井克人監督の『茶の味』（二〇〇四）に監督役で出演した。タイトルが小津安二郎監督の『お茶漬の味』（一九五二）を踏まえていることがわかる。小津映画は海外出張のはずの男が、飛行機の出発が遅れて自宅に帰ると。妻とお茶漬けを食べて和解する話である。そして、おなじく小津映画に基づく小松左京の「お茶漬の味」（一九六二）がある。小松作品のほうは、宇宙から百二十年ぶりに帰った日本の宇宙船が到着した世界は、オートメーション化されて機械の世界になっていて、生き残りがひっそりと暮らすことになる。その仲間に入った主人公は、昔覚えた技を使い、いつの日にか立派なお茶漬を作ることを誓うのだ。それはセカンドインパクト後の世界でも弁当を作り続けるヒカリやシンジの生き方ともつながるのかもしれない。

（★2）ハリウッド映画でも、スティーヴン・ソダーバーグ監督は『エリン・ブロコビッチ』『トラフィック』という社会派映画でアカデミー賞をとったあと、『オーシャンズ11』『ソラリス』というリメイクに向かった。しかも、同一監督によるセルフリメイクも珍しくはない。小津安二郎は旅役者の一座を扱った『浮草物語』（一九三四）を『浮草』（一九五九）としてリメイクした。庵野がタイポグラフィなどで影響を受けた市川崑は、石坂浩二を金田一耕助役に据えて、『犬神家の一族』を一九七六年と三十年後の二〇〇六年に完成している。また、大林宣彦は、尾道三部作のひとつ『転校生』（一九八二）の舞台を長野に移して、ストーリーも改変して『転校生―さよなら あなた―』として発表した。多くの場合、最初の作品の方の評価が高いのだが、低評価は監督の演出力の衰退とだけでは片づけられないのである。実現できなかった映画を完成させるために、ディレクターズカットが制作されるのだ。

リメイク映画の価値と存在意義を論じた研究書に、北村匡平、志村三代子編集『リメイク映画の創造力』（水声社、二〇一七年）、*Constantine Verevis Film Remakes* (Edinburgh UP, 2006), Lauren Rosewarne Why We Remake:

The Politics, Economics and Emotions of Film and TV Remakes（Routledge, 2020）などがある。
ローズウォーンが指摘するように、政治的リメイクとしては、性や暴力の場面など、かつて映画の検閲や制限があった（指針となったヘイズ・コードは悪名が高い）せいで露骨に表現できなかったものが、制約が外れたことで新しく作り直される場合がある。経済的なリメイクとしては、ホラー映画などで、最初はアマチュアの低予算作品が注目され、大手スタジオでキャストも豪華な作品によってリメイクされる。ハリウッド映画では、ヨーロッパをはじめ海外作品をキャストや舞台をアメリカ流に作り直して制作することも多かった。小説や劇の評判作の権利を買い取り、シナリオ化し監督や配役を決めて映画を完成させるシステムが、ハリウッド映画などに備わっている。このシステムのなかでリメイク自体も再生産されているのだ。

（★3）ちなみにディズニーの劇場アニメでも従来旧劇場版や『序』『破』のようなアメリカンビスタサイズが基本だった。本格的にシネスコサイズとなったのは、『アナと雪の女王』（二〇一三）からである。画面サイズによる奥行きや背景の扱いに変化があった。フィヨルドの王国の風景や、北の山に向いながら「レット・イット・ゴー」を歌うエルサの姿をとらえる広がりと奥行きが生まれた。物語表現と関係することに関しては、小野俊太郎『「アナと雪の女王」の世界』を参照のこと。

（★4）もっとも、「宇宙戦艦ヤマト」のシリーズも、後続作品やリメイクのたびに設定が変更され、死亡していたというのは佐渡酒造の誤診だった、とする驚くべき「ご都合主義」さえ採用された（『宇宙戦艦ヤマト完結編』）。だが、これ自体、死亡した敵や味方の登場人物を「じつは生きていた」と蘇らせる昔から存在する作劇法の応用にすぎない。こうした事態に対して、現実還元をして整合性を説明しても有効ではないのである。

（★5）宮崎駿は、チャゲ＆飛鳥のコンサートのためのＰＶの形をとって六分四十秒あまりの「On Your Mark」（一九九五）を作成した。コンサートのバックで流れるための短編アニメだが、一九九五年七月に近藤喜文監督の『耳をすませば』と併映する形で一般公開された。チェルノブイリの石棺を彷彿とさせる物が見えて、植物が生えていても、動物の姿が見当たらない世界である。地下の教団施設の奥底に隠れていた翼の生えた少女を、チャゲアスが扮する二人が救出し、地上へと連れ出して飛ばせる場面が描かれる。原子力のマークから、地上が放射能汚染にまみれていることを告げている。そして、歌に合わせて助ける姿が形を変えて繰り返されるが、外は死の世界である。この天使は宮崎が愛読するアーシュラ・K・ル＝グウィンの「オメラスから歩み去る人々」（一九七三）の少年になぞらえることができるはずだ。オメラスの幸福を維持するために、身体に障碍を負った少年が、密かに閉じ込められているが、それは公然の秘密という話である。これこそが、「エヴァンゲリオン」において、第2の使徒のリリスが第3新東京市の地下に隠され、地上の繁栄を支える構図の原型でもあるのだ。リリスは磔刑にされたイエスのように垂れ下がった姿となり、オメラスの閉じ込められた少年同様に、ゲンドウたちによって、兵器を開発し、秩序を守るために利用されてきたのである。それにしても宮崎が『ゲド戦記』の監督を息子の宮崎吾朗に任せたのも、すでにル＝グウィンに呼応する作品を作っていたからだろう。

岡田斗司夫は六段階にわけて「On Your Mark」の多層性を指摘する。「胡蝶の夢」に基づくその解釈によれば、そもそもチャゲアスは石棺の保守管理をする作業員であり、退屈な日常を離れるために無抵抗の者を殺戮する警官の日常を夢想し、さらに翼をもった少女も、じつは彼らが発見した死体なのである。全体をマンガ版が完結したばかりのナウシカの前日談とみなすのである［「宮崎駿の最高傑作『ON YOUR MARK』完全解説 レベル1〜レベル6」］。宮崎駿による「夢のなかの夢」の話は、「虚構と現実」という対立を作品内で無化するものである。『On Your Mark』は七月に一般上映されたが、その段階で制作が「修羅場」だったテレビ版も含めた「エヴァンゲリオン」全般に影響を与えた可能性は高い。さらに、福島第一原発の事故があった3・11以降注目されたのだが、このアニメについての反省的内容と現実的な妥協が、新劇場版の宇部新川を舞台にしたエンディングであるともいえる。

（★6）庵野は、鉄道趣味だけでなく、クラシック音楽の使い方も『ウルトラセブン』や『怪奇大作戦』での実相寺昭雄の影響を受けている。レイが加持に誘われて「海洋資源保存施設」で会食の楽しさを知って、ゲンドウと食事をして食事会を思いつく場面がある。そこでフェルナンド・ソルのギター曲「モーツァルトの「魔笛」の主題による変奏曲」が流れる。これは『怪奇大作戦』の第25話「京都買います」で流された曲である（音楽は玉木宏樹が担当）。仏像への愛情を注いだ須藤美弥子が、物質転送機を使って藤森という教授のために国宝の仏像を盗み出す。若者などから「京都を売る」という署名を集めてきて仏像を盗む正当性をしめす美弥子だったが、ＳＲＩの牧史郎に心を許したせいで、藤森は捕まり仏像は取り戻される。美弥子は最後に尼僧となり、「仏像以外に好きにならない」と誓うのだ。そして牧の前で仏像そのものとなってしまう。このエピソードは庵野が「人形」や「仮面」的表面を愛好する理由の一端となったのかもしれない。ウルトラマンを仏像となぞらえる見方は珍しくはない。それとともに、光瀬龍の『百億の昼と千億の夜』の最初の文庫版のあとがきでは、興福寺の阿修羅王像があしゅらおうのモデルであることが明らかにされている。そうした仏教的な要素も絡んでいるのだ。

第11章

過去の継承と未来への改変

Inheritance of the Past and Genre Modification

1 シン化する未来へ

◉選択をさせるために

四十億年前に小惑星と地球が衝突して月が生まれたのが「ファーストインパクト」だった。そこから白い月と黒き月の二つが誕生した。これは月が形成された理由を説明した「ジャイアント・インパクト説」に基づいている。一九七五年に発表された仮説で、月形成の議論に新しい光を与えてくれるものだった。現在では、火星規模の衝突があったと想定されている。★1

セカンドインパクトは、南極大陸にある「白い月」に眠っていた第一の使徒アダムとの接触によるものだった。旧世紀版では、葛城探検隊の話はゼーレに仕組まれたものと理解され、ゲンドウは前日に退去して無事であった。新劇場版の『破』でも繰り返されるが、ミサトが研究に没頭する父親に対する嫌悪と、その犠牲で救出されたことへの負い目に板挟みとなる。そして、父親が人類補完計画に深くコミットしていた事実を知ることで苦悩が高まり、後半は加持が作ったヴィレに参加し、反乱を企てている。

旧世紀版は、サードインパクトでのアダムと使徒との接触によって全人類が群体から単体となるという筋書で、企画書にもあった当初の説明に沿っている。本来月の生成をめぐる自然史的な説明が、人為的な内容へと転化したのである。冷戦期の見方を踏まえると、それぞれのインパクトが、空襲や毒ガスの第一次世界大戦、核兵器が使用された第二次世界大戦、人類が死滅する終末核戦争（＝ハルマゲドン）としての第三次世界大戦を暗示しているともとれる。セカンドインパクトでのきのこ雲のような破壊力が核爆発を連想させるのは間違いない。

だが、冷戦崩壊後の新しい価値観が浸透した時期に作られた新劇場版は、そうした連想につながる流れを崩した。ニアサードインパクトという設定を入れて、サードインパクトをクライマックスとする旧世紀版の展開を破壊した。代わりにフォースインパクトやアディショナルインパクトが登場する。しかも、EVAが偶然の暴走だけではなく、搭乗者の意図で変化する。2号機は『破』でマリの裏コード「ザ・ビースト」、『Q』でアスカの「777」、さらに『シン・エヴァンゲリオン』でアスカの「999」によりそれぞれ「獣化」するのである。

しかも初号機の「シン化」形態も出てくる。個体における「進化」はポケモンでおなじみの言葉になったが、もちろん、世代交代でしか変わらない現象を指す言葉の誤用である。『シン・ゴジラ』でも、ゴジラの形態変化を見て「まるで進化だ」と矢口蘭堂は叫ぶのだが、生物学者などから誤用に関する注意が寄せられた。たとえば折れた東京タワーにおいて、モスラが幼虫から成虫へと変態（メタモルフォーゼ）をするのは、せいぜい「深化」と表現できるくらいである。新劇場版の字幕では「神化」が当てられたように、カタカナや音が先にあり、漢字の多義性が利用される。そうであるなら、シンジにも「神事」とか「神児」とか「神示」という語を当てはめることさえできる。また「シン・カ」とは『彼女彼氏の事情』の第18話のサブタイトルであり、庵野自身が意識的に使っているのだ。[★2]ここから「シン」の濫用が始まったのかもしれない。

新劇場版では、「死海文書」そして「裏死海文書」さらに「外典」まで飛び出してくる。しかも予定を早めることもある。年表か暦のようなものがあって、残りまでのカウントダウンがしめされる。五島勉の「ノストラダムスの大予言」の一九九九年七の月をめぐるや、ニューエイジ論のホゼ・アグエイアスが提唱した「マヤの暦」によると二〇一二年に世界が滅亡するといった終末論ブームに似ている。「新世紀」の期待と「世紀末」の絶望が奇妙に野合していた。冒険のミッションを語るときに、アニメなどは話数が決まっているので、目的地へと向かう旅が『宇宙戦艦ヤマト』では「後何日」と表記された。話数が削られたので最後は一足飛びで地球へと戻ってきたのである。聖書の創造の七日間に対して破滅の七日間を想定するようなものだ。七日間での滅亡は『風の谷のナウシカ』の「火の七日間」であり、対応する「巨神兵東京に現わる」での破壊の日程プランであった。

「エヴァンゲリオン」は、一九九五年からのテレビ版が「時に西暦二〇一五年」と開始されたように二十年後を舞台にした近未来物であった。風俗描写などは、詳しい説明をせずに済むコストを考えて、同時代の延長で設定された。しかしながら、新劇場版では同時代との連続性は失われた。前半はかろうじて旧世紀版とのつながりを保っていたが、『破』の十四年後となる『Q』に登場したAAAヴンダーの建造年は「二一八〇五年」と表記されている。遠い未来か、あるいはまったく関係のない並行宇宙での物語と理解できる。『スター・ウォーズ』(一九七七)の冒頭の「昔々、はるか彼方の銀河系で(A long time ago in a galaxy far, far away)」というのが、昔話としての物語の語り口として採用されたパターンと近いだろう。あくまでもフィクションであることが強調されているのである。

「エヴァンゲリオン」全体としては、予言的に扱われたルールブックの「死海文書」が実行されることを望むゼーレと、ネルフにおいてゼーレの計画を援助しつつ自己の目的のために捻じ曲げるゲンドウと冬月とリツコ、そして、ゼーレや「死海文書」や使徒到来の必然性を知らされていないまま、特攻的に戦うシンジたちと、彼らをバックアップするミサトたちがいる。物語内では一つの歴史が進行しているように見えて、人々の欲望や目的は多層に分断されている。どの未来を、しかも誰に選択させるのか、それ自体が問われているのだ。そのときに「未来史」という未来と過去を併せ持つ語義矛盾とも思える考えとつながる。

◉人類補完機構と未来史

「未来史(future history)」とは、『アスタウンディング』誌の編集長ジョン・キャンベル・ジュニアが命名したものである[David Seed "Story Cycles of Future History: Cordwainer Smith's "Instrumentality of Mankind""]。『機動戦士ガンダム』シリーズのモビルスーツの発想の原点となったハインラインの『宇宙の戦士』(一九五九)も、独自の未来史に組み込まれていた。未来史は現在までの歴史の延長上に、どのような未来がありえるのかのシミュレーションとなっている。作品一回ごとの世界観構築が不要となり、バンクシステムのように前の設定が使い回せる。過去の歴史を積み上げた年代記の記述の模倣であり、バルザックの人間喜劇連作のように、ある作品の主人公が別の作品で脇役になったり顔を見せることで、全体がつながっていると想像させる仕掛けにも似ている。読者や観客が新しい設定を飲み込むのに「コストパフォーマンス」が良いというのが庵野の発想である。

「エヴァンゲリオン」のテレビ版も、当初は『ふしぎの海のナディア』の続編として構想された。タイトルは『不思議の国のアリス』のもじりだったが、アリスの続編の『鏡の国のアリス』のように、反転した世界へと導いて、ナディアやジャンのようなキャラクターを活躍させようと考えたのかもしれない（マイナス宇宙とは、その意味で「鏡の国」の仲間でもある）。聖書的な要素は、塩の柱となって消えた敵役ガーゴイルを演じた清川元夢が冬月の声をあて、「死海文書」などの痕跡はあっても直接的なつながりは感じられない。ただし、エレクトラが体現した父親に抱く「エレクトラ・コンプレックス」をミサトが引き継いだ面はある。

複数の物語を歴史的な順序で配置する未来史のひとつが、コードウェイナー・スミスの「人類補完機構（instrumentality of mankind）」シリーズだった。「エヴァンゲリオン」でゲンドウたちが関わる「人類補完計画」という用語の元となったことで知られる。スミスの死後にJ・J・ピアスによってまとめられた未来史年表では、「西暦二〇〇〇年」の忘れられた第一次宇宙時代から、「西暦一六〇〇〇年」までの「人間の再発見」まで状況や事件が続く。そして書かれなかった宗教的クライマックスを描く「落日の補完機構」までが想定されていた〔『第81Q戦争』：五―八頁〕。

コードウェイナー・スミスの本名は、ポール・マイロン・アンソニー・ラインバーガーであり、中国などアジアでの心理戦に関する専門家である。スミスは中国の辛亥革命などを体験し、戦争中は国民党とアメリカの情報部との連絡役をはたし、情報宣伝戦に深く関わり、『蒋介石の中国』（一九四三）を書いた。そして、歴史を聖書や三国志からたどり、第二次世界大戦までの心理宣伝戦に関する著書『心理戦争』（一九四八、五四）を出した。[★3]「人類補完機構（The Instrumentality of Mankind）」というのは伊藤典夫による訳語であり、人類を「媒介」するとか「援助」する統治組織を指している。スミスつまりラインバーガーは『蒋介石の中国』で国民党や共産党の組織を分析し、『心理戦争』で心理戦争のための組織を論じていた。組織に多大な関心をもつ庵野にとって無関心ではいられない相手だった。

ラインバーガーとしての専門的分析や体験が、スミス名義のSFにおける「人類補完機構」という組織の構築に役立ったのである。「人類補完機構」シリーズでは、中国を残しすべての国家が解体する「古代戦争」が描かれ、「チャイネシア」などが出てくる。また、人間を二次元に平面化して、光子力帆船に乗せて宇宙を移動するという平面航法が採用されている世界だった。立体のままだとかさばるし、安全性を考えると旅行に時間もかかるのだが、到着後に立体化される航法だった。シリーズ唯一の長編で、『デューン（砂の惑星）』と比較されることが多い『ノーストリリア』（一九七五）は、オーストラリアにちなんだ名前ももつ植民惑星に住む少年が、古いコンピューターの助けを借りて地球を合法的に購入し、平面航法で地球へと旅をする物語である。

どうやらスミスからの影響は、「人類補完計画」という用語だけではないようだ。テレビ版の第八話「アスカ、来日」で、旧アメリカ軍に基づく国連軍の艦船に「オセロー」とか「タイタス・アンドロニカス」とシェイクスピア劇の主人公の名前がついていた。これはスミスが十四歳で書いた短編「第81Q戦争」（一九二八）を踏まえている（一九九四年に榊令による同人誌『アルファ・ラルファ大通り』で一九六一年の改稿版が翻訳されていた）。人類補完機構のシリーズの最初の作品であり、スミスが見知っている米中両国の対立関係を出発点としていた。「古代戦争」におけるアメリカと中国との飛行艦隊による戦いの話で、アメリカ艦船はシェイクスピア劇のキャラクターである「プロスペロー」とか「キャリバン」と名づけられていた。

庵野の『ふしぎの海のナディア』や『シン・エヴァンゲリオン』で艦船が空を飛ぶことは、直接的には『惑星大戦争』の轟天号や宇宙戦艦ヤマトと結びつくわけだが、二万二千トンの飛行艦船が太平洋上空で戦うスミス作品のイメージも加わっているように思える。しかもこの戦争の発端となったのはアメリカによって解放されたはずのチベットにおける太陽光集積バンクの領有権をめぐる対立だった。チベットにある施設は、第3新東京市でジオフロント部の地下への巨大な集光器ともつながりそうだ。宣戦布告によって、チベットは中国の艦隊を借り受けてアメリカ艦隊とそれぞれ五隻ずつによる戦争ゲームをおこなうのだ。

使徒の攻撃はなぜか単体で、チェスかゲームのターン制のように律儀なのは、「死海文書」というルールブックに基づくからだ。毎回一種類の敵というのは、『鉄腕アトム』以来のロボットアニメの約束事に則っているからでもあるが、「第81Q戦争」は士官学校の雑誌に掲載された小説らしく軍事ゲーム性が強かった。アメリカ艦船の型式を表す「マーク・ゼロ」は、イギリスの戦車の「マーク1」に由来し、これはEVAの「Mark6」といったネーミングにも結びつく。そもそも「Q」戦争という呼び方自体が、「急」を「クイックニング(quickening)」と読み替えて『Q』とつけた遠因かもしれない。

また、スミスは猫好きで、代表作の「鼠と竜のゲーム」(一九五四)で猫由来の下級民であるキャプテン・ワオを作品に登場させていた。平面航法にはテレパス(精神感応者)が必要だが、襲ってくる竜がいるので、パートナーと呼ばれる猫を改造した下級民のキャプテンと一組になって操縦するのだ。これも新劇場版の『Q』で、シンジとカヲルがダブルで乗るEVA13号機が登場する。EVAに複数の人間が乗るのは、『序』で初号機にトウジとシンスケを乗せることがあったが、それ以降は、むしろ初号機や2号機に他のパイロットが搭乗できるのかが問われることになった。EVA13号機に関しては、旧世紀版でのアスカとシンジがゲームをしながらシンクロを練習する場面が、シンジとカヲルのピアノの連弾演奏になった。初号機と弐号機の連動が、13号機のダブルエントリーとなったのだ。これは平面航法のパイロットとパートナーの関係にも似ているのだ。

また祖母にリツコが預けたネコの話が出てくる。マンガ版で描かれたカヲルが近所のネコを殺す話は、企画書にあってテレビ版では省かれた「猫と転校生」のエピソードを膨らませたものだった。新劇場版の『序』と『破』で、伊吹マヤのサインがネコのマークなのは、リツコのネコに対応するのだろう。そして、『シン・エヴァンゲリオン』では、アヤナミレイ（仮称）が第3村で、猫に好奇心をしめす。イヌとは異なる形状の存在に興味をもったのだ。それは「ヴィレのワンコくん」とマリがシンジを蔑むように呼ぶのと対照的だ。DSSチョーカーが一種の首輪であり、同時にギロチンのような絞首刑の道具でもあることは明確である。『Vガンダム』は、ギロチンの恐怖に満ちた世界だった。

首輪をつけたイヌ的あり方とは異なる存在として、ネコがある。「エヴァンゲリオン」とネコとの関係の下敷きになったのは、「Air」の画コンテ段階でサブタイトルの仮題に使われたハインラインの『夏への扉』もあるが、スミスの作品も猫を登場させる一助となったのかもしれない。スミスの人類補完機構シリーズは「人類補完計画」という名称以外にも「エヴァンゲリオン」に影を落としているのである。

◉未来史と日常生活の可視化

未来史では普通年号が使われる。テレビの『宇宙大作戦』で、カーク船長はアポロが月面着陸をした一九六九年を元年とする宇宙暦で恒星日記をつけていた（ただし、日本独自の計算で放映時に百年ずらされた）。そのため『機動戦士ガンダム』などガンダムシリーズの「宇宙世紀」のように、年表の形で事件が配列され説明される。このように時系列を追うことで、歴史の出来事の因果関係を説明し、しかも出来事が「西暦」で語られることで、無意識のうちに歴史の起点をキリスト教に置くことになる。「時に西暦二〇一五年」と始まった「エヴァンゲリオン」もその流れに属する。だから「使徒」などの聖書的な暗喩に満ちていても、さほど違和感がないのだ。

最初の使徒が襲来して以来二〇一五年は「災厄の年」となる。セカンドインパクト以後で年表に残る歴史的事件の起きた年である。だが、特記されるような大事件が不在の年号、たとえば二〇一四年などにも、日常生活としての人間の営みがあったはずである。レイを乗せた零号機がひっそりと起動実験をおこなっていたはずだが、使徒が来ないので、人知れずしかも秘密裏におこなわれていた。そうした日常を掘り起こしたのが、光瀬龍の「宇宙年代記」シリーズだった。歴史的事件の背後に隠れた「庶民」の生活を取り上げている。「政治や経済の事件が空白の年号に歴史はないのか」と歴史書がもつ死角への問いかけとなっていた。

一九九五年の阪神淡路大震災や、二〇一一年の東日本大震災といった年表に残る年号以外にも、被害を受けた地区や他の場所でも歴史があり、人々の暮らしの営みがあったはずだ。光瀬の「墓碑銘二〇〇七年」はつねに探検隊から一人だけ生還するトジが、ペットの砂トカゲのペンペン（!）を預けて赴いた木星探検の話だった。乗り込んだ宇宙船に七人いるはずの乗組員が、本物の人間はトジだけで、あとは電子頭脳が代用していた。事故が起きたのに仲間の助けもなく、失敗が示唆されて終わる。また、「氷霧二〇一五年」は、木星で、人員が半分に減れば食料が倍確保できるという限界状況にいた男たちの話である。あとからやってきた探検隊を狂躁状態にした心理攻撃が、二万年前の宇宙船の生物からだったと突き止め、沈めるまでの無名の英雄たちの物語である。そのあとも主人公たちは辺境の惑星探検で次々と消えていくのである。日常の事故として記録に数値や名前だけは残るが、記憶されることのない男たちの物語だった。

そして、長編『たそがれに還る』（一九六四）をはじめとして「宇宙年代記」には、ユイ・アフテングリが執筆する歴史書『星間文明史』による概括や解釈や物語的紹介が度々入る《たびたび》（著者名をシンジの動向をすべて見守る者としてのユイと結びつけたくなる）。ユイ・アフテングリは、『たそがれに還る』の終章で、「ここにのべた物語は、アム・コダイをはじめとするすぐれた歴史学者の手によって収集され、整理された一連の資料によって構成されたものであるが、これが果してどれだけ歴史的事実への接近に成功しているものかわれわれには確信はない」などと述べて、歴史的記述の曖昧さを指摘している。フィクション性を強調するための仕掛けだが、これにより、表の政治や経済史と、裏の社会史や庶民史とが、歴史書に統合されてしまうのである。[★4]

旧世紀版では、対使徒戦争の最中でも、カヲルの転校話が第弐拾四話「最後のシ者」にまであり、中学校の生活描写は後半まで維持されていた。それに対して、新劇場版での中学での日常生活の描写は、『破』の「海洋資源保存研究施設」へのピクニックがクライマックスとなっている。その後、アスカが3号機の起動実験で使徒からの精神汚染を受けた状況から、シンジより一足先に大人になってしまい、日常は描かれなくなってしまう。第3村のエピソードは、使徒の登場以降、戦争が日常となった世界の束の間の休息となったのだ。

『Q』でしめされたように渚カヲルは学生服を着ているが、どうやらネルフ本部での制服のようだ。13号機に乗るために滞在していたシンジも支給された服を着るが、そこにトウジの名前が書いてあってたじろぐ瞬間がある。あくまでも『破』までの習慣をなぞった世界なのである。このように、新劇場版は旧世紀版との不連続を打ち出して、進化と歴史改変との問題に向かい合っている。

新劇場版を開始したときに、劇場のポスターが述べたように、「エヴァっぽい」アニメはたくさん作られたが、旧世紀版を継承できるのは自分たちだけだ、という自負があった。だが、リメイクという語り直しは、そのまま歴史の修正ともつながる。両刃の剣であり、過去をなかったことにしたいが、同時に過去にも呪縛される。あくまでも、過去の作品を超えながら、どのように継承するのかが課題となったのだ。

◉継ぐのは誰なのか

未来史の大きなテーマとなるのは、現生人類やその文明は頂点なのか、それとも滅びてしまい別の後継者に地位を譲るのか、というものだった。六千五百万年前の恐竜の絶滅と、哺乳類への主役の交替をアナロジーとして、「種」としての人類の滅亡と交替が多々描かれてきた。種としての人間の終焉そのものは、ハルマゲドンと最後の審判という形で、『神曲』の天国編にある神の恩寵に触れて、「その愛は動かす、太陽とその他の星ぼしを」(壽岳文章訳)のような幸福感をもたらすことにもなる。そして、知的生命体としての異星人を認めることで、「私たちは孤独ではない(We are not alone)」という人類の地位の相対化もおこなわれてきた。人間を必然的に滅びる種と扱うのならば、光瀬龍が描いたような「諦観」や「喪失」の物語となるだろう。

だが、それとは異なる態度で、人類の終わりに挑戦して、希望を描いてきたのが小松左京だった。新劇場版に必要なのはこちらの発想だったのである。小松の短編「神への長い道」(一九六七)は、冷凍睡眠で五十六世紀に目覚めた二十一世紀人フジ・ナカハラを主人公にして進化の意味を問い直したものだ。フジは文明が行き着いてしまったという倦怠感から冷凍睡眠を選んだのだが、到達した未来も停滞していて絶望する。さらに太陽系から七百光年離れた異星人の遺跡で「宇宙は神を生むための卵」という認識に至る。子孫にあたる五十六世紀人たちは、異星人の装置を使い精神的な旅へと向かう。だが、フジは二十二世紀人のエヴァ(!)とともに宇宙船で地球に戻り、さらに千六百年経過した未来で「原始人」として生きようとするのだ。

そして、『継ぐのは誰か』(一九七〇)では、アメリカの大学都市での殺人事件から始まり、コンピューターが使われ、書類や本がなくなった世界が描かれる。これは『2001年　宇宙の旅』のようなディスプレイを中心とした世界の到来を予告した世界である。半世紀たった現在では、作品中にほのめかされた多くの技術が実現している。そうした予想ができたのも、雑誌連載時に小松は大阪万博に積極的に関わり、「人類の進歩と調和」というスローガンを問い直す問題関心をもっていたからである。

作品内で、南米の奥に住むテレパシーならぬ電波を感受する人間の存在が明るみに出る。『継ぐのは誰か』の電波人間は、奥地に潜みながらも電波によって世界中のコンピューターとアクセスしてハッキング行為などをしていた。功罪含めて現在のインターネットをめぐる状況を先取りしていた。ところが、電波人間の間に疫病が蔓延し、そのために配布したワクチンのせいで、後継者を作る能力が失われてしまうことがわかる。新しい種類の人間が「発見」されたのに、それが消える可能性が高くなった。だが曖昧だが、一つの希望が残る結末が描かれていた。「神への長い道」では、人類そのものが集団で知を共有するという段階に進むように「定向進化」をするとされたが、その変種の一つとして電波人間があるのだ。それにより「テレパシー」を都合よく説明できることになる。それでいて、機械や技術の補助なしには生きていけない生活が描かれてもいる。

「エヴァンゲリオン」で、人類を補助する最大の装置はやはりEVAだろう。だが、同時に人造人間でもあり、種の交替という展開もありえたはずだ。ウェルズの『神々の糧』にあるような、化合物のせいで巨大化した、意思疎通が不可能となったEVAという巨人たちの物語がありえたかもしれない。新劇場版四部作の大団円を迎えるために用意されたのが、未来の分岐点を生み出す「ネオンジェネシス」である。一体誰が、どういう形で、EVAのある（ない）世界を継ぐのか、それとも継がないのか、という選択がなされる。選択を問うために新劇場版の英語では副題に『Q』まで「ではない（not）」をつけてきた。シンジがEVAに乗らない生き方の選択があるとして、それは現在の乗る生き方と等価におかれている。

等価であることを表現するために、方向転換や分配をする転車台のイメージが使われてきた。『破』において、初号機などのEVAを乗せて送り出す「エヴァ電車」の転車台が出てくる。零号機、初号機、2号機の三体で受け止めるためにそれぞれが経路をたどって地上に出る。当然、EVAの配置も含めて別々のところに向かうのだ。『シン・エヴァンゲリオン』の第3村の転車台は、やってきた列車をもときた方向へと戻すために使われている。その意味ではタイトルの「リピート」記号に近い。そして、「ネオンジェネシス」を選択する前に、撮影スタジオのような場所から、渚司令と加持副司令、そしてレイを別個に送り出したとき、転車台のような役目を果たすのだ。これがそれぞれの運命、あるいは別の物語へと進むことをしめしている。

そして、シンジは「新世紀」ではなくて「新世記」を選択した。新世紀はあくまでも二十世紀に対して二十一世紀という連続の印だったのだが、企画書にあった「新世記」は、まさにハルマゲドン後の新しい世界を作り出すことを指す。そして槍でEVAを突こうとすると、学生服姿のシンジが出現し、シンジとユイとが分離する。まるで「青い鳥」のように大事なものは身近にあったのである。レイかと錯覚してからユイを見下ろしながら、シンジが水面へと浮かび上がるカットになる。背後には、光源として太陽とおぼしい光が射している。

人物の配置も含めて、『未来少年コナン』の第8話「逃亡」の場面からの借用であり、見事に読み替えられている。ラナが操縦するボートでコナンはガンボートから逃げ出したが、撃沈されてしまう。その際に手錠と足錠をされていたコナンが、船の残骸に足をとられて、水中から脱出できなくなる。そこでラナがコナンの命を救うために海上にあがって、空気を吸い口移しにして助けるのだ。二人に合法的にキスをさせるための仕掛けだが、男女を入れ替えて分離するところが描かれていた（ここに巨神兵以来庵野に影を落としてきた宮崎駿との決別を読みとることもできる）。その構図は同時に、テレビ版のエンディングの「私を月まで連れて行って」が流れる海面と月光の光が漂う「原風景」でもある。

分離したことで、ゲンドウが乗ったEVAがユイの乗ったEVAも槍で貫き串刺しにするのを、二人のDNAを継いだシンジが見守る。それは『Q』でカヲルが二本の槍を使って13号機を貫いたことの反復でもある。その光景を目撃して、「やっとわかった。父さんは母さんを見送りたかったんだね。それが父さんの願った神殺し」とシンジは納得をする。この場面では、ずっと林原めぐみが歌う松任谷由実による「Voyager～日付のない墓標」が流された。映画『さよならジュピター』の主題歌であり、「さよなら」という幾重にも響くように選択されている。「継ぐのは誰か」という小松左京への問題関心を取り込んだ形で、新劇場版が完結したのである。では、シンジは何をどのように継いで、何を選択したのだろうか。

2 碇一家の解体

◉イカリという名字

新劇場版が旧世紀版を解体しながら、別物に仕立て上げているとすれば、その影響は当然ながら碇シンジ本人にも及んでいる。名前が同じだからといって以前と同じキャラクターのはずはない、というのが、複数のレイによって当初からしめされてきたことでもある。シンジは周囲に対する不満をもちながら、怒りや暴力をどこかに押し込めている。中学校では「熱血バカ」のトウジに隠れて見えないだけである。ミリタリーオタクのケンスケとともに「3バカトリオ」は、それぞれに暴力的な衝動を抱えていた。だが、体育会系の武闘派トウジや兵器の知識におぼれるケンスケとは異なり、シンジの場合は内面に向かっていた。怒りを抑制する「アンガーマネジメント」は現代における重要な技だが、シンジはどこかで爆発させてしまう危険があるのだ。[★5] それを確認するのが、初号機に三人が乗ることになる場面である。シンジが取り憑かれたように戦うようすを目撃して二人は唖然とするのだ。

シンジが安心感を覚えるのも、普段押し込めた怒りの感情を外に出して開放できるのも、EVAに乗っているときだった。感情を開放する装置としてのEVAを捨てるためには、イカリシンジとして形成されていたものを解体する必要がある。アスカが乗っていると知って、使徒となった3号機を破壊させるようゲンドウが指示したのに反抗して、シンジはネルフ本部を破壊しようとする。EVAの助けがあるからこそ、シンジは怒りの感情に基づいて力を行使できるのである。

旧世紀版からのイカリシンジが、新劇場版で解体されるときに、「碇」という名字がもつ意味合いがはっきりとする。渚カヲルの「渚」は脚本を担当した薩川昭夫のアイデアで大島渚に由来し、さらに分解され、エピソードのサブタイトルに「最後のシ者」と「使者」と「死者」を掛けて使われた。同じように碇シンジの碇は、「怒り」という音だけでなく、字面からも別のメッセージを伝えている。旧世紀版でゲンドウの旧姓は「六分儀」だった。これも船の用語から来ていた。そして、通常使われる「錨」ではなく「碇」が選択されたのにもなにか理由があるはずだ。

碇という名字は、直接的には、軍用機や自動車の評論家として知られる碇義朗に由来するように思える。こちらの碇は、戦中の陸軍航空技術研究所出身で、『生きている零戦』（一九七〇）に始まり、軍用機関係では零戦、富嶽、紫電改に関する歴史解説本を書き、自動車メーカーの開発話の著書も多い。パイロットの人間ドラマだけでなく、「海軍空技廠」のような技術者集団に注目し、物作りの観点から論じているのだ。これはのちに『風立ちぬ』（二〇一三）で堀越二郎と堀辰雄を重ねたキャラクターの声をあてた庵野にとって、無視できない評論家であり、視野に入っていたはずである。そもそも零戦の「ゼロ式」とは、皇紀二六〇〇年（昭和十五年＝西暦一九四〇年）に由来し、零号機のネーミングはそれと重ねられている。

碇義朗が扱った軍用機のなかでも、紫電改の「改」は注目に値する。これは戦闘機である紫電の改造版についた名称だった。ロボットアニメでは、スポンサーである玩具産業の要請を受けて、メカは途中で改造される。

種類が増えて商品のラインナップが増えることは販売戦略にとって重要だからである。『機動戦士Vガンダム』で、当初のVガンダムが、背中に光が生えたようなV2ガンダムを登場させたようなものだ。それに合わせて主題歌も変更された。こうした改造や乗り換えは、ヴァージョンアップであり、パワーアップであった。★6 旧世紀版でも零号機が改造されて、カラーリングが黄色から青へと変化することはあったが、他の機体は積極的にパワーアップをしてはいなかった。初号機が「覚醒」しS2機関を取り入れるのは、自発的に使徒を捕食することであり、人間による技術的な改造ではなかった。ところが、新劇場版では、積極的に「改2号機」「改8号機」などと使われる。しかもパリ市街戦でネルフユーロ支部から部品を調達したように、ネルフと戦うために積極的な改良がおこなわれるのだ。

ゲンドウ、ユイ、シンジの碇一家の名字である「碇」を、渚カヲルの「渚」のように旁《つくり》と偏とに分解するならば、「破綻」という二つの漢字を分解して合成した名字とみなせる。船に安定をもたらすはずの「碇」が、「破綻」への軌跡をその名に含んでいたのである。碇ゲンドウとは、まさにユイを喪失した怒りに駆り立てられて、ゼーレがもたらしたネルフの計画をねじまげていく存在にほかならない。だが、その計画は最終段階で破綻した。ゲンドウが願った形でのユイとの再会もならず、ユイが願ったようなすべてを超えて存続する「エヴァンゲリオン」にシンジが乗り続けることもかなわなかったのだ。シンジが成したのは、両親とは異なる第三の道の選択だったのである。

◉碇ゲンドウの一家

旧世紀版の第弐拾壱話「ネルフ、誕生」で、冬月にユイからしめされたように、六分儀ゲンドウが結婚してゲヒルンへの接近を図ったとき、婿養子的な成り上がりを遂げている。「入婿」による出世や地位の安定は、政治家や経営者が義父の地盤や企業を継ぐためにおこなわれるし、学問や芸能のように継承とシステムの維持が必要な世界では、有力者の娘と結婚する「閨閥《けいばつ》」とともに珍しいものではない（結婚において妻の姓を選択した者として、肯定的な評価を与える見方もありえる）。

ユイに「かわいいところがある」と評価されたゲンドウだが、人工進化研究所に関わった当初から死んだユイとの再会が目的だったはずはない。ゲンドウはユイの形而上生物学者としての才能と、背後にあるゼーレとの関係を手づるにして、ゲヒルン（ネルフ）の司令に成り上がったのである。ユイの才能は傑出していて、リツコの母親のナオコとともに、EVAを生み出すE計画の責任者でもあった。ただし、ユイやゲンドウの家族関係が明らかにならないので、ユイの背後にどのようなコネクションがあったのかは開示されなかった。

ところが、新劇場版では一変し、碇という名字はゲンドウのものとなり、さらにゲンドウの孤独な子ども時代が描かれた。その代わり、ユイの旧姓が綾波とされる。これにより、「アヤナミレイ」という存在は、旧世紀版のように起源が曖昧な存在ではなくなり、碇一家に正式に組み込まれたのである。これはかなり決定的な差異である。

新劇場版では、誰もいない心象風景の列車のなかで、ゲンドウとレイとの関係は、『序』で「男の子ならシンジ、女の子ならレイ」というゲンドウの言葉が流れて説明される。そもそもは、旧世紀版での第弐拾壱話「ネルフ、誕生」の脚本段階で、「このラストを追加するかは、一考します　庵野秀明」というコメントがついたセリフだったのだが、画コンテ段階で採用されなかった［オリジナルⅢ巻#21―38］。それだけ思い入れのある会話だったわけだ。シンジがレイの存在が気になるのも、テレビ版ではレイがユイのコピーだったからだが、新劇場版ではレイ＝ユイとだけでは説明仕切れないものがある。

碇一家の関係は『スター・ウォーズ』の最初の三部作（エピソードⅣ～Ⅵ）に似ている。父ダース・ベイダーと子であるルーク・スカイウォーカーの対立と和解を描く物語で、銀河皇帝をゼーレと考えると、ネルフの司令としてのゲンドウの立ち位置も見えてくる。反乱軍となった旧共和国側につくルークが、説得のために父親へと近づくのだ。その後の展開はもちろん「エヴァンゲリオン」は大きく異なる。だが、「フォース」がスカイウォーカー父子を呪縛しつづけたように、「ＥＶＡ」がゲンドウとシンジを結びつけている。

シンジとレイは、ルークとレイアという生き別れの双子の兄妹（あるいは姉弟）のようだ。最初ルークはレイアに心惹かれるが、それが兄妹愛だったとわかるのだ。『破』で自分だけにレイが呼びかける声を聞いて、聞こえないミサトたちにシンジが「綾波ですよ」と訴えるところがある。まさにテレパシーによってつながっているのである。

そもそも「レイ（ア）」と名づけられたときから、最終的な展開は決まっていたのかもしれない。『スター・ウォーズ』新三部作（エピソードⅠからⅢ）でアナキン・スカイウォーカーが悪へと傾斜した原因が語られたように、『シン・エヴァンゲリオン』ではゲンドウの過去が掘り下げられた。ゲンドウのセリフ「女の子ならレイ」がしめす関係性において、レイはどこまでいってもシンジの「妹」でしかない。実際、『破』で明らかになるように、レイはアヤナミシリーズの複製品であって、「初期ロット」として複数いる一人である。それは初号機にいるオリジナルの魂とは異なるかもしれないが、オリジナルの姿を背負っている。

ＳＤＡＴの扱いがレイの「妹」的立場を物語る。たえずシンジが聞いていたはずなのに、『破』でネルフと決別して、ミサトのマンションを出る際に棄てたＳＤＡＴを、レイがゴミ箱から拾う。そして『Ｑ』で初号機から回収されてリツコから返還され、動かないものをカヲルが直す。その後、13号機から救出されたシンジが落としたものをやはりレイ（そっくりさん）が拾う。『シン・エヴァンゲリオン』の第３村で、最初シンジはレイから受け取らずにいたが、最後にはＳＤＡＴを受け入れることになる。

レイはシンジが拒否したものを届け、手渡し続けるのだ。たとえ、初号機に眠るオリジナルのコピーである「そっくりさん」だとしても、碇一族に取り込まれたアヤナミレイが、「兄」であるシンジに手渡すのである。このSDATの継承によって、ゲンドウとシンジのつながりが強調されるが、同時に、そっくりさんはSDATを手渡す「妹」としての役目にとどまる。

第3村でシンジがそっくりさんに名前をつけてくれと依頼されても、「綾波は綾波だ」と呼ぶのは、母親である綾波ユイとのつながりだけでなく、シンジが女性として生まれたら「碇レイ」だった可能性を映しだしてもいる。実際には、このそっくりさんは、第3の少年に好意をもつように調整された人造人間でしかない。SDATや複数のレイという人工的なものは不連続をつなぐ存在である。エピソードを越えた連続性を機械や人造人間が保証するというのは、『スター・ウォーズ』の当初の構想と類似している。三作ずつの三部作を貫くものとして、R2D2とC−3POのロボットのコンビが、所有者を変えていくことで狂言回しとなり、別のエピソードに姿を見せるはずだった。その名残りとして、C−3POは前の所有者である船長の話をルークにするのだ。

旧世紀版にあった碇一家をめぐる関係は、新劇場版では大きく変わらざるをえなかった。ゲンドウと愛人関係にあった赤木ナオコとリツコの母娘の話や三台のコンピューターからなるMAGIをめぐる話が消えてしまった。また、トウジがフォースチルドレンとなって起動実験に参加する話が消えたことで、ヒカリがトウジのために弁当を作るエピソードがなくなる。その代わり、ヒカリは第3村でトウジと一家を成すのである。家族の一員である「妹」のレイが、「父親」と「兄」を会食に招く一族再会に向けたエピソードのために、ほぼ削除されてしまったのだ。もはや旧世紀版のようなストーリー展開となるはずもなかった。

3 世界の浄化と第3村

◉赤い海から青い海へ

旧世紀版の「夏エヴァ」の最後では、セカンドインパクト後の南極の海だけだった赤い海が、新劇場版では地球上に広がっている。血の色でありながら死の世界というのは、田中光二の短編小説「赤い海」（一九七二）が端的にしめしていた。海底の原発が地震で事故をおこして、漏れた放射性物質でプランクトンが異常発生し、世界中が赤潮の海となる話だった。生命力が爆発するからこそ酸素不足となり死滅するという逆説がそこにあり、公害による海洋汚染が物語の背景にあった。田子の浦のヘドロを題材にした『ゴジラ対ヘドラ』（一九七一）が公開されたときで、海洋汚染が日本中で注目されていたのだ。

田中は『わが赴くは蒼き大地』（一九七四）で、海洋を舞台にしたSF小説を日本に定着させた。糸満出身のエラをもつように改造されたチヒロが、精神感応する少女とともに潜水艦で海を渡る話である。これは血清を届けるためにアメリカ大陸を横断するロジャー・ゼラズニイの『地獄のハイウェイ』（一九六七）の海洋版を目指したものだった。そして田中作品は『宇宙戦艦ヤマト』後の西崎義展制作の『宇宙空母ブルーノア』（一九七九―八〇）にヒントを与えた。タイトルからすると宇宙の話のはずなのに、空に飛び上がるのは二十話をすぎてからだった。バミューダなどの海の話となっている。『不思議の海のナディア』に出てきたブルーノアとレッドノアはこれに由来する。「青いノア」という方舟のイメージは、ネオ・アトランティスによる破壊者としての「赤いノア」へと読み替えられたのである。

庵野は海に潜るスキューバダイビングに、アニメーターという職業をぼかしながら、一時期凝っていた［小黒：三四九頁］。そうした潜水への関心はテレビ版のときから濃厚である。第壱話「使徒、襲来」で、ネルフ本部で迷子になったミサトにリツコが呼び出されるときに、プールで潜水をしていた。また、プラグスーツ自体がウェットスーツに近い代物である。そして、第拾話「マグマダイバー」で、沖縄への修学旅行のために水着を買ったが行けなくなったので、アスカは水着姿でプールを泳ぐ。そのときプールに後ろ向きに入るのである。画コンテにはアスカが「バックロールエントリー」というセリフもあった。ボートダイビングなどで、タンクを背負って安全に水中へと入る方法のことで、実際にはそのカットは削除されてしまった。その代わりアスカはマグマのなかへのダイビングを試みることになるのである。どうやら海や水は潜るものだという感覚を庵野はもっている。それがLCLにシンジが入ったときに「水中」である意味だったのだろう。

「エヴァンゲリオン」で、血の色であるはずの赤い海は死のイメージをもつ。新劇場版では、浄化することで地球を救済することと、「血の臭い」がするLCLに満たされたエントリープラグをはじめ子宮内の海を漂うシンジを救済することが、新劇場版を語り直す際の課題となった。地球とシンジの両者をつなぐ「海」のイメージが、何度となく繰り返し波が打ち寄せる渚として姿を見せている。

浄化されることが主題として焦点となったので、『序』の冒頭で、国連軍が第三の使徒の襲来を待ち受ける海は、すでに汚染された赤い色でなくてはならなかった。赤い海を浄化する施設として、新劇場版『破』に登場したのが「国際環境機関法人　日本海洋生態系保存研究機構　海洋資源保存研究施設」である。加持がシンジたちを社会科見学と称して連れて行く一種のピクニックで、旧劇場版の第拾話での沖縄への修学旅行の代替物となっている。修学旅行にはアスカやシンジやレイは参加できなかったのだが、今回はペンペンも含めた五人と一羽のメンバーが参加する。このエピソードにヒカリが参加していないのは、シンジによる弁当の話が登場するので邪魔になったためだ。

第3新東京市は、上から見ると十字架に見える。正確には八角形の黒い部分が九箇所で「+」に構成されていて、芦ノ湖側に延びたところに、太陽集光器が置かれた黒い部分が存在している。だが、全体として十字架に見えるが、中心部はあくまでも「＋」で、これはミサトが身につけたペンダントの形でもある。このペンダントは設定資料や画コンテでも「十字架」ではないと註記されている。つまり、「交差」や「プラス」の意味をもつのである（マンガ版ではこれが時空の不連続を乗り越えた物体として扱われたが、「エヴァンゲリオン＋（プラス）」という含意があるのかもしれない）。

それに対して「海洋資源保存研究施設」のレイアウトには「化学と錬金術をミックスしたイメージ」という庵野の指示が書き加えられ、生命の樹がモチーフとして取り入れられた。円形の浄化槽の上の部分が、赤い海水から段階的に青くなっているのがわかる。ここで重要なのは、シンジたちは汚染された存在とみなされていることだ。そのため施設に入るには、長波放射線照射から始まり、有機物電離分解型浄化浴槽につけられるといった徹底的な滅菌消毒がほどこされる。赤い海を青くして生物を再生させるためには、こうした予防措置が不可欠となる。汚れた存在としてのシンジたちがいるからこそ、意図的に人類を解体することで「浄化」させようとするゼーレおよびゲンドウの計画に一定のリアリティがあるのだ。

シンジたちはセカンドインパクト前の生物であるイルカやカメやクラゲが、巨大な水槽内で泳いでいるのと遭遇する。連れてきたペンペンもペンギンたちと挨拶を交わすのだ。レイが円筒形の水槽を泳ぐタンクの魚を見ていると、シンジが寄ってきて、「もっと広いところで泳げばいいのに」と無責任なことを口にする。それに対して、レイは「無理、この子たちはこの中でしか生きられないもの」「私と同じ」と自分の人工性とタンク内で蘇生し修復している現状に言及した。この点はのちに、初期ロットであるレイのそっくりさんが、ネルフを離れては生きられない事実によって証明される。そしてそっくりさんが死ぬ第3村も、アンチL結界で守られていて、人工的なタンクと同じだった。第3村の住民もその外では生きられない（『天空の城ラピュタ』でシータが口にする「人間は大地を離れては生きてはいけない」という主張への返答だろう）。

シンジとレイが話すこの場面をちら見して、アスカが嫉妬する場面が出てくる。この構図は、旧世紀版で、レイとゲンドウが親しげに会話をしているのを目撃して、父との距離が近いことに嫉妬する場面の書き直しである。その後アスカは会食を画策するレイに対抗して手料理の味つけを試したほどである。ミサトに見つかって「二人共色気づいちゃって」と揶揄されるのだ。『シン・エヴァンゲリオン』で、十四年前の「あの頃はあんたが好きだったのだと思う」と口にする根拠となっている。

シンジたちに青い海を取り戻す未来をしめす加持は、旧世紀版でのセカンドインパクトの真実を知るための二重スパイから、世界の浄化や存続を目指すヴィレの創設者へと役割を転じたのである。ゼーレやネルフやゲンドウが追求してきた群体としての人類を解体して単体とするサードインパクトの延長でもなく、シンジによる世界の再創造（ネオンジェネシス）でもなく、浄化による世界の存続が、加持を中心とするヴィレの第三の道だった。その意味で第3村とつけられていたのだろう。もちろん、最低でも似た村が他に二つあることも暗示している。そして、ヴィレはゲンドウとネルフの野望を阻止するだけでなく、たとえ地球の人類が滅んでも、他の生物の種を残すという目標をもっていた。それは太陽や月や地球が滅んでもＥＶＡは残るというユイの考えに対立するものなのである。だが、その加持もサードインパクトを阻止しようとして死亡し、ミサトがヴィレの指揮官として後継者となるのである。

◉トトロと第3村

第3村は、アスカがシンジとアヤナミレイ（仮称）つまりそっくりさんを連れてたどりついた場所だった。初期の構想として前田真宏によるレイアウト案がいくつかあり、潜水艦が突き刺さった形や、航空母艦の上に築かれる可能性もあった［「庵野秀明展」展示より］。結局中心部に転車台のある天竜二俣駅がモデルとなり、周辺に太陽光パネルを屋根に載せた住宅の群れがあるのだ。

最初トウジの家にシンジとそっくりさんは連れて行かれる。食事も受付けず反応もないシンジを結局ケンスケが引き取るのだ。アスカもケンスケの家に身を寄せて村人とは交わらない。ゲームをしているだけのアスカに、農作業を始めたそっくりさんは、何も労働をしていない理由を質問する。村を守るのが役目と返答している。

アスカが何から守っているのかは、回復したシンジがケンスケとともに水源やインフラの管理をするために、周辺を車で動き回っているときにわかる。第3村はクレーディトが設置したアンチL結界によって、外部の赤いLCLの侵入が阻止されている。そして、カオナシならぬ首なしのEVAが動き回るようすが描かれる。アスカは『もののけ姫』のアシタカのように、パラボラアンテナがついた見張り台に立って、村の外の動向を見張っているのである。アシタカはタタリ神にとりつかれたが、アスカはすでにエヴァの呪縛を受けていた。そして、最終的にアシタカがサンを得たように、アスカはケンスケを得るのである。

第3村の里山のような風景が『となりのトトロ』を彷彿とさせると指摘されたが、公式の許可を得て使用されていて、隠れトトロもそっくりさんが訪れた第3村の図書室にあった。トトロ自体が、『三びきのやぎのがらどん』などと題して翻訳されているノルウェーのトロルに関する絵本から借用され、メイによって「トロル」が「トトロ」と誤用されたものだった。安野モヨコの『おちびさん』の絵本もある図書室は、ヴンダー内の私室にマリが本を蓄えていることともつながる。第3村では知のアーカイブとしての図書館の役割が保たれていた。『シン・エヴァンゲリオン』の第3村には、『トトロ』の数多くのモチーフが借用されていた。サツキとカンタが小学校に通うためには鉄道のガードを潜り、ネコバスが伝う高圧線の鉄塔があった。第3村では列車や鉄塔が不気味に空中に浮いている。そっくりさんが曲がったキュウリをもぐように、サツキやメイはとなりのばあちゃんの畑でキュウリをもぐのだ。おたまじゃくしのカットは、メイが「おじゃまたくし」と自分の家の池を覗き込んだのを踏まえている。そっくりさんが班の仲間である女性たちと新生湯に入るのは、父親とメイとサツキが入る家族風呂の繰り返しだろう。そして、ケンスケとシンジが神社の鳥居で頭を下げるカットがあるが、塚森の鳥居でサツキたちは頭を下げていた。

『となりのトトロ』からの影響はそうした表面の借用にとどまらない。ネルフのマークに記載された標語は、ロバート・ブラウニングの詩「ピッパ過ぎる」から取られている。上田敏によって「春の朝」と題して訳され、「神、そらに知ろしめす。すべて世は事も無し。」となる。その前の行に「蝸牛枝に這い」とあるが、『となりのトトロ』でカンタの家の庭のカタツムリがアップされたカットがあり、画コンテには「かたつむり枝にはいすべて世はこともなし」とコメントがついていた。平穏な風景を維持するというのが標語の意味だが、ネルフがおこなっているのは真逆の行為である。

シンジが魂を回復する「緑の世界」として第3村は設定されている。第3村は緑に溢れているだけでなく、『Q』では知り得なかった空白の十四年の「真実」をシンジは知る。シンジは加持リョウジ（二世）と出会い、コンビナードを走りながら、ケンスケから事情を聞いたことで、ミサトがシンジをEVAに乗せたくない理由を知る。北の湖にあるネルフ第2支部の廃墟は、家出をしたシンジが訪れるところに、ペンペンが仲間と棲んでいる。アスカは、自分のような式波も綾波も量産され、ネルフに調整されたものである、とそっくりさんに説明する。しかも、綾波タイプの「初期ロット」は第3の少年つまりシンジに好意をもつように設計されているのだ。

そのそっくりさんが、ネルフでしか生きられないことがはっきりとし、自分の掌に出たサインを見て、涙を流すのである。旧世紀版のレイの涙とは意味合いが別のものとなっている。そして、そっくりさんは、「ツバメをもっと抱っこしたかった」と「稲刈りをしたかった」とシンジに言ってLCLへと戻ってしまうのだ。目撃しても、シンジはカヲルとのときのようにトラウマとなり、嘔吐して事実を拒否することはなかった。むしろそれを契機に、ヴンダーに乗せてもらうようにアスカに頼むのである。

◉第3村というヒカリ

第3村での生活は、サードインパクトの生き残りが、ヴィレの支援を受けて成立している。トウジはサードインパクト後に診療所を任されて「ニセ医者」をやっている。「タミフル」の不足を看護師に告げられる場面があるが、彼女も正式な資格をもってはいないのかもしれない。セカンドインパクト後に冬月がやはりニセ医者で暮らしていた。シンジが宇宙空間で眠っていた十四年の間、トウジはケンスケたちと生き延びてきたのだ。トウジが見出したのが「ヒカリ」に表されるものだった。

旧世紀版で、ヒカリは2年A組の学級委員長として教室の秩序を保とうとしていた。いつも衝突する一方でトウジを慕い、アスカに呆れられるほどだった。そして、「弁当作り」という作戦で、トウジに食べもらおうとしたが、まさに起動実験による使徒化の件で作戦は失敗した。そして、トウジがフォースチルドレンとなって、ヒカリが弁当を作るエピソードそのものが新劇場版では消えてしまった。代わりに、シンジが「弁当男子」として、「海洋資源保存研究施設」で、全員に持参した弁当を食べさせる。「九割人造肉がこうもおいしくなるとは」とケンスケは絶賛した。レイは肉を食べないので味噌汁だけを飲み、「おいしい」と反応する。シンジは、アスカだけでなく、レイにも弁当を作ることになる。それに対して、レイが手料理で食事会をしようとするのだが、そう思わせるほど、シンジの弁当は魅力的だったのだ。

こうした『破』のシンジの弁当と対照的なのが、十四年後に『Q』でネルフ本部に滞在していたときに支給された食事だった。宇宙食のようで、容器の仕切りの違いは色の違いがあるだけで、中味がわからなかった。しかもその食事はヴンダーでも同じなのだ。『シン・エヴァンゲリオン』で乗組員が口にしているのも似た食事である。ただし、第3村などがあるおかげか、米があり、キュウリなどの野菜とミカンらしきものが弁当箱に載っている。そこがネルフとヴィレの違いだろう。

だが、ネルフもヴィレもミッションの実行が優先で、シンジの作る弁当とは異なり、栄養は管理されていたとしても、見栄えは考慮されていないのだ。この食事は、『2001年　宇宙の旅』に木星付近の探索へと向かったディスカバリー号のなかで出されたものとそっくりである。そこでもミッションが優先されていたのだ。ケンスケの家で、シンジがアスカに無理やり食べさせられた「レーション（糧食）」も、まさに軍用食であって、ふつうの食事とはいえなかった。

『シン・エヴァンゲリオン』で、トウジにとって「母性」は乗り込むべきEVAではなく、ヒカリという人間の姿で存在していた。母親の幻影を求めるシンジやアスカとの違いである。弁当こそ作らないが、ヒカリが下拵えをした食事は完成させて、シンジたちにふるまっている。トウジは、複製、つまり自己増殖や自己模倣にまみれたEVAやレイやアスカの生成の系譜に対して、ヒカリという生身の他人と交わることで、ツバサという子孫を作ったのだ。加持リョウジ（二世）を産んだミサトも同じだった。ヒカリはツバメの母親として、母性的なものをそっくりさんにしめすことになる。さらに第3村には、妊娠している女性や子育て中の女性がいるのである。第3村の村長でこそないが、「学級委員長」としてのヒカリのネットワークが働いているのだ。

◉廃墟とゴミの問題

では、第3村や『となりのトトロ』の世界は、理想的なユートピアなのだろうか。じつはどちらも、見た目とは異なり、ゴミだらけの世界という共通点をもっている。宮崎駿の一貫した主題として、ゴミや汚染にまみれた世界での生を描き続けることだった。メイやサツキの家の前にある小川にもビンなどが落ちていて汚れていた。そもそも草壁家の庭にさえも、穴の空いたバケツなどが放置されていた。塚森の社は荒れて、灯籠なども解体されている。サツキたちが引っ越してきたのは幽霊屋敷と噂されるあばら家で、廃墟の一歩手前だったのである。

『崖の上のポニョ』でも、底引き網に追われて、アオハタのジャムの空き瓶にポニョが頭を突っ込んだことで話が始まる。日本中の港がゴミだらけだとわかる。海のなかもゴミで汚染されているのだ。これは第3新東京市のミサトのコンビニ生活を考えるとわかるだろう。同じように、最初の使徒が水中からやって来ることを通じて、セカンドインパクトによる海面上昇の結果、水中に廃墟があることがあからさまになった(これ自体が『未来少年コナン』のオープニングの水没した廃墟へのオマージュだろう)。

廃墟は第3村にもある。第3村は棚田などの風景から、どこか循環型の理想鏡に見えるが、クレーディトの支援がなければ立ちゆかない。そして、廃墟とゴミの問題がつきまとっている。たとえば、ケンスケがシンジを連れて回るときにも、戦場の村のように、撃ち落とされたとおぼしいネルフの輸送機が落ちていた。ネルフ第2支部の攻防戦で、ヴィレが勝ち取ったからこそ、シンジが向かう廃墟が生まれたのだろう。大地に還元されることもなく、戦いが生み出す廃墟は、自然災害だけでなく、戦争によっても生み出される。さらに、日常が生み出すゴミがそこにはある。それは、ヴンダーのクルーである北上ミドリがつきつけた問いである「誰のかわからないオシッコを飲む」ととらえるのか、水分の循環のなかでそうした過去は問わないとなるのかは、見方の違いでもある。だが、本来循環とは「他人」が自分の中へと入ってくることを肯定しないと成立しないのだ。その点で水分は循環のもつ価値がわかりやすい例となっている。

ところが、火を入れて変質したものは元には戻らないし、自然循環もしない。化学的に性質を変えてしまい、自然に還元されないのである。『となりのトトロ』のサツキやメイの父親である草壁は考古学者だが、自宅の壁には土器の写真か絵が飾られている。土器が現在まで残っているのは、火を入れて土の性質が変化したからだ。変質した土壌には稲や野菜は育たない。『風の谷のナウシカ』で、巨神兵が「火の七日間」でセラミック文明を破壊して土が汚染され、胞子が地球を覆いつつある。ペジテのようにドームのなかに閉じこもるか、風の谷のように偶然の気流で救われ、腐海（＝不快）と共生するかである（ただし、マンガ版では、腐海も王蟲もみな浄化のために人類が作り出したものと説明され、ゴミの循環問題がより深刻になる）。それは図式として、アンチL結界の外のLCLに満ちた世界とつながっている。ヴィレがゲンドウのいう「海の浄化」としてのセカンドインパクトや「陸の浄化」としてのサードインパクトに逆らうのであればなおのこと、自然のままで還元することが不可能な廃墟やゴミの始末、あるいは共生という仕事が待っているのだ。

シンジが、再びEVAに乗る決心をしたのは、アスカとともにケンスケの父親の墓参りにつきあったときだった。サードインパクトを生き延びた父親が事故で死んだのだが、「死ぬ前に父親と会っておけ」と言われ、「縁は残る」と言われたからでもある。そして死の話のあとすぐに、次の世代の話へとつながる。赤ん坊の声がして、女性たちの間で難産だった松方の奥さんの話が出てくる。その傍らで、そっくりさんが餌をあげていたネコも、子どもを産んで引き連れて歩いていた（これは『名探偵ホームズ』で宮崎駿が関わった第三話「小さなマーサの大事件!?（小さな依頼人）」に出てきたミセス・ホリーというネコと子ネコが歩く場面をタイミングまで借用している）。それを見て、そっくりさんが微笑むのである。

そっくりさんが人間以外の行為に笑顔を見せたことで、班の女性たちは彼女の「人間らしい」側面を見出すのである。そして女性たちは、黒のプラグスーツから制服姿に着替えさせる（これは『天空の城ラピュタ』で、ドーラが海賊船へ乗ると決めたシータを着替えさせたことへのオマージュだろう）。だが笑顔を習得したあとで、そっくりさんは死んでしまう。これは『破』でアスカが3号機に乗る前に「私、笑えるんだ」と気づいたあと、使徒に侵食された場面とつながる。それ以降のアスカは笑顔が奪われ、不機嫌なまま第3村を守っているのである。こうした死や絶望の傍らに、ツバメを含めた次の世代が育ちつつあることで、第3村には希望があるのだ。

　だが、人類の愚行も含めた歴史が、廃墟やゴミという形で残っていて、シンジはそうした風景を当たり前だと受け入れている。『Q』でネルフ本部の廃墟ごしに、シンジがカヲルとともに見上げる星空は美しく描かれていた。そして、第3村でのネルフ第2支部跡で、シンジは北の湖の向こうにある廃墟を見つめながらすごし、立ち直るとクレーディトからのノルマとされる魚釣りをするのだ（湖を挟む廃墟は、『ルパン三世　カリオストロの城』で、湖の向こうに焼けた大公の城がある場面を彷彿とさせる）。どちらの廃墟も見慣れた光景となるが、放置するだけでは片づかないのである。

　世界のあり方を変更するために、シンジ（と庵野）は、宮崎駿的な世界が溢れた第3村を離れるしかなかった。こうした「緑の世界」は苦悩する主人公を癒やしてはくれるが、とどまる世界ではないのだ。[★7] シンジはトウジやヒカリやケンスケのいる世界に戻ってはこない。そこに還るのは、リツコが率いるヴィレのメンバーと、2号機から射出されたアスカだけである。アスカはシンジに「好きだったよ」と言われ「ケンスケによろしく」と言われ、照れた笑顔を取り戻したのである。そしてマリが「姫、お達者で」と言って送り出したのだ。シンジとマリを除外したアスカたちの「約束の地」として第3村は存在していたといえる。

4　原動力の交替

◉シをシン化させる

旧世紀版のエピソードを書き換え、構図の担い手を置き換えるという螺旋的な転回をしながら、新劇場版が何を目指したのかといえば、「シ」から「シン」への転換であった。旧世紀版でゼーレのキール議長が述べていたのは、生と死、始まりと終わりが同じものという考えだった。カヲルも「生と死とは等価値」と述べていた。それがループとか円環という説明とつながり、ゲームオーバーになってもやり直せる感覚でもある。けれども、それでは出発点への退却や回帰で終わるしかない。

庵野が作る前に読んで下敷きにしたとされる光瀬龍の『百億の昼と千億の夜』の最終となる第八章「遠い道」がひとつの示唆を与えてくれる。主人公のあしゅらおうは、たどりついた最果てのアンドロメダ星雲で出会った転輪王の記憶を通じて一つの対話を聞く。まるで列車の心象風景でゲンドウとユイの対話を聞いたようなものだ。「高エネルギーの循環状態」の中に生まれた「奇妙な反応組織系=生物」が壁を越えてやってくるのを阻止するために「崩壊因子」を挿入したという会話だった。それが「シ」の正体だと察知されるのだ。

このセリフから推測すると、なにかの実験装置内で生じた出来事が、そのままあしゅらおうの所属する宇宙の出来事と直結している。エドマンド・ハミルトンの「フェッセンデンの宇宙」（一九三七）などに代表される実験室内のシミュレーションとしての宇宙や生命シミュレーターに近い。自分の住んでいる階層より上が存在するというのは、現実社会や人間のいる世界を相対化する仕掛けでもあり、「劇中劇」の構造でもある。説明原理としての「神」や「天」が有効でなくなった時代に、合わせ鏡や、入れ子細工や、マトリョーシカなどで表現されてきた外枠の存在が、光瀬の「ディラックの海」や「マイナスエネルギー」や「虚数空間」によって説明できるように思えてくる。旧世紀版では球体の使徒レリエルにシンジが取り込まれる話となっていた。新劇場版ではレリエルのエピソードは削除されたが、最後にゲンドウと戦う場としてのマイナス宇宙としてむしろ拡張されたのだ。

『百億の昼と千億の夜』でしめされたのは、この世の有為転変や大事件も、別の世界から見ると極小の出来事にすぎないという、達観と呼ぶべき昔から存在する考えである。光瀬の作品では、「シ」という多義的にとれるカタカナの使い方がされていた。「シ」は超越する支配者なので「死」が妥当だろうが、何かを教え諭す「師」ともとれるのである。渚カヲルの「シ者」にもつながる。そうした「死」に対して無力あるいは諦観を共有しているということができる。「夏エヴァ」の第26話の救いのない終わり方を選んだことについて、「現実に帰れ」というメッセージを込めたと庵野はいう［NHK「トップランナー」など］。物語の終了は明確で、死とのつながりはあいまいだったが、新世界のアダムとイヴにシンジとアスカがなるのはかなり無理があるだろう。そこで子孫繁栄は存在しないことになる。つまりは「死」なのである。

新劇場版では「シ」ではなくて、「シン」あるいは「シン・カ」へと転回する必要があった。9・11の体験が、『序』の冒頭に出てきた、繰り返しをしめすように波が押し寄せる海岸の意味を転じさせた。旧世紀版では、最後の使徒であるカヲルの「渚」がテレビ版の「シ者」と分解され、死者であり使者となっていた。そのカヲルをシンジが初号機を使って首の切断による死を与える選択をしたことに意味があった。ところが、『Q』において、カヲルはシンジの手によるのではなくて、DSSチョーカーによって死亡してしまう。旧世紀版では初号機の手という間接的な形だったが、今回は目の前で起きた。これによって、シンジが決断するポイントが最後へと遅延されたのだ。カヲルの死へのトラウマを植えつけられた点は同じだが、シンジが抱えたトラウマの質が異なってくる。

◉港のエンディング

イカリゲンドウが、妻のユイを喪失した理不尽な状況への「怒り」を「原動力」として、ネルフの司令としてEVAを使い、三つのインパクトを完成させようと試みてきた。ゼーレでさえも、ゲンドウなしには実行できなかったのである。その果てに起きたのが壮大な親子喧嘩でもあり、同時に人類を巻き込んだ破滅への道でもある。災いを招いた父と子の二人の物語といえなくもない（第10章で触れたように、結果として湾岸戦争からイラク戦争に至るブッシュ父子大統領の暗喩ともなっている）。

とりわけ新劇場版で『Q』と『シン・エヴァンゲリオン』で、ゲンドウは「ネブカドネザルの鍵」を使い、人を越えてしまった。そのためミサトに撃たれて脳を吹き飛ばされても自分で拾い上げて、マイナス宇宙へと去ってしまう。これは『ウルトラマンA』の趣向を取り入れたのだが、同時にディラックの海や『宇宙製造者』に出てきた壮大な時空連続体ともつながる。そこでの対決と対話を経て、シンジは「ネオンジェネシス」をおこなうのである。

これは物語を進める原動力がゲンドウからシンジへと交替したことをしめしている。もちろん、ネオンジェネシス後のシンジの物語は暗示されるだけで描かれはしない。『シン・エヴァンゲリオン』の劇場版のポスターのバージョンの一つで、小さなシンジが「さらば、全てのエヴァンゲリオン。」というフレーズの「全ての」文字の先端にあたる線路の彼方にポツリと立っていた。「ネオンジェネシス」を終えて、大人になったシンジが、マリとともに宇部新川の駅から走り出す姿をドローンカメラがとらえるのだ。

ここはアンチL結界に守られた第3村のような田園ユートピア世界ではない。宇部新川駅から駆け出したシンジとマリがどこへ向かうのかは不明だが、二人はビジネススーツ姿である。これまでのシンジは、中学の制服か、プラグスーツ姿か、患者服姿であり、私服姿はまれだった。だが、大人になっても、再びスーツを身につける存在となったのである。シンジが「ネオンジェネシス」で生み出した世界でも、圧倒的な多くの人には、かつてシンジが悩んだような「ＥＶＡに乗るかどうか」の選択はできても、選択肢自体を自分で作り出すとか、選択肢そのものを拒否するとか選択はできない。

そして、ドローンカメラは、隣の居能駅へと向かう列車を見送ると、鉄道と分岐したように向きを変える。その先に広がっているのは、マイナス宇宙でシンジがマリを待ち受けたような青い渚ではない。海へと向かう興産通りと、その向こうに広がるコンビナートや港が映っていた。テレビ版の最後は、画コンテの説明では南の海のサンゴ礁の上でシンジが拍手される場面だった。旧劇場版の最後は、人類が死滅した後の赤い海の渚でシンジとアスカの二人が墓の傍らに残される場面だった。ところが、新劇場版の最後は同じ海でも、人工的な港の光景なのである（マンガ版の最後に海は出てこない）。

エンディングの光景となったのは宇部港だが、宇部興産の本社のコンビナートが広がっている。ケミカル工場、セメント工場、港湾施設と貯炭場、さらに火力発電所も備わった広大な施設である。『式日』で自分の故郷を確認したように、庵野が小さい頃から目にしていた光景の一部であった。こうした場所では、『フリクリ（ＦＬＣＬ）』の巨大なアイロンの形をしたロボット工場のように、たとえ意識をしなくても、生活のなかに染み渡っている存在なのだ。しかもゲンドウが過去を回想するときや、あるいは第３村でケンスケがシンジを連れて車で移動するときにも、シルエットとして港やコンビナートの光景が登場していた。

宇部興産は、江戸時代から続いた海底炭田の沖ノ山炭鉱を基盤として、近代的な化学産業を展開してきた。そして、小野田セメントともに、全国に名を知られる山口県のブランド企業となっている。石炭は素材や燃料として産業の原動力となり、戦後の傾斜生産方式で鉄鋼と石炭の増産が求められた。皮肉にも産業の発達の結果として、輸送手段も鉄道から車へと転換してしまった。今でもセメントの材料を運ぶために、美祢《みね》市から宇部市までつながる宇部興産専用道路を所有していて、大型トレーラーを運行している。第3村でもケンスケは車で移動していた。もちろん車の移動には石炭ではなく、石油が不可欠となるがエヴァの世界では電池で動くのである。海底炭田で頻発する事故や、石炭産業の衰退によって、宇部鉱業所は一九六七年に閉山した。港といっても、石炭産業の衰退とともに今は海外からの輸入炭を受け入れる場所となったのである。★8

旧世紀版では、ゲンドウは戦後体制や冷戦期の価値観を背景に構築された自信にあふれていた。セカンドインパクト以前から使徒到来までの十五年計画を立案し、冷徹に実行してきたのである。ところが、新劇場版では、冷戦崩壊とともに価値観そのものが崩れかけている。ゼーレはゲンドウを頼らず、自分たちでMark6を建造している。さらにゲンドウを脅かしたのが、加持とミサトのヴィレであり、シンジ的な価値観とぶつかったのである。『破』と『Q』の間の十四年の隔たりは、ゲンドウの原動力の衰退を確実に描くために必要だったのだ。

ネルフ本部の上にあった第3新東京市は吹き飛び、黒き月という真の姿を見せてしまっている。何もかもむき出しになっているのだが、それはシンジが引き起こしたニアサーからサードインパクトにかけての結果だった。ゲンドウがシンジに自分の弱さを認める存在となったのは、庵野が年を経たという私的な事情だけではない。かつてのゲンドウを支えた戦後のシステムが衰退し、もはや強硬な計画経済のような解決方法を提示できなくなったのだ。死海文書さらに裏死海文書、外典とこだわってきたゼーレは衰退し退場した。さらには、計画が破綻しても、固執し続ける老害として碇ゲンドウは描きだされていた。

◉新たなシ者としてのシンジ

新時代の渚司令に加持副司令は、老後には葛城といっしょに畑仕事でもやろう、と誘う会話をしている。あとをシンジに任せて「ハッピーリタイア」がある世界の住人のようだ。加持には加持リョウジ（二世）という後継者がいるが、シンジはゲンドウをそのまま引き継がない。ゲンドウは指示を出せてもＥＶＡに乗れない、という点が、彼の退陣理由のすべてを物語っている。加持副司令がカヲル司令にもちかけるシンジにあとを託すという意味が、旧劇場版で「碇の息子に委ねられた」という冬月の言葉以上にはっきりとする。シンジの目的は父の誤りを一部訂正するだけではない大きなものとなった。

加持家ではリョウジという名が継がれたのとは対照的に、シンジは原動力とつながるゲンドウの名を継承してはいない。そして、シンジは、ネルフの司令となった父親のように組織に君臨する選択をしないし、どうやらその選択肢も存在しない。「ネオンジェネシス（新世記）」は、「物事を始める」きっかけを作ったにすぎない。カヲルはシンジに「ぼくはきみだ」と類似性あるいは互換性を口にする。そして加持が言うように、シンジがカヲルの後継者となる。そのとき、シンジが「シ者」となるとしても、そのシは「死」ではなくて「始」なのである。始者としてのシンジが果たした役割は、「神の一撃」があれば、その後宇宙のメカニズムは時計のように合理的に働く、という十八世紀の理神論的な神なのである。その神はもはや中世神学の「不動の動者（prime mover）」として星の向こうにいる超越的な存在ではない。新劇場版になってゼーレのマークに引用されたシラーの「歓喜に寄す」に登場する「星天の彼方にいて人を裁く神」は、中世の名残をとどめていて、その意味では古い神なのだ。★9

産業革命以降の近代になると、技術的な「原動力（prime mover）」は、神ではなくなり、風車や水車から蒸気機関、さらに電気で動くモーターとなった。その証のように、ネオンジェネシス以降に、宇部新川の駅に時間通りに電車がやってきて発車した。すでに二〇〇三年に引退したクモハ42形とおぼしい車両が、まさにモーターで動いているのである。第3村に転車台があり、車庫にも多くの車両が置かれていたように、線路だけでは「鉄道」

は成立しない。その上を動く車両があってこそ、ネットワークとなるのだ。そして、シンジはヴォクトの『宇宙製造者』のモートンのような超越的な立場に立つこともなく、自ら作り出した世界の平凡な市民として生きていくのである。

エンディングが、物語で別れを告げる定番となる宇部新川の駅のプラットホームではなくて、宇部港が見える光景となったことで、その世界の可能性が窺える。そこは、シンジがマイナス空間で出会った平穏な青い渚を意識の底に隠して、マリとともに日常を生きていく場所なのである。「渚とは海と陸のはざま」と加持がカヲルの名字を解釈してみせた。カヲルのシ者としての役割はシンジに交替すべきだという文脈においてである。

加持がその言葉を述べたのは、赤い海を青い海へと浄化する「海洋資源保存研究施設」においてであった。それは赤い海と青い海のはざまだった。シンジは『破』で、同じ施設の同じ場所に立って、潮風が「生臭い変なニオイがする」と嫌悪感を口にする。それに対して加持は「海の生物が腐った匂いだ。生きていた証なのだ」と諭すのである。これがヴィレのリーダーとしての加持の考えだろう。シンジは青い海を磯臭さも込みで受け入れる必要がある。青い海は、内部に生命を含んでいるからこそ、死の臭いを併せ持つのだ。

加持が指摘したのは、青い海の美しさと現実との矛盾である。これはシンジだけの話ではない。『序』でシンジの初号機による被害者であった鈴原サクラが、『シン・エヴァンゲリオン』では結果として艦長のミサトを銃で撃ち怪我をさせる加害者となる。それは「碇さんは恩人で敵だ」という多義性を自分で引き受けることだった。

最初に初号機に乗っていくシンジを止めようと銃を向けたのは北上ミドリだった。彼女はヴンダー内で飲む再利用された飲料水に、「誰のオシッコなのかもわからない」と嫌悪感をしめし、同じように罪が浄化で清められるわけではないと非難していた。だが、結果としてシンジの代わりにミサトを怪我させたサクラの行動に驚き呆れ、シンジを殺すことは諦めて、「明日のことだけ考えて生きていこう」と決意を述べるのだ。循環に委ねる生き方となるが、この意見を述べる役をはたす北上の名前が、緑地をしめす「ミドリ」であるのは偶然ではない。
テレビ版のオープニングが、宇宙創造のあとで、生命があふれるスープのような海のカットになっていたのも意図的なものだった。シンジも含めて、人間は自分たちが戦争や衰退で生み出した廃墟や、犯した罪さえも伴う人工的な世界を生きていくしかないのだ。ありふれたメッセージに見えるかもしれないが、「死者」ではなくて「始者」となったシンジが描かれている。それこそが、テレビ版とも旧劇場版とも異なった、新劇場版のエンディングがもつ意義なのである。

◉註

（★1） https://www.psi.edu/epo/moon/moon.html

（★2）『彼氏彼女の事情』（一九九八―九九）は、技法的なものでは、実写とアニメをどう交差させるかを追求し、エンディングは実写映像を使っていた。内容からいえば第18話の「シン・カ」のあたりから、負けず嫌いの主人公たちが抱えるイジメ体験などの過去が露呈して、深刻化するのである。

（★3）『心理戦争第二版』
https://www.gutenberg.org/cache/epub/48612/pg48612-images.html
Ashley Stimpson and Jeffrey Irtenkauf "THRONGS OF HIMSELF" *Johns Hopkins Magazine* (Fall 2018)
(https://hub.jhu.edu/magazine/2018/fall/cordwainer-smith-paul-linebarger/)

（★4）むしろ時代小説や、時間局員シリーズで江戸風俗とつなげていた。忍者を現在にもってきた『夕映え作戦』や、さざれ石を探す物語としての『寛永無明剣』も過去と現在を往還する話だった。そして、光瀬自身も『派遣軍帰る』を宇宙塵版と、リメイクしたSFマガジン版を書いたことは重要かもしれない。光瀬に私淑した押井守が、原作者となって『夕映え作戦』をリメイクして、マンガ化したのもその一環である。

（★5）旧世紀版が完結した一九九七年には、十四歳の中学生が引き起こした酒鬼薔薇聖斗事件で、「心の闇」が取り沙汰された時期でもあった。また「社会的ひきこもり」や「ニート」という言葉が、マスコミを賑わす状況になる。だが、犯罪や暴力として表面化したときにだけその損座が認知されるのである。

（★6）ヴァージョンへの感覚は、絶えずプログラムを書き換えるように、新劇場版ではタイトルにヴァージョン番号をつけていた。また改2号機にさらに「α」「β」「γ」とつけているのは、三分割され合体するウルトラホーク1号への参照に思える。

（★7）「緑の世界」はノースロップ・フライが『批評の解剖』（一九五七）のなかで、シェイクスピアの『夏の夜の夢』や『お気に召すまま』などの劇から抽出した概念である。主人公が森や緑の場所に出かけて、元の場所では解決できなかった恋の悩みなどを解決できるようになるのだ。「大団円」という喜劇的結末を納得させ、二時間ほどの物語で成長が完了し、課題が解決したように見せかけるための劇的装置なのである。新劇場版は、『破』と『Q』の間に十四年間を置くことで、シンジ以外の人間が成長したと説明していた。そこで、シンジがトウジたちの成長に追いつくには、急速に変化する場となる「緑の世界」という力技を導入する必要があったのだ。

（★8）レイたちが乗って去った列車の行き先である宇部新川の隣の居能駅から延びている、かつて石炭を運ぶために敷かれた小野田線の長門本山線は、海底炭田の採掘と運搬のために海へと向かっている。だが、現在は一日数本しか運行されていない。また、宇部新川駅での列車の運行も、日中には一時間に一本で、廃線にしてバス路線化される計画が取り沙汰されたほどである。庵野が物心ついた頃から始まっている駅前の商店街の衰退と、車社会による道路を中心とする新しい人流のせいで、庵野が愛好する鉄道路線が消えてなくなるかもしれないのだ。『シン・エヴァンゲリオン』のポスターやエンディングの宇部新川駅周辺の光景は、自分の記憶としてだけでなく、フィクションの形で記録にとどめておくという庵野の態度表明でもある。

宇部や小野田周辺にある路線の名残は、宇部炭田のあり方と深くつながっている。この点について、『からゆきさん』などで知られる森崎和江の『奈落の神々　炭坑労働精神史』（一九七四）が触れている。森崎の本は、九州の筑豊の石炭産業を支えた労働者の聞き書きに基づいて、再構成された炭田の盛衰史である。それによると、瀬戸内の製塩用に使う「焚石《ふんせき》」として石炭が重宝され、江戸時代から盛んに採掘されてきた。

福岡県の遠賀川河口の蘆屋には、石炭を売買する焚石会所があったのである。その役割も森崎は説明していた。往年の特撮映画ファンならば、大映がユナイテッド・アーティスツと合作したユル・ブリンナー主演の『あしやからの飛行』（一九六四）の舞台が、アメリカ空軍の蘆屋基地だったと記憶しているかもしれない。この映画における雪崩などの特撮が評判となり、大映の時代劇特撮の『大魔神』（一九六六）が制作されたのである。

森崎の『奈落の神々』には、宇部炭田への言及や働いていた女性からの聞き書きが引用されていた。農家との兼業ができて、農閑期に炭坑で働いた稼ぎで、若い女性たちは自分の嫁入り支度をまかなうことが可能だった（「米のちから」）。ところが、明治以降、筑前ものと呼ばれる近代的な労働者が九州から入ってきて、そのような牧歌的な構造がすっかりと変わってしまった。その結果、現在の宇部興産などにつながる石炭産業さらには化学工業の興隆が成立したのである。『式日』や『シン・エヴァンゲリオン』の背後には、宇部を中心とした歴史がある。

（★9）「不動の動者」の働きは、アリストテレスに由来する。これに対応して世界観を構築したのが、スペース・オペラを壮大なものへと語ったE・E・スミスのレンズマンシリーズだろう。また、アイザック・アシモフの「ファウンデーション（銀河帝国の興亡）シリーズ」には「不動の動者」が出てきて影響を感じさせる。しかも、ハリ・セルダンの予言がミュータントの出現でずれていくところは、ゼーレに「死海文書」が予期せぬ書き直しが生じることともつながる。

終章

足跡を残すために

On Shinji's Footprints

◉マルチエンディングとして

旧世紀版と新劇場版を含めた「エヴァンゲリオン」全体をどのようにとらえることができるのだろうか。以下、作品全体へ対する結論を述べておきたい。

「エヴァンゲリオン」がおびただしい引用から成立していると考えると、庵野が母親の愛用していた三菱製のミシンを自分の原点とみなしているのは示唆的である［「庵野秀明展」展示］。展示のキャプションには「メカニズムに目覚めたきっかけ」と記されていた。そして、第3村のヒカリの部屋にもミシンが置かれていた。庵野自身があらゆる素材を集めながら、せっせと縫い物ならぬパッチワークキルトに近い作業をおこなっている。そして、縫い合わせた素材も、もともと織物だからこそ「空虚さ」や「空白部」をもち、埋めたくなる。しかも、織物はほぐして再利用や補綴もできるのである。縫物のように、飽くなき作業を続けてきたのである。

新劇場版を途中で二つに折った空白の十四年間が今後描かれる可能性もある。『破』の予告編でしめされた物語がさらに深められるのかもしれない。加持とミサトの息子のリョウジや、トウジやケンスケたちのサバイバルのようすが具体的に描かれる外伝が制作されても不思議ではないだろう。このようにして作品の空白に注目し、裏設定などを補完することで、それぞれにとっての物語は増殖する。

ブラックボックスとして謎を残し、説明しないで済むものは、「カヲル君、何をいっているのかわからないよ」とか「そんなの変だよ」というセリフが用意され、それ以上解説しないことは当初からの方針だった［小黒：三二六頁］。「アダムスの器」とは何かという問いや、「ゴルゴダオブジェクト」を誰が置いたのかといった謎は、考察系のファンにとって魅力的なネタとなる。邪馬台国の謎以上に論争が尽きることはないだろうが、みなが納得する邪馬台国が発見されることはなさそうだ。

素材を織り上げたコラージュ作品であるからこそ、それぞれの要素をはめ込む枠組みが不可欠となる。ただし、それは予め確定している平面図にピースをはめていくジグソーパズルのような枠組みではない。むしろバラバラのビーズをつなぎ合わせる糸（=意図）のような存在である。それは細部に染み渡っていて見えにくいのだ。

「エヴァンゲリオン」全体に関しては、『竹取物語』につながる天と地に住む者の出会いと別れの枠組みと、聖書のノアの洪水やハルマゲドンや最後の審判につながる「新生」あるいは「新世記」という考えをうまく利用して、物語を閉じた。逆説的であるが、閉じるからこそ、鉄道の分岐のように「＊＊＊ではなかった世界」を想定できるのだ。新劇場版の英語タイトルにある「でない（not）」の挿入はその分岐点の存在を物語っている。

テレビ版の最終話「世界の中心でアイを叫んだけもの」でしめされたアスカが幼馴染のシンジを起こしに来るという展開は、二次創作のお手本となってしまった。ルーティーンの物語や定番の展開を好む「オタク」への批判として提示したはずだが、同人誌活動を活発におこなう庵野による模範解答ととらえられてしまったのだ。そして、キッチンに立つユイの傍らで、ゲンドウは朝食も食べずに新聞を読んでいる。主人公が寝坊して学校に遅刻しそうになるという『機動戦士ガンダム』や『美少女戦士セーラームーン』の第一話のパロディなのだが、現在ならこうした「昭和」の光景そのものが批判や笑いの対象となるかもしれない。

そもそも新聞を読むという習慣が消えつつあるので、シンジがかけた緑色の公衆電話と同じく過去の遺物に見える。ゲンドウの読む新聞の見出しには、「常温核融合」とか「南アフリカ共和国　初の黒人女性大統領」とか「南極昭和基地見学者に開放」といった文言が踊っている。一九九四年にネルソン・マンデラが初の黒人大統領になったばかりの南アフリカの事情が書き込まれたものだ。同時代の素材をさりげなく吸収し、そっと作品内で別の未来像に皮肉を込めていたのである。

旧劇場版での終わり方もひとつの選択であった。赤い海の世界に取り残されたシンジとアスカが、アダムとイヴになるかもしれないし、憎しみが募り、残虐な殺し合いや飢餓で死に絶えるのかもしれない。あるいは永遠の命をもちながら、別の話を生み出すことになるのだろう。また、アスカをケンスケのもとへと送り届けた『シン・エヴァンゲリオン』の最後は、シンジとアスカの物語の決別としても見事である。空白の十四年の間に先に大人になって、シンジを卒業したアスカは、宇部新川駅のプラットホームの反対側で、こちらを見ることなく立っているのだ。ただ、シンジによって好きだったと告白されたときに赤面をするのは、すでにそれが過去の思い出となってしまっているからである。

◉ドーナツの穴を楽しむ

熱烈なファンが繰り返し視聴する「エヴァンゲリオン」は、中空に穴が空いたリングドーナツのような存在なのかもしれない。新劇場版になって、『Vガンダム』では大きな建造物だった「天使の輪（エンジェル・ハイロゥ）」が、EVAの上に登場した。天使の輪は巨大なドーナツにも見える。人はドーナツを味や食感だけでなく、純粋に穴を楽しむために食べることもありえる。さらには「ドーナツを穴だけ残して食べる」という哲学的な問いにも利用されるのだ。[★1]

ドーナツに喩えると、庵野がアニメやマンガや特撮作品から文学や映画などあらゆるところから集めてきた素材は、あくまでも生地（dough）である。栄養豊かな答えがそこに見つかると思い、分析や考察が開始される。けれども、組み立てた配置や構造に庵野が拘る「心地よさ」や「かっこよさ」が潜んでいる。つねに撮影の角度や手法を含めて、見せ方を追求しているのだ。「何」ではなくて、「どのように」表現するのかがつねに問われている。そのためにコマ単位で編集し、音楽や声と合わせるのである。

『シン・エヴァンゲリオン』の制作途中で、パリ市街戦のCGの出来栄えを見えてスタッフに「寄り引きが全部逆」などと酷評していたのも、内容ではなくて表現が肝心だからである［「さようなら全てのエヴァンゲリオン」」。配置のような空間的なものは、その位置が少しでもずれると効果が失せてしまうのだ。庵野が敬愛する実相寺昭雄が、撮影時に役者の配置をミリ単位で修整して、自分好みの構図にはめたのである［「肉眼夢記──実相寺昭雄　異界への招待」」。やはり庵野も『シン・ゴジラ』の撮影時に、思わぬ角度から撮影して演じる役者たちから不興を買っていた。庵野は、高畑勲の計算や冷たさに触れて、「人を人とも思わない」ことが一流の監督の条件だと自認しているのである［パラノ：一〇〇―一二頁］。自分がもつイメージを追求し実現するために安易な妥協をしない理由は、ドーナツの穴の中心がずれていたら、不格好で見た目からも味わいが減るのを恐れるのと同じである。

ドーナツを食べると穴は消えてしまうわけだが、穴という構造がないとドーナツは成立しない。岡田斗司夫の指摘では、庵野が破壊を好む理由は、表面が壊れて中の構造物が見えることで、平面のアニメーションの絵を実在していると感じさせるためだという［「シン・庵野秀明の世界」」。怪獣の解剖図や宇宙船や秘密基地の設計図は、内部を明るみに出して、「虚構」の実在性をアピールするためのものだった。その秀逸な例が、庵野がテレビ版のオープニングアニメの手本とした、実相寺昭雄による劇場版ウルトラマンのオープニングに出てくる科学特捜隊のビートルの設計図である。内部構造が見える映像が観客を惹きつけるのである。

リングドーナツの特性を考えると、庵野が数ある構造物のなかでも、鉄塔を愛好する理由が見えてくる。『シン・エヴァンゲリオン』の第3村では、空に車両だけでなく回転する高圧線の鉄塔も配置していた。★2 庵野は人工物にあふれた宇部の町中で育ったので、電柱や電線だけでなく、コンビナートの煙突や商店街のアーケードなどさまざまな構造物を偏愛していた［NHK「課外授業ようこそ先輩」一九九九年十月二十四日放送や『式日』」。しかしながら、内部構造が隠れたビルは一種のブラックボックスであるので破壊しないと見えない。だが、鉄塔では、構造設計と意匠設計とが一体化している。トラス構造などが形作る隙間があるので、向こうの空といった背景が見えてしまう。自然と人工物の交差するものなのだ。しかも、枠取りや画角にこだわる庵野にとって、それ自体が絶妙な構図を形成する仕掛けともなる。

庵野秀明展でも模型展示された東京タワーや高圧電線塔、さらに『ナディア』やパリ市街戦で登場したエッフェル塔などの鉄塔には、構造が露呈した立体的な構築物という共通点がある。東京タワーは、モスラがへし折って以来、怪獣映画の聖地でもある。現在のような余計なものがつかない新造時の姿がすばらしく、とりわけカラーリングの赤と白の配分が優れていて、法律改正でダメになったと断定していた［NHK「トップランナー」第二四五回］。

『Q』で登場したAAAヴンダーは、ネルフから加持が奪取した1番艦ブーゼ（贖罪）を改造したために、未完成状態だった。東京タワーのように、そのまわりを肋骨のように輪が囲んで内部の構造である主機は初号機が透けている。『シン・エヴァンゲリオン』で、L結界上で攻撃をしかけてきたネルフの側の冬月が乗る2番艦のエアレーズング（救済）は、完成していて圧倒的な火力を誇る。不完全なものが、完全なものと戦う話となっている。ところがパイロットの高雄は主機が違うと豪語する。残りの2艦も完成していて、しっぽの骨格をつけたような姿をしている。それに対して、マイナス宇宙へと初号機を送り出したあとのヴンダーは、空《から》になった内部が透けて見えるのである。

庵野は自身の長身に触れて「背の高さが違うと視点が違う」と指摘していた［小黒：三七〇頁］。個人が見渡せる地平は、どれだけの高さから見るのかによっても異なってくる。目が届く範囲こそが各自の地平であり、同時に限界でもある。それは人により千差万別なのである。しかも肉体的な視点の高さだけでなく、審美的な価値観などの高さもある。庵野が自分の作品に求める「志を見せるしかない」という態度は、こうした構築性の追求を指している。

そうした庵野が作ってきた作品は、ドーナツの穴つまり空洞を味わうためのドーナツだった、と考えると、熱烈なファンがリピーターとなった理由も明瞭となる。たとえ、物語の展開や結末がわかっていても、繰り返し視聴したくなるのは、ドーナツの具として散りばめられた要素を味わうだけでは満足できないからだ。ドーナツの穴を味わうためにはドーナツを平らげるしかない。しかしながら、食べ終えたときにドーナツの穴は消えてしまうのだ。この逆説を体験するためには、時間芸術であるアニメは、繰り返して視聴するしかない。そして、『シン・エヴァンゲリオン』は、一度目での理解を拒むように、観客を挑発してリピートを表す「ダ・カーポ」記号を最後につけていたのである。

◉夏を終えるための物語

新劇場版で旧世紀版と大きく変わったのは、永遠と思われた夏の物語を終えるときの夏の意味である。旧世紀版では、いたるところでセミが鳴き、うるさいほどであった。画コンテにも、ヒグラシなどセミの種類の指定があった。ところが、新劇場版では、とりわけ後半から終えるべき夏の意味が変わってしまったのである。全体を見ると、社会の変化に誠実に対応したテクストとなったのだ。

企画書にあったように、妻に先立たれた夫が、子育てを放棄してまで、妻の亡骸や魂を求める、という「マッドサイエンティスト」碇ゲンドウ教授による妄執の物語として描かれていたのならば、どこかロマン派的な話と了解されたかもしれない。視点は息子になったし、一九九五年当時は戦後五十年の総括という節目だったが、阪神淡路大震災と地下鉄サリン事件という二つの出来事によって、作品を囲む文脈が違ってきた。そして、搭乗の拒否と受諾を繰り返すシンジのあり方が、「引きこもり」や「心の闇」といった若者における社会的な関心の文脈で読解されることになった。

さらに、庵野自身も居心地のよい作品に没頭する「オタク」や「ファン」に、現実にもどれ、と水を浴びせかけることがサービスだとして挑発していたのだ。最終二話も、「夏エヴァ」の最後もそうした方法論の結果だった。この方法は、高畑勲の『火垂るの墓』を観終わって呆然として帰る親子の姿が、原型にあることがわかる［パラノ：一〇一頁］。感情移入を最後の瞬間に裏切り、考えさせるという異化効果を狙っていたのだ。

その後、二〇〇一年の9・11とテロリズム、さらに二〇一一年の3・11と自然災害とその復興と放射能汚染の浄化という社会を揺さぶる事件や課題が登場した。敗戦から五十年の意味合いが消えていくなか、課題となったのは、戦争が世界大戦や総力戦ではなくて、局地戦やテロリズムとなったことだろう。それとともに、人間と環境や世界との関係のほうに大半の関心が向いたのだ。それは宮崎駿が『風の谷のナウシカ』で問いかけた問題であり、その結果、セカンドインパクトによって失われた四季が、もっと切実な対象となった。さらに「青春」から「朱夏」そして「白秋」へと続く人生のサイクルへと視点が移ったのである。

加持リョウジ（二世）のようなエヴァの呪縛を受ける前のシンジにあたる年齢の新しい世代が台頭して、時間が流れたことにより、新しい「青春」が台頭してくるのだ。この世代を無事に「白秋」まで迎えさせるのが新しい課題となってくる。「ネオンジェネシス」が終了したときに、シンジが年齢相応の大人になったのも当然である。そのときに、夏は永遠のものではなくて、過渡期となるのだ。それを端的にしめすのが、アヤナミレイ（仮称）すなわちそっくりさんが体験する田植えと農作業だろう。第3村には育児と出産が満ちていた。そして、『破』までは、ＥＶＡが戦う足下に水田が背景の一部として描かれても、生育する場としては扱われなかった。ＥＶＡが不要な第3村では、踏み荒らされる心配がなくなった。ところが、そっくりさんは、秋の稲刈りを見届けることができないまま、ＬＣＬへと還ってしまうのだ。その無念を受け止めることで、シンジはＥＶＡに再搭乗することを決意するのである。死んだ者への負い目によって結ばれた共同体に参加することで、シンジは社会へ戻ることが許されたのである。

未来史には「産めよ、増やせよ、地に満てよ」の精神が根本にある。フロンティアは宇宙にあるとされ、ハインラインやアシモフなどの作品は、そうした考えに支えられていた。「人類補完機構」のコードウェイナー・スミスの枠組みも同じだった。人類が宇宙空間へと進出する原因は、人口爆発による食糧不足か、地球の環境汚染か、戦争だった。それは現実社会での移民や難民を生み出す要因とそれほど違いはない。

けれども、加持はヴィレ（意志）という組織をネルフの内部にいながら作り上げていくのだが、たんなる難民救護の組織ではなかった。奪取した一番艦を改造したAAAヴンダーに、人類以外の種を保存する保管庫の役目を与えたのだ。加持が育てていた「すいか」の種を保管するカットがわざわざ挿入されている。それは人間中心主義的な「補完」ではなくて、全生命の「保管」が重要であることをしめしている。

最後になって、射出された保管カプセルは宇宙空間でタンポポの白い綿毛のように太陽光パネルを開くのである。これは、『2001年宇宙の旅』で、宇宙空間を漂う精子を連想させた純白のディスカバリー号への返答だろう。モノリスのゼーレのメンバーの人間としての姿が消えたように、ここでも影響を受けたものの形を変えて返答している。しかも、動物的な増殖ではなくて、植物的な拡散という形状が選ばれた。第3村が農業を基盤にしていて、そこに緑の樹木が繁茂していることと結びつくのだ。植物的といっても、決して、シンジがカヲルと弾いたピアノの傍らにある樹木がモデルではなかった。

◉シンジ、大地に立つ

旧劇場版第26話でユイは、大きな木の下で赤ん坊のシンジを抱いて、冬月に「たとえ50億年たってこの地球も月も太陽すらなくしても残る」とEVAを作る理由を述べた。だが、新劇場版ではシンジによるEVAの要らない世界の「ネオンジェネシス」によってユイの計画そのものが潰えたのである。両手のなかにミサトの死を犠牲に届けられた希望の槍ガイウスを受け止めて、神殺しを始めるのである。

「エヴァンゲリオン」全体に、手により殴り、こじ開け、つなぐといった、身体的なコミュニケーションが描かれている。『シン・エヴァンゲリオン』でも、幼いシンジがカヲルに求める握手や、レイとの別れでの握手がしめされる。こうした「手」の系譜は見えやすいし、了解するのは難しくない。鉄道車両の連結や、レイの言う「絆」や、ケンスケが口にする「縁」や、ユイの名に隠れた「結」ということがそうしたつながりをしめしていた。

ところが、「人類の足跡」という比喩としてだけでなく、「足」をめぐる系譜も存在する。新劇場版では、アスカが初対面のシンジの足をいきなり払い、緊張感や責任感がないとなじるのである。さらに同居するシンジを何かと蹴飛ばすのだ。それが、十四年後の『Q』の最後で、アスカはシンジを初号機から助け出して、アヤナミレイ(仮称)を連れて歩き始める。その足跡が続き、三人の行き先が避難所でもある第3村だと判明したのは、『シン・エヴァンゲリオン』だった。

『シン・エヴァンゲリオン』では、足跡がもっと象徴的にしめされるカットが出てくる。ミサトがシンジに槍を届けるために特攻突入したヴンダーから、リツコをはじめヴィレのメンバーを乗せた五台の救命艇が排出される。その救命艇が海中に落下したようすを、ペンペンの仲間らしい温泉ペンギンが見守っていた。さらに、上陸した人々の足跡が残るカットが登場する。まるで海から陸へと進化した生物の足跡をたどるようだ。

この足跡は、アヤナミレイ(仮称)つまり、そっくりさんが黒いプラグスーツを着て田植えをした場面にもつながる。そっくりさんは、足をぬかるみにとられてバランスを崩して転倒した。泥のなかでは、赤ん坊に戻るのである。それは「もっとツバメを抱いていたかった」と告げて最期を迎えた。個体としての人間が発達する段階を、「人間そっくり」さんはなぞっているのだ。人工的に一定の成長を遂げたものとして生み出されたレイが、行動と感情がつながる体験をツバメのように学んでいたのである。

第壱話でレイがストレッチャーで運ばれて以来、シンジやアスカやトウジが横たわっている姿が、何度となく繰り返されてきた。そしてシンジがアンビリカルケーブルにつながったEVAに乗って危うい歩行を始めた。まさにへその緒を意味する「アンビリカル」が使われているのだが、それを断ち切ることが重要となる。ただし、『Q』以降のEVAはそんな紐付きの制約から逃れていた。

そして『Q』でアスカたちに救出され、ストレッチャーで運ばれたシンジの足の裏には「BM-03」「S.Ikari??」などと書かれている。その後もDSSチョーカーを装着されて、シンジは病人か罪人扱いだった。そして、『シン・エヴァンゲリオン』で、ヴンダーへの再搭乗を希望したときにも、アスカによって意識を失わされる。ストレッチャーで運ばれるときには靴の裏底が見えているし、DSSチョーカーも着けていない。こちらは立ち上がることが前提となっていた。最後にシンジが「ネオンジェネシス」を終えると、大地を踏みしめる流れとなる。シンジは両親から別れ、海中から抜け出て、マイナス宇宙にある青い渚では、学生服で靴をはき、膝を抱えて座り込んでいる。マリがそこに迎えにくる。

基本的にエントリープラグ内でパイロットは足を伸ばしていて、二本足で立つことはなかった。頭に装着した二本の角を切り落とした跡のようなインターフェイスと、両手を使って操作するだけである。それは横たわっている姿に近いのだ。レイとシンジが初号機で入れ替わったときも、あくまでも半身を起こした形で座っている。アスカは横たわった状態で新2号機から射出される。ただし、四つのEVAを取り込んだ改8号機のなかで、マリがマイナス宇宙でシンジを見送るとき、例外的にすっくと立ち上がるのが印象的である。これが最後の宇部新川の駅でシンジがマリとともに走る場面につながる。ただ立っているのではなくて、立ち上がることができる点が重要だったのだ。

ＥＶＡがいらない世界を創造し、マリに助け出されたあと、シンジは宇部新川野駅でマリの手をとって走り出す。これが宇多田ヒカルの「初めてのルーブルで見たモナリザ」も大したことなかったという歌に合わせ、心地よい結末と感じられるのである。それはシンジが二本足で大地を蹴っているからである。

シンジたちを二足歩行の人型ロボットに搭乗することへの周囲からの強要は消えた。もはや機械の足で大地に立つ必要はなくなった。プラットホームの向こうで電車に乗るために待っていた、レイやアスカたちもそれは同じである。庵野は屹立する存在が好みで、東京タワーのような鉄塔や高圧線鉄塔はその代表格だった。そしてビルの間に立つウルトラマンやウルトラセブンの姿に感情移入をしてきた。垂直に立つ者を求める根底には、不完全を愛する原因となった、と自ら分析する十六歳で片足を喪失した父親への屈折した思いがあるのかもしれない。

「エヴァンゲリオン」はシンジが初号機に搭乗して歩くことから始まった。新旧どちらの版でも、ミサトは初号機内のシンジに「シンジ君、今は歩くことだけを考えて」とインカムを通じて話しかけた。そして、新劇場版の『Ｑ』の最後で、ミサトは「行きなさい、シンジ君、誰かのためじゃない、自分のために」と声をかけた。その声に応じるように、シンジはレイを救うために歩き出した。けれどもニアサードインパクトという酷い結果を招いてしまったのである。それに対して、『シン・エヴァンゲリオン』の最後で、ＥＶＡが不要となった世界である宇部新川の大地を、シンジはマリとともに「自分のために」小走りに踏みしめていく。『機動戦士ガンダム』の第一話「ガンダム、大地に立つ」に憧れていた庵野が、四半世紀をかけて、ようやく富野の呪縛から解放されたのだろう。そして、人造人間「ＥＶＡ、大地に立つ」ではなく、生身の「シンジ、大地に立つ」という着地点にたどり着いたのだ、と私は思う。

◉註

（★1）この点で、大阪大学ショセキカプロジェクト編『ドーナツを穴だけ残して食べる』（二〇一四）は「エヴァンゲリオン」の副読本として秀逸である。ドーナツの造形は、新劇場版で使徒の上に載る「天使の輪」ともつながる。そして、美学者の田中均による「ドーナツは家である」、数学者の宮地秀樹による「とにかくドーナツを食べる方法」、精神医学者の井上洋一による「ドーナツの穴の周りを巡る永遠の旅人」、人類学者の大村敬一による「パラドックスに潜む人類の秘密」などがヒントとなる。

（★2）これは宮崎駿が愛好する塔や巨大樹とは異なる。『未来少年コナン』の「太陽塔」、『ルパン三世 カリオストロの城』の「時計塔」、『魔女の宅急便』の教会の塔はどれも内部が見えずにいる。巨大樹は、『ナウシカ』や『となりのトトロ』や『もののけ姫』に登場するが、それは依代としての役目も担っている。

あとがき

本書では、コロナ禍による遅延にもかかわらず、二〇二一年三月に完結した「エヴァンゲリオン」のもつ文化的な意味合いについて考えてみた。『新劇場版シン・エヴァンゲリオン』は、棚田での田植えまでできて、こちらの思い込みを裏切る作品でもあった。宮崎駿が監督した『となりのトトロ』をすぐに連想してしまうが、隠れミッキーのように映像内に引用されていて、むしろ意図的な趣向だったことがわかる。哲学的ではなくて、「衒学的」とか「知ったかぶり」と自己規定する庵野秀明にとって、コラージュこそが重要な手法となる。そして、体系的でないことは「軽さ」でもあり、マイナス要素ばかりではないはずだ。

ただし、そのままではバラバラになるので、全体の枠組みとして、昔からの月のイメージの借用や『竹取物語』との関連が考えられる。登場するメカや施設のSF的なガジェットや、聖書的な意匠という目眩まし的な要素を剝ぎ取ると、日本の風景や歴史があちこちに姿を見せる。それは『鉄腕アトム』以来のロボットアニメの衣鉢を継いでいるのである。

当たり前だが、海外進出が視野に入っていたとしても、まずはナショナルな課題を背にして作品は作られてきた。しかも、ロボットアニメが世界で受容される作品の基準や事情は日本国内とは異なる。たとえば、『ボルテスV』がフィリピンで、『UFOロボ　グレンダイザー』がアラブ圏やフランスで、『鋼鉄ジーグ』がイタリアで今でも人気があり、若い世代が主題歌を歌う動画がユーチューブなどで視聴できる。だが、どの作品も現在の日本の若い世代に熱烈に支持されているとはいえないだろう。「エヴァンゲリオン」も、熱心な海外ファンも多いのだが、受容される基準が異なっていても不思議ではない。本書ではあくまでも日本的な文脈を視野に入れている。

戦後五十年の節目に発表されたテレビ版では、転校してきたシンジの頭上に、湾岸戦争で有名になった巡航ミサイルが飛び交い、核兵器を連想させるN2爆雷が使徒の殲滅に使われる。太平洋戦争の「特攻」と生き残った者の負い目との関係が、主要キャラクターに形を変えて現れているととらえると色々と見えてくるものがあった。しかも、「エヴァンゲリオン」全体を通じて、冷戦とその崩壊から、それ以降のテロリズムの時代の戦争をめぐる意識の変化を引き受けてきたのである。

また、毀誉褒貶のあるテレビ版の最終二話の位置づけもかなり修整する必要がある。アニメーションの制作手法などが「アナログ」から「デジタル」へと劇的に移行するなかで、『ファンタジア』から『桃太郎　海の神兵』にいたるセルアニメーションの遺産を踏まえて、アニメの歴史への批評的な反省を伴っているのだ。作品が自己反省をする稀有な例となっている。

「夏エヴァ」の最終話にあたる「まごころを、君に」のなかで、巨大化したレイからカヲルが分化してシンジに迫ってくる場面がある。グロテスクなイメージだが、「エヴァンゲリオン」全体には、このように内部から分裂し、分化し、分岐する衝動があふれている。そのため、テレビ版、旧劇場版（「春エヴァ」と「夏エヴァ」）、新劇場版、さらにマンガ版との関連を論じる必要が出てきた。とりわけ書き直された新劇場版には、旧世紀版との連続と不連続があり、継承された部分と失われた部分とがある。トウジやリツコをめぐって選ばなかった展開が、物語の再構築に大きな意味をもっていた。

当然ながら、庵野監督や制作陣は、アニメや特撮作品だけから影響を受けているわけではない。コラージュの材料を広く収集しているのだ。村上龍や太宰治や小松左京の作品、大島渚や岡本喜八や市川崑などの映画をも含めた広範囲な影響を受けている。それに加えて、いわずもがなの宮崎駿や富野由悠季だけでなく、演出家として質の高い作品を作った高畑勲や押井守への愛憎を伴った複雑な態度があるし、彼らから影響も多々受けている。さらに成田美名子や竹宮恵子のマンガとのつながりや、光瀬龍の著作に出てくる『星間文明史』の著者との関連を考え、ヴァン・ヴォクトの作品と「ネオンジェネシス」との関連など、従来あまり光が当てられていなかった点を指摘した。そして、庵野監督が高倉健を称賛している点を踏まえると、ヴンダーの艦長としてのミサトの描かれた方なども少し違って見えてくる。

本書を書き終えて、ふと思い出したのは、昔見ていたNHK教育テレビの『ブーフーウー』という子ども向け番組のことである。一九六〇年から六七年まで続いた作品だった。ひょっとして同世代である庵野監督も見ていたかもしれない。「動かない人形」と「ギニョール(棒あやつり人形)」と「着ぐるみ」の三つのモードを巧みに使っていたことが強く印象に残っている。「三匹の子ぶた」の後日談で、長男のブーの声を大山のぶ代が担当していた。テレビ朝日版の『ドラえもん』を初めて見たとき、声色を思い出して、既視感を覚えたほどである。『ブーフーウー』は、番組の進行役であるおねえさんが、カバンから人形を取り出すと、それが着ぐるみとなり、動きをもつギニョールとなって活躍した。アスカの手人形が、ケンケンの着ぐるみに転じるような驚きがあった。「エヴァンゲリオン」の世界でも、たえず「人形」という言葉がぶつけられ、しかも「ヒトガタ=人形」の決戦兵器である人造人間が動き回る。当然ながら徹頭徹尾人間が操るフィクションなのである。『ブーフーウー』の最終回での「ブーフーウーの三人は引き続きメキシコのサボテンのあるところで遊んでいる」という言葉をよく覚えている。同じように「エヴァンゲリオン」という世界の住民たちも、幕が下りたあとでも、分岐したそれぞれの世界で暮らし、遊んでいるはずだ。だが、それで構わないのではないだろうか。

また、「エヴァンゲリオン」は、庵野が作品をコラージュとみなしているせいで、他作だけでなく自作の要素さえもそのまま引用して別の文脈で使用している。そのため、本書でも、必要に応じて同じ箇所への言及をせざるを得なかった。説明が重複している、と思われるかもしれないが、別の文脈を導くための措置だ、と了承していただければ幸いである。なお、本文中、敬称はすべて省略させていただいた。

＊

本書を執筆するきっかけとなったのは、編集担当の高梨治氏との何気ないやりとりだった。新型コロナの患者数が増大していた昨年の八月頃に、『新劇場版シン・エヴァンゲリオン』の感想を述べていて、色々と気になる点があると指摘したのだ。永遠の夏を扱うアニメと特攻との関連に思いを巡らせたのは、ひと月前の肉親の喪失や、先の戦争を思い出す季節が影響していたのは間違いない。そして、今までの「エヴァンゲリオン」論では足りない部分を補完するために、本編だけでなく、企画書や脚本や画コンテや設定資料を踏まえて再度検討すべきだ、と訴えたのである。その提案に、テレビ版直撃世代である高梨氏の賛同を得て執筆が始まった。いつもながら感謝の言葉を述べたい。

二〇二二年三月十一日　ヤシマ作戦のことを思いながら

小野俊太郎

主要参考文献

「テレビ版」は、2007年のDVD版を基準にした。テレビ放映版およびブルーレイ版は参照にとどめた。「旧劇場版」は、第二拾四話までを新しく編集したビデオフォーマット（ディレクターズカット）版と、再編集された『新世紀エヴァンゲリオン劇場版DEATH (TRUE)^2 / Air / まごころを、君に』とつながるDVD版を採用した。「漫画版」は貞本義行による完結したものを参照した。「新劇場版」は、DVDやブルーレイ、さらにアマゾンプライムのストリーミングも参照した。それぞれ『序』『破』『Q』『シン・エヴァンゲリオン』と表記する。

「テレビ版」の脚本については富士見書房から刊行された『Evangelion Original（エヴァンゲリオン・オリジナル）』の三冊本を参照にした。また「テレビ版」「劇場版」「新劇場版」の画コンテについては、カラーから出版された「画コンテ」を参照した。カラーは業界用語として「字コンテ」特別する「画コンテ」を使っているが、本書では一般用法である画コンテを使用した。　設定資料などのデータについては、ディアゴスティーニの『EVANGELION CHRONICLE（エヴァンゲリオン・クロニクル）』の新訂版を適宜参照した。

※引用のページ表記は、電子書籍による場合に、紙媒体とずれることがある。

<基本資料>

『週刊エヴァンゲリオン・クロニクル新訂版』（ディアゴスティーニ、2010年）

『新世紀エヴァンゲリオン（ニュータイプ100%コレクション）』（角川書店、1997年）

『新世紀エヴァンゲリオン・フィルムブック』全9巻（角川書店、1995-6年）

『新世紀エヴァンゲリオン 劇場版DEATH/Air/まごころを、君に ニュータイププフィルムブック』（角川書店、 1997年）

『Evangelion Original（エヴァンゲリオン・オリジナル）』全3巻（富士見書房、1996年）［オリジナルと略］

『新世紀エヴァンゲリオン画コンテ（上、中、下、劇場版）』（グラウンドワークス、2021年）

『新劇場版ヱヴァンゲリオン画コンテ（序、破、Q）』（グラウンドワークス、2021年）

『新世紀エヴァンゲリオン　TVアニメーション設定資料集2015edition』（グラウンドワークス、2015年）

『ヱヴァンゲリヲン新劇場版：序 全記録全集ビジュアルストーリー版・設定 資料版』（グラウンドワークス、2019年）

『ヱヴァンゲリヲン新劇場版：破 全記録全集 設定 資料版』（グラウンドワークス、2019年）

『庵野秀明展図録』（朝日新聞社、2021年）

貞本義行『新世紀エヴァンゲリオン』全14巻（KADOKAWA、2014年）

エヴァ用語辞典編纂局『エヴァンゲリオン用語事典 第2版』（八幡書店、1998年）

大泉実成『庵野秀明 スキゾ・エヴァンゲリオン』（太田出版、1997年）

竹熊健太郎編著『庵野秀明 パラノ・エヴァンゲリオン』（太田出版、1997年）［「ハルマゲドンと私」所収］

小黒祐一郎編著『アニメクリエイター・インタビューズ この人に話を聞きたい2001-2002』（講談社、2011年）

＜その他の資料＞

東浩紀『動物化するポストモダン』（講談社、2001 年）
安野モヨコ『監督不行届』（祥伝社、2005 年）
五十嵐浩司『ロボットアニメビジネス進化論』（光文社、2017 年）
伊藤清司『かぐや姫の誕生 ― 古代説話の起源』（講談社、1973 年）
――『〈花咲爺〉の源流』（ジャパン・パブリッシャーズ、1978 年）
井上義和『特攻文学論』（創元社、2021 年）
A・E・ヴァン・ヴォクト『スラン』浅倉久志訳（早川書房、1977 年）
――『宇宙製造者』矢野徹訳（早川書房、1971 年）
大阪大学ショセキカプロジェクト編『ドーナツを穴だけ残して食べる方法』（日本経済新聞出版、2014 年）
大瀧啓裕『エヴァンゲリオンの夢 ―― 使徒進化論の幻影』（東京創元社、2000 年）
岡田温司『天使とは何か ―― キューピッド、キリスト、悪魔』（中央公論新社、2016 年）
沖浦和光『竹の民俗誌 ―― 日本文化の深層を探る』（岩波書店、1991 年）
折口信夫『古代研究 III　民俗学篇 3』（KADOKAWA 、2017 年）［「鬼の話」所収］
河出書房新社編集部編『「シン・エヴァンゲリオン」を読み解く』（河出書房新社、2021 年）
川上量生『コンテンツの秘密 ―― ぼくがジブリで考えたこと』（NHK 出版、2015 年）
『現代思想 1994 年 10 月号 特集＝天使というメディア』
アーサー・C・クラーク『決定版 2001 年宇宙の旅』伊藤典夫訳（早川書房、 1993 年）
小谷真理『聖母エヴァンゲリオン ――A new millennialist perspective on the daughters of Eve』（マガジンハウス、1997 年）
『このアニメがすごい !―― 絶対保存版(別冊宝島 293)』(宝島社、1997 年)［中島論文所収］
小松和彦『鬼と日本人』（KADOKAWA、2018 年）
小松左京『地には平和を』（早川書房、1964 年）
――『復活の日』（早川書房、1964 年）
――『継ぐのは誰か』および『果しなき流れの果に』、『世界 SF 全集』第 29 巻（早川書房、1970 年）
――『幻の 小松左京 モリ・ミノル 漫画全集』（小学館、2002 年）
――『模型の時代』（KADOKAWA、2015 年）
――『神への長い道』（KADOKAWA、2015 年）
――『さよなら ジュピター』（徳間書店、2016 年）
斎藤環『戦闘美少女の精神分析』（太田出版、2000 年）
斎藤美奈子『紅一点論 ―― アニメ・特撮・伝記のヒロイン像』（筑摩書房、1998 年）
実相寺昭雄『星の林に月の舟 ―― 怪獣に夢見た男たち』（筑摩書房、1987 年）
――『昭和電車少年』（筑摩書房、2008 年）
杉田俊介『ジャパニメーションの成熟と喪失 ―― 宮崎駿とその子どもたち』（大月書店、2021 年）
コードウェイナー・スミス『第 81Q 戦争 ―― 人類補完機構』伊藤典夫訳（早川書房、1997 年）
――『ノーストリリア』浅倉久志訳（早川書房、2009 年）
――『スキャナーに生きがいはない』（人類補完機構全短篇 1）伊藤典夫・浅倉久志訳（早川書房、2016 年）
――『アルファ・ラルファ大通り』（人類補完機構全短篇 2）伊藤典夫・浅倉久志訳（早

川書房、2016 年）
竹宮恵子『私を月まで連れてって！』（eBookJapan Plus、2015 年）
田中光二『幻覚の地平線』（早川書房、1975 年）［「赤い海」所収］
――『わが赴くは蒼き大地』（早川書房、 1975 年）
『旅と鉄道 2021 年増刊 1 月号 エヴァンゲリオンと鉄道』
『旅と鉄道 2021 年増刊 8 月号 シン・エヴァンゲリオンと鉄道』
ダンテ『神曲 地獄篇』平川祐弘訳（河出書房新社、2010 年）
常見陽平『エヴァンゲリオン化する社会』（日本経済新聞出版、2015 年）
永井豪『デビルマン』全 3 巻（講談社、1983 年）
――『ダンテ神曲』全 2 巻（講談社、1998 年）
――『永井豪怪奇短篇集 (1)』（中央公論社、1995 年）
中島梓『コミュニケーション不全症候群』（筑摩書房、1991 年）
永瀬唯編『ターミナル・エヴァ ― 新世紀アニメの世紀末』（水声社、1997 年）
長山靖生『ゴジラとエヴァンゲリオン』（新潮社、2016 年）
成田美名子『あいつ』（白泉社、2001 年）
萩原由加里『政岡憲三とその時代 ――「日本アニメーションの父」の戦前と戦後』（青弓社、2015 年）
日渡早紀『ぼくの地球を守って』（白泉社、1998 年）
藤田直哉『シン・エヴァンゲリオン論』（河出書房新社、2021 年）
保阪正康『新版　敗戦前後の日本人』（朝日新聞社、2007 年）
保立道久『かぐや姫と王権神話』（洋泉社、2010 年）
細川周平『ウォークマンの修辞学』（朝日出版社、1981 年）
真野隆也『天使 (Truth In Fantasy)』（新紀元社、1995 年）
光瀬龍『墓碑銘二〇〇七年』（早川書房、1963 年）
――『たそがれに還る』（早川書房、1964 年）
――『百億の昼と千億の夜』（早川書房、2010 年）［解説押井守］
村上春樹『アンダーグラウンド』（講談社、1997 年）
村上龍『愛と幻想のファシズム』（講談社、1987 年）
――『昭和歌謡大全集』（集英社、1994 年）
森鷗外『舞姫 キタ・セクスアリス ―― 森鷗外全集〈1〉』（筑摩書房、1995 年）
森川嘉一郎編『エヴァンゲリオン・スタイル』（第三書館、1997 年）［『スタイル』と略］
森川嘉一郎『趣都の誕生 萌える都市アキハバラ』（幻冬舎、2003 年）
森崎和江『奈落の神々 ―― 炭鉱労働精神史』（大和書房、1974 年）
森瀬繚『「天使」がわかる事典 ―― ミカエル、メタトロンからグノーシスの天使まで』（SB クリエイティブ、2014 年）
山川賢一『エ / ヱヴァ考』（平凡社、2012 年）
山内志朗『天使の記号学』（岩波書店、2001 年）
山崎鎮親『半径 1 メートルの想像力 ―― サブカル時代の子ども若者』（旬報社、2014 年）
『ユリイカ 特集＝ジャパニメーション！』（青土社、1996 年 8 月号）
横山孝一「『宇宙戦艦ヤマト』特攻か平和憲法か：西崎義展 vs 福井晴敏」『群馬高専レビュー』第 38 巻（2020 年）：41-52 頁
スティーブン・ラリビエー『謎の円盤 UFO 完全資料集成』岸川靖（編集）（洋泉社、2017 年）［庵野秀明序文］

【著者】

小野俊太郎
（おの　しゅんたろう）

文芸・文化評論家
1959年、札幌生まれ。

東京都立大学卒、成城大学大学院博士課程中途退学。成蹊大学などでも教鞭を執る。

著書に、『ガメラの精神史』（小鳥遊書房）、

『スター・ウォーズの精神史』『ゴジラの精神史』（彩流社）、

『モスラの精神史』（講談社現代新書）や
『大魔神の精神史』（角川oneテーマ21新書）のほかに、

『〈男らしさ〉の神話』（講談社選書メチエ）、『社会が惚れた男たち』（河出書房新社）、

『日経小説で読む戦後日本』（ちくま新書）、

『『ギャツビー』がグレートな理由』『新ゴジラ論』『フランケンシュタインの精神史』

『ドラキュラの精神史』（ともに彩流社）、

『快読　ホームズの『四つの署名』』『『アナと雪の女王』の世界』（小鳥遊書房）など多数。

TAKANASHI SHOBOU

エヴァンゲリオンの精神史《せいしんし》

2022年5月6日　第1刷発行

【著者】
小野俊太郎

発行者：高梨 治
発行所：株式会社小鳥遊《たかなし》書房
〒102-0071　東京都千代田区富士見1-7-6-5F
電話 03-6265-4910（代表）／FAX 03-6265-4902
https://www.tkns-shobou.co.jp

装幀　ミヤハラデザイン／宮原雄太
印刷　モリモト印刷株式会社
製本　株式会社村上製本所
ISBN978-4-909812-82-7　C0074